本书由以下项目和单位联合资助
国家自然科学基金面上项目（42071199）
北京市哲学社会科学规划基金一般项目（22GLB036）
国家社会科学基金艺术学重大项目（20ZD02）
北京第二外国语学院

乡村振兴战略下北京传统村落文化传承与文旅融合发展

唐承财 等 著

科学出版社

北 京

内 容 简 介

传统村落是一种典型的乡村聚落，文化和旅游产业是推动传统村落乃至乡村地区振兴的重要产业之一。本书以北京传统村落为研究对象，基于实施乡村振兴战略，综合运用地理学、生态学、社会学、管理学、旅游管理、文化管理等学科的理论，运用定量与定性的研究方法，系统研究了北京传统村落文化传承与文旅融合发展。

本书不仅可作为高等院校旅游管理、人文地理与城乡规划、文化遗产管理相关专业课程与文化素质教育课程的教科书，也是乡村振兴、传统村落、文化传承、文旅融合发展、乡村旅游等领域开展规划、开发、管理等工作的重要参考书。

图书在版编目（CIP）数据

乡村振兴战略下北京传统村落文化传承与文旅融合发展 / 唐承财等著. —北京：科学出版社，2023.9
ISBN 978-7-03-074406-7

Ⅰ. ①乡… Ⅱ. ①唐… Ⅲ. ①村落文化-关系-旅游文化-研究-北京 Ⅳ. ①K291 ②F592.71

中国版本图书馆 CIP 数据核字（2022）第 253748 号

责任编辑：李晓娟　王勤勤 ／ 责任校对：邹慧卿
责任印制：徐晓晨 ／ 封面设计：无极书装

科 学 出 版 社 出版
北京东黄城根北街 16 号
邮政编码：100717
http://www.sciencep.com

北京九州迅驰传媒文化有限公司印刷
科学出版社发行　各地新华书店经销

*

2023 年 9 月第 一 版　　开本：787×1092　1/16
2024 年 1 月第二次印刷　印张：17 3/4
字数：430 000

定价：220.00 元
（如有印装质量问题，我社负责调换）

序 一

从人类历史发展的地理空间演变看，乡村是指以农业为主、人口较分散的地方。在传统农业社会时代，乡村既是人类居住、生产和生活的地方，也是承载人类社会和文化的场所。随着工业化、城市化以及市场经济和信息化在世界各国的发展，工业化和城市化的强大虹吸效应，使得乡村社会快速蜕变。这种蜕变过程伴随着生产和生活方式的改变，伴随着乡村社会关系和文化功能的改变，伴随着人地关系的改变。从历史唯物主义角度看，这种蜕变是发展的必然，是传统乡村向现代化乡村嬗变的历史必然。目前，社会上流行把这种蜕变或嬗变称为衰退，似有消极之意或仅限于表象观察而已。客观承认乡村的必然蜕变并积极地促进乡村转型振兴与认为乡村衰退并简单地回归传统乡村，可能在政策制定和路径选择上会有所不同。

不管怎样，在我国，乡村蜕变是正在发生的历史过程和事实。在全球化、现代化大背景下，我国改革开放四十多年以来，工业化和城镇化进程中，乡村出现了原貌逐渐消退、本土文化丧失、青壮年劳动力脱离农村、人口老龄化、产业空心化、村庄空心化等现象，许多村落面临着急剧衰退甚至消亡的困境。但我们必须清醒地看到，乡村文化是中华民族文化的根基，是乡村振兴战略实施的基础。所以，促进我国传统乡村向现代化乡村快速嬗变，进而全面振兴乡村、充分发挥乡村特定的社会与文化功能，是我国现代化建设的重大任务。

随着我国经济社会的快速发展，传统意义上的乡村逐渐在消失，在蜕变，以至于对从那个时代刚刚走过来的我辈而言，不免怀旧，引发乡愁。我相信这是人类很普遍很美好的感情。但理性地说，我们再也回不到那种日出而作、日落而归、自给自足的传统农村生活了。我们必须积极地促进传统乡村嬗变，促进传统乡村与城市融合，展开双臂去迎接新乡村的到来。

正是站在历史的制高点上，党的十九大高屋建瓴地提出实施乡村振兴战略，其总要求是产业兴旺、生态宜居、乡风文明、治理有效、生活富裕。党的二十大报告提出全面建设社会主义现代化国家，最艰巨最繁重的任务仍然在农村；乡村振兴战略是高质量发展的"压舱石"，要全面推进乡村振兴，要坚持农业农村优先发展，坚持城乡融合发展，畅通城乡要素流动。当前乡村振兴战略已经成为贯彻新发展理念，建设现代化经济体系的内容之一，是决胜全面建成小康社会、全面建设社会主义现代化国家的重大历史任务，是新时代"三农"工作的总抓手。

我国地域差别较大，即使乡村，仍然存在着南北差异、东中西差异，也存在着城郊乡村与边远乡村的差异，因此，在乡村振兴战略实施过程中，不同类型的乡村的路径会有所不同。实践证明，发展乡村旅游或民宿也是乡村发展的有效途径，但不是所有的乡村都适合发展旅游。

传统村落是我国典型的、特殊的乡村聚落之一，具有较高的历史、文化、科学、艺术、社会、经济价值，是中国乃至世界历史文化的宝贵遗产。截至 2023 年 3 月，住房和城乡建设部等部门共认定了 8155 个中国传统村落，我国传统村落保护与发展的格局正在形成。保护传统村落、活化乡村文化遗产，有助于建设社会主义文化强国，传承中华优秀传统文化。近年来文化和旅游产业是推动传统村落保护乃至乡村地区振兴的重要产业之一。不少传统村落通过发展文化和旅游产业，形成了品牌效应，获得了一定的经济效益和社会效益，与此同时，也出现了乡村社会文化变迁、过度商业化、生态环境破坏等问题。如何统筹协调传统村落文化有效传承和旅游产业高质量发展一直是学界和业界的重要难题。唐承财教授近 8 年持之以恒地致力于这一领域，并形成了较为丰硕的研究成果。这种执着钻研的精神是值得鼓励和肯定的。

该书以北京传统村落为研究对象，基于实施乡村振兴战略，综合运用地理学、社会学、管理学、生态学等学科理论，运用定量与定性相结合的研究方法，对北京传统村落文化传承和文旅融合发展进行了系统的研究。特别需要提及的是，该书在系统综述了当前相关研究成果基础上，客观研判了北京传统村落文化传承和旅游发展中存在的问题，科学评价了北京传统村落文化传承与文旅融合发展的水平，综合分析了国内外相关经典案例，系统探讨了北京传统村落文旅融合发展模式及对策。理论方面，该书丰富了我国传统村落文化保护传承理论与乡村地理理论，丰富了文旅融合发展理论与乡村旅游理论，从文化和旅游视角丰富了乡村振兴理论，为传统村落文化保护传承与生态旅游融合发展、旅游发展下的传统村落文化振兴与生态文明建设提供科技支撑与案例借鉴；实践方面，该书有助于发挥文化和旅游在乡村振兴中的作用，为其提供实践指导与决策参考，同时对弘扬和传承中华优秀传统文化、推动文化强国建设以及城乡融合发展等具有积极的作用；北京案例方面，通过对北京传统村落文化传承和文旅融合发展的理论研究和实地案例分析，为读者提供一个全面了解北京市传统村落的文化传承和文旅融合发展状况的机会，同时对相关决策者、研究人员和实践者具有一定的参考价值。

随着乡村振兴战略、文化强国战略的不断推进，文化和旅游在乡村振兴中的作用将会越来越大，包括传统村落在内的广大乡村地区则会面临更多的文化传承和旅游发展的机遇和挑战。该书基于实施乡村振兴战略，系统研究了北京传统村落文化传承与文旅融合发展，研究成果有助于促进地理学、管理学、旅游管理等多学科在乡村振兴战略、文化强国战略、城乡融合发展等国家重大发展战略中协同发力，也有助于旅游地理学、乡村旅游学、文化旅游学、旅游资源学的学科建设与发展。

是为序。

中国自然资源学会理事长
中国科学院地理科学与资源研究所研究员、博士生导师
2023 年 3 月 30 日

序 二

  传统村落作为乡土中国的社会根基，其文化存续和整体发展事关中国式现代化的建设成效。乡村振兴战略是党的十九大和党的二十大提出的核心战略。在乡村振兴战略背景下，如何立足中国国情、乡村实际，借助文旅融合之道，实现传统村落文化的有效传承，走出一条具有中国特色、时代特点的乡村现代化之路，是学者的使命与学界的责任。

  传统村落是中华优秀传统文化的重要载体和基本单元，是中华农耕文明的核心表征，承载了大量的历史文化信息，铸就了辉煌灿烂的乡村文化遗产。截至 2023 年，全国拥有各类传统村落数万个，其中国家级传统村落 8155 个，遍布于各省（自治区、直辖市）。传统村落是乡村地区优秀传统文化的重要载体。保护传统村落、活化利用乡村文化遗产，是促进乡村文化传承与振兴、建设社会主义文化强国和传承中华优秀传统文化的重要路径。包括旅游管理在内的多个学科的学者均关注到了传统村落保护和利用，以促进其可持续发展。

  传统村落是北京市的历史文化名城保护和全国文化中心建设的重要组成部分。截至 2023 年 3 月，北京市共有国家级和市级传统村落 45 个。加强北京传统村落保护和传承有助于促进北京市的历史文化名城保护、全国文化中心建设、全面推进北京乡村振兴和城乡融合发展。该书通过理论学术与实践发展相结合、定量研究与定性分析相结合、国内实践与国外案例相结合、融合模式与发展对策相结合，系统研究了北京传统村落文化传承和文旅融合发展。整体而言，该书具有三个创新之处。

  第一，基于文化变迁理论、利益相关者理论，从传承方式多样性、传承内容完整性和传承主体多元性三个子系统出发，构建了旅游发展下传统村落文化传承水平综合评价指标体系和传统村落文化传承度测评模型。以北京市 16 个传统村落实证上述指标体系和评价标准的适用性。影响传统村落文化传承度的主要因子为现存历史环境要素丰富度、网络传播方式多样性、传统建筑稀缺度、政策支持度、文化资源景点度、资金支持度、非物质文化的丰富度和传统建筑原真度。这是该书的第一个创新点。

  第二，在探讨传统村落文旅融合发展理论框架的基础上，构建传统村落文旅融合发展水平评价指标体系，评价与分析传统村落文旅融合发展水平，解析传统村落文旅融合发展的主要影响因素及其组合路径。传统村落文旅融合发展影响因素必须以条件组合的形式存在，共存在三条影响路径，分别为成熟发展路径、快速发展路径以及渐进发展路径。这是该书的第二个创新点。

  第三，以生态旅游理论、文化传承理论、共生理论为基础，提出坚持文化传承优先、文旅融合发展、乡村特色融合、多主体参与性的原则，构建以文旅资源为融合基础、以文旅产品为融合核心、以文旅市场为融合关键、以乡村人力为融合对象、以智慧科技为融合手段、以政策法规为融合保障的北京传统村落文化传承与生态旅游融合发展模式。从制定传统村落政策与制度、保障传统村落人才资源体系、提升传统村落人居环境质量、构建传统村落文旅产业体系、完善传统村落基础设施建设五大方面探究北京传统村落文化传承与生态旅游融合发展对策。这是该书的第三个创新点。

该书回应时代话题、应对国家战略，从多个学科交叉的视角，对北京传统村落文化传承与文旅融合发展进行了系统的探索，具有诸多创新的思路、方法和发现，是一部难得的力作，值得一读。北京作为政治中心、文化中心、国际交往中心、科技创新中心，在世人眼中是一座超级现代都市，而该书却为我们展开了其丰富而深刻的关于乡村性的一面，尤其难能可贵，值得再读。

孙九霞

中山大学教授 博士生导师

2023年3月31日

于广州康乐园

前　言

近年来乡村衰退已经成为全球共同面临的挑战之一，是全球治理体系的一个重要方面。乡村兴则国家兴，乡村衰则国家衰。传统村落是一种典型的乡村聚落，然而，许多传统村落面临着急剧衰退甚至消亡的困境，特别是人口老龄化、产业空心化、文化衰败等问题日益突出。文化和旅游产业是推动传统村落乃至乡村地区振兴的重要产业之一。不少传统村落通过发展文化和旅游产业，获得了一定的经济效益和社会效益，与此同时也出现了一系列问题。

乡村振兴战略是高质量发展的"压舱石"。

本书以北京传统村落为研究对象，基于实施乡村振兴战略，综合运用多学科理论，运用定量与定性的研究方法，系统研究了北京传统村落文化传承与文旅融合发展。本书共分 12 章。第 1 章为绪论。概述了乡村振兴、传统村落、文化传承、文旅融合发展，提出开展北京传统村落文化传承与文旅融合发展研究的背景、理论意义与实践意义，阐述本书的研究内容、主要研究方法和研究框架。第 2 章为相关研究综述。综述了中外乡村振兴研究成果，然后运用 CiteSpace 等工具，从研究历程、研究方法、研究者及发文机构图谱、关键词聚类及研究内容图谱、主要研究内容、研究评述与展望等方面，对传统村落文化传承研究、传统村落旅游发展研究、文旅融合发展研究三个方面进行综述。第 3 章为北京传统村落空间、文化特征及其成因分析。首先，概述了北京传统村落的基本情况；其次，分析了北京传统村落空间分布特征、文化特征；最后，从自然环境、社会经济、历史文化等方面分析了北京传统村落空间和文化特征的成因。第 4 章为北京传统村落文化传承与旅游发展现状分析。首先，分析了调研对象、调研方法、数据来源与处理；其次，分析了传统村落文化保护传承现状；再次，分析了传统村落文化保护传承存在的问题；最后，分析了传统村落旅游发展现状及问题。第 5 章为北京传统村落文化传承度测评及提升对策。第一，从文化变迁理论、利益相关者理论、乡村文化传承阐述了理论基础和研究进展。第二，构建旅游发展下传统村落文化传承度的测评理论、测评指标体系和测度模型。第三，选择北京 16 个典型传统村落为研究案例进行定量分析，测评旅游发展下北京传统村落文化传承度，从总体特征、各子系统特征、因素层特征等方面来分析北京传统村落文化传承度的特征。第四，分析了传统村落文化传承水平的影响因素及路径。第五，提出北京传统村落文化传承度提升对策。第 6 章为北京传统村落文化遗产保护传承感知评价及提升模式。从利益相关者理论出发，以北京 9 个首批市级传统村落为案例地，构建基于多主体的传统村落文化遗产保护传承度评价指标体系，从村委会、村民和游客三个主体出发，分析多主体对北京传统村落文化遗产保护传承的感知评价，基于此构建其保护传承提升模式。第 7 章为旅游发展对北京传统村落文化传承的影响及其作用机理。首先，分析传统村落文化传承与旅游开发之间的关系；其次，借鉴旅游地生命周期理论，对北京乡村旅游发展阶段、不同旅游类型传统村落生命周期历程进行实证分析；再次，分析旅游开发对不同旅游地生命周期阶段下北京传统村落文化传承的影响；最后，运用系统动力学理论及人地关系理论，综合分析旅游开发对北京传统村落文化传承的影响作用机理。第 8 章为北京传统村落文旅融合发展水平评价及影响路径。以北京 16 个典型传统村落为研究对象，在探讨传统村落文旅融合发展理论框架的基础上，使用层次分析法构建传统村落文旅融合发展水平指标体系，运用加权 TOPSIS 模型进行传统村落文旅融合发展水平评价分析；采用模糊集定性比较分析（fsQCA）法解析传统村落文旅融合发展的主要影响因素及其组合路径。第 9 章为国内外传统村落文化传承与生态旅游融合发展案例分析。选择日本、韩国和中国的 12 个传统村落作为案例，分析其文化传承与生态旅游融合发展的典型做法。第 10 章为北京传统村落文化传承与生态旅游融合发展模式。首先，从共生理论、社区参与理论、文旅融合理论三个方面分析了传统村落文化传承与生态旅游融合发展的理论基础；其次，从文化传承优先原则、文旅融合发展原则、乡村特色融合原则、多主体参与性原则等方面提出了传统村落文化传承与生态旅游融合发展模式构建原则；最后，从旅游产品、旅游市场、乡村社区、文旅资源、智慧科技、政策法规等方面，构建了传统村落文化传承与生态旅游融合发展模式。第 11 章为北京传统村落文化传承与生态旅游融合发展对策。从科学编制传统村落文旅融合发展规划、加强保障传统村落文旅融合发展人力资源、全面提升传统村落人居环境质量、构建传统村落文旅产业体系、加强传统村落基础设施建设等方面提出了北京传统村落文化传承与生态旅游融合发展路径。第 12 章为结论与展望。结合国内外相关研究成果，进行了深入讨论，概述了本书研究的结论，提出了本书研究的不足和未来可能的研究方向。

本书获得北京第二外国语学院 2022 年校级出版经费资助，是国家自然科学基金面上项目"冰雪旅游地旅游产业演化与生态安全耦合机理及协同优化研究"（42071199）、北京市哲学社会科学规划基金一般项目"北京旅游型乡村振兴水平评价与提升研究"（22GLB036）、国家社会科学基金艺术学重大项目"国家文化公园政策的国际对比研究"（20ZD02）的阶段性成果。本书第 1 章和第 2 章由唐承财、郑倩倩、秦珊、梅江海、周子捷、刘亚茹、江玲撰写和修改；第 3 章由唐承财、肖小月撰写和修改；第 4 章由唐承财、徐诗怡撰写和修改；第 5 章由唐承财、杨媛媛和刘亚茹撰写和修改；第 6 章由唐承财、万紫微撰写和修改；第 7 章由唐承财、韩莹撰写，杨媛媛参与修改；第 8 章由唐承财、刘亚茹撰写和修改；第 9 章由唐承财、刘亚茹、梅江海、江玲、白玉洁、李洋、长治学院周晓丽、内蒙古财经大学杨娇、湖南大学尹怡诚、淮阴师范学院陈涵等撰写和修改；第 10 章由唐承财、刘亚茹撰写，曾睿参与修改；第 11 章由唐承财、曾睿撰写，徐诗怡参与修改；第 12 章由唐承财撰写和修改。梁文琪、万紫微、孙孟瑶、韩禹文等也参与了前期研究和数据采集等工作，在此一并表示诚挚谢意！

随着乡村振兴战略、文化强国战略的不断推进，文化和旅游在乡村振兴中的作用将会越来越大，传统村落则会面临更多的文化传承和旅游发展的机遇与挑战。本书立足于相关学科领域的前沿，以北京传统村落为研究对象，基于实施乡村振兴战略，系统研究了北京传统村落文化传承与文旅融合发展。研究成果可为我国传统村落文化传承与文旅融合发展研究提供案例和经验积累，为我国传统村落实现振兴、推动乡村地区振兴提供理论支撑，并能丰富旅游地理学、文化地理学、旅游管理等学科领域的研究内容与理论体系；研究成果也有助于政府部门和文旅企业认识传统村落文化传承与文旅融合发展中面临的难题并有针对性地制定应对政策，有助于村民、游客为保护和传承传统村落文化、开展乡村文旅融合活动提供指导。本书对于从事传统村落、乡村振兴、乡村旅游、文旅融合发展研究的业内人士具有一定的参考价值。由于作者的水平与能力有限，加之时间较为仓促，本书难免有不足之处，敬请各位专家和广大读者批评指正，不吝赐教！

唐承财

于北京东坝

2022 年 12 月 12 日

目 录

第1章 绪论 ·· 1
  1.1 乡村振兴概述 ·· 1
  1.2 传统村落概述 ·· 6
  1.3 文化传承概述 ·· 11
  1.4 文旅融合发展概述 ·· 14
  1.5 研究背景与意义 ··· 20
  1.6 研究内容概述与技术路线 ··· 25

第2章 相关研究综述 ·· 30
  2.1 国内外乡村振兴研究综述 ··· 30
  2.2 传统村落文化传承研究综述 ·· 39
  2.3 传统村落旅游发展研究综述 ·· 49
  2.4 乡村文旅融合发展研究综述 ·· 62

第3章 北京传统村落空间、文化特征及其成因分析 ························ 76
  3.1 北京传统村落概述 ·· 76
  3.2 研究方法 ·· 78
  3.3 北京传统村落空间分布特征 ·· 79
  3.4 北京传统村落文化特征 ·· 80
  3.5 北京传统村落空间和文化特征的成因分析 ·························· 86
  3.6 本章小结 ·· 89

第4章 北京传统村落文化传承与旅游发展现状分析 ······················· 91
  4.1 调研方法与数据来源 ··· 91
  4.2 传统村落文化保护传承现状分析 ······································ 93
  4.3 传统村落文化保护传承存在的问题 ··································· 96
  4.4 传统村落旅游发展现状及问题 ··· 101

第5章 北京传统村落文化传承度测评及提升对策 ·························· 105
  5.1 理论基础及研究进展 ··· 106
  5.2 研究方法与数据来源 ··· 108
  5.3 实证分析 ·· 114
  5.4 传统村落文化传承水平影响因素及路径 ···························· 121
  5.5 文化传承度提升对策 ··· 123
  5.6 本章小结 ·· 125

第6章　北京传统村落文化遗产保护传承感知评价及提升模式 … 127
6.1　数据来源与研究方法 … 128
6.2　传统村落文化遗产保护传承感知评价 … 130
6.3　传统村落文化遗产保护传承感知提升模式 … 133
6.4　本章小结 … 135

第7章　旅游发展对北京传统村落文化传承的影响及其作用机理 … 137
7.1　传统村落文化传承与旅游开发的关系 … 137
7.2　北京传统村落旅游地生命周期理论与实证 … 139
7.3　不同生命周期下旅游开发对北京传统村落文化传承的影响 … 147
7.4　旅游开发对北京传统村落文化传承影响作用机理 … 150

第8章　北京传统村落文旅融合发展水平评价及影响路径 … 155
8.1　研究背景 … 155
8.2　理论框架 … 158
8.3　研究方法与数据来源 … 162
8.4　结果与分析 … 166
8.5　本章小结 … 172

第9章　国内外传统村落文化传承与生态旅游融合发展案例分析 … 174
9.1　国外案例分析 … 174
9.2　国内案例分析 … 178
9.3　相关启示 … 200

第10章　北京传统村落文化传承与生态旅游融合发展模式 … 203
10.1　理论基础 … 203
10.2　传统村落文化传承与生态旅游融合发展模式构建原则 … 207
10.3　北京传统村落文化传承与生态旅游融合发展模式构建 … 208

第11章　北京传统村落文化传承与生态旅游融合发展对策 … 212
11.1　制定传统村落政策与制度 … 212
11.2　保障传统村落人才资源体系 … 216
11.3　提升传统村落人居环境质量 … 219
11.4　构建传统村落文旅产业体系 … 221
11.5　完善传统村落基础设施建设 … 226

第12章　结论与展望 … 230
12.1　讨论 … 230
12.2　主要结论与贡献价值 … 232
12.3　研究展望 … 236

参考文献 … 239

第 1 章　绪　论

近年来乡村衰退已经成为全球共同面临的挑战之一（Liu and Li, 2017）。乡村兴则国家兴，乡村衰则国家衰（中共中央和国务院，2018）。党的十九大报告明确提出实施乡村振兴战略。2018 年以来，党中央国务院相继出台《中共中央 国务院关于实施乡村振兴战略的意见》《中共中央 国务院关于坚持农业农村优先发展做好"三农"工作的若干意见》等多项乡村振兴战略政策文件，坚持把解决好"三农"问题作为全党工作重中之重，提出并落实"产业兴旺、生态宜居、乡风文明、治理有效、生活富裕"二十字实施乡村振兴战略总要求，大力推动乡村振兴战略实施。2022 年中央一号文件提出要全面推进乡村振兴必须大力发展三产融合。党的二十大报告更是提出，乡村振兴战略是高质量发展的"压舱石"。因此，中国在实施乡村振兴战略过程中，必须依托本国国情，针对性地探索乡村振兴模式、路径，厘清乡村振兴的动力机制，推动城乡融合发展，促进城乡居民共同富裕。我国的主要矛盾是人民日益增长的美好生活需要和不平衡不充分的发展之间的矛盾，乡村振兴战略的提出是解决新时代我国主要矛盾、实现"两个一百年"奋斗目标和中华民族伟大复兴中国梦的必然要求。

新时代下北京市"三农"工作面临新形势，实施乡村振兴战略的提出为北京市"三农"工作指明了方向，北京市先后出台《北京市"十四五"时期乡村振兴战略实施规划》《关于做好 2022 年全面推进乡村振兴重点工作的实施方案》等乡村振兴战略政策文件，坚持以首都发展为统领，坚持大城市带动大京郊、大京郊服务大城市，推动农业农村高质量发展。本章概述了乡村振兴、传统村落、文化传承、文旅融合发展，提出了本研究的背景与意义，概述了本研究的内容和技术路线，旨在为后续章节开展相关研究铺平道路、打下基础。

1.1　乡村振兴概述

面对全球性乡村衰退的危机，许多国家和地区均致力于推动乡村发展。长期以来，党中央国务院高度重视"三农"问题，对中国农民增收致富、农业稳产增产、乡村地区可持续发展起到了决定性作用。乡村振兴是实现城乡融合发展的重要路径，是国家继城乡统筹和新农村建设之后农村发展面临的又一重要创新和机遇（尹君锋和石培基，2022）。本节提出乡村衰退是国内外面临的重要难题，阐述了中国乡村振兴战略的提出历程，从党中央国务院、北京市两个维度，概述了乡村振兴战略的实施进展。研究成果旨在为后续传统村落研究提供时代背景和实践基础。

1.1.1 乡村衰退是国内外面临的重要难题

（1）乡村衰退是全球治理体系的组成部分

乡村是具有自然、社会、经济特征的地域综合体，兼具生产、生活、生态、文化等多重功能，与城镇互促互进、共生共存，共同构成人类活动的主要空间（中共中央和国务院，2018）。放眼全球，部分世界发达国家，如德国、法国、美国、日本、韩国等经历过农村衰退或者乡村危机迹象；印度、南非、巴西、墨西哥等新兴发展中国家也正出现或经历农村衰退或者农村危机迹象，比较突出的是大量青壮年劳动力流向城市，城市"贫民窟"现象突出，农业发展滞后，城乡之间差距拉大（廖彩荣和陈美球，2017）。因此，在全世界范围内，乡村衰退已成为人类当前共同面临的全球性挑战，成为全球治理体系的一个重要方面，需在全球城市化进程中重视推进乡村振兴（Liu and Li, 2017）。Nature 中的《振兴世界乡村》（Revitalize the World's Coutryside）一文强调，随着全球化、城市化的持续推进，无论是发达国家，还是发展中国家，都探索实施过适合本国国情的应对措施（Liu and Li, 2017），以促进农村振兴、乡村重构和社区建设，更好地支撑城市建设和城镇化的健康发展（刘彦随，2018）。

（2）中国乡村发展落后，矛盾问题突出

中国人口众多，农村底子薄、农业基础差、城乡差距大（刘彦随，2011）。乡村发展落后是发展不平衡不充分的重要表现，也是实现中华民族伟大复兴必须加以弥补的主要短板（刘合光，2018）。进入 21 世纪以来，为破解"三农"问题、缩小城乡差距，中国相继实施了统筹城乡发展、新农村建设、城乡一体化和新型城镇化等宏观战略（李裕瑞等，2014）。但是由于长期积累等原因，乡村发展总体进展和成效仍不明显，有些矛盾和问题仍在不断加剧（刘彦随等，2016；李裕瑞等，2014）。我国仍处于并将长期处于社会主义初级阶段的特征很大程度上表现在乡村，全面建成小康社会和全面建成社会主义现代化强国最艰巨最繁重的任务在农村，最广泛最深厚的基础在农村，最大的潜力和后劲也在农村①。

1.1.2 乡村振兴战略的提出

2017 年 10 月 18 日，党的十九大报告创新提出中国特色社会主义进入新时代。我国社会发展的主要矛盾已经转变为人民日益增长的美好生活需要和不平衡不充分的发展之间的矛盾，农业农村农民问题是关系国计民生的根本性问题，必须始终把解决好"三农"问题作为全党工作的重中之重，提出"实施乡村振兴战略"，提出要坚持农业农村优先发展，按照产业兴旺、生态宜居、乡风文明、治理有效、生活富裕的总要求，建立健全城乡融合发展体制机制和政策体系，加快推进农业农村现代化（习近平，2017）。

---

① 中共中央 国务院印发《乡村振兴战略规划（2018—2022 年）》. https://www.gov.cn/zhengce/2018-09/26/content_5325534.htm.

乡村振兴源于乡村发展的需要，是基于当前乡村发展现实的形势判断，是新时代中国"三农"工作的总抓手（李二玲等，2019；孙馨月和陈艳珍，2020）。乡村振兴是乡村发展、新农村建设和美丽乡村建设的升级版（刘合光，2018）。乡村振兴战略是国家对农村未来改革发展的战略设计和总体部署，是新时期做好"三农"工作的重要遵循（王院成，2018），强调坚持乡村经济、政治、文化、社会、生态文明全面振兴，促进乡村持续健康发展。刘彦随（2018）提出在借鉴国外成功经验的同时，必须立足中国国情、乡村实际，走出一条具有中国特色、时代特点的乡村振兴与城乡融合发展之路；实施乡村振兴战略的核心在于着力破解城乡发展不平衡、农村发展不充分等突出问题，弥补全面建成小康社会的乡村短板。

总体而言，实施乡村振兴战略，必须坚持农业现代化与农村现代化一体设计、共同推进，将乡村振兴摆在新时代中国特色社会主义现代化建设的重要位置，使农业高质高效、乡村宜居宜业、农民富裕富足（刘彦随，2020；尹君锋等，2022）。实施乡村振兴战略，是解决新时代我国社会主要矛盾、实现"两个一百年"奋斗目标和中华民族伟大复兴中国梦的必然要求，具有重大现实意义和深远历史意义①。今后中国"三农"工作的重心将转移到全面推进乡村振兴发展上来，将优先发展农业农村，强化以工补农、以城带乡，推动形成工农互促、城乡互补、协调发展、共同繁荣的新型工农城乡关系（郭远智和刘彦随，2021）。

1.1.3 乡村振兴战略的实施

(1) 党中央国务院大力推动乡村振兴战略实施

自党的十九大报告提出实施乡村振兴战略后，党中央国务院先后出台多项政策以推动乡村振兴战略全面实施（图1-1）。2018年1月2日，中共中央、国务院发布和实施了《中共中央 国务院关于实施乡村振兴战略的意见》，对实施乡村振兴战略进行了全面部署。《中共中央 国务院关于实施乡村振兴战略的意见》提出，全面贯彻党的十九大精神，以习近平新时代中国特色社会主义思想为指导，加强党对"三农"工作的领导，坚持稳中求进工作总基调，牢固树立新发展理念，落实高质量发展的要求，紧紧围绕统筹推进"五位一体"总体布局和协调推进"四个全面"战略布局，坚持把解决好"三农"问题作为全党工作重中之重，坚持农业农村优先发展，按照产业兴旺、生态宜居、乡风文明、治理有效、生活富裕的总要求，建立健全城乡融合发展体制机制和政策体系，统筹推进农村经济建设、政治建设、文化建设、社会建设、生态文明建设和党的建设。（中共中央和国务院，2018）。同年2月，中央农村工作领导小组办公室发布了《国家乡村振兴战略规划（2018—2022年）》，该规划以习近平总书记关于"三农"工作的重要论述为指导，按照产业兴旺、生态宜居、乡风文明、治理有效、生活富裕的总要求，对实施乡村振兴战略作出阶段性谋划，分别明确至2020年全面建成小康社会和2022年召开党的二十大时的目标任务，细化

---

① 中共中央 国务院印发《乡村振兴战略规划（2018—2022年）》. https://www.gov.cn/zhengce/2018-09/26/content_5325534.htm.

实化工作重点和政策措施，部署重大工程、重大计划、重大行动，确保乡村振兴战略落实落地，是指导各地区各部门分类有序推进乡村振兴的重要依据。

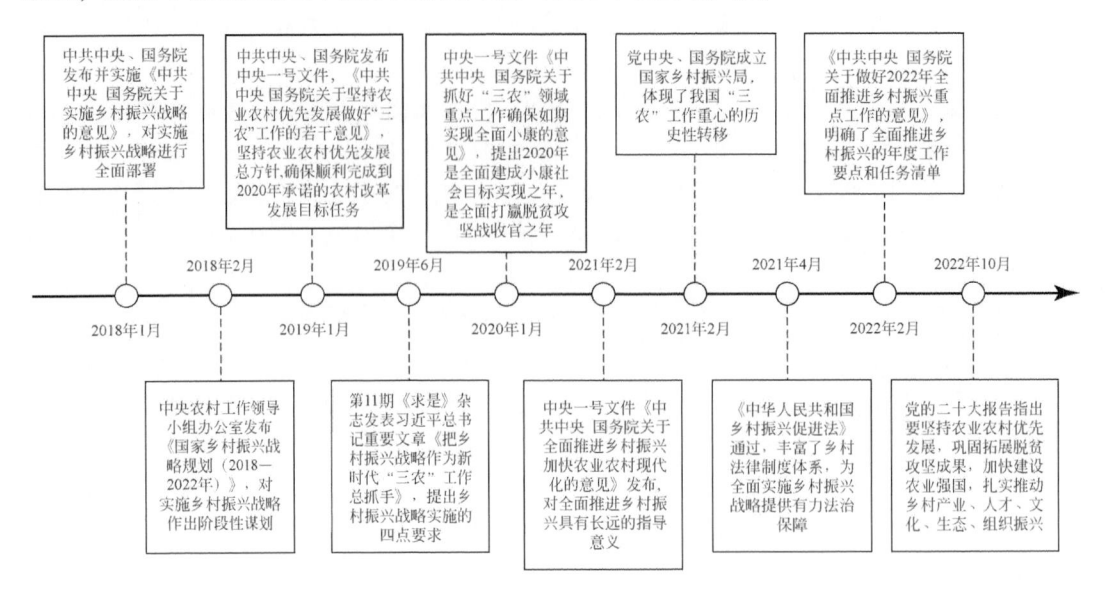

图 1-1　中国乡村振兴战略政策演进
资料来源：中华人民共和国中央人民政府官网、国家乡村振兴局官网

2019 年，中央一号文件《中共中央 国务院关于坚持农业农村优先发展做好"三农"工作的若干意见》发布，指出做好"三农"工作，牢牢把握稳中求进工作总基调，落实高质量发展要求，坚持农业农村优先发展总方针，以实施乡村振兴战略为总抓手，对标全面建成小康社会"三农"工作必须完成的硬任务，全面推进乡村振兴，确保顺利完成到 2020 年承诺的农村改革发展目标任务。2019 年第 11 期《求是》杂志发表了习近平总书记重要文章《把乡村振兴战略作为新时代"三农"工作总抓手》，文章强调，乡村振兴战略是党的十九大提出的一项重大战略，是关系全面建设社会主义现代化国家的全局性、历史性任务，是新时代"三农"工作总抓手。

2020 年，中央一号文件《中共中央 国务院关于抓好"三农"领域重点工作确保如期实现全面小康的意见》发布，提出 2020 年是全面建成小康社会目标实现之年，是全面打赢脱贫攻坚战收官之年。指出应对标对表全面建成小康社会目标，强化举措、狠抓落实，集中力量完成打赢脱贫攻坚战和补上全面小康"三农"领域突出短板两大重点任务，持续抓好农业稳产保供和农民增收，推进农业高质量发展，保持农村社会和谐稳定，提升农民群众获得感、幸福感、安全感，确保脱贫攻坚战圆满收官，确保农村同步全面建成小康社会。

2021 年 2 月 21 日，中央一号文件《中共中央 国务院关于全面推进乡村振兴加快农业农村现代化的意见》发布，指出民族要复兴，乡村必振兴。要坚持把解决好"三农"问题作为全党工作重中之重，把全面推进乡村振兴作为实现中华民族伟大复兴的一项重大任务，举全党全社会之力加快农业农村现代化，让广大农民过上更加美好的生活。为了推进实施乡村振兴战略，2021 年 2 月 25 日，党中央、国务院成立国家乡村振兴局，体现我国

"三农"工作重心的历史性转移。脱贫攻坚成果巩固拓展、防止返贫是当前国家乡村振兴局重要工作。2021 年 4 月 29 日，第十三届全国人民代表大会常务委员第二十八次会议表决通过《中华人民共和国乡村振兴促进法》，该法统筹推进农村经济建设、政治建设、文化建设、社会建设、生态文明建设和党的建设，整体部署促进乡村产业振兴、人才振兴、文化振兴、生态振兴、组织振兴的制度举措。将维护农民主体地位、尊重农民意愿、保障农民合法权益摆在突出位置、贯穿法律始终，真正使农民成为乡村振兴的参与者、支持者和受益者。

2022 年 2 月 22 日，中央一号文件《中共中央 国务院关于做好 2022 年全面推进乡村振兴重点工作的意见》指出，牢牢守住保障国家粮食安全和不发生规模性返贫两条底线，突出年度性任务、针对性举措、实效性导向，充分发挥农村基层党组织领导作用，扎实有序做好乡村发展、乡村建设、乡村治理重点工作，推动乡村振兴取得新进展、农业农村现代化迈出新步伐。2022 年 10 月 16 日，党的二十大报告指出，坚持农业农村优先发展，巩固拓展脱贫攻坚成果，加快建设农业强国，扎实推动乡村产业、人才、文化、生态、组织振兴，统筹乡村基础设施和公共服务布局，建设宜居宜业和美乡村。

（2）北京市大力推动乡村振兴战略实施

2021 年 7 月 31 日，北京市人民政府印发了《北京市"十四五"时期乡村振兴战略实施规划》。该规划深入贯彻了《中共中央 国务院关于全面推进乡村振兴加快农业农村现代化的意见》《中华人民共和国国民经济和社会发展第十四个五年规划和 2035 年远景目标纲要》精神，落实《中华人民共和国乡村振兴促进法》，依据《北京城市总体规划（2016 年—2035 年）》《北京市国民经济和社会发展第十四个五年规划纲要和 2035 年远景目标纲要》《中共北京市委 北京市人民政府关于印发〈北京市乡村振兴战略规划（2018—2022 年）〉的通知》等，系统阐明了市委、市政府关于"三农"工作的战略意图，提出了"十四五"时期推进实施乡村振兴战略的总体思路、具体指标、主要任务和重大举措，是加快农业农村现代化的发展蓝图和行动纲领。

2022 年 3 月，中共北京市委、北京市人民政府印发了《关于做好 2022 年全面推进乡村振兴重点工作的实施方案》，提出 2022 年是党的二十大召开之年，也是深入实施"十四五"规划、推进北京率先基本实现农业农村现代化的重要一年；提出要持续推进农村一二三产业融合发展，要从"国之大者"的高度认识"三农"工作的极端重要性，把"三农"工作作为全市工作的重中之重，走好具有首都特点的乡村振兴之路。北京市发布了 23 项具体措施，全面推进乡村振兴重点工作，具体如表 1-1 所示。

表 1-1 北京市《关于做好 2022 年全面推进乡村振兴重点工作的实施方案》23 项措施

乡村振兴总要求	23 项措施
产业兴旺	切实加强耕地保护和建设
	打造"种业之都"
	强化农业科技支撑
	有效防范应对农业重大灾害
	持续推进农村一二三产业融合发展

续表

乡村振兴总要求	23项措施
生态宜居	扎实推动农村基础设施建设
	接续实施农村人居环境整治提升行动
	推动农业农村绿色发展
	大力推进数字乡村建设
乡风文明	强化乡村基本公共服务供给
	创新农村精神文明建设有效载体
	维护农村社会安全稳定
治理有效	严格落实粮食安全党政同责和"菜篮子"责任制
	抓好农村重点领域改革
	加强农村基层组织建设
	以接诉即办带动提升乡村治理能力
	压实全面推进乡村振兴责任
	建强党的农村工作机构
	加强乡村振兴人才队伍建设
生活富裕	发展壮大农村集体经济
	多措并举促进农民就业
	加大"三农"投入力度
	抓点带面推进乡村振兴全面展开

北京市做好全面推进乡村振兴重点工作，就必须要以习近平新时代中国特色社会主义思想为指导，全面贯彻党的十九大、十九届历次全会精神、党的二十大精神，深入贯彻中央经济工作会议和中央农村工作会议精神，贯彻落实习近平总书记对北京一系列重要讲话精神，坚持稳中求进工作总基调，完整、准确、全面贯彻新发展理念，坚持以首都发展为统领，坚持大城市带动大京郊、大京郊服务大城市，推动农业农村高质量发展，促进共同富裕，坚持和加强党对"三农"工作的全面领导，统筹疫情防控和农村改革发展稳定，突出年度性任务、针对性举措、实效性导向，在城乡融合发展中全面推进乡村振兴，确保农业稳产增产、农民稳步增收、农村稳定安宁，推进北京率先基本实现农业农村现代化。

1.2 传统村落概述

1.2.1 概念辨析

传统村落是传统文化的重要载体和最基本的单元（刘军民和庄袁俊琦，2017），是中华文化的核心表征，其承载了大量的历史文化信息，铸就了辉煌灿烂的乡村文化遗产。保护传统村落、活化乡村文化遗产，有助于建设社会主义文化强国，传承中华优秀传统文化。2012年4月，由住房和城乡建设部、文化部、财政部三部门下发通知，联合开展中国传统村落调查，经各省市相关领导团队初步调研数字汇总得到现有传统村落近12 000个（冯骥才，2013），该调研对中国传统村落保护与发展具有里程碑意义。一方面，该调研正式将古村落界定为传统村落，意味着中国愈发重视乡村文明传承及乡土文化的保护；另一方面，体现了中华文化的包容性和兼收并蓄，中国各民族各具特色的地域文脉，塑造了独具一格的民族文化特色，传统村落对文化的传承与保护，亦是各民族文化的延续和传承。

传统村落作为活化的文化遗产，承载了大量的历史记忆、人文生态、建筑美学和社会发展轨迹（张浩龙等，2017）。学者们对传统村落的概念进行不同的界定，传统村落应该是承载了大量历史信息，文化生态源头清晰和完备，物质和非物质文化遗产相对丰富，地域特征显著的居民点（张浩龙等，2017）；也有学者认为传统村落是巨大的文化宝库，储藏了大量的非物质的精神文化遗产，并提出传统村落保护的两种新方式，即古村落区保护和露天博物馆保护（冯骥才，2015）；《现代汉语词典》解释"村落"即村庄，是农民聚居的地方，是聚落的一种基本类型；"传统"则是指世代相传、具有特点的社会因素，如风俗、道德、思想、作风、艺术、制度等，是历史发展继承性的体现（屠李等，2016）；Chen X H等（2020）认为传统村落是传统村落文化的物化，是一种文化现象，它与所处的自然环境、经济环境、社会环境共同构成了传统村落文化生态系统；胡燕等（2014）提出传统村落文化内涵涉及传统建筑格局的完整保护、村落选址具有地域文化特色、非物质文化遗产要实现活态传承，这三个标准成为第一批传统村落名单确定的重要评定指标。

住房和城乡建设部等部门将传统村落界定为村落形成较早，拥有较为丰富的传统资源，具有一定历史、文化、科学、艺术等价值，应予以保护的村落①。该定义将古村落、传统聚落、古村庄等不同的称谓界定了统一名称，利于后期关于传统村落理论的探讨与探究，利于学者展开科学研究，也实现了传统村落的评定标准、筛选机制等的一致性和标准化，对学术研究或实践保护都具有十分重要的指导意义。该定义成为后来研究的主流定义，本书也采用住房和城乡建设部等部门对传统村落的概念界定。

综上所述，传统村落虽有各类定义，但所有的定义有一个共性，强调文化内涵和文脉传承。传统村落作为活态的文化传承，更强调农耕文明完整存续状态，既要实现物质文化遗产的保护，更要实现非物质文化遗产的保护与传承。

1.2.2 发展历程

我国传统村落保护始于20世纪80年代，同济大学阮仪三教授主持开展了"江南水乡古镇调查研究及保护规划"，揭开了保护的序幕（林喜兴，2016）。2003年住房和城乡建设部等部门开展了历史文化名村的认定工作，经过七批的认定流程，确定中国历史文化名村数量为487个（数据截至2022年10月6日），历史文化名村的认定工作对传统村落的保护与发展奠定了基础。此外，2006年国务院设立了历史文化保护区制度，该制度的出台

---

① 住房城乡建设部 文化部 国家文物局 财政部关于开展传统村落调查的通知. https://www.gov.cn/zwgk/2012-04/24/content_2121340.htm.

对于传统村落的划区保护产生了较大的推动作用。同年,国内外对传统村落保护感兴趣的专家学者齐聚西塘,召开了中国传统村落保护国际高峰论坛并通过《西塘宣言》。作为全国第一个以保护传统村落为主题的国际学术会议,它意义重大,有着深远的影响力,对推动全国传统村落保护起到积极的引领作用(唐娜和杨扬,2021)。2012年住房和城乡建设部联合其他部委共同开展传统村落的认定工作,公布了第一批中国传统村落名录,并将古村落正式确定为传统村落。后期又经过了五次传统村落名录的认定,截至2023年3月,共认定了六批8155个传统村落,我国传统村落保护与发展的格局正在形成。图1-2是中国传统村落保护利用政策演进历程。

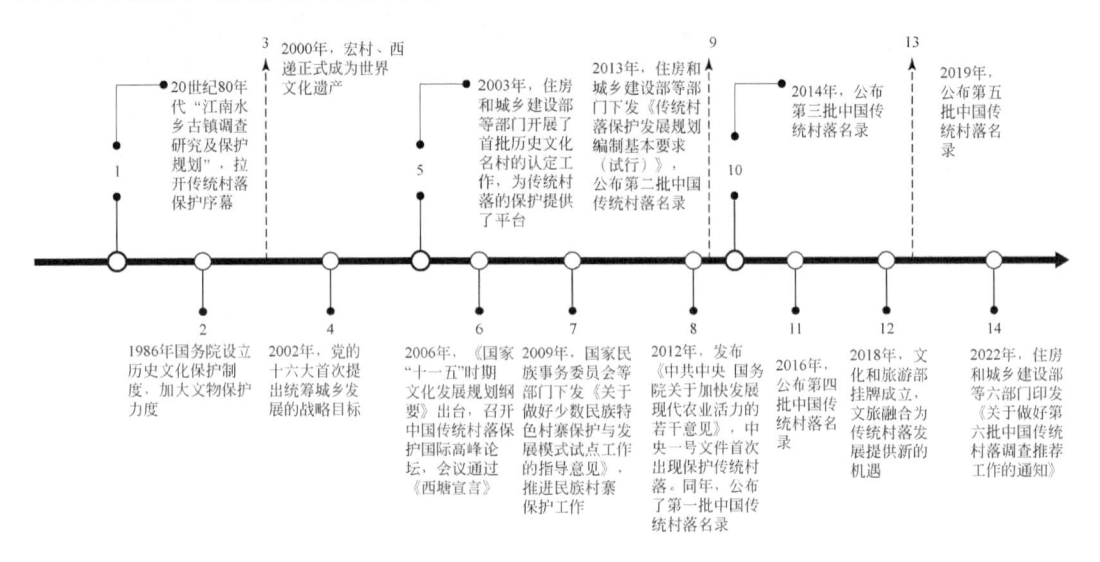

图1-2 中国传统村落保护利用政策演进历程

资料来源:中华人民共和国中央人民政府官网、住房和城乡建设部官网

国内学界对传统村落的研究始于1991年,殷永达(1991)对徽州传统村落的水口模式及文化内涵进行了梳理与分析。中山大学的张浩龙等(2017)将国内传统村落的研究划分为三个阶段,即研究起步阶段(1996年之前)、研究发展阶段(1996~2005年)、研究活跃阶段(2005年以后),并指出目前国内传统村落的相关研究主要聚焦在村落价值、文化景观、空间形态、保护开发等内容,未来应从研究尺度、研究领域、研究方法及研究对象方面深入拓展。中国矿业大学的张潇等(2020)以WOS(Web of Science)中与传统村落相关的文献作为数据来源,以CiteSpace作为计量分析软件梳理了国外传统村落的相关文献研究。研究结果表明,法国、德国、英国等欧洲国家发文的国际影响力较大,美国和中国的被引率最高,研究价值最高的论文内容集中在生态及资源环境保护方面,其次是土地利用及村民参与方面。显然,国内外学者对传统村落的研究同产业界保持一致性,随着国家对传统村落重视程度的不断提高,学者对传统村落关注的视角和尺度也在不断发生变化。

1.2.3 发展现状

传统村落蕴含丰富的民族文化、农耕文化，随着时间的流逝，村落的传统文化不断延续更迭。在国家部委及社会各界力量的组织协作下，我国传统村落的保护产生了一定成效。截至 2022 年我国已确定六批中国传统村落名录，整体来看，全国 31 个省（自治区、直辖市，不包括香港、澳门和台湾）均有传统村落的分布，其中山西省、浙江省、福建省、湖南省、贵州省和云南省传统村落数量均在 500 个以上，北京市、天津市、内蒙古自治区、黑龙江省、吉林省、辽宁省、江苏省、海南省、西藏自治区、上海市、宁夏回族自治区、新疆维吾尔自治区传统村落数量均在 100 个以下，其中上海市传统村落数量最少，仅 5 个。从分布区域来看，西南地区传统村落数量最多，华东地区和华中地区次之，东北地区传统村落整体分布数量上是最少的。中国传统村落的空间分布呈现聚集态为主、分散态为辅，且区域分布不均衡特点（许建和等，2021），其中气候对传统村落空间分布影响最大，其次是地理因素中的海拔（Wu et al.，2021）。

当下，我国传统村落的保护工程逐渐取得实质性效果，产生了较好的社会、文化、经济、生态环境等效应。原有的破落村庄已经有不少实现了传统村落的复兴，传统村落人口回流、传统村落文化传承后继有人的局面正在形成。以入选第二批中国传统村落名录的袁家村为例，袁家村是中华人民共和国成立以后周边最穷的乡村，直到 20 世纪 70 年代末袁家村依然以农业作为主要的生计手段，80 年代开始设厂，人们的生活得到了一定的提升。随着进入 21 世纪，袁家村原有的人力资源优势逐渐削弱、环境污染问题严重，导致袁家村经济开始走下坡路，人口开始溢出。2007 年袁家村走乡村旅游发展道路，2013 年入选第二批中国传统村落名录，袁家村将传统村落塑造为袁家村的金字招牌，建立了信任机制体系，村人口从 268 人增加到 2000 多人，一跃成为关中第一村。众所周知，袁家村没有丰富的传统村落文化遗产却吸引了大量人员定居，焕发了村落活力，打造了袁家村发展模式。因此，这个案例对于理解中国基于乡村旅游的传统村落复兴具有代表性（Gao and Wu，2017）。此外，广西的纳禄村具有堪舆文化、皇祖文化，是一个有丰富传统文化遗产的村落，也是第一批中国传统村落之一。该村在 2005 年遭遇洪水，导致村落的建筑及空间受到损毁，灾后重建的过程中村民忽视了传统村落的保护与发展，逐渐造成纳禄村无人问津、破败不堪。该村入选中国传统村落名录后，对古建筑进行保护和修复，政府通过一份合同租赁古建筑的方式进行保护和利用（Qin and Leung，2021）。在政府的支持下，纳禄村保护传统古建，培育乡风文明，大力发展乡村旅游，以乡村旅游为手段助力传统村落的发展。根据象州县罗秀镇人民政府发布的数据可知，该村 2021 年接待游客 10 万余次，旅游年收入 300 多万元，促进周边群众年人均增收 8000 元[①]。

---

① http://www.xiangzhou.gov.cn/zwdt/xzyw/t10811645.shtml.

1.2.4 存在困境

(1) 村落空心化造成遗产保护传承危机

中国乡土社区的单位是村落（费孝通，2015），家庭是最基本的生产生活单位，家庭之间因宗族、血脉关系形成特定的文化村落，并在时代的发展浪潮中不断更迭。在第一次工业革命、第二次工业革命、改革开放、全球化等历史事件的影响下，乡村原有的生产生活方式逐渐被打破，村落原有的生产格局出现破裂。根据2020年第七次全国人口普查数据可知，我国目前城镇化率为63.9%，2010年为49.7%，城市化对中国传统村落产生了较大的冲击。一方面，在城市化浪潮的影响下，各种类型的基础公共设施破坏乡村原有的生产生活格局，部分地区开展的征地拆迁、撤村并点措施大力推进城市化，城市文明不断席卷和冲击农耕文明，乡村文化与城市文化互相交融，在城市工业文明的强势冲击下，传统村落文化传承出现了断裂，传统村落文化遗产保护与利用逐渐走向下坡路；另一方面，农村人力资本大量流入城市，失去原住民的村落逐渐衰败，留在村落中的原住民更多的是老年人，村落的年轻人屈指可数，村落文化在循环往复中不断消失和衰退。

此外，乡村主体的流失会造成人口空心化，人口空心化导致传统的非物质文化遗产的传承出现断裂，进而影响文化空心化。Liu 和 Xu（2021）指出我国99%以上的传统村落人口空心化指数大于0.7，人口空心化是传统村落空心化的根本原因。全球气候变暖、自然灾害等灾害会破坏传统村落的整体建筑风貌。当建筑整体格局受自然灾害影响出现损坏时，会导致传统建筑空心化。文化、人口、建筑的空心化对传统村落的发展无疑是灭顶之灾，因此，要格外重视传统村落空心化问题，避免破坏村落文化遗产，更好地传承和弘扬中华农耕文明。

(2) 旅游开发导致文化遗产原真性弱化

旅游开发是保护还是破坏历来是争论的焦点，冯骥才先生曾指出全面旅游化会破坏传统村落。当下，我国乡村旅游逐渐成为新的旅游形式，各地推出乡村微度假、露营旅游、乡村夜游、乡村夜宿等产品，吸引了大量的旅游者前往乡村。2020年全国乡村休闲旅游接待游客约26亿人次，营业收入6000亿元，吸纳就业1100万人，带动农户800多万。传统村落自然风光良好，生产生活模式独具特色，通过开发旅游促进就业和经济增长，完善村落的基础设施建设和人居环境工程，焕发传统村落的生命力与活力，实现传统村落文化遗产的复兴。

然而，在传统村落旅游开发的过程中，有的地方过于追求经济发展的速度，过度商品化、全面旅游化引起了村落文化遗产趋同化，导致村落逐渐失去原有特色。当外来文化成为主流文化时，传统村落发展无法正确处理旅游者需求和文化真实性之间的矛盾，传统村落文化遗产的发展就会缺乏本真性和完整性，这就会导致传统村落文化遗产的趋同，甚至失去原真性。因此，各地传统村落在进行旅游开发的过程中必须正确处理文化遗产原真性保护和创新发展之间的矛盾，尊重历史，尊重遗产，让村落文化遗产在正确的开发利用中熠熠生辉。

(3) 利益博弈引起村民边缘化

传统村落的发展涉及政府、开发商、社会团体、村民、旅游者等主体，随着不同主体的介入，传统村落各方力量博弈随即展开。前期发展阶段，当地村民因原住民优势占据主体地位，在村落发展中具有较大的自主权利，随着政府、开发商、旅游者的介入，原住民容易失位、缺位，这也就导致传统村落发展过程中乡风文明、村落约定俗成的规矩、村落生活方式等发生改变，进一步影响传统村落文化遗产的保护与传承。有研究表明，不同的利益主体对传统村落文化遗产保护的满意程度、认同程度是不同的，也从侧面反映了村民主体的重要性（唐承财等，2021a）。传统村落中的原住民是传统村落的主体，应该得到重点关注，而不是将其排除出利益圈层，只讲传统村落建筑的完整性保护，不讲传统村落人文的完整保护。

目前我国传统村落的保护主要是政府整体协调，以财政拨款的形式给予传统村落发展的财政补贴，开发商以资金入股介入传统村落的开发和运营，学者从技术层面提出开发保护的具体措施建议，社会团体通过捐赠等手段给予传统村落发展支持。这是一种典型的自上而下、由外而内的发展模式，后期的发展中如果开发商介入较多，开发商在传统村落发展中将占据主体地位，在以营利为目的的开发模式下，传统村落的延续和传承会变得十分困难。因此，传统村落保护与传承应该形成自上而下和自下而上相结合的发展模式，村民是传统村落的主体，他们在传统村落的发展中仍应该占主位地位，应该发挥村民内部的内生效应，培育新乡贤、乡村能人等推动传统村落高质量发展。

1.3 文化传承概述

1.3.1 文化传承概念辨析

（1）文化与传承的概念

正确理解文化和传承的语意与内涵是认识、理解文化传承的关键所在。文化是一个国家与民族的灵魂，关于文化的定义不可胜举，其中英国人类学家泰勒对文化的定义最为经典，他从广泛的民族学意义出发，指出文化或文明是包括全部的知识、信仰、艺术、道德、法律、风俗以及作为一个社会成员的人所掌握和接受的任何其他的才能和习惯的复合体（泰勒，2005）。传承一词首先被运用于民俗学研究中，商务印书馆1996年版的《现代汉语词典》将传承这一词条简短地定义为"传授和继承"。

（2）文化传承的概念

文化是在传承中得到发展延续的，文化传承实质上是一种文化的再生产。国外有学者将文化传承定义为一种以通过交流、模仿、教学、学习等方式存储和传递信息为特征的继承系统（Peedicayil，2021）。国内学者对文化传承的概念界定并没有一个统一的标准，赵世林（2002a）认为文化传承是文化在民族共同体内的社会成员中作接力棒似的纵向交接的过程；张继梅（2013）认为文化传承即社会文化的传继，是文化的"历时性"传播，是文化在诸如民族等社会群体的代际成员间作接力棒似的纵向传继的过程，这个过程强调的是文化在时间上的世代传递，即从一代人到另一代人的纵向传继，并不断与现代文化碰撞、融合。

（3）传统村落文化传承

文化传承需要一定的物质载体，以传统村落为例，其文化传承就是以传统村落为载体。传统村落文化则是指在传统村落地区具有地域和地方特色的物质文化和非物质文化的总和（王发奎等，2022）。传统村落文化包括有形文化、无形文化，有形文化涵盖古建筑、生产劳动工具、传统工艺品等物质文化产品；无形文化包括礼仪文化等非物质文化，主要表现为村落原住民的生活生产习惯等（任映红，2019）。传统村落文化传承可以通俗地理解为遗迹文物、传统民居等传统文化景观和承接民俗等传统文化技艺在居民共同体内部代际间的纵向传承过程（杨立国和刘沛林，2017）。

1.3.2 文化传承核心内容

（1）物质文化传承

物质文化是指文化的物质形态，诸如艺术史、考古学、人类学等都会研究到物质文化。物质文化可以被描述为人类用来生存、定义社会关系、代表身份的方方面面，或者有利于人们的精神状态、社会或经济地位的任何物品（Buchli，2004）。《保护世界文化与自然遗产公约》将具有突出的普遍价值的物质文化归类到物质文化遗产，其内容包括历史文物、历史建筑以及人类文化遗址。中国在为保护传承物质文化方面，制定了《中华人民共和国文物保护法》，加入了《保护世界文化与自然遗产公约》。此外，2002年，文化部、国家文物局、国家计划委员会、财政部、教育部、建设部、国土资源部、国家环境保护总局、国家林业局向各地方政府发布了《关于加强和改善世界遗产保护管理工作的意见》。表1-2为物质文化遗产分类。

表1-2 物质文化遗产分类

分类	具体内容
历史文物	从历史、艺术或科学角度看，具有突出的普遍价值的建筑物、碑刻和雕塑、书籍、书法与绘画，具有考古性质成分或结构、铭文、洞窟以及联合体
历史建筑	从历史、艺术或科学角度看，在建筑式样、分布均匀性或与环境景色结合方面具有突出的普遍价值的独立或连接的建筑群
人类文化遗址	从历史、审美、人种学或人类学角度看，具有突出的普遍价值的人类工程或自然与人联合工程以及考古等区域

（2）非物质文化传承

非物质文化是指文化的非物质形态，是有艺术价值或历史价值的文化，是人类在社会历史实践过程中所创造的各种精神文化。非物质文化遗产在人类非物质文化传承和保护人类文化多样性上具有特殊意义（贺云翱，2007）。根据《保护非物质文化遗产公约》，非物质文化遗产的五大"领域"包括：①口头传统和表达方式，包括作为非物质文化遗产载体的语言；②表演艺术；③社会实践、仪式和节日活动；④有关自然和宇宙的知识和实践；⑤传统手工艺。

在保护传承非物质文化方面，中国制定了《关于加强我国非物质文化遗产保护工作的意见》，建立了国家级、省级、市级、县级非物质文化遗产名录。国务院先后于2006年、2008年、2011年、2014年和2021年公布了五批国家级非物质文化遗产名录，国家级非物质文化遗产名录将非物质文化遗产分为十大门类，其中五个门类的名称在2008年有所调整，并沿用至今。十大门类分别为：①民间文学；②传统音乐；③传统舞蹈；④传统戏剧；⑤曲艺；⑥传统体育、游艺与杂技；⑦传统美术；⑧传统技艺；⑨传统医药；⑩民俗。表1-3为非物质文化遗产分类。

表1-3 非物质文化遗产分类

分类	具体内容
口头传统和表达方式	谚语、谜语、故事、童谣、传说、神话、史诗歌曲和诗歌、祈祷、圣歌、歌曲、戏剧表演等
表演艺术	声乐和器乐、舞蹈和戏剧、哑剧、歌谣等
社会实践、仪式和节日活动	崇拜仪式；成年仪式；出生、婚礼和葬礼仪式；动物祭祀；效忠誓言；传统法律制度；传统游戏和体育；亲属关系和亲属仪式；定居模式；烹饪传统；季节性仪式；仅针对男性或女性的做法；狩猎、捕鱼和采集做法等
有关自然和宇宙的知识和实践	社区通过与自然环境相互作用而形成的知识、诀窍、技能、实践和表现形式。对宇宙的思考方式通过语言、口头传统、对一个地方的依恋感、记忆、精神和世界观来表达
传统手工艺	工具、服装和珠宝；节日和表演艺术的服装和道具；储存容器，用于储存、运输和庇护的物品；装饰艺术和仪式物品；乐器和家用器皿，以及用于娱乐和教育的玩具等

1.3.3 文化传承发展现状

（1）文化传承制度趋于完善

国家、地区或地方社会层面的机构以及政策法规等为文化传承提供了坚实的制度保障。1945年，联合国教育、科学及文化组织（简称联合国教科文组织）成立，是世界文化和科学的协调中心，自成立以来一直致力于协助翻译和传播世界文学，帮助建立和保护具有文化和自然重要性的世界遗产，努力弥合全球数字鸿沟，并通过信息和通信创建包容性知识社会。除此之外，各国也设立专门的机构保护与传承文化，如中国的国家文物局、美国的国家历史遗迹登记处、南非的遗产资源局、印度的国家档案馆、肯尼亚的国家博物馆等。在与文化传承相关的政策法规上，法国于1840年颁布了世界上制定最早的历史文化遗产保护法——《历史性建筑法案》。日本在1950年颁布了《文化财保护法》，规定了对文化财认定与管理、保护的方法，最早关注到非物质文化传承，还设有文化财保护文员会（青峥，2007）。韩国自20世纪60年代开始着力于传统民族、民间文化的搜集和整理，并于1962年制定了《文化财保护法》。中国在1982年通过《中华人民共和国文物保护法》并对其进行多次修订，作为一个文化大国，中国始终在文化传承上不忘初心、砥砺前行。文化传承制度经过系统性和完整性的发展已日趋完善，但在未来依旧需要做出动态调整。

（2）文化传承方式日新月异

在面临气候变化、自然灾害、政策不善或基础设施不足等潜在灾难时，传统文化的传承方式难以发挥实际作用，现阶段数字化传承方式已成为不可阻挡的国际趋势。很多历史文物和文化遗址由于其年代久远、环境条件不佳，经常容易受到破坏。因此，需要将文化遗产数字化，3D扫描仪可以生成高精度的数字参考模型。数字化的传承方式在文化保护领域已成为现实，如史密森尼美国艺术博物馆通过 X 3D Explorer 将藏品数字化；中国利用数字人文技术，对岩画文化遗产进行数字人文保护与研究（束锡红，2022）。毋庸置疑，以数字化技术为导向，结合传统手段，已成为新时代文化保护与传承的必然选择。

（3）文化传承使命任重道远

经济的全球化发展、现代化进程的加快，既为文化传承带来了机遇，又为文化传承带来了挑战。以文化传承的数字化方式为例，虽然数字化的快速发展为文化传承带来了极大的便利，但通过挖掘获得的考古数据的数字存档水平很低的情况仍然存在，即使在20世纪90年代建立具有考古学数据服务的领先数字档案馆的英国也是如此（Richards，2021）。在全球范围内，各国在处理数字文化档案方面处于不同阶段，在处理法定要求、档案和基础设施的合法所有权方面存在差异（Tsang，2021），数字化存档仍远未达到标准。除此之外，还存在非遗传承后继乏人、部分文化濒临消失等问题，文化传承是一项复杂且需要长期坚持的工作，世界各地在探寻文化传承的有效途径、强化对传承人的管理、完善文化立法保障等方面仍需长远的努力。

1.4 文旅融合发展概述

1.4.1 概念内涵辨析

（1）文旅融合概念

文化是灵魂，旅游是载体，二者共生共荣。文化为旅游发展提供资源支撑和内涵供给，旅游为文化的活化利用提供发展空间。文旅融合发展将实现文化的再发展与再创造，进一步丰富文化的内涵，拓展文化的外延（龙井然等，2021）。文旅融合是指文化产业、旅游产业及相关要素的互相渗透、交叉汇合或整合重组，使得原有的产业边界或要素领域收缩、模糊甚至消失，逐渐形成新文旅体系的过程（朱媛媛等，2022），主要包含理念、职能、资源、产品、业态、要素、价值等领域的深层次融合（范周，2019；王秀伟，2021）。

（2）文旅融合的多维度

产品融合、业态生成、要素集聚与价值融合是文旅融合的重要内容。具体而言：①产品融合维度是文化和旅游产品基于功能和价值属性的融合维度，包括文化和旅游在产品设计、产品生产、产品营销和产品消费层面的融合。产品功能和价值的复合性模糊了文化产品和旅游产品之间的固有边界。②业态生成维度是市场主体在产品供给方式、经营形式、组织形态方面进行的融合。文旅业态融合以产品融合为核心，在融合型产品的基础上调整文化和旅游产品之间的价值关系，固定价值形态，最终形成融合型的产业形态。③要素集聚维度是在支撑文旅融合发展的生产要素之间进行的集聚融合。文化和旅游生产要素包括艺术、民俗、旅游资源、土地、资金、技术、劳动力、数据等，为文旅融合提供了要素内核与外部支撑。④价值融合维度是文旅融合的最终诉求和根本遵循。价值融合维度与文旅融合系统之间是一种双向互动关系，价值融合维度在文旅融合中发挥着提供价值标的、推动理念创新、协调融合关系的作用，文旅融合持续演进过程中不断创造的经济价值、社会价值、文化价值是构成价值融合维度的重要内容（王秀伟，2021）。

（3）文旅融合的主要特征

文旅融合呈现以下主要特征：第一，文旅融合是动态化的融合过程。文旅融合的各要素之间发生联系、交叉、渗透与重组，产业边界日益模糊，构建全新的文旅产业体系，而文化与旅游产业在价值观念、业务模式、运作流程等方面的差异性使得文旅融合必定经历一个动态化的磨合和优化过程（王庆生等，2019）。第二，文旅融合是系统性的融合过程。文旅融合需从多维度进行融合，要实现文旅自身融合与跨界融合，构筑多元化立体化的融合空间（李志龙，2019）。第三，文旅融合是创新性的融合过程。文旅融合强调互补化的产业价值创新。挖掘两大产业的优势要素，使之通过融合进行功能建构和价值创新，建设新型的文旅产业价值链，借此延伸文旅价值，推动文旅转型升级（张祝平，2021）。

1.4.2 文旅融合发展历程

文旅融合的发展主要经历了初级萌芽阶段（1993~2008年）、起步探索阶段（2009~2017年）、全面发展阶段（2018年至今），呈现明显的政策导向性。我国文旅融合发展主要事件梳理如表1-4所示。

表1-4 我国文旅融合发展主要事件梳理

发展阶段	年份	主要事件
初级萌芽阶段（1993~2008年）	1993	国家旅游局出台的《关于积极发展国内旅游业的意见》提出国内旅游业的兴起和发展，满足了人民群众日益增长的物质文化需求，首次从国家层面强调旅游发展对人民群众文化需求的重要性
	1997	党的十五大报告指出发展面向现代化、面向世界、面向未来的，民族的科学的大众的社会主义文化，从国家层面提出文化建设的重要性
	2001	第九届全国人民代表大会第四次会议审议通过了《中华人民共和国国民经济和社会发展第十个五年计划纲要》，"文化产业"首次被写入中央文件
	2002	党的十六大报告提出积极发展文化事业和文化产业，并指出发展文化产业是市场经济条件下繁荣社会主义文化、满足人民群众精神文化需求的重要途径，强调了文化产业对人民精神文化的重要性
	2006	第十届全国人民代表大会第四次会议审议通过的《中华人民共和国国民经济和社会发展第十一个五年规划纲要》指出继续推进红色旅游，从红色文化的视角提出旅游发展战略
	2007	党的十七大报告提出推动社会主义文化大发展大繁荣，指出加强乡村文化设施建设，从国家层面表明乡村文化建设的重要性

续表

发展阶段	年份	主要事件
起步探索阶段（2009~2017年）	2009	文化部和国家旅游局联合发布《文化部 国家旅游局关于促进文化与旅游结合发展的指导意见》，提出文化是旅游的灵魂，旅游是文化的重要载体，加强文化和旅游的深度结合，首次在国家政策文件中对文化与旅游的关系做出了重要论述，提出文旅融合的发展战略
		国务院出台的《国务院关于加快发展旅游业的意见》提出大力推进旅游与文化的融合发展，丰富旅游文化内涵，培育新的旅游消费热点
	2011	第十一届全国人民代表大会第四次会议审议通过的《中华人民共和国国民经济和社会发展第十二个五年规划纲要》指出深度开发文化旅游，大力发展红色旅游
	2012	党的十八大报告指出文化实力和竞争力是国家富强、民族振兴的重要标志，提出促进文化和科技融合，发展新型文化业态，提高文化产业规模化、集约化、专业化水平
	2016	第十二届全国人民代表大会第四次会议审议通过的《中华人民共和国国民经济和社会发展第十三个五年规划纲要》在提出发展文化旅游战略的基础上进一步指出促进文化与科技、信息、旅游、体育、金融等产业融合发展
		国务院出台的《"十三五"旅游业发展规划》明确指出促进旅游与文化融合发展，提出很多具体发展措施
	2017	党的十九大报告指出实施乡村振兴战略、促进农村一二三产业融合发展、健全现代文化产业体系和市场体系，创新生产经营机制，完善文化经济政策，培育新型文化业态，首次从国家层面提出农村一二三产业融合的战略
全面发展阶段（2018年至今）	2018	文化部和国家旅游局合并组建为文化和旅游部，表明了国家对文化产业与旅游产业融合发展的坚定决心，标志着文化产业与旅游产业进入全面融合发展新阶段
		国务院出台的《国务院办公厅关于促进全域旅游发展的指导意见》着重强调了文旅融合对提升旅游品质的重要意义
	2021	第十三届全国人民代表大会第四次会议审议通过的《中华人民共和国国民经济和社会发展第十四个五年规划和2035年远景目标纲要》专设一节内容指出推动文化和旅游融合发展，坚持以文塑旅、以旅彰文，打造独具魅力的中华文化旅游体验
	2022	国务院出台的《"十四五"旅游业发展规划》指出加强文化和旅游业态融合、产品融合、市场融合、服务融合，促进优势互补、形成发展合力
		党的二十大报告指出坚持以文塑旅、以旅彰文，推进文化和旅游深度融合发展

（1）初级萌芽阶段（1993~2008年）

1993年，国家旅游局出台的《关于积极发展国内旅游业的意见》提出国内旅游业的兴起和发展，满足了人民群众日益增长的物质文化需求，首次从国家层面强调旅游发展对人民群众文化需求的重要性。1997年，党的十五大报告指出发展面向现代化、面向世界、面向未来的，民族的科学的大众的社会主义文化，从国家层面提出文化建设的重要性。2001年，第九届全国人民代表大会第四次会议审议通过了《中华人民共和国国民经济和社会发展第十个五年计划纲要》，"文化产业"首次被写入中央文件。2002年，党的十六大报告提出积极发展文化事业和文化产业,并指出发展文化产业是市场经济条件下繁荣社会主义文化、满足人民群众精神文化需求的重要途径,强调了文化产业对人民精神文化的重要性。2006年,第十届全国人民代表大会第四次会议审议通过的《中华人民共和国国民经济和社会发展第十一个五年规划纲要》指出继续推进红色旅游,从红色文化的视角提出旅游发展战略。2007年,党的十七大报告提出推动社会主义文化大发展大繁荣,指出加强乡村文化设施建设,从国家层面表明乡村文化建设的重要性。

在这一时期,旅游发展与文化建设的重要关系、乡村文化对乡村建设的重要作用、文化发展的重要性逐渐突显,但是文化与旅游的关系与融合尚未得到国家层面的积极关注与重要论述,文旅融合发展处于初级萌芽阶段。

(2) 起步探索阶段(2009~2017年)

2009年,文化部和国家旅游局联合发布《文化部 国家旅游局关于促进文化与旅游结合发展的指导意见》,提出文化是旅游的灵魂,旅游是文化的重要载体,加强文化和旅游的深度结合,首次在国家政策文件中对文化与旅游的关系做出了重要论述,提出文旅融合的发展战略。同年,国务院出台的《国务院关于加快发展旅游业的意见》提出大力推进旅游与文化的融合发展,丰富旅游文化内涵,培育新的旅游消费热点。2011年,第十一届全国人民代表大会第四次会议审议通过的《中华人民共和国国民经济和社会发展第十二个五年规划纲要》指出深度开发文化旅游,大力发展红色旅游。2012年,党的十八大报告指出文化实力和竞争力是国家富强、民族振兴的重要标志,提出促进文化和科技融合,发展新型文化业态,提高文化产业规模化、集约化、专业化水平。2016年,第十二届全国人民代表大会第四次会议审议通过的《中华人民共和国国民经济和社会发展第十三个五年规划纲要》在提出发展文化旅游战略的基础上进一步指出促进文化与科技、信息、旅游、体育、金融等产业融合发展。同年,国务院出台的《"十三五"旅游业发展规划》明确指出促进旅游与文化融合发展,提出很多具体发展措施。2017年,党的十九大报告指出实施乡村振兴战略、促进农村一二三产业融合发展、健全现代文化产业体系和市场体系,创新生产经营机制,完善文化经济政策,培育新型文化业态,首次从国家层面提出农村三产融合的战略。

在这一时期,国家从政策层面明确表述文化与旅游的关系,开始大力推动文化和旅游融合,提出许多具体发展措施,并从乡村振兴的视角强调三产融合的重要性,进入文旅融合发展的起步探索阶段。

(3) 全面发展阶段(2018年至今)

2018年,文化部和国家旅游局合并组建为文化和旅游部,表明了国家对文化产业与旅游产业融合发展的坚定决心,标志着文化产业与旅游产业进入全面融合发展新阶段。同年,国务院出台的《国务院办公厅关于促进全域旅游发展的指导意见》着重强调了文旅融合对提升旅游品质的重要意义。2021年,第十三届全国人民代表大会第四次会议审议通过的《中华人民共和国国民经济和社会发展第十四个五年规划和2035年远景目标纲要》专设一节内容指出推动文化和旅游融合发展,坚持以文塑旅、以旅彰文,打造独具魅力的中华文化旅游体验。同年,国务院出台的《"十四五"旅游业发展规划》指出加强文化和旅游业态融合、产品融合、市场融合、服务融合,促进优势互补、形成发展合力。2022年,党的二十大报告指出坚持以文塑旅、以旅彰文，推进文化和旅游深度融合发展。

在这一时期，国家积极出台文旅融合发展政策，多次强调文旅融合共生关系，广泛落实文旅融合发展战略，大力提倡文旅融合发展实践，进入文旅融合的全面发展阶段。

1.4.3　文旅融合发展现状

文旅融合发展是文化与旅游双重发展的制度优化和战略选择，是实现文化产业与旅游产业协调发展的生动实践和最优路径，是新形势下文化和旅游产业发展的必然选择（黄先开，2021）。当前文旅融合发展主要呈现以下现状。

(1)　文旅融合理念已形成各方共识

第一，在政府主体层面。各地政府都将文旅融合写进政府工作报告，纳入发展规划，形成大抓文旅产业的浪潮。2022 年，北京市政府工作报告指出焕发文化创新活力，精心设计旅游产品，优化提升旅游线路，做深做优文旅服务；上海市政府工作报告指出积极发展古镇游、工业游、乡村游等文旅业态和产业集群，深入推进文旅消费试点，基本建成"文旅通"智能中枢；浙江省政府工作报告指出深化文旅融合，加快大运河国家文化公园、四条诗路文化带建设；广东省政府工作报告指出深化文旅融合和全域旅游发展，积极发展红色旅游、乡村旅游、文博旅游、海岛旅游。2021 年以来，各省市纷纷出台"十四五"时期的文旅融合发展规划，如《北京市"十四五"时期文化和旅游发展规划》《上海市"十四五"时期深化世界著名旅游城市建设规划》《广东省文化和旅游发展"十四五"规划》《江苏省"十四五"文化和旅游发展规划》《河南省"十四五"文化旅游融合发展规划》等。

第二，在市场主体层面。全国各地已经组建了数以百计的文旅集团，包括国有企业、民营企业等，推出了文旅融合发展基金，文旅集团、文旅开发公司、文旅投资公司等市场主体纷纷登场（冯学钢和梁茹，2022），文旅市场如火如荼。

第三，在旅游者与居民主体层面。2021 年，文化和旅游部出台的《"十四五"文化和旅游发展规划》指出文化事业、文化产业和旅游业成为满足人民美好生活需要、推动高质量发展的重要支撑。同年，国务院出台的《"十四五"旅游业发展规划》指出旅游成为小康社会人民美好生活的刚性需求。"十三五"期间年人均出游超过 4 次。人民群众通过旅游饱览祖国秀美山河、感受灿烂文化魅力，有力提升了获得感、幸福感、安全感。文旅融合受到旅游者和居民的广泛认同与大力追求。

(2)　文旅融合实践呈现多样化路径

文旅融合发展主要有资源、产品、服务、市场等方面。一是资源融合。历史文化、红色文化、民俗文化等文化资源与山水林田湖草沙等自然旅游资源融合，形成优势互补。二是产品融合。书法、绘画、文学、演艺等文化产品融入旅游中，形成新的文旅产品。三是服务融合。书屋、博物馆、影院、网络等文化服务与旅游服务相融，使得服务更具特色。四是市场融合。文化搭台、旅游唱戏和旅游搭台、文化唱戏，相互交融。这样，文化产品进入旅游市场，旅游产品进入文化市场，形成了新的元素、新的形式、新的市场（李任，2022）。由此，文旅融合实践呈现多样化的发展路径。

(3) 数字经济重构文旅融合发展格局

数字化正与其他要素叠加，成为文旅发展的新动能。以抖音、快手为代表的短视频，以哔哩哔哩（B 站）为代表的交互型长视频，以电竞为代表的竞赛游戏等原生内容的新型平台，是激发游客旅游需求的新触点，也是旅游产品与服务分发渠道的新出口。数字化技术在文化和旅游行业广泛深度的应用，潜移默化地改变着游客的需求、行为与体验，解构了传统供应链下各类旅游企业的边界，大幅提升了文化和旅游的智能基础设施建设和公共服务效能。5G、4K、物联网（Internet of Things，IoT）等新科学技术将对未来的文化休闲和旅游消费产生革命性影响（戴斌，2020），使文旅融合发展格局在数字经济背景下逐渐得到重构。

(4) 文旅融合内容逐渐丰富

文旅融合内容逐渐丰富，研究内容主要聚焦于文旅融合影响效应的研究（Hjalager，2009；李文秀等，2012；Bellini et al.，2017）、文旅融合模式和路径的研究（Brown et al.，2000；钟声宏，2000；田志奇，2019；傅才武，2020）、文旅融合影响因素的研究（Hacklin et al.，2010；于秋阳和徐亚征，2012；Zimmerhackel et al.，2019；吴丽等，2021）、文旅融合政策体系设计的相关研究（刘治彦，2019；谢彦君等，2019）。总体而言，文旅融合研究呈现强烈的时代属性和中国特色，文旅融合研究的学理性特征逐渐强化，文旅融合研究议题转向多元、文旅融合研究方法的实证取向鲜明（徐翠蓉等，2020）。

1.4.4 文旅融合存在的困境

自 2018 年文化和旅游部组建以来，文旅融合迈入全面发展的新时代。但现阶段，我国文旅融合发展在理念、实践、效果等层面仍面临诸多困境（黄先开，2021；冯学钢和梁茹，2022）。

(1) 文旅融合理念认知不足

第一，思想认识不清晰。许多地方对于文旅融合的概念、意义、融合模式与路径、测度与评价融合效应等方面认识不清晰。第二，政策设计专业性不足。尽管围绕红色旅游、旅游演艺、文旅提升工程等出台了专项的指导意见和实施方案等，但各地各有关部门出台的文旅融合专项指导性政策文件较少，导致地方各级政府在文旅融合方面缺乏较强的引导性、指导性、督导性，企业在文旅融合方面缺乏较高的自觉性、科学性、长期性。第三，运营理念创新性不足。通过沿袭传统的旅游理念来搞经营，用传统的文化理念来搞开发的项目较多，对文旅融合缺乏规律性认识。第四，配套服务主动性不强。文旅融合配套服务功能不全，吃、住、行、游、购、娱等环节不完善，服务链延伸不够、市场环境不优、从业人员素质参差不齐等问题依然存在（侯天琛和杨兰桥，2021），高品质的主动性服务意识尚未形成。

(2) 文旅融合实践能力欠优

第一，人才结构不完善。文旅高端教育人才、创新创业人才、产业规划人才、市场营销人才、文旅产品开发人才、行政管理复合型干部等人才不足，加之文旅融合的数字化、信息化、智能化趋势和多种手段运用，对人才提出新的要求。第二，资金投入不足。不少文旅项目开发投资大、周期长、见效慢，资金来源渠道单一，尚未形成多渠道的融资方式与创新合作模式。第三，政策执行不力。许多地方虽已完成文旅机构的合并，但其职能并未真正实现管理的融合，在搭建文旅融合平台方面也有待强化（李任，2022），需要进一步增强政策的执行力。

(3) 文旅融合实际效果不佳

第一，优质文旅资源整合开发不足。文旅资源优势尚未有效转化成经济发展优势。第二，文旅产品迭代升级缓慢。产品供给跟不上消费升级需求，无法满足"提振消费、扩大内需"的总体要求。第三，产业链条延伸拓展不足。门票经济仍占主流，"吃、住、行、游、购、娱"要素配置不平衡，大多数文旅项目还停留在游客"引进来"，而没有解决让游客"留下来"的问题。例如，产业附加值不高，产业链条的重心放在初级文旅产品的应用上，而在跨产业延伸方面较为欠缺，尚未形成上下游高效衔接的文旅产品体系。第四，融合机制有效保障不足。缺乏文旅融合机制、"政产学研用"相结合的协同创新机制以及关键共性技术的联合攻关机制，使得各部门之间沟通协调难度较大（侯天琛和杨兰桥，2021；冯学钢和梁茹，2022），大幅降低了文旅融合实际效果。

(4) 文旅企业有待全面发展

第一，龙头企业带动不足。文旅行业缺乏龙头企业的引领带动，除了少数互联网渠道端的文旅企业，大资本、大项目支撑的文旅企业凤毛麟角，具有国际影响力的跨国文旅企业更少，文旅企业竞争力普遍不强。第二，中小企业发展不足。中小文旅企业是文旅行业发展的主体，应反思"一味求大"的思路，大力支持优质中小旅游企业快速成长（曾博伟，2021），增强文旅市场主体效应。第三，文旅企业家精神急需重构。面对高质量旅游消费需求与供给失衡的市场现状，我国的旅游企业急需建构适合中国本土文化和旅游市场的企业家精神，引领市场供给创新（王笑宇，2023），带动文旅企业全面发展。

1.5 研究背景与意义

1.5.1 本研究的实践背景

(1) 全国传统村落发展实践

2012年9月，传统村落保护和发展专家委员会第一次会议决定，将习惯称谓"古村落"改为"传统村落"。传统村落是指村落形成较早，拥有较丰富的传统文化资源，保存比较完整，具有较高历史、文化、科学、艺术、社会、经济价值的村落[①]。传统村落是我国典型的乡村聚落之一，是中国农耕文明留下的最大遗产，是中国乡村遗产的"活化石"（刘沛林，2014）和认识中华农业文明的金钥匙（冯骥才，2013）。自2012年住房和城乡建设部等部委启动传统村落保护工作以来，截至2022年10月已公布了六批中国传统村落

[①] 住房城乡建设部 文化部 国家文物局 财政部关于开展传统村落调查的通知. http://www.gov.cn/zwgk/2012-04/24/content_2121340.htm.

名录，共 8171 个传统村落被纳入保护范畴，遍布于全国各地。如何促进中国传统村落保护与利用一直是研究的重点和难点。

（2）北京市传统村落发展实践

2018 年 3 月，北京市人民政府办公厅发布了《北京市人民政府办公厅关于加强传统村落保护发展的指导意见》（京政办发〔2018〕7 号），并发布了第一批市级传统村落名录，共 44 处，其中国家级传统村落有 22 处，市级传统村落有 22 处。截至 2023 年 3 月，第六批中国传统村落名录公布，目前北京市共有传统村落 45 个，其中 26 个为国家级，覆盖 10 个区 45 个村镇。这些传统村落文化是北京市传统文化的重要组成部分。2021 年 3 月 1 日，北京市出台的《北京历史文化名城保护条例》正式实施，传统村落是北京市历史文化名城的组成部分，该条例的出台为北京传统村落保护和发展提供了政策依据。

2015 年，北京市旅游发展委员会已经将京郊 24 个传统村落列入旅游开发计划，在挖掘北京传统村落旅游开发潜力的同时，实现保护和传承。2017 年，北京市旅游发展委员会相关负责人表示，密云区古北口村、怀柔区大水峪村、门头沟区爨底下村等北京 24 个传统村落已升级改造，在组织专业队伍对 24 个传统村落展开全面调研后，量身定制了"五个一工程"，即为每个传统村落编制一本旅游开发建议书，制作一本旅游宣传册，建设一个旅游咨询站、一个生态旅游厕所和一个免费 Wi-Fi 站。为了便于市民前往这些人文与自然景观俱佳的村落，北京市旅游发展委员会 2016 年发布了 15 条传统村落游精品路线。

北京市不少区针对传统村落的文旅发展提供政策保障。例如，2022 年 1 月，《北京城市副中心（通州区）"十四五"时期文化和旅游发展规划》明确提出，未来五年，北京城市副中心（通州区）将努力发展一批文化和旅游融合传统村落，将统筹大运河文化带保护利用和沿线美丽乡村建设，深入挖掘通州里二泗、沙古堆、儒林等传统村落历史文化资源，加强与周边文物古迹、重要景观节点的联系，推动有机更新，提升村落整体景观形象，引入特色旅游休闲项目，配套精品主题酒店和精品民宿项目，整体打造传承大运河历史文化的特色村落。

1.5.2 本研究的理论背景

1.5.2.1 全国传统村落文化传承与旅游开发研究概述

（1）传统村落文化传承研究概述

在全球化、现代化和城镇化进程中，传统村落面临商业化（保继刚和林敏慧，2014）、创造性破坏（姜辽和苏勤，2013）、保护性破坏（车震宇，2008）等问题。保护和传承传统村落文化已成当前我国社会各界的关注焦点（胡彬彬，2015；刘馨秋和王思明，2015；徐春成和万志琴，2015；孙九霞，2017）。当前传统村落存在着原貌逐渐消退、本土文化丧失等问题（冯骥才，2013），其文化面临景观消减化、价值低估化、地位边缘化、文脉撕裂化、内容变异化、形式低俗化、主体空心化、传承艰难化等困境（黄震方等，2015），许多传统村落正在急剧衰退甚至消亡（詹国辉和张新文，2017）。如何探究传统村落文化保护传承与发展引起了许多学者的研究（孙九霞，2017），不少学者从文化脱域与保护传承（刘军民和庄袁俊琦，2017）、文化遗产景观基因组图谱（刘沛林等，2022；王兆峰等，2021；杨立国和彭梓洺，2022）及其旅游价值（刘沛林等，2022）、文化生态适应性量化评价（林明水等，2022）等方面开展了传统村落文化保护和传承研究。总体而言，当前对传统村落文化保护传承的研究较多，然而定量测评文化传承水平研究较少。仅杨立国和刘沛林（2017）构建了传统村落文化传承度评价体系，并以湖南省首批中国传统村落为例进行实证分析。由此可见，如何促进文化传承是传统村落的研究重点，如何定量测度文化传承研究成果很少。

（2）传统村落旅游开发研究概述

大量研究表明，当前旅游开发已成为传统村落文化保护和利用的有效途径和村镇化的重要驱动力之一（Gao and Wu, 2017；卢松等，2017）。许多学者从生态学（徐红罡和薛丹，2011）、文化学（Crouch, 1992）、地理学（卢松等，2017）、规划学（Guo and Sun, 2016）、管理学（Cao and Zhang, 2013）等学科，探究传统村落文化保护传承与旅游可持续发展。不少学者构建了多元主体参与模式（黄滢和张青萍，2017）、"活态博物馆+主题文化院落+美丽乡村"模式（刘增安等，2018），提出实现乡土文化传承与现代乡村旅游发展有机耦合的干预模式（张琳和邱灿华，2015）、建立乡村文化旅游产业价值网络（李勇军和王庆生，2016）和制度化、精英化、民间化互融共生的传承体系（解丽霞，2013）。无疑，旅游发展能够实现乡村文化层面的物质文化保存与修复和精神文化的调适与再造（孙九霞等，2020）、可以强化文化特色与促进乡村文化产业发展（黄震方和黄睿，2018）、有助于推动当地的文化保护（Kneafsey, 2001）等。不少学者对传统村落旅游活化（Xu and Dong, 2022）、传统村落与旅游发展要素时空匹配格局及互动作用（张新成等，2021）、旅游传统村落更新理论（周坤和王进，2020）、传统村落旅游空间生产（孔翔等，2019）、传统村落文化遗产集群化保护的动力系统（陈炜和蔡银潇，2021）等方面进行了深入研究。

然而，就在许多学者关注到旅游开发对传统村落文化保护传承产生正面影响的同时（朱丹丹和张玉钧，2008；李萍等，2012），其带来的负面影响也逐渐被学者们关注和研究，如乡村景观与生活方式正在急剧变化（Gao and Wu, 2017）、扭曲乡村文化真实内涵（黄震方和黄睿，2018）、破坏传统风貌（Medina, 2003；孙艺惠等，2008）、淡化乡村文化性（Thompson, 2004）等。此外，黄震方和黄睿（2018）从自然环境、文化资源、区位交通等方面分析旅游影响下传统村落文化演化趋势。一些学者也关注到了传统村落乡村旅游嬗变过程中人地关系的演化（生延超和刘晴，2021）、传统村落旅游开发的时空演化及其影响因素（卢松和张小军，2019）、传统村落旅游响应度及影响因素（邵秀英等，2021）、传统村落旅游适应性（窦银娣等，2022）。杨立国和彭梓洺（2022）从文化资源的旅游开发度、旅游活动的文化传承度、文旅发展的耦合协调度三个维度，构建了传统村落文化景观基因传承与旅游发展融合度的指标体系和综合评价函数，并对首批侗族传统村落进行了评价。综上可知，越来越多的研究表明，如何解决旅游开发带来的不利影响成为制约传统村落可持续发展的关键。许多学者已经从不同视角关注到了旅游发展如何推动传统村落文化保护与传承，然而，将生态旅游的理念融入传统村落文化保护传承与发展尚未见到较为系统研究。

1.5.2.2　北京市传统村落文化传承与旅游开发研究概述

(1) 北京市传统村落文化传承研究概述

研究表明,当前北京传统村落主要存在如下问题:缺乏保护措施的落实、缺少本土文化的传承、缺乏产业模式的创新、缺失内需保护意识(张澎和常丽红,2022)。张大玉(2014)以密云古北水镇民宿区规划建设为例,通过对其生成环境、整体空间结构、街巷空间布局、院落空间形态以及环境设施等的分析,对传统村落保护、传承与再生的相关问题进行了探讨。边宇浩等(2021)分析了传统村落街巷景观的构成要素,揭示了街巷景观的特色价值及其保护提升对传统村落的重要意义,从宏观、中观、微观三个维度提出了合理的提升策略,并选取北京昌平长峪城村为研究实例,厘清村落街巷空间布局,进行了街巷景观提升设计研究,以期为其他传统村落街巷景观的提升与更新提供经验借鉴。李鹏波等(2015)借鉴叙事理论在文学等其他领域的应用方法论,总结出适用于研究传统村落保护的生态文化载体系统,并以北京爨底下村为例,研究传统村落景观保护与提升的方法,以期为传统村落的保护提供参考。综上可知,如何有效保护和传承北京传统村落是当前不少学者研究的方向。

(2) 北京市传统村落旅游开发研究概述

当前对北京传统村落旅游发展研究较少,仅少数学者对北京传统村落旅游开发进行了研究。王云才等(2006)较早根据北京门头沟传统村落的类型和特征,探讨了传统村落旅游开发利用的模式和途径。时少华和黄凤清(2015)从北京传统村落民俗旅游资源特征入手,以门头沟区传统村落为例,总结出北京传统村落民俗旅游资源类型,指出北京传统村落保护与利用中面临的困境,提出了传统村落民俗旅游资源保护与利用建议。为促进村民增收致富,唐承财等(2016)探讨了北京传统村落社区参与旅游发展模式。随着旅游的发展,传统村落"千村一面"的问题日益严重,以游客需求为主导的建设使得村民和游客有关空间利用的冲突加剧(杨若凡和钱云,2019)。李琛等(2019)通过选取北京灵水村作为案例地,采用文本挖掘软件提取出游客对灵水村感知形象的60个高频词汇,从旅游地客观形象、情感形象、重游意向三个方面进行分析;然后从旅游设施改造升级、旅游产品规划设计、创新营销等方面提出提升灵水村旅游形象的相关策略。杨若凡和钱云(2019)基于集体记忆理论和城市意象理论,对比分析北京爨底下村、古北口村、灵水村、琉璃渠村四个传统村落中村民和游客的空间集体记忆,探讨旅游影响下传统村落村民与游客的矛盾空间。在旅游业快速发展过程中,许多传统村落面临过度商业化、传统建筑损坏、本土文化丧失、环境污染等问题(唐承财等,2019)。唐承财等(2019)以北京爨底下村为案例地,发现旅游业是该村振兴发展的主导产业,是村民增收致富的主要途径;该村旅游业发展中仍然存在一些问题,村落有青山无绿水,旅游产品结构单一,营销方式传统粗放,旅游开发与管理体制不顺,旅游公共服务设施不够完善,基于"两山理论"与绿色发展理论,构建了保护性开发资源、创意化设计产品、绿色化服务供给、多渠道营销、多元化社区参与、"三权分离"管理的传统村落旅游业"六翼齐飞"的绿色发展模式。无疑,旅游业是北京传统村落社会经济发展的重要产业,然而当前这类的研究仍然不足,亟待深入研究。

1.5.3 本研究的理论意义

(1) 丰富了传统村落文化保护传承理论与乡村地理理论

传承和弘扬中华优秀传统文化、推动文化强国建设是当前和未来文化工作的重要内容。传统村落文化是中华优秀传统文化的重要组成部分，如何推动传统村落文化传承一直是学界研究的重点。本研究分析了北京传统村落文化保护传承现状与问题，分析了北京传统村落空间、文化特征及其成因，评价了北京传统村落文化遗产保护传承感知及提升模式，构建了传统村落文化传承度测评模型并实证分析了北京 16 个案例村，同时分析了不同旅游地生命周期下旅游开发对北京传统村落文化传承度影响的因素及其作用机理，构建了北京传统村落文化保护传承与生态旅游融合发展模式及对策。这些研究成果将有助于丰富乡村振兴战略下我国传统村落文化保护传承理论与乡村地理理论。

(2) 丰富了文旅融合发展理论与乡村旅游理论

党的二十大报告指出坚持以文塑旅、以旅彰文，推进文化和旅游深度融合发展。乡村文旅融合发展是文化和旅游深度融合发展的重要组成部分。传统村落文旅融合发展有助于促进乡村振兴战略全面实现。本研究以乡村地域系统理论和产业融合理论为基础，构建了传统村落文旅融合发展水平评价指标体系和影响因素模型，综合运用加权 TOPSIS 法、相关性分析与模糊型定性分析（fsQCA）法，实证分析了北京 16 个传统村落的文旅融合发展水平，探讨了传统村落文旅融合发展水平的主要影响因素及其组态路径。基于以上研究结果，提出了乡村地区文旅融合发展的优化建议，构建了北京传统村落文化保护传承与生态旅游融合发展模式及对策。总体而言，本研究构建了传统村落文旅融合发展理论，丰富了文旅融合发展理论与乡村旅游理论。

(3) 从文化和旅游视角丰富了乡村振兴理论

党的二十大报告提出乡村振兴战略是高质量发展的"压舱石"。2015~2022 年中央一号文件反复指出要推进和大力发展农村三产融合发展以全面推进乡村振兴。2022 年中央一号文件明确提出关于文化和旅游在乡村振兴中应发挥的重要作用。文化和旅游部联合多个部门就文化产业、旅游产业如何赋能乡村振兴出台多份政策文件。本研究基于乡村振兴战略的时代背景，运用定量与定性相结合的研究方法，深入研究北京传统村落文化传承水平与文旅融合发展水平。从文化传承与文旅融合发展视角，定量测度北京传统村落文化传承水平和文旅融合发展水平，分析不同旅游地生命周期下旅游开发对北京传统村落文化传承度影响的因素及其作用机理，从乡村振兴视角，构建北京传统村落文化保护传承与生态旅游融合发展模式及对策。本研究成果有助于从文化和旅游视角丰富乡村振兴理论。

1.5.4 本研究的实践意义

(1) 为传统村落文化保护传承、文旅融合发展与乡村全面振兴提供科技支撑

传统村落承载着丰富的优秀乡土文化，如何促进传统村落文化传承与乡村振兴一直是制约其可持续发展的关键。本研究基于乡村振兴战略视角，通过系统研究旅游发展下北京传统村落文化遗产保护传承和发展，分析传统村落文化保护传承与生态旅游融合发展、旅游开发对传统村落文化传承度的影响及其作用机理、国内外传统村落文化传承与生态旅游融合发展案例、北京传统村落文化传承与生态旅游融合发展模式、北京传统村落文化传承与生态旅游融合发展对策。研究成果可从旅游发展视角为传统村落文化保护与传承、文化振兴与文旅融合发展、乡村全面振兴提供科技支撑。

(2) 为文化和旅游在乡村振兴中的作用提供案例借鉴与决策参考

党的二十大报告提出乡村振兴战略是高质量发展的"压舱石"。传统村落是中华文化的核心表征，铸就了辉煌灿烂的乡村文化遗产，是优秀乡村文化的典型代表。本研究从乡村振兴战略视角，科学分析北京传统村落的文化传承、旅游发展、文旅融合发展等内容，测评北京传统村落的文化传承水平、文旅融合发展水平，剖析旅游发展对北京传统村落文化传承的影响及其作用机理、国内外相关典型案例的优秀做法和启示、北京传统村落文化传承与生态旅游融合发展模式及对策。这一系列研究成果均以传统村落为典型案例，从文化和旅游视角，剖析传统村落的文化传承与文旅融合，促进传统村落的全面振兴。研究成果从文化和旅游视角为乡村振兴、弘扬和传承优秀中华乡村文化、推动文化强国战略建设提供案例借鉴与决策参考。

1.6 研究内容概述与技术路线

1.6.1 研究内容概述

本研究以北京传统村落为研究对象，综合运用地理学、社会学、管理学、生态学、旅游管理等学科理论，基于实施乡村振兴战略，系统研究了北京传统村落文化传承与文旅融合发展，主要内容如下。

第 1 章为绪论。概述了乡村振兴、传统村落、文化传承、文旅融合的概念内涵、现状与问题，提出开展北京传统村落文化传承与文旅融合发展的研究背景与意义，概述了本书的研究内容、主要研究方法和研究框架。

第 2 章为相关研究综述。运用 CiteSpace 等工具和方法，从研究历程、研究方法、研究者及发文机构图谱、关键词聚类及研究内容图谱、主要研究内容、研究评述与展望等方面，对国内外的乡村振兴、传统村落文化传承、传统村落旅游发展、文旅融合发展的研究成果进行了较为系统的研究综述。

第 3 章为北京传统村落空间、文化特征及其成因分析。首先，概述了北京传统村落的基本情况；其次，运用 ArcGIS 空间分析方法等研究方法，分析了北京传统村落空间分布特征、文化特征；最后，从自然环境、社会经济、历史文化等方面分析了北京传统村落空间和文化特征的成因。

第 4 章为北京传统村落文化传承与旅游发展现状分析。首先，分析了调研对象、调研方法、数据来源与处理；其次，分析了传统村落文化保护传承现状；再次，分析了传统村落文化保护传承存在的问题；最后，分析了传统村落旅游发展现状及问题。

第5章为北京传统村落文化传承度测评及提升对策。第一，概述了传统村落文化传承的理论基础；第二，从传统村落文化传承度测评框架、传统村落文化传承度测评体系构建、传统村落文化传承度测评模型构建了传统村落文化传承的研究方法，阐述了本研究的数据来源；第三，介绍了16个传统村落案例，分析了案例村落的文化传承评价结果、总体特征、因素层特征、指标层特征；第四，分析了传统村落文化传承度的影响因素及路径；第五，分析了传统村落文化传承度的提升原则和对策。

第6章为北京传统村落文化遗产保护传承感知评价及提升模式。本章从利益相关者理论出发，以9个北京市首批市级传统村落为案例地，构建基于多主体的传统村落文化遗产保护传承度评价指标体系，从村委会、村民和游客三个主体出发，分析多主体对北京传统村落文化遗产保护传承的感知评价，基于此构建其保护传承提升模式。

第7章为旅游发展对北京传统村落文化传承的影响及其作用机理。首先，分析传统村落文化传承与旅游开发之间的关系；其次，借鉴旅游地生命周期理论，对北京乡村旅游发展阶段、不同旅游类型传统村落生命周期历程进行实证分析；再次，从总体影响和分阶段两个层面，分析旅游开发对不同旅游地生命周期阶段下北京传统村落文化传承的影响；最后，运用系统动力学理论及人地关系理论，综合分析旅游开发对北京传统村落文化传承的影响作用机理。

第8章为北京传统村落文旅融合发展水平评价及影响路径。本章以北京16个典型传统村落为研究对象，在探讨传统村落文旅融合发展理论框架的基础上，使用层次分析法构建传统村落文旅融合发展水平指标体系，运用加权TOPSIS模型进行传统村落文旅融合发展水平评价分析；采用fsQCA法，解析传统村落文旅融合发展的主要影响因素及其组合路径；针对传统村落等乡村地区文旅融合发展的优化提出6个建议。

第9章为国内外传统村落文化传承与生态旅游融合发展案例分析。选择日本、韩国和中国的12个传统村落作为案例，分析其文化传承与生态旅游融合发展的典型做法，并论述其给中国传统村落文化传承与生态旅游融合发展带来的启示。

第10章为北京传统村落文化传承与生态旅游融合发展模式。首先，从共生理论、社区参与理论、文旅融合理论三个方面分析了传统村落文化传承与生态旅游融合发展的理论基础；其次，从文化传承优先原则、文旅融合发展原则、乡村特色融合原则、多主体参与性原则等方面提出了传统村落文化传承与生态旅游融合发展模式构建原则；最后，基于乡村振兴视角，构建了以文旅资源为融合基础、以文旅产品为融合核心、以文旅市场为融合关键、以乡村人力为融合对象、以智慧科技为融合手段、以政策法规为融合保障的北京传统村落文化传承与生态旅游融合发展模式。

第11章为北京传统村落文化传承与生态旅游融合发展对策。从科学编制传统村落文旅融合发展规划、加强保障传统村落文旅融合发展人力资源、全面提升传统村落人居环境质量、构建传统村落文旅产业体系、加强传统村落基础设施建设等方面提出了北京传统村落文化传承与生态旅游融合发展对策。

第12章为结论与展望。结合国内外相关研究成果，进行了深入讨论；概述了本研究的主要结论、主要理论贡献与实践价值；从丰富研究对象、创新研究方法、拓展研究方向三个维度提出了未来的研究领域。

1.6.2 主要研究方法

(1) 文献研究法

文献研究法是最基本的研究方法，是根据一定的研究目的或课题，通过调查文献来获得资料，从而全面、正确地了解所要研究问题的一种研究方法（范柏乃与蓝志勇，2014）。文献研究法的优点如下：研究时空不受限制、研究不受研究对象"反应"的干扰、研究体现批判性和创新性的结合、信息容量大，节省研究的经济成本（范柏乃和蓝志勇，2014；周彬，2015）。国内外乡村振兴、传统村落、文化传承、文旅融合等领域均已形成了较多研究，运用文献研究法能有效了解前人在本研究所涉及的各个领域形成的研究成果，可以系统了解已有知识图谱。本研究通过运用 CiteSpace 分析软件等技术，对国内外乡村振兴、传统村落、文旅融合、文化传承、国内外传统村落文化传承与生态旅游融合发展案例等进行系统梳理、综述，将好的研究思路与想法与本研究相结合，大大拓宽了本书的研究视野。

(2) 问卷调查法

问卷调查法作为一种效率高、实施方便的研究方法，在社会学、心理学、教育学等社会科学研究领域得到广泛使用（张志华等，2016）。问卷调查法既有与众多自然科学方法相类似的逻辑程序，又有与之相类似的内容结构；在社会研究中，它是一种从宏观的角度、采取定量的手段、依据客观的验证来认识和说明社会现象的调查研究方式（风笑天，1994）。四十余年来，问卷调查法作为一种效率高、实施方便的研究方法在旅游、乡村、文化等研究中得到了广泛的应用，为描述、说明和解释旅游研究相关问题作出了重要贡献。无疑，问卷调查法已经成为旅游研究的重要方法（张志华等，2016）。本研究针对村委会、村民、游客、文旅企业管理人员、专家等不同的利益相关者，运用问卷调查法，开展传统村落文化传承与文旅融合发展的相关调查研究。

(3) 定性研究法

定性研究法是确定事物本质属性的科学研究，也是科学研究的基本步骤和基本方法之一（周彬，2015）。文军和蒋逸民（2010）将定性研究界定为：在自然的情形下从整体的高度对社会现象进行深度研究和诠释的过程。定性是研究者运用历史回顾、文献分析、访问、观察、参与经验等方法获得教育研究的资料，并用非量化的手段对其进行分析、获得研究结论的方法（周彬，2015）。具体而言，通过考察、观测、实验和分析等方法，来考察研究对象是否具有某种属性或特征，分析它们之间是否具有某种关系等；它只要求对研究对象的性质做出回答，无法进行量化测度，故称为定性研究（周彬，2015）。本研究大量运用定性研究法，概述传统村落的空间和文化特征，分析旅游发展对北京传统村落文化传承的影响，构建传统村落文化传承和生态旅游融合发展模式、对策等。

(4) 定量研究法

与定性研究相对的概念是定量研究，要量化测定某研究事物，就需要采用数学工具来进行数量分析，即定量研究，亦被称为量化研究（周彬，2015）。定量研究是指确定事物某方面量的规定性科学研究，就是将问题与现象用数量来表示，进而去分析、考验、解释，从而获得有意义的研究方法和过程（谭跃进，2008）。定量研究通过对研究对象的特征按照某种标准作量的比较来测定对象特征数值，或求出某些因素间的量的变化规律，其目的是对事物及其运动的量的属性做出回答（周彬，2015）。定量研究法属于科学研究领域的一种基本研究范式，被广泛应用于地理学、旅游管理、社会学、文化学等学科领域的研究。本书应用问卷调查法、定量模型构建等方法，量化评价与分析旅游发展下北京传统村落文化传承水平、传统村落文旅融合发展水平、北京传统村落文化遗产保护传承感知评价等。

（5）评价指标体系法

评价指标体系是指由表征评价对象各方面特性及其相互联系的多个指标所构成的具有内在结构的有机整体。针对某个领域或某个对象，从多个维度、多个层次，构建评价指标体系，已经成为地理学、社会学、旅游管理等学科的常用研究方法。传统村落是典型的自然-经济-社会复合系统，涉及自然资源、生态环境、社会文化、经济发展、旅游活动等重要因素。因此，对传统村落文化遗产保护传承感知、传统村落文化传承发展水平、传统村落文旅融合发展水平等方面进行定量评价，就必须采用评价指标体系和层次分析法来构建概念框架与定量模型。

（6）比较研究法

比较研究法又称类比分析法，是指对两个或两个对比的事物或现象进行对比，以找出它们之间的相似性与差异性的一种分析方法（林聚任等，2017）。比较研究法的原则主要如下：可比性原则、横向比较与纵向比较相结合的原则、相同性比较与相异性比较相结合的原则（林聚任等，2017）。本研究采用比较研究法，对北京市16个传统村落的文化传承和文旅融合发展、国内外12个传统村落文化传承与生态旅游融合发展典型案例等进行对比分析，找出各村的异同，总结北京市传统村落文化传承、文旅融合发展水平以及国内外多个案例的相关规律和特征。

（7）多案例研究法

多案例研究法是指在理论抽样原则的指引下，对两个或两个以上的案例进行对比和分析，以识别出被分析案例单元的相似性和异质性，从而实现理论构建（Eisenhardt，1989）。相比于单案例研究，多案例研究可以更准确地描述不同的构念及其相互关系，并从中确定准确的定义和构念抽象的适当层次，为理论构建提供更坚实的基础（Yin，2009），构建更具普适性的理论（毛基业和陈诚，2017）。本研究采用多案例研究法，对日本、韩国和中国的12个传统村落的文化传承与文旅融合发展进行案例分析，找出各村的典型做法和启示，为北京市乃至全国传统村落的高质量发展提供案例借鉴。

1.6.3 研究技术路线

图1-3为本书的研究技术路线。

第 1 章 绪 论

```
研究背景 — 实施乡村振兴战略 — 实施文化强国战略、弘扬中华优秀传统文化 — 文旅融合发展 — 传统村落可持续发展
     │
提出问题 —— 乡村振兴战略下北京传统村落文化传承与文旅融合发展
     │
主要章节 —— 第1章 绪论
     │
     ├─ 乡村振兴概述 │ 传统村落概述 │ 文化传承概述 │ 文旅融合概述 │ 本研究的背景与意义 │ 本研究的内容概述与技术路线
     │
     第2章 相关研究综述
     │
     ├─ 乡村振兴 │ 传统村落文化传承 │ 传统村落旅游发展 │ 乡村文旅融合发展 │ 主要方法：CiteSpace法、文献分析法等
     │
     第3章 北京传统村落空间、文化特征及其成因分析
     │
     ├─ 北京传统村落概况 │ 传统村落空间与文化特征 │ 特征成因分析 │ 主要方法：GIS空间分析法、田野调查、归纳分析等
     │
     第4章 北京传统村落文化传承与旅游发展现状分析
     │
     ├─ 传统村落文化保护传承现状 │ 文化保护传承存在的问题 │ 旅游发展现状及问题 │ 主要方法：田野调查、深度访谈等
     │
     第5章 北京传统村落文化传承度测评及提升对策
     │
     ├─ 传统村落文化传承的理论基础 │ 文化传承度测评方法论 │ 文化传承度实证分析 │ 传统村落文化传承度的提升对策
     │
     第6章 北京传统村落文化遗产保护传承感知评价及提升模式
     │
     ├─ 构建多主体的传统村落文化遗产保护传承度评价模型 │ 实证分析多主体的感知 │ 构建文化遗产保护传承提升模式
     │
     第7章 旅游发展对北京传统村落文化传承的影响及其作用机理
     │
     ├─ 传统村落文化传承与旅游开发的关系 │ 北京乡村旅游地生命周期分析 │ 旅游开发对不同生命周期传统村落文化传承的影响 │ 旅游开发对传统村落文化传承的影响作用机理 │ 主要方法：旅游地生命周期理论、人地关系理论
     │
     第8章 北京传统村落文旅融合发展水平评价及影响路径
     │
     ├─ 传统村落文旅融合发展理论框架 │ 传统村落文旅融合发展水平评价方法及实证 │ 文旅融合发展水平主要影响因素及其组合路径 │ 文旅融合发展优化建议 │ 主要方法：层次分析法、加权TOPSIS模型、fsQCA法
     │
     第9章 国内外传统村落文化传承与生态旅游融合发展案例分析
     │
     ├─ 韩国日本传统村落案例分析 │ 中国传统村落案例分析 │ 案例启示总结 │ 主要方法：多案例研究法
     │
     第10章 北京传统村落文化传承与生态旅游融合发展模式
     │
     ├─ 理论基础分析 │ 融合发展模式构建原则 │ 融合发展模式
     │
     第11章 北京传统村落文化传承与生态旅游融合发展对策
     │
     ├─ 科学编制发展规划 │ 加强保障人力资源 │ 构建文旅产业体系 │ 全面提升人居环境质量 │ 加强基础设施建设
     │
     第12章 结论与展望
```

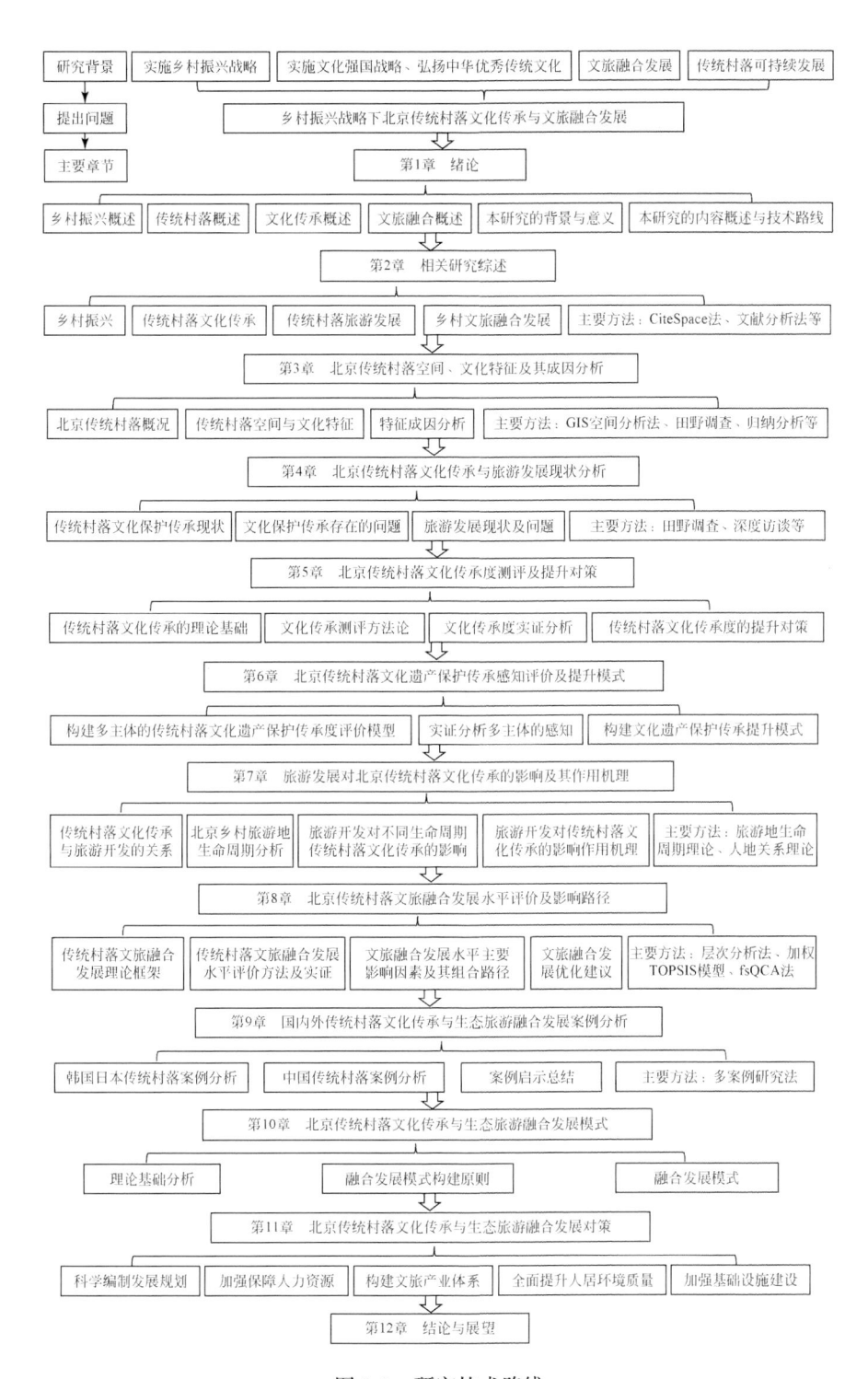

图 1-3 研究技术路线

第 2 章 相关研究综述

当前传统村落面临文化变迁、人口空心化、产业衰败等难题，如何推动传统村落可持续发展是学界、业界关注的问题。文化传承和文旅融合是传统村落研究的重点，其涉及乡村、社会文化、经济、生态、环境、资源、管理等领域。基于此，本章从乡村振兴、传统村落文化传承、传统村落旅游发展、乡村文旅融合发展等角度，较为系统地综述了国内外相关研究成果。本章研究成果将为后续开展乡村振兴战略下传统村落文化传承与文旅融合发展研究打下文献基础。

2.1 国内外乡村振兴研究综述

当前乡村发展面临主要农业生产要素高速非农化、农村社会主体过快老弱化、村庄建设用地日益空废化、农村水土环境严重污损化等难题（刘彦随，2018）。李杨（2022）比较分析国内外典型乡村振兴模式后发现，超大城市乡村振兴还存在四个问题，即乡村产业支撑乏力、城乡协同发展不充分、乡村要素资源匮乏、公共服务供需矛盾凸显。针对上述乡村发展问题，全面实施乡村振兴，既可推进城乡融合与乡村持续发展，也可破解"三农"问题（刘彦随，2018）；乡村振兴战略成为我国广大乡村地区继城乡统筹和新农村建设之后面临的又一重要发展创新点和机遇点（闫周府和吴方卫，2019）。本节首先对国内外乡村振兴研究成果进行系统综述，然后进行评述与展望，研究成果旨在为中国乡村振兴战略全面实施提供科学依据与案例借鉴。

2.1.1 中国乡村振兴研究综述

自党的十九大提出乡村振兴战略以来，越来越多的学者开始关注乡村振兴这一热点话题，并形成了丰富的研究成果。不少学者对如下主题开展了研究：乡村振兴内涵阐述和理论剖析（陈文胜，2017；韩长赋，2017；叶兴庆，2017；张强等，2018）、乡村振兴战略的实施方式（叶兴庆，2017；韩俊，2018）、乡村系统的振兴发展及其内部子系统的协调发展（叶超和高洋，2019）、经济发达地区的乡村振兴战略实践模式及经验总结（赵毅等，2018；张静，2018）、国外乡村区域振兴运动的经验借鉴（杨希，2016；龙晓柏和龚建文，2018；刘震，2018）、从传承与反哺的视角为乡村振兴战略提出经验借鉴与路径选择（姜德波和彭程，2018；谭英和胡玉鑫，2018；王松良，2019）、乡村振兴水平评价（李志龙，2019；郑兴明，2019；陈炎伟等，2019）等。在进一步梳理相关研究成果的基础上，可归纳出我国乡村振兴研究内容主要集中在以下 8 个方面。

(1) 乡村振兴水平评价

定量评价乡村振兴水平是当前研究热点。首先，如何构建乡村振兴评价指标体系是关键。许多学者从乡村振兴总要求入手，选取产业兴旺、生态宜居、乡风文明、治理有效、生活富裕五个指标维度进行乡村振兴水平评价研究（李志龙，2019），也有一些学者从生产、生活、生态等视角选取指标，构建乡村发展综合评价体系（韩欣宇和闫凤英，2019）、乡村振兴潜力评价指标体系（郑兴明，2019）。其次，县域是城乡融合发展与乡村振兴战略实施的重要切入点，不少学者对福建（陈炎伟等，2019）、甘肃（尹君锋和石培基，2022）、广东（易小燕等，2020）等地的县域乡村振兴水平进行评价。毛锦凰（2021）通过改进的熵权-层次法对甘肃县域乡村振兴水平进行研究，发现乡村振兴水平在空间上与乡村整体发展大环境较为匹配。与此同时，也有不少学者对省域乡村振兴开展了研究（吕承超和崔悦，2021；徐雪和王永瑜，2022）。吕承超和崔悦（2021）对全国30个省（自治区、直辖市）的省域乡村振兴发展水平进行了综合测度，发现中国整体乡村振兴水平呈现小幅下降趋势。最后，对未来乡村振兴进行模拟演化是当前研究新趋势。陕颖颖等（2022）基于系统分析视角下，借用Vensim软件模拟了4种不同情景下乡村振兴演化趋势。马亚飞和吕剑平（2020）采用熵权法和变异系数法对甘肃乡村振兴发展水平进行了客观评价，并借助Matlab2018软件，构建GM（1，1）模型对乡村振兴的未来发展趋势进行预测。综上所述，学者们基于乡村振兴水平评价已经展开了一定的研究，但是基于乡村微观空间尺度开展的乡村振兴水平评价研究较少。

(2) 乡村振兴的影响因素及其机制机理

首先，分析乡村振兴的影响因素是实施乡村振兴战略的重要环节。一些学者从不同层面对乡村振兴的影响因素进行分析。刘亚男和王青（2022）使用2009~2018年中国30个省（自治区、直辖市）的面板数据，基于个体固定效应的空间杜宾模型（Spatial Dubin Model，SDM）对中国乡村振兴的影响因素进行了研究，研究表明，经济发展水平、对外开放水平、农林水财政支出、金融发展水平、产业集聚、老龄化水平是影响乡村振兴的重要因素。王蓉等（2022）构建了脱贫山区乡村振兴基础评价指标体系，以陇南山区为案例区，评估其乡村振兴基础状况，利用地理探测器模型分析影响乡村振兴基础空间分异的主导因素，结果表明，海拔、人均耕地面积、农业从业人数和农业机械总动力主导着陇南山区乡村振兴基础水平的空间分异。李燕凌等（2022）构建了数字乡村和乡村振兴两系统的耦合协调评价指标体系，利用灰色预测、计量回归等模型分析了2015~2019年两系统协调发展时序特征及影响因素。其次，揭示乡村振兴发展水平的影响机理是当前研究的重要方向。研究表明，数字经济促进乡村产业振兴的机理可以概括为：拓展农村产业生产可能性边界，增加产品（服务）供给；缓解信息不对称，提高产品（服务）质量和安全水平；节约生产成本和交易成本，降低产品（服务）价格；稳定生产预期和畅通销售渠道，优化乡村产业发展环境；催生新产业新业态新模式，扩展乡村产业生态系统（郭朝先和苗雨菲，2023）。最后，分析乡村振兴发展水平的影响机制、动力机制是当前研究的重要领域。张玉强和张雷（2019）基于上海市Y村的案例考察，分析了乡村振兴内源式发展的动力机制研究。何寿奎和徐建卿（2022）探讨了生态资本价值实现与乡村振兴融合的内在逻辑，认为"双碳"战略目标、自然生态资本产权及碳汇交易政策是生态资本价值实现与乡村振兴融合的外在动力，乡村绿色发展、生态与文化振兴是二者融合的内在动力机制。此外，李蓉等（2022）基于要素驱动、目标导向、资源导向和体育细分领域引导四个不同视角，探究了体育产业助推乡村振兴的作用机制。

（3）乡村产业振兴

首先，不少学者研究了乡村振兴中的产业转型、产业振兴等问题。Liu Y 等（2022）以中国滕头村为例，分析了全球化背景下产业转型促进农村振兴。Hu 等（2022）基于"三渔"维度，即渔业、渔村和渔民，提出一个新的综合指标来评价产业转型对渔村的影响，并对其发展过程、内在逻辑、驱动力和机制进行了探讨。李杨（2022）提出坚持打造核心产业，构建多业态、规模化融合发展的乡村产业振兴格局。王凤臣等（2022）提出探寻统筹推进产业扶贫向产业振兴的实现路径。李蓉等（2022）从畅通城乡要素流动渠道、锚定乡村产业发展目标、挖掘乡村优势体育资源、体育细分领域链式发展四个方面提出体育产业助力乡村振兴的路径。其次，农村三产融合发展是推动乡村振兴的重要方式，也是学者研究的重点。张燕和刘秋月（2022）通过实地调研分析发现，乡村振兴背景下陕西省榆林市榆阳区推进农村三产融合发展的模式较为多样，并针对存在的问题，提出突出特色，拓展农业功能、多方联动，建立紧密耦合、统筹规划，完善基础设施、因地制宜，优化产业布局等建议。最后，数字经济也是推动乡村产业振兴的重要路径。研究表明，数字经济促进乡村产业振兴主要通过两条路径来实现：一是"农业+"，通过数字经济对农业产前、产中、产后"赋能"，农业生产发生质的飞跃，农业的质量和效益进一步提高；二是"数字+"，通过数字经济广泛作用于乡村产业，从"纵向"延伸农业产业链，从"横向"推动农业与旅游、文化、教育、康养、环保等产业融合，并催生乡村新产业、新业态、新模式，推动乡村产业转型发展，实现产业融合和城乡融合，促进农村经济社会高质量发展（郭朝先和苗雨菲，2023）。此外，也有学者对乡村特色农业（何永强，2022）、农村金融（何德旭等，2018）、乡村旅游（王晨光，2018；唐承财等，2019）等乡村产业振兴内容进行了研究。

（4）乡村人才振兴

农业农村优秀人才是乡村振兴的内生动力和内在需求（张志增，2017；吴忠权，2018），是促进农业发展由增产到提质的中坚力量（孙学立，2018），也是实现其他领域振兴的能动性因素（关振国，2019）。现有研究主要围绕乡村振兴人才现状、人才流失的原因以及引才路径开展分析（牛坤玉等，2020）。农民是乡村振兴战略实施的主体，是学者关注的重点。农民在传统与现代交织下的乡村变迁浪潮中做何种选择将深刻影响未来城乡关系的演变进程（洪名勇和张安琪，2023）。洪名勇和张安琪（2023）以个体农民为对象，以乡村发展现实为基础，根据农民与土地、村庄关系的松动程度将其划分为离土离村型、离土守村型、守土离村型与守土守村型四种基本类型。此外，一些学者提出要探寻统筹推进人才扶贫向人才振兴转变（王凤臣等，2022），充分重视培育壮大乡村人才队伍（何永强，2022；李燕凌等，2022）、积累优秀人力资本（刘某承等，2022）、重视农民职业教育（杨璐璐，2018）。

（5）乡村文化振兴

乡村文化振兴是解决中国乡村文化发展不平衡不充分问题的关键环节，也是实现人民对美好生活向往的重要举措，其内涵丰富，包含重建乡村道德规范、保留乡村特色文化、丰富乡村文化生活、涵养中华优秀传统文化等维度（李重和林中伟，2022）。一方面，探寻乡村文化振兴路径是重要的研究方向。李重和林中伟（2022）阐释了实现乡村文化振兴必须面对的三组矛盾，即正确处理好经济建设与道德建设、社会主义先进文化与乡村地域文化、城市文化与乡村文化之间的关系；提出破解三组矛盾的建议，即在推动乡村产业振兴基础上加强乡村思想道德建设，在筑牢社会主义先进文化基础上凸显地域文化特色，在推动城乡融合基础上弘扬中华优秀传统文化，探寻出一条适合中国乡村文化的振兴之路。另一方面，文化遗产助力乡村文化振兴也是许多学者关注的重点。刘某承等（2022）基于农业文化遗产资源禀赋，分析了农业文化遗产助力乡村振兴的物质基础，探讨了其运行机制和实施路径，从促进农耕文化繁荣等5个维度，构建了农业文化遗产助力乡村振兴的实施路径。国家文化公园是我国重要的文化遗产资源，李渌等（2022）从长征国家文化公园的社区参与视角探究了文化记忆与乡村振兴。此外，还有学者提出了文化扶贫向文化振兴转变的问题（王凤臣等，2022）。

（6）乡村生态振兴

生态振兴是乡村振兴的基础。第一，乡村生态振兴是中华民族伟大复兴道路上的关键环节。Ren和Zhang（2022）探讨了中国生态文明建设与乡村振兴的关系，指出了我国农村生态环境存在的问题，探讨了农村生态环境中进行生态文明建设的可行性，以艺术设计手段介入乡村振兴发展，为共建现代乡村生态产业、建设乡村生态宜居环境、建设美丽中国贡献力量。第二，乡村生态振兴与国家"碳中和"目标具有共同的价值诉求，坚持绿色低碳发展是实现乡村振兴的重要理念（刘娜和李勋华，2022）。万紫微（2021）运用绿色发展理念，评价了北京市旅游型传统村落绿色发展水平，构建了旅游型传统村落绿色发展模式及优化路径。贯彻绿色发展理念有助于旅游型传统村落系统解决生态环境污染、社会文化变迁、传统村落原貌消退等问题（Liu et al.，2023）。Liu等（2023）以北京市6个传统村落为案例地，构建了以绿色经济为关键、以传统文化为核心、以生态文明为基础、以村落社区为主体、以外部政策为保障的"五位一体"的旅游型传统村落绿色振兴模式。第三，乡村生态振兴的协同发展有助于系统解决乡村振兴中的各种生态环境问题。刘娜和李勋华（2022）以协同理论为基础，梳理了乡村生态振兴存在农村环境保护法律规范分散、乡村自然资本增值缓慢、区域协作交流少的现状，表现出生态问题管理难度大、生态修复碳汇交易少、协同交流难度大等发展桎梏；并针对乡村生态振兴中的问题，提出管理协同、资源协同、技术协同、人才协同和信息协同为一体的协同发展机制，完善"政府、企业、农民"一体、"研发、应用"一体、"定制培训、系统培养"一体的协同发展布局，实现跨区域、跨部门的协同管理，共享乡村生态环境大数据，为系统的乡村振兴机制建设提供有效参考。第四，乡村社会-生态系统恢复力是一个重要研究方向。为解决农村社区正在逐渐衰退的难题，Zhang等（2022）开发了一个改进的分析乡村振兴的概念框架，创新性地将社会-生态恢复力的原则整合到框架中，为分析社区恢复力提供了一个循序渐进的过程。此外，也有学者提出生态资本价值实现与乡村振兴融合的实现路径（何寿奎和徐建卿，2022）、探寻统筹推进生态扶贫向生态振兴转变（王凤臣等，2022）。

（7）乡村综合治理

第一，乡村土地整治研究。随着中国全面建成小康社会、精准扶贫、乡村振兴等战略的实施，农地流转问题成为中国政府的工作重点和学术界的研究热点（Zuo et al.，2022）。Yin 等（2022）按照"目标-指标-结果"框架，建立了一个评价系统，随后应用于 92 篇同行审评文章中记录的 193 个案例，分析指出农村土地整治多维度的机遇与威胁。Liu J 等（2022）分析了江苏省农村发展中耕地破碎化演变及其驱动机制研究。第二，乡村振兴的政策机制研究。研究内容主要集中于如何调整政策机制以契合乡村振兴的发展目标（郭晓鸣等，2018；张军，2018）、乡村治理秩序内外权威嵌入机制（唐任伍和郭文娟，2018；萧子扬等，2018；赵光勇，2018）、乡村振兴过程中的地域重构机制（廖军华，2018；王博和朱玉春，2018）、土地制度和乡村振兴的关系论证（陈美球等，2018；汪越等，2018）等。第三，乡村制度建设研究。不少学者对基层党组织体制（何永强，2022；刘某承等，2022）、农村基层党建（宫学芬，2018）、农村经营制度（王敬尧和王承禹，2018）、城镇空间规划（吴碧波和黄少安，2018）等主题开展了研究。有学者从新农村建设和城乡一体化的变革视角，对户籍制度改革、新型社区建设和农村基层管理等问题进行具体分析（陶元浩，2018；张义祯，2018）。第四，农户生计治理。在中国乡村振兴战略背景下，从社会资本视角探讨农户生计策略选择的原因具有重要意义（He et al.，2022）。He 等（2022）选取西南贫困山区凉山彝族自治州为案例研究区，构建多元线性回归模型分析社会资本对生计策略的影响，探讨了农民生计转型与农村可持续发展的政策建议。第五，其他治理问题研究。Zuo 等（2022）对中国西南地区数十年来石漠化贫困研究的历史、进展、挑战和展望进行了全面回顾，为石漠化地区实现乡村振兴提供了理论支持。也有研究表明，在乡村振兴过程中，普遍存在着资源配置不均衡、生态安全难保障、认识误区等问题，这些问题可能会给社会公众造成隐患，因此，应采取科学制定顶层设计、合理规划地方财政、有效保护生态环境等措施（Li，2022）。

(8) 国际案例比较

长期以来，许多学者通过研究国外发达国家的乡村发展和乡村振兴成果，为中国乡村振兴提供案例参考和经验借鉴。①中美比较。郭志刚和刘伟（2020）通过对比分析，认为中美乡村差异虽然客观存在，但城乡同构的发展方式在现阶段值得借鉴。潘启龙等（2021）通过对中美农村发展条件和路径的比较分析，提出目前中国农村发展大致处于美国农村由加速发展向法治化发展转换的阶段，这一阶段美国经验主要包括健全和完善法律法规体系、重视农民的主体地位、提升规模化和机械化程度、完善农业职业教育体系、重视农村功能分区规划五个方面，可以为中国实施乡村振兴战略带来推进乡村振兴政策法治化、提高农民主体地位、培育新型农业经营主体以及科学开展农村规划与建设等启示。②中法比较。有学者研究表明，法国农村市场化和城乡等值化的实践路径为我国乡村振兴背景下的农业农村现代化提供了经验借鉴，主要体现为加强农业基础设施建设、提升生产集约化水平、突出农村发展的"智慧"导向、完善农业生产合作社的组织发展模式、建立多元风险分散机制、拓展农业保险体系以及葆育乡村价值（杨慧和吕哲臻，2022）。③德国。德国乡村经历了长时间的功能重构，通过落实内生型发展理念，提升乡村空间质量，改善居民生活品质，减少土地消耗，从而确保乡村发展的可持续性（钱玲燕等，2020）。然而，也有学者提出，不同国家、地区之间由于自然资源禀赋、文化传统以及经济制度与发展阶段差异巨大，乡村发展和建设的路径和模式也不尽相同（宁满秀等，2018）。

2.1.2 国外乡村振兴研究综述

梳理主要国家与地区乡村振兴背景、进程以及政策措施，综述国外乡村振兴研究成果，可以为中国乡村振兴战略研究和实施提供借鉴。本节首先概述国外乡村振兴研究概况，然后分别概述美国、法国、德国和日本的乡村振兴研究成果。

(1) 国外乡村振兴研究概况

伴随工业化与城镇化发展，乡村相对衰落成为全球面临的普遍问题（宁满秀等，2018），如何帮助乡村从"衰落"走向振兴是世界各国普遍面对的难题（刘某承等，2022）。较多学者对国外多个国家或地区的乡村振兴进行了研究。Wood（2008）、Carr和Kefalas（2009）、张立（2016）、Miletić等（2017）、Nonaka和Ono（2015）、Patrick（2022）分别对东亚、欧洲、非洲等地区的国家农村振兴发展计划和实践进行了经验介绍。不少学者也关注到了拉丁美洲乡村地区的发展，如非法经济和农村发展的传统智慧挑战（Sauls et al.，2022）、活跃市场和农村地区发展的联系（Escobal et al.，2015）。2018年，以"乡村振兴：国际经验与中国实践"为题，召开了中国国外农业经济研究会年会暨学术研讨会，综述了诸多专家对国外乡村振兴的经验，并对我国乡村振兴进行了展望（宁满秀等，2018）。

在研究主题上，国外关于乡村振兴或与其相关的乡村复兴、乡村建设、乡村再造、乡村发展的研究颇丰。Bai等（2014）、McLaughlin（2016）、Liu等（2014）站在乡村发展和全球治理角度，或结合实务，或结合研究领域，对乡村振兴有关理论进行了研讨。Greene（1988）通过分析农业多元化发展倡议，认为政府在乡村振兴过程中有着不可替代的主体作用；Johnson（1989）认为发展农村金融是农村振兴的关键所在；Ayobami和Bin Ismail（2013）研究了旅游志愿者在乡村振兴中的作用。不少国外学者针对大量农村劳动力与人口流失、农村经济与农民收入增速放缓及城乡发展失衡等内容开展了深入研究（宁满秀等，2018）。此外，有学者针对波兰地方发展战略中的气候计划，剖析了农村利益相关者能否推动低碳转型（Furmankiewicz et al.，2021）；也有学者以地中海土耳其的安塔利亚为案例，分析了城乡过渡区农村规划指南作为保护农村景观特征和保持城市蔓延的工具（Balta and Atik，2022）。无疑，国外对乡村发展的多个领域进行了较多研究，但是直接以乡村振兴为主题的研究较少。

(2) 美国乡村振兴研究概述

美国推进乡村发展的过程历经了80多年，可以为中国实施乡村振兴战略提供一定的经验借鉴（胡月和田志宏，2019）。通过对美国北佛罗里达农村企业家的研究，Gladwin等（1989）认为农民创业精神是农村振兴的一个关键；Korsching（1992）在考察美国和加拿大乡镇社区发展联盟的基础上认为，多社区协作对农村振兴发展尤为重要；Mueller（2020）研究表明，2000~2015年，美国农村地区的提取性发展和非提取性发展水平的提高都与经济繁荣的收益递减有关，提取性发展在偏远农村对所有结果都表现出预期的关系，而非提取性发展与人均收入总体上呈负向关系，与贫困呈正向关系，与不平等没有关系。也有学者对美国农村地区提供预防性保健所面临的挑战进行了研究（DeShana Collett et al.，2022)。

不少中国学者对美国乡村振兴也进行了较多研究和介绍。在宏观尺度上，潘启龙等（2021）阐述了美国农村发展演变的四个阶段特点与主要成就，分析了驱动美国农村发展演变的政策因素和非政策因素。在乡村发展的不同阶段，美国政府的政策工具和目标也在不断调整完善（胡月和田志宏，2019）。从1936年实行《农村电气化法》开始，美国政府发布的支持政策经历了从关注农业生产到改善基础设施条件，解决乡村贫困问题，再到培育乡村自我发展能力的多元化发展路径，呈现出鲜明的阶段性特征；在美国乡村发展政策的演变过程中，政府起到了积极的主导作用，通过农业立法、构建管理制度体系和借助社会资本的方式，促进了城乡一体化的有效落实（胡月和田志宏，2019）。在微观尺度上，郭志刚和刘伟（2020）以美国南卡罗来纳州皮肯斯县的克莱姆森为例，展现由小城镇、农村居民点、农牧场共同构成的美国乡村地区，并从生活配套、生产就业、生态休憩等方面进行详述，指出优良的居住条件是乡村的重要优势，城乡融合、区域联动是乡村持续繁荣的重要保证；沈兴菊和刘韫（2021）基于美国建立国家公园门户社区和乡村建设的过程，分析了其取得的经验和吸取的教训。此外，陈兆红（2019）提出，美国在乡村振兴实践中，注重立法先行，以基础设施建设促进城乡互联互通，严格功能分区制度，完善农业保险体系，强化社会保障，通过送教下乡推动农民向新职业群体转型，加强农村人力资源开发，构建城镇体系，促进人口双向自由流动。

（3）法国乡村振兴研究概述

一些学者关注到了法国乡村地区、农业发展等问题，并进行了较为深入的研究。作为已实现农业现代化的国家，法国在农村发展中呈现市场化与城乡等值化的特征，农村市场化与城乡等值化具有内在价值的统一性，农村市场化通过基础条件、科技动力、组织依托与保障机制提升农村经济的发展水平；城乡等值化以市场化为驱动，纳入对空间设施、生态质量、社会服务等方面的考量，避免城乡发展的同质化，促进农村经济、社会和生态的功能均衡与可持续发展（杨慧和吕哲臻，2022）。不少学者对法国农业发展、农村发展、农村规划、农村医疗条件等方面进行了研究。例如，Annes和Bessiere（2018）针对在农产品市场上发展农业，分析了法国农民的理性如何影响他们对农村的行为表现；Ricart和Clarimont（2016）以法国上比利牛斯省为案例，建立了灌溉、生态系统服务和农村发展之间的联系模型；Bivic和Melot（2020）以巴黎地区边缘土地利用规划为案例，分析了法国农村城市化规划；Chevillard等（2019）研究了在法国推广初级保健团队对农村地区全科医生吸引力和保留率的具体影响；Desjeux等（2015）以法国和荷兰作为研究案例，评估了农村发展措施对不同空间层次自然价值指标的影响。

（4）德国乡村振兴研究概述

第二次世界大战以后，德国成为世界第四和欧洲最大的经济体，然而，城乡以及联邦各州之间，特别是东西部之间的区域发展仍然不平衡（孟广文和Gebhardt，2011）。特别是，在20世纪80年代的德国，城市移民给乡村带来了诸多社会问题，其中最主要的问题是乡村开始逐步失去其独特的风貌，乡村生活发生巨大改变（张延龙，2022）。为了帮助乡村和当地村民适应这一改变，德国政府实施了"乡村振兴"战略，由乡村居民决定乡村的未来，自我实施，并通过一系列的法律制度对乡村规划的具体内容予以明确。通过"乡村振兴"这一农村发展政策工具,德国政府顺利实现了德国乡村的可持续发展(张延龙,2022)。孟广文和Gebhardt(2011)从动态、区域和景观视角对德国第二次世界大战后至今乡村地区的整体发展过程、特征与区域差异及未来发展趋势进行了分析。德国乡村经历了长时间的功能重构,通过落实内生型发展理念,提升乡村空间质量,改善居民生活品质,减少土地消耗,从而确保了乡村的可持续性发展(钱玲燕等,2020)。

第一,德国乡村经济发展是研究的重点。有学者评估了欧盟支持德国农村地区区域经济发展的结构基金影响(Schrader,1994);也有学者采用德国强制性入学考试的数据,分析了区域社会经济贫困和乡村生活与全球幼儿发育迟缓的关系(Hoffmann et al.,2022);Tranter等(2007)以德国、葡萄牙和英国农民意向调查为对象,分析了欧盟单一农场付款对粮食生产、土地使用和农村发展的影响。第二,不少学者从生态、资源、环境等视角关注德国乡村可持续发展。Noack和Schüler(2020)以德国下萨克森州为研究对象,从生态系统服务视角分析了农村发展和人类福祉;Deunert等(2007)深入分析了立法对德国北部农村地区地表水水质发展的影响;Gruber和He(1996)对比分析了德国和秘鲁农村地区小型沼气生产对可持续发展的作用。第三,交通是德国乡村研究中的重要组成部分。有学者分析了德国中部农村地区潜在流动人口对需求响应型交通工具的态度(Knierim and Schlüter,2021);也有学者以德国海因斯堡地区的乡村为案例,从智能交通视角分析了交通创新适应农村发展需求(Gross-Fengels and Fromhold-Eisebith,2018);Neumeier和Kokorsch(2021)使用地理信息系统(geographic information system,GIS)可达性模型识别"食物沙漠",分析了德国农村超市和折扣店的可达性。第四,发展政策、农村治理、活力测评也是德国乡村研究的重要内容。Zasada和Piorr(2015)以德国勃兰登堡为案例,分析了采用农村发展政策的地方框架条件对其多样化、旅游业发展和村庄更新的作用;Kallert等(2021)以德国黑森的区域发展为对象,分析了农村治理的文化政治经济。此外,干靓等(2020)以德国巴伐利亚乡村发展新趋势作为背景,详细介绍村镇活力测评的工作任务、测评范围、内生型发展潜力识别及评价指标与结果表达,并以跨村镇联盟"上韦恩河谷"(Oberes Werntal)为例分析村镇活力测评的应用成效。

(5)日本乡村振兴研究概述

日本实施乡村振兴战略60年,不同阶段战略目标不同,且已经取得了一定的成效(林兴,2022)。为确保乡村振兴政策目标的实现,由日本农林水产省牵头国土交通省、厚生劳动省、环境省、经济产业省成立了乡村振兴联席会议机制,统筹指导乡村振兴总体规划;在农林水产省内设立乡村振兴局,组织实施乡村振兴相关项目,统筹协调各部门政策资源,推进乡村振兴运动(林兴,2022)。为促进金融服务支持乡村振兴,日本构建了包括合作性农村中央金库、政策性农林渔业金融公库及为农业提供信用保证和保险的其他金融机构在内的农村金融机构体系,共同为农村市场提供有效金融服务(林兴,2022)。有学者总结分析了日本乡村振兴的历史经验及教训(保母武彦,2021)。也有学者关注到美日乡村振兴的共性,美国和日本在农业农村现代化发展和乡村振兴过程中,不断推进财政支农政策结构性改革;实施财政支农投资计划、支持农业农村发展项目;优化、完善农业补贴政策;创新财政资金投入方式,加强财政支农资金整合与管理(肖卫东,2019)。

第一,如何推动产业振兴是日本乡村振兴的研究重点。一方面,农业是日本社会经济的基础。Hisano 等（2018）基于日本农业再农业化的经验，分析了新自由主义农业变革下的日本农村复兴；Takayama 等（2021）分析了地理标志如何保护日本农村地区的农业。另一方面，旅游业也是日本乡村产业振兴的重要组成部分。有学者提出吸引日本游客进入农村腹地，分析旅游业对农村发展和规划的影响（Murphy and Williams，1999）。第二，不少学者关注到社会文化因素在日本乡村振兴中的作用。Leung 和 Thorsen（2022）以日本新潟市的 Echigo-Tsumari 艺术节（Echigo-Tsumari Art Triennale，ETAF）为中心，提出了一个关于艺术在乡村振兴中的作用的新概念，重点关注当地农民如何体验艺术作为社会、文化和自然变化的催化剂。有学者分析了生活质量对日本农村社区老年人未来脆弱状况的影响（Mori et al.，2022）、日本北部城市从城市到农村移民的不同价值观（Takahashi et al.，2021）。第三，乡村治理是乡村振兴的重要组成部分，也是日本研究的重点。不少学者提出通过发展逆城市化来理解日本的农村流动和治理（Dilley et al.，2022）、日本农村地区可持续创新流动（Fujisaki et al.，2022），分析了基于代理的日本农村农业土地保护评估模型（Yamashita and Hoshino，2018），探讨了农村复兴和改革组织在日本农村振兴及当代日本农村发展的作用（Kawate，2005）。胡霞和刘晓君（2022）以日本岛根县邑南町为例，分析了内生式发展理论在乡村振兴中的实践。第四，交通也是日本乡村振兴的重要组成部分。胡霞和周旭海（2021）分析了日本公路特色驿站助力乡村振兴的经验与启示；Amagai 等（2014）研究了日本农村地区的低二氧化碳排放车辆开发、当地可再生能源利用，以及这些利用对农村地区可持续发展和乡村振兴的贡献。

2.1.3 乡村振兴研究评述

乡村振兴是一项系统工程，是多方面因素共同作用的结果。在实施过程中要用综合的系统视角推进，避免顾此失彼（张英男等，2019）。乡村振兴研究应着眼于乡村地域系统的复杂性、综合性、动态性，探究以根治"乡村病"为导向的新型村镇建设方案、模式和科学途径，为实现新时代中国乡村振兴战略提供理论参考（刘彦随，2018）。同时，面对新时代的新发展格局构建和高质量发展需求，应大力弘扬科学精神，针对目前乡村振兴存在的现实问题，不断深化乡村振兴科学问题研究，增强解析复杂乡村振兴问题的能力，提高乡村振兴学术水平和社会服务价值。

第一，研究内容的深度挖掘与融合创新。如何振兴乡村或者如何使乡村振兴战略规划落地见效是新时代亟待攻克的科学问题和现实难题（罗庆等，2022），乡村振兴将成为未来相当长一段时期内中国各族、各界人群持续奋斗的目标（陈坤秋和龙花楼，2022）。结合前人研究（牛坤玉等，2020；黄震方等，2021；龙花楼和陈坤秋，2021；陈坤秋和龙花楼，2022），未来研究应关注以下方面：①乡村振兴理论体系的构建和深度挖掘。新时代的乡村振兴日益呈现复杂性的特点，其研究应当以乡村地域系统理论、可持续发展理论等为基础，深度融合地理学、旅游学、生态学、社会学、经济学、文化学等多学科理论，不断深化乡村振兴理论体系构建，破解关键科学问题。②乡村发展转型与振兴的动力机制与情景模拟。对接乡村振兴战略需求，科学评估乡村转型发展与振兴水平，梳理乡村振兴规律、趋势及效果，评估乡村转型发展与振兴的时空分异格局，诊断影响乡村转型发展与振兴的驱动因素与限制条件，模拟乡村发展转型与振兴的未来方案。③乡村产业振兴与高质量发展。分析乡村三产深度融合模式和高质量发展路径，构建乡村三产融合发展水平评估体系，分析不同地区乡村产业高质量发展水平的空间差异，探究乡村产业振兴效率的时空演化、影响要素与提升路径。④城乡融合发展与乡村振兴的互馈机制与区域模式。研判城乡融合发展助力乡村振兴的科学内涵、内在逻辑与实现路径，构建相应理论分析框架，科学评价城乡融合发展与乡村振兴耦合协调水平，测度不同地区的互馈成效及其空间效应差异，科学提炼城乡融合发展与乡村振兴的典型区域模式。⑤乡村旅游助推乡村振兴的作用机制。厘清乡村旅游推动乡村振兴的理论基础、逻辑关系与互动机理，构建微观尺度的旅游型乡村振兴水平评价，探索乡村旅游推动乡村振兴的发展过程、典型特征、具体模式与动力机制。

第二，研究方法的应用和创新有助于科学研究的突破与发展（黄震方等，2021）。应充分利用大数据分析、云计算分析、情景模拟、元分析、质性研究、数理统计、GIS空间等多种技术方法，进一步强化乡村振兴的研究范式创新。重视进行深入实地调查，关注村域个体行为，更多向社会学、地理学、文化学、生态学、经济学等多学科领域转向发展；形成定量和定性相结合的多方法体系，宏观和微观相补充的多尺度分析框架，动态和静态分析相辅助的多时态分析手段；要加强城乡关系的格局分析、理论解析、互动机制及其空间优化重构，从而为推动我国乡村振兴、实现城乡融合发展提供科学支撑（张英男等，2019）。

第三，关注不同空间尺度乡村振兴研究。目前乡村振兴所涉及的研究尺度多以国家（袁久和和吴宇，2018；丁翠翠等，2020）、区域（陈俊梁等，2020，2021；徐雪和王永瑜，2021）、省域（刘瑾等，2020；邹露和李平星，2022）、城市（陈云，2020；田庆刚等，2022）、县域（修长百等，2020；杨胜强等，2022）等为主，对微观乡村尺度的研究、宏观和微观多尺度空间复合研究关注较少，对具有不同特色产业的乡村，如休闲农业、旅游业等产业为主导的乡村，对其乡村振兴水平、乡村振兴模式及路径研究不足。乡村振兴的本质是促进每一个行政村的振兴，所以村域是乡村振兴的基本单元（曹智等，2020）。因此，未来应加强相关薄弱领域的研究，进一步提高我国乡村振兴科学研究的落地程度，实现从理论研究到应用研究的完整衔接，以推动不同空间尺度、不同产业类型的乡村全面振兴，为促进乡村产业高质量发展、乡村宜居宜业、社会生态系统平衡、农民富裕富足提供理论依据和实践参考。

2.2 传统村落文化传承研究综述

随着工业化、城市化的快速推进，传统村落面临重组、分化与严峻的保护问题（王淑佳和孙九霞，2021）。传统村落的建筑、选址和格局及非物质文化遗产是传统村落评价的构成要素，三者均涉及建筑文化、堪舆文化、民族文化、地域文化等文化形式（胡燕等，2014）。文化是人的社会成果，其表现具有民族性，而文化传承正是文化民族性的内在机制（赵世林，2002a）。传统村落蕴含丰富的农耕文化遗产，保护农耕文化遗产是保护生态环境和生物多样性的基础，是发展休闲农业与生态旅游地基石和繁荣农耕文化和乡村旅游的灵魂（夏学禹，2010），构建文化生态环境框架，分析传统村落的空间演化过程和特征，以文化生态框架整体把握传统村落空间的动态变化及相关影响因素（Chen X H et al.，2020）。

2018年文化和旅游部成立，文旅融合逐渐成为研究热点，传统村落依靠地域文化遗产景观发展旅游业。地域文化遗产景观是传统村落核心文化内核的集中体现，其延续了中华优秀传统文化，对其进行景观基因的识别可以揭示传统村落的社会文化属性（翟洲燕等，2017）。从景观基因视角，运用系统分析、层次分析和熵权等研究方法构建传统村落景观基因传承与旅游发展融合评价指标体系，探究传统村落景观基因与旅游发展的融合水平（杨立国和彭梓洺，2022），更好地保护传统村落文化景观遗产。

传统村落作为活化的文化遗产，承载了大量的历史记忆、人文生态、建筑美学和社会发展轨迹（张浩龙等，2017），是实现物质文明和精神文明相协调的重要手段，也是构建乡愁家园的有效载体。传统村落文化传承是传统村落可持续性发展的核心动力，对村落文化资源的保护和利用、对乡土文化的传承与振兴、对旅游开发和乡村振兴等都会产生许多有益的影响。本研究以Web of Science数据库和中国知网数据库作为文献数据来源，梳理国内外传统村落文化传承的相关研究文献，了解国内外传统村落文化传承研究的发展阶段、研究方法等，以期为我国传统村落文化传承的研究与实践提供有益指导和实践参考。

2.2.1 研究概况

2.2.1.1 国外研究概况

在Web of Science数据库中以"Traditional Village"+"Cultural Inheritance"和"Ancient Village"+"Cultural Inheritance"进行外文中关于传统村落文化传承相关研究的检索，共获得15篇相关联的文献。总体来看，国外关于传统村落文化传承研究的相关文献数量较少，其中 *Sustainability* 是发文量最多的期刊，共发表了3篇与传统村落文化传承相关的文章。传统村落文化传承的相关文章主要采用空间分析法和地理信息技术手段，研究主题涉及游客感知、文化遗产的数字化保护、文化生态系统、文化传承、传统建筑、文化旅游等，其中文化的保护和利用、村落文化旅游开发、新技术在村落文化传承保护中的应用是国外文献研究的主要内容。

2.2.1.2 国内研究概况

(1) 研究历程

传统村落承载民族历史文化基因，是实现中华文化伟大复兴的推动剂，是实现中华文化自信自强的历史基因。文化传承维系传统村落的可持续发展，是构建传统村落发展的内核，推动传统村落文化传承与保护。在中国知网数据库以"传统村落"+"文化传承"、"古村落"+"文化传承"或"传统聚落"+"文化传承"为关键词进行检索，剔除相关新闻报道及具体的村落的文章介绍，获得相关文献共计526篇，其中CSCD、北大核心和CSSCI文献共111篇，发表时间为2006~2022年。总体来看（图2-1），传统村落文化传承的发文量随时间的推移呈增长趋势，2021年发文量最多，达到了95篇文章。发文量和国家关于促进传统村落发展的政策紧密相关（图2-2）。根据国内学者对传统村落文化传承的相关研究成果将传统村落文化传承分为萌芽阶段（2006~2012年）、起步阶段（2013~2017年）和发展阶段（2018~2022年）。

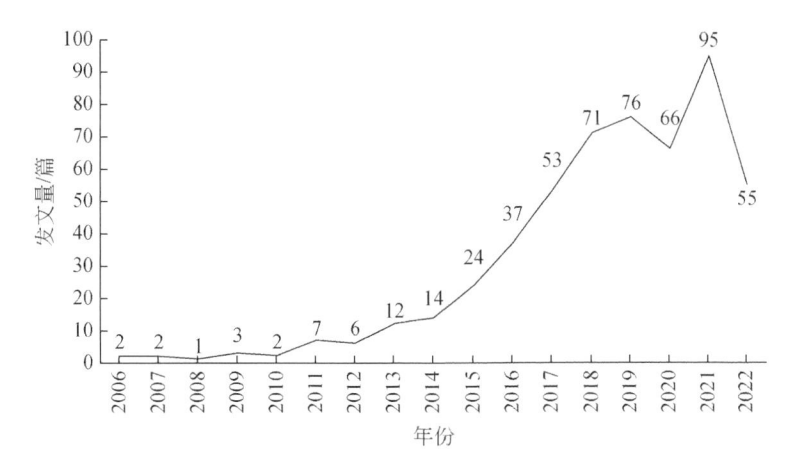

图2-1 国内期刊传统村落文化传承相关文献发表量

1）萌芽阶段（2006~2012年）：2006年设立了历史文化保护区制度，该制度的出台对于传统村落的划区保护产生了较大的推动作用。同年，国内外对传统村落保护感兴趣的专家学者齐聚西塘，召开了中国古村落保护高峰论坛并通过《西塘宣言》。作为全国第一个以保护传统村落为主题的国际学术会议，它意义重大，有着深远的影响力，对推动全国传统村落保护起到积极的引领作用（唐娜和杨扬，2021）。随着新农村建设的推进，在新农村建设中亟待解决古村落的保护及传统文化传承的问题逐渐受到关注（杨晓蔚，2006），并且有学者指出应该利用GIS传统聚落景观的数据集成和管理，实现对其文化遗产的立体性保护（邓运员等，2006）。在财政部、国家民族事务委员会、文化和旅游部的推动下，传统村落的保护和发展愈发受到重视，从传统村落建筑文化到宗族文化、从非物质文化遗产到村落传统体育文化均有涉及，甚至有学者特别关注了北京古村落的发展。北京作为我国的政治文化中心，对我国人民有着特殊的文化意义，以北京沟域经济建设为背景，探究北京沟域经济发展同古村落保护与开发的关系是十分有意义的，通过分析二者的关系进而提出基于沟域经济建设的古村落保护与开发思路（刘春腊和刘沛林，2011）。2012年，住房和城乡建设部从技术性层面提出了传统村落的定义并公布第一批中国传统村落名录，为后续传统村落的传承与开发提供了更多的可能性。整体而言，该阶段传统村落文化传承开始受到关注，文献量也在逐渐增加，但研究内容相对单一，研究方法集中在案例研究。

2）起步阶段（2013~2017年）：自2012年公布第一批中国传统村落名录之后，2013年、2014年、2016年相继公布了第二批、第三批、第四批中国传统村落名录，传统村落的保护与开发同美丽乡村建设、乡村振兴战略同频共进。随着经济社会的发展，逐渐认识到农村劳动力人口的变迁会对村落文化传承产生重要的冲击，导致村落文化传承出现困境（郭占锋和张红，2013）。有学者尝试以缸瓦窑村为实地调研村落，探讨传统村落特色文化

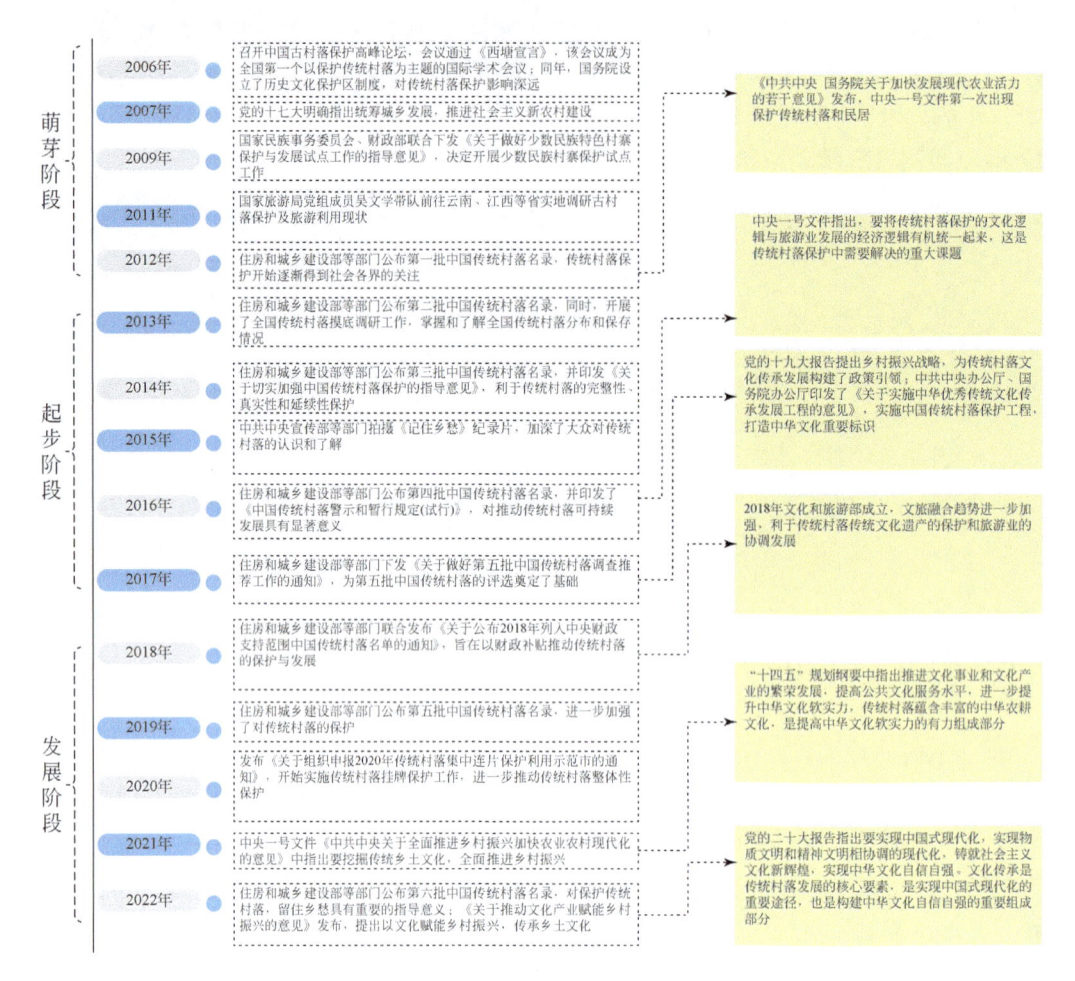

图 2-2 传统村落文化传承的相关重要事件

的传承与保护（丁智才，2014），引入村落文化生态学，指导村落民俗文化传承、文化遗产保护和美丽乡村建设（齐皓和樊柯，2014）。基于传统村落文化传承的重要性，构建传统村落文化传承度的评价体系就愈发具有时代价值，从传统文化景观保护度、传统文化活动承接度、传统文化机制传播度三个方面构建指标体系，以湖南首批传统村落作为实证研究对象进行验证（杨立国和刘沛林，2017）。综合文献来看，此阶段文献数量较萌芽阶段有了显著的增长，研究视角涉及文化自信、文化传承与旅游发展、美丽乡村建设等，研究方法较之前更为丰富，研究区域涉及江南地区、西南地区、湘西地区等，但个案研究较多。

3）发展阶段（2018~2022年）：2018年文化和旅游部正式挂牌成立，这标志着文旅融合趋势将进一步增强。随着文旅融合的深入发展，传统村落中发展文化旅游成为实现传统村落可持续发展和高质量发展的重要保证（郑瑞，2020）。文旅融合作为文化和旅游融合的重大战略，对传统村落文化传承和旅游开发具有重要的导向作用。传统村落具有丰富的文化景观基因，构建传统村落文化景观基因传承与旅游发展融合度的指标体系和综合评价函数，为传统村落和旅游的发展提供参考借鉴（杨立国和彭梓洺，2022）。2018 年，中共中央、国务院印发了《中共中央 国务院关于实施乡村振兴战略的意见》，乡村振兴成为传统村落发展的重要政策引领，立足乡村振兴的时代任务，分析不同类型传统村落价值传承与保护发展的创新实践，探究传统村落价值活态传承与乡村振兴的共融共享共建机制（李伟红和鲁可荣，2019）。在此阶段，传统村落文化传承的研究日益丰富，发文量达到了363 篇，研究方法涉及灰色关联分析法、层次分析法、基因编码法等，研究视角较为丰富，研究方向更加多元，但依旧以定性研究为主。2022 年中国共产党第二十次全国代表大会指出，要实现文化自信自强，铸就社会主义文化新辉煌。传统村落文化传承是实现社会主义文化新辉煌的重要催化剂，随着我国综合国力的不断提升，构建具有中国特色的文化传播体系更加重要，传统村落文化传承的相关研究符合时代潮流。同年，公布了第六批中国传统村落名录，对传承传统村落文化，实现传统村落的整体性保护具有重要的指导意义，也为学者们展开传统村落文化传承的相关研究提供了新思路。

（2）研究者及发文机构网络图谱

发文作者是科学研究的主体，通过发文作者之间的合作网络分析，可以反映出该领域的核心作者群及其研究团队。通过 CiteSpace 软件对 526 篇进行分析，分析生成的发文作者合作网络图谱（图 2-3），共有 291 个节点，108 个链接，网络密度为 0.0026。从共现频次来看，刘沛林、何珍和鲁可荣排在前三位，其频次分别为 9 次、5 次和 5 次。刘志宏、李伯华、卢凯、于鲸和杨豪中均在 2 次以上。节点连线体现发文作者间的合作关系，从图 2-3 中可以明显看出各节点之间的连线数量较少，且在核心发文作者外围散布着较多的独立发文作者，相互之间缺乏明显的合作关系。其中刘沛林与李伯华之间的联系比较密切，尤其是刘沛林在该领域有突出贡献。由此可以看出，传统村落文化传承研究在研究者和发文量方面有以下特征：一是在领域内作出突出贡献、极富代表性的核心学者数量不多；二是绝大多数研究者联系很少，且研究力量较为分散；三是各研究者发文量普遍偏低，反映了该领域的研究深度和广度还有待提高。

图 2-3　国内传统村落文化传承研究发文作者合作网络图谱

科研机构的发文量表明其在该研究领域的积累和投入，通过 CiteSpace 软件，将阈值调整为发文量 2 篇以上来分析发文机构对传统村落文化传承的研究状态和实际贡献，得到发文机构合作网络图谱（图2-4），从图2-4中可以看出，衡阳师范学院（城市与旅游学院、地理与旅游学院）、安徽建筑大学建筑与规划学院、湖北文理学院资源环境与旅游学院、古村古镇文化遗产数字化传承湖南省协同创新中心、中南大学中国村落文化研究中心、河北工业大学建筑与艺术设计学院、丽水职业技术学院、中南大学建筑与艺术学院发文量均在 3 篇及以上，其中衡阳师范学院发文量达到了 11 篇。研究机构主要集中在中国各高校，衡阳师范学院在传统村落文化传承方面研究较多，研究的深度和广度较深。从图2-4 中可以看出散落的节点非常分散，关联极少，说明研究传统村落文化传承的机构相对独立，合作松散。

图2-4　国内传统村落文化传承研究发文机构合作网络图谱

（3）时间线聚类图谱

利用 CiteSpace 软件生成时间线聚类图谱（图2-5），其中模块值 $Q=0.5672$，平均轮廓值 $S=0.8837$，模块值和平均轮廓值均大于 0.5，说明符合科学聚类的标准。基于此梳理传统村落文化传承研究的相关路径：文化传承—宗族文化—体育文化—古建筑—乡村景观、传统村落—开发利用—文化基因—生态文明、传统聚落—乡愁文化—农耕文明—传承意愿、乡村振兴—活态保护—保护路径、创新应用—村落社区—乡村聚落—乡愁等。从图2-5可知，国内传统村落文化传承的研究路径较多，乡村振兴、文化保护、乡村文化、传统文化、古村保护等都是其核心内容。近三年的研究开始关注技术应用、活化、文化基因、文旅融合、生态文明、景观基因、价值重塑等内容，表明学者们越来越重视传统村落文化传承的相关研究，越来越重视传统村落的文化价值和推动村落可持续发展研究。

| 第 2 章 | 相关研究综述

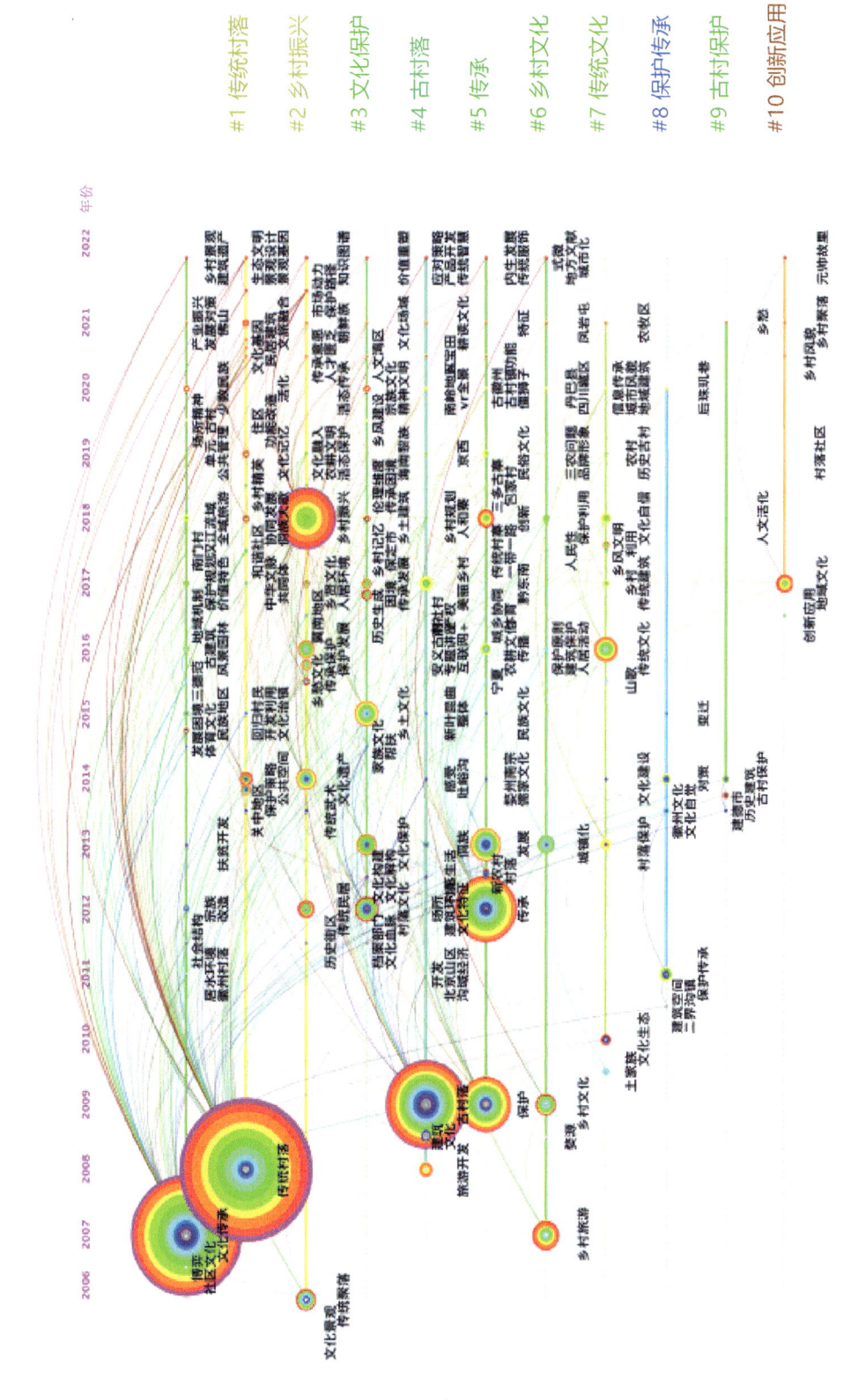

图2-5 国内传统村落文化传承研究关键词时间线聚类图

2.2.1.3 研究方法

传统村落文化传承相关文献的研究方法以定性研究为主，定量研究较少，定性与定量相结合的研究也十分匮乏。定性研究方法主要包括案例研究法、实地考察法、田野调查法、归纳法、文献研究法等，其中案例研究法在定性研究中占据了主流位置，相关文献中采用案例研究法的达到了 179 篇，占样本总量的 34%。定量研究主要涉及建模法、熵权法、空间分析法等。按照已有研究方法的思路、代表性学者进行梳理（表 2-1）。

表 2-1 传统村落文化传承的研究方法

方法名称	研究思路	代表性学者
案例研究法	以传统村落文化传承作为研究对象，通过访谈收集资料，总结案例地可推广的相关经验	姜爱和刘春桃（2019）
实地考察法	以问卷的方式收集传统村落文化传承的相关资料，结合实地调研的感知印象形成传统村落文化传承的整体认知	李伯华等（2022）、Jiang 和 Lin（2022）
田野调查法	实地参与传统村落的调研，实地具有一定的周期性，以田野的手段融入当地村民，感知传统村落文化传承	万义等（2014）
空间分析法	以地理信息系统作为技术手段，针对传统村落建立信息数据库，描述样本的空间分布特征等，探究影响传统村落文化传承各类因素	Xiao 等（2022）、Nie 等（2022）
熵权法	将指标体系法与熵权法结合，前者确定评价指标，后者确定权重值，探讨传统村落文化遗产传承保护的问题	唐承财等（2021a）

2.2.2 主要研究内容

（1）文化资源保护和利用

农耕文明是传统村落区别于城市文明的重要标志，传统村落文化资源的保护和利用是促进传统村落文化传承和可持续发展的前提条件。丰富的文化资源是传统村落的典型特征，从文化资源的角度审视传统村落的发展路径尤为重要（Gao et al., 2022）。要注意保存文物、古民居等物质性文化向保护传承民俗等非物质文化的转变。同时，也要注重保护少数民族地区的传统村落文化，因为随着城市化的推进，我国少数民族地区传统村落文化风格建筑减少、民族特性淡化、传统村落文化消失凸显（陶涛和刘博，2017）。学者们分析了藏羌彝文化走廊少数民族传统村落文化面临的问题和挑战，并从八个方面梳理和分析了这些文化保护、传承和创新的情况（杨福泉，2020）。随着信息技术的发展，数字技术在传统村落文化资源保护和利用上的优势愈发明显，人工智能（artificial intelligence，AI）技术被运用在村落文化景观修复中，射频技术和定位技术可实现对传统村落的监控和管理（Wang，2022）。

（2）乡村文化传承与振兴

文化传承与振兴是国家文化繁荣发展的重要支撑。近年来，随着西方国家主导的文化在向全球扩散的过程中逐渐暴露出一系列问题，从地理学的研究视角来透视全球化格局的空间治理，在传统村落文化传承中要重视空间治理，从历史地理视角、乡村地理视角和地方性视角建设构建基于文化自信的传统村落文化传承与空间治理体系（孙九霞，2019a）。传统村落蕴含了丰富多彩的文化内核，其中不仅涉及民族文化、地域文化，也包含了革命老区文化。革命老区文化是中华文化中最具特色的文化之一，对村落文化传承具有十分重要的意义。有学者以浙江余姚梁弄镇革命老区为例，对乡村振兴的文化传承问题进行理论探讨和实践探索，认为革命老区文化传承的关键在于文化传承和文化反哺并重，将记忆转变为技艺，通过反哺提升乡村现代化（李义峰和姜佳将，2018）。基于记忆的特殊视角促进乡愁文化的传承与创新，以乡愁文化构建乡村发展主体性有效资源，要以"记得住乡愁"作为乡村振兴路径与走向的重要依据（黄振华和陈梓清，2022）。

（3）旅游开发与乡村振兴

从20世纪90年代起，旅游开发就被学术界视为传统村落保护和开发的最佳途径之一（欧阳奎和杨载田，1993）。西递、宏村作为第一批纳入世界文化遗产名录的传统村落，其旅游开发利用较早得到关注，从区位条件、村落设计与选址、民居建筑、祠堂牌坊、乡土文化等方面分析其旅游资源优势，提出"保护重于开发""以人为本"的原则（卢松等，2003）。除了针对传统村落旅游开发原则的研究，从传统村落旅游价值的角度提出了旅游开发的模式（孙荣垆，2020）、具体措施（束晨阳，2008）、策略（胡琳琳和王学勇，2019）等。传统村落作为乡村振兴的载体，有利于保存、激活村落的传统特质，增强传统村落的旅游吸引力（黄杰等，2018）。但是，在传统村落旅游开发的过程中，偏重商业化的发展模式，容易忽视传统村落的文化本底，造成对传统村落原真性文化特征和原生态自然环境的破坏（张松，2017）。基于此，必须高度重视传统村落文化景观基因和旅游的融合并构建相关的指标体系，助力传统村落乡村振兴（杨立国和彭梓洺，2022）。国外对南非的村落文化保护和传承展开了研究，指出南非的巴索托（Basotho）文化村依赖本国体育、艺术等部门的网站提供旅游服务信息（Mokoena，2020）。也有学者以意大利撒丁岛马尔米拉地区为案例，分析了当地的自然景观、文化和历史遗产，指出乡村旅游和文化旅游的成功融合是可以实现的，地方和区域管理人员以及当地社区在内的各种利益相关者之间合理协作可以使马尔米拉的旅游业发展得更好（Garau，2015）。

（4）空间重构与景观基因

在旅游市场需求多元化的大背景下，传统村落紧跟旅游发展趋势，充分挖掘地方文化内涵，塑造出特色的乡村公共空间，增加传统村落民俗文化体验型和休闲娱乐型公共空间（窦银娣等，2022）。针对传统村落的民俗文化传承弱化现象，有学者指出民俗文化再造空间传承模式为"乡风文明"建设解决了民俗文化传承的缘由、内容和途径等逻辑问题，构建村落民俗文化再造空间传承模式是持续推进"乡风文明"建设的题中之义（桂胜和陈山，2020）。从农村社区重构角度出发，分析传统村落的公共空间保护及文化传承在农村社区重构过程中遇到的问题及其变迁的动力机制，并探究如何保护传统文化及公共空间（薛颖等，2014）。同时，公共空间的变化会造成传统村落文化景观基因的变化，特别是新型城镇化和乡村旅游的持续推进，导致传统村落面临着一系列人居环境危机（曾灿等，2021）。传统村落文化基因是传统村落文化的核心所在，要特别注重保护其文化基因和识别区域景观文化基因谱系，因为区域景观文化基因谱系会影响传统村落的旅游规划与开发。采用指标体系法、聚类法、空间分析法构建传统村落景观群系基因图谱，并进行实证研究（郑文武等，2021），以期发现区域传统村落景观的关键特征，指导其实践和开发。此外，也可以结合景观信息基因链识别和分析传统村落的空间布局、社会文化和伦理价值（胡慧等，2019），最终识别景观的基因特征，指导实践开发。

2.2.3 研究结论和未来展望

2.2.3.1 研究结论

传统村落作为农耕文明的重要载体，对传承中华文化，延续民族文化记忆具有十分重要的意义，特别是对当下中国实现文化自信自强、铸就社会主义文化新辉煌具有重要的推动作用。本节通过系统梳理传统村落研究概况、研究方法、主要研究内容，形成了较为完善的传统村落文化传承研究综述。研究结果表明：

1) 国外传统村落文化传承的相关研究发文量较少，增长速度较为缓慢，*Sustainability* 是主要国外研究的来源期刊；国外传统村落文化传承主要聚焦在村落文化的保护和利用、村落文化旅游开发、新技术在村落文化传承保护中的应用三个方向。

2) 国内传统村落文化传承的相关研究发文量随时间的变化整体呈现较为明显的增长趋势，相关研究带有明显的政策引领导向，经历了萌芽（2006~2012 年）、起步（2013~2017 年）和发展（2018~2022 年）三个阶段，《经济地理》是国内研究的主要来源期刊，发文量达到了 7 篇；国内研究虽然整体呈现增长的趋势，但从研究者及发文机构图谱中可以看出，国内研究机构之间的合作性依旧不高，国内学者之间还未形成紧密的合作关系及研究高地；从时间线聚类图谱可以看出，随着社会环境和市场需求的调整，学者们在近三年越来越关注技术应用、活化、文化基因、文旅融合、生态文明、景观基因、文化空间价值重塑等研究方向。

3) 国内外对传统村落文化传承的相关研究以定性研究方法为主，特别是案例研究在其中占据了主流的位置，整体也呈现出定性和定量相结合的研究趋势，空间分析法、灰色关联法、熵权法、层次分析法是目前定量研究中使用较多的研究方法。

4) 国内外对传统村落文化传承的研究主要集中在文化资源的保护和利用、乡村文化传承与振兴、旅游开发与乡村振兴、空间重构与景观基因四个主要方面。

2.2.3.2 未来展望

文化竞争力越来越成为大国竞争关注的焦点，文化传承越来越成为一个国家、一个民族生存和发展的立身之本。当下，传统村落文化传承的相关研究整体呈现出的结果还有待进一步提升，未来还需要进一步深化研究内容、拓展研究尺度、丰富研究方法，以及加强研究合作，构建合作网络，以更加丰富和多元的理论及实践研究，指导中国传统村落的文化传承与保护，更好地弘扬和保护传统村落文化遗产，为推进中国式现代化贡献更多的学界力量。

(1) 深化研究内容

第一，加强对传统村落文化传承的内涵研究。要关注不同类型的传统村落的文化成因和识别不同类型村落文旅融合模式，深度剖析和研究各具特色的村落文化的核心吸引力和竞争力，总结和提炼传统村落文化传承中的共性与个性。第二，重视对传统村落文化传承机制的研究，文化传承作为动态的传承是过程和阶段式的传承，要注重研究其传承过程中的内在机制和传承路径，识别传统村落文化传承的相关影响因素，更好地传承和弘扬传统村落文化遗产。第三，从不同利益主体的视角研究其如何参与传统村落文化传承，如何协调各方的利益关系实现传统村落文化遗产的保护与开发，基于共同体理论、价值共创理论、生命周期理论、空间生产理论等综合探讨传统村落文化传承中各利益主体的效能和主体性。第四，不仅要注重对村落传统建筑文化、传统民俗文化等的研究，更要注重对村民满意度、村民幸福感的研究，突出村民的主位，保证村民的基本权益。第五，加强数字技术的应用研究，特别是人工智能、3S技术①、射频技术等在传统村落文化遗产数字化保护中的应用。第六，关注传统村落的活化利用方式，特别是乡村民宿、乡村露营地、生态博物馆、乡村文创、乡村微度假等的研究。

(2) 拓展研究尺度

目前，传统村落文化传承的研究尺度主要是小空间尺度，以单个村落或几个村落的研究为主。未来，可以立足整体或大区域、大空间尺度开展传统村落文化传承的相关研究，利用空间分析法归纳中国六批传统村落的空间分布特点和影响因素，也可以探究同一个流域内、同一个片区内传统村落空间分布模式及文化传承特征，亦可结合非物质文化遗产、物质文化遗产等文化内容形式探究传统村落文化空间是否存在空间错位。

(3) 丰富研究方法

首先，在研究方法上，定性研究需要不断加深和加强，加强历时性的研究，要考察多个阶段内传统村落文化传承的动态模式和特征。其次，要重视定性和定量相结合的研究方法，开发相关的量表和指标体系，识别传统村落文化传承中的阻碍因子、影响因子等。最后，建议强化学科融合，将符号学、文化学、生态学、地理学、人类学、经济学、管理学等学科相关理论应用到传统村落文化传承的研究之中，逐步完善和提升传统村落文化传承的理论研究和实践研究。

(4) 加强研究合作，构建合作网络

一方面，要加强学界之间的合作，各科研院所、研究机构、高校之间加强联系与合作，构建具有代表性的研究团队和群体；另一方面，加强与业界的合作，实现业界和学术界的协同合作；此外，也要加强和第一书记、乡村带头人、新乡贤、乡村扶贫干部等主要群体的合作，走进传统村落，做扎根中国大地的学术研究。

2.3 传统村落旅游发展研究综述

传统村落是指村落形成较早，拥有较丰富的传统资源，具有一定历史、文化、科学、

---

① 地理信息系统（geographic information system，GIS）、遥感（remote sensing，RS）、全球定位系统（global positioning system，GPS）的统称和集成。

艺术、社会、经济价值，应予以保护的村落[①]。传统村落作为一种特殊的人类聚居空间，其地理环境与人文环境构成了特色旅游资源，在现代社会中演变为独特的旅游目的地（李文兵，2008）。随着城镇化、市场化、现代化推进，传统村落正面临着"空心化""自然衰落""文化遗失"等严峻问题，合理的保护与开发成为传统村落未来发展的关键要素（孙九霞，2017）。近年来，旅游产业迅速发展，传统村落因其独特的旅游资源受到广大旅游者的青睐。适度的旅游开发有助于传统村落的更新，一些地区的旅游发展既促进了传统村落脱贫致富，也保护了传统村落特色（王晓阳和赵之枫，2001）。因此，国内外学者们对传统村落旅游发展展开了一系列研究，并取得了丰硕的成果。

国内研究方面，"传统村落"在过往的研究中多以"古村落"的称谓出现（韩禹文等，2019）。20世纪90年代初期，国内研究者开始将古村落视为一种旅游资源进行研究活动。21世纪以来，古村落旅游研究成为热点，取得一定研究成果。2003年住房和城乡建设部、国家文物局公布了第一批中国历史文化名村保护名录，与村落有关的研究开始逐渐增多。2006年中国人类学民族学研究会古村落保护与发展专业委员会成立，学者们开始从不同视角研究古村落旅游发展问题。2008年国务院颁布《历史文化名城名镇名村保护条例》，旅游开发与村落保护的关系成为学者们研究的焦点，相关文献发表数量快速增加。2012年9月25日，传统村落保护和发展专家委员会第一次全体会议召开，会议决定将习惯称谓"古村落"改为"传统村落"。同年，住房和城乡建设部等四部门联合颁布了第一批中国传统村落名录，传统村落旅游发展相关研究成果开始逐年递增。截至2022年10月26日，共颁布了六批中国传统村落名录，共有8171个村落被认定为中国传统村落，传统村落旅游发展已成为重要的研究课题。此外，虽然传统村落是中国特有的提法，但国外仍有不少学者从历史文化村、古村古镇、乡村文化遗产地等相近概念出发，为传统村落旅游发展研究作出了宝贵贡献（邱扶东和朱毓旻，2016）。

基于此，本节以Web of Science数据库和中国知网数据库为数据源，分别梳理和综述了国内外传统村落旅游发展相关文献。首先，对国外传统村落旅游发展相关文献进行收集与分析，系统归纳国外传统村落旅游发展的研究概况与主要研究内容；其次，基于文献计量可视化软件CiteSpace分析2002～2022年国内传统村落旅游发展相关文献，并根据所绘制的相关知识图谱，整理研究历程、研究方法、研究者与发文机构以及研究内容四方面内容；最后，从整体上梳理分析国内外传统村落旅游发展研究的阶段、内容、未来趋势、影响等重大问题，丰富该领域的理论成果，以期为中国传统村落旅游发展实践提供先进理论与宝贵经验。

2.3.1　国外传统村落旅游发展研究综述

传统村落是传承地域文化、民族集体记忆的物质载体，被视为极为珍贵的旅游资源和景观财富（卢松等，2017）。虽然传统村落是中国特有的概念，但在国外的研究中，研究

[①]　住房城乡建设部 文化部 国家文物局 财政部关于开展传统村落调查的通知. http://www.gov.cn/zwgk/2012-04/24/content_2121340.htm.

者们同样针对诸如历史文化村、古村古镇、乡村文化遗产地等相近概念的旅游发展进行了探究。因此，本节借助这些相近概念，对国外传统村落旅游发展研究情况进行了梳理与总结。

2.3.1.1 研究历程

本研究以 Web of Science 作为数据源，选取 Web of Science 核心合集，分别用 "Ancient Village+Tourism"（古村落+旅游）、"Traditional Village+Tourism"（传统村落+旅游）、"Rural Cultural Heritage Site+Tourism"（乡村文化遗产地+旅游）以及 "Historical Village+Tourism"（历史村落+旅游）作为主题词进行检索，共获得相关文献 65 篇，发表时间为 2004~2022 年。对初步检索所获文献进行筛选后，根据文献内容的实际相关性，剔除相关性低的文献后，最终获得有效文献 49 篇。

如图 2-6 所示，从发文量上看，国外传统村落旅游发展相关研究在 2016 年前研究热度较低，发文量均不大于 4 篇。而在 2016 年后，相关研究增长趋势明显，文献数量逐年上升，其中 2022 年的发文量最多。从研究者来源看，国外传统村落旅游发展的研究者主要来自中国、美国、澳大利亚、印度尼西亚等国家和地区，如表 2-2 所示。来自中国研究者的文献有 37 篇，大部分是对中国本土传统村落旅游发展所展开的研究与探索；而国外研究者则从地理学、人类学、历史学等不同领域的视角出发，对其本土以及本土以外的传统村落展开研究。

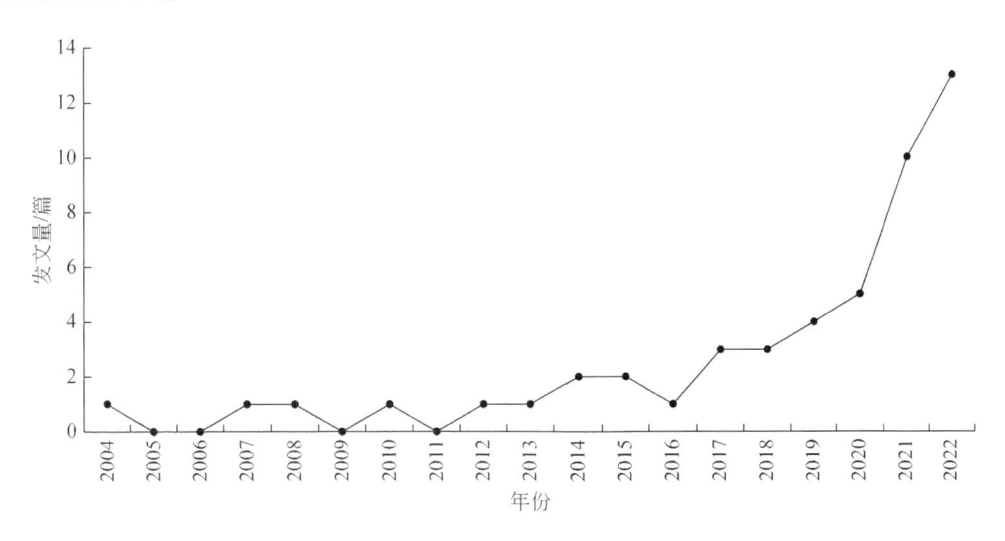

图 2-6 国外期刊传统村落旅游发展相关论文发文量

从研究内容方面来说，自 20 世纪 90 年代以来，国外研究者开始着手探究村落与旅游之间的内在联系（Godfrey，1995）。经过 20 多年的调查与探讨，国外传统村落旅游发展研究取得了一定成果。通过梳理和总结后发现，该领域在国外的研究主要围绕"人"和"地"两方面展开。其中对"人"的研究主要围绕"旅游地居民"和"旅游者"与旅游发展之间的相互作用展开；对"地"的研究则可分为"旅游地商业化"和"旅游目的地营销"两部分。

表 2-2　国外传统村落旅游发展研究者来源地

研究者来源地	研究者数量	研究者来源地	研究者数量
中国	59	荷兰	2
美国	4	西班牙	2
澳大利亚	3	意大利	2
印度尼西亚	3		

2.3.1.2　主要研究内容

(1) 旅游发展与旅游地居民

旅游发展与当地居民之间的相互关系是研究传统村落旅游发展的一个重要切入点。自 20 世纪 80 年代开始，便有学者系统化地从当地社区的视角出发，探究旅游发展与旅游目的地社区居民之间的关系（Murphy, 2013）。通过梳理研究文献可以发现，国外学者对传统村落居民和旅游发展的关系主要从"社区参与"与"居民态度"两方面展开。社区参与直接影响了村落旅游发展，是充分发挥旅游地自然和人文景点潜力的关键要素（Mavri and Istenic, 2014）。居民态度则间接反映了旅游发展给当地所带来的潜在影响。Lepp (2007) 选取位于乌干达的比戈迪（Bigodi）村作为研究对象，探究了当地居民对于旅游业的态度，最终发现居民在旅游初期往往持怀疑态度，但随着旅游业发展，怀疑态度将转化为积极态度，这种变化有助于贫困村落地区旅游业的发展。然而对旅游发展抱有过于积极的态度也可能带来文化破坏或村庄商业化等问题。一项对泰国南部班松普拉克（Ban Songpreak）村旅游发展影响的研究指出，旅游发展可能给乡村儿童带来负面影响（Tirasattayapitak et al., 2015）。

(2) 旅游发展与旅游者

旅游者是构成旅游活动的主体，而旅游者在旅游过程中通过观赏、交往、模仿和消费等方式所形成的经历便是旅游体验的内容。传统村落旅游者在游览后所形成的旅游体验直接决定旅游活动的满意度，并进而影响传统村落旅游形象感知。传统村落是以鸟语花香的自然风光和别具一格的人文情怀为主要形象的旅游目的地，基于对游客的行为特征、情感特征、消费特征等要素的大数据分析发现，较高的游客满意度是构建良好游客感知的关键所在（Wang et al., 2021）。为改善传统村落的游客感知形象，学者们从旅游体验的真实性（Jyotsna and Maurya, 2019）及创新性（Carvalho et al., 2014）出发，运用定量分析法，探究了传统村落旅游开发过程中影响旅游者获得高满意度的具体因素及提升方法。此外，有学者从游客体验视角出发，提出旅游营销拥有决定传统村落旅游形象感知的实质性力量。Giray 等（2019）从游客视角出发，研究了大众传媒对于新时代传统村落形象构建的影响，提出旅游者期望对于其旅游前的决策及旅游后的感知有着决定性作用。

(3) 旅游地商业化

旅游目的地商业化是发展旅游的必经之路。20 世纪 70 年代，国外学者开始将商业化概念与旅游相联系，主要探讨了两者间的单向影响机制和相互作用关系等问题。在传统村落旅游研究中，不少学者探究了村落商业化与其旅游发展之间相互影响的路径、机制及模式（Zhang et al., 2008; Prokkola, 2010; Zhang et al., 2021），指出适度的旅游商业化能够给传统村落保护与开发带来积极作用，但过度商业开发则会带来自然环境变迁、传统文化失真等负面后果（Butt, 2012）。此外，还有学者将传统村落视为一种商品来讨论其商品化过程。旅游商业化与旅游商品化是彼此独立但又关系密切的两个概念。国外学者从自然商品化、文化商品化、生活商品化等不同视角出发，分析了旅游商品化对传统村落可持续旅游发展的影响（Medina, 2003; Kontogeorgopoulos et al., 2015; Sajib, 2022）。Bilbil（2018）采用生物政治学的概念探讨村落商业化给当地居民所带来的不便性，提出商业化开发给原本安静的村子带来了"噪声"，这种"噪声"虽然能够带来流量与经济发展，但牺牲了原住民的生活舒适度。她认为如果政府不能及时治理过度商业化，那么旅游目的地商业化开发就会激起游客与原住民之间的冲突与矛盾。

（4）旅游目的地营销

研究旅游目的地营销对于传统村落旅游推广有着重要的指导意义。旅游地营销的相关研究主要分为营销主体、细分市场和目的地形象三部分。传统村落作为旅游目的地，其旅游营销一般由政府部门和旅游企业合作展开，各个利益相关者之间的复杂关系及相互依赖性为合作营销提供了基础（Palmer and Bejou, 1995）。当地居民是村落旅游利益相关者的重要部分，学者在扎根于多个村落多年来旅游业发展情况的基础上，提出旅游地营销时要谨慎考虑政府、企业与社区居民之间的利益关系，有必要借助外部专家的专业知识以制定合理的营销计划（Idziak et al., 2015）。在研究旅游地营销时，细分市场作为市场营销中的关键环节也受到了学者们的重点关注。学者们从旅游动机、游客行为、价值偏好等维度对传统村落旅游市场细分提供了理论支撑与实践启示（Kastenholz et al., 2018; Biseko and Elirehema, 2020; Qi et al., 2021）。旅游目的地形象主要由"原生形象"和"再评估形象"两部分构成（Selby and Morgan, 1996），在传统村落营销过程中，塑造良好的"原生形象"并提供积极的"再评估形象"对其旅游发展至关重要。Frost 和 Laing（2014）的一项关于影视作品所引发的村庄旅游现象研究表明，借助外部基础对村庄形象进行重构，能够带来旅游发展机遇，但也会对村庄文化的原真性造成威胁。因此传统村落在塑造旅游形象时的初始设计将对未来旅游发展造成深远影响。

2.3.2 国内传统村落旅游发展研究综述

2.3.2.1 研究历程

本节选取中国知网数据库作为数据源，运用中国知网的高级检索功能，将"传统村落+旅游"、"古村落+旅游"及"历史村落+旅游"作为检索词在篇名、关键词、摘要范围内进行检索。检索结果显示，截至 2022 年 10 月，共有相关文献 2643 篇。对检索结果进一步筛选处理后，发现 2002 年前相关研究文献仅有 22 篇。为从时间维度上更清晰地呈现国内相关研究情况，本节主要对 2002 年 1~10 月，发表于北大核心和 CSSCI 期刊上的 475

篇中文文献展开进一步分析,并绘制了近20年来国内核心期刊传统村落旅游发展相关论文发文量图(图2-7)。如图2-7所示,近20年来国内该领域相关研究整体呈稳步上升趋势。根据近20年来国内核心期刊传统村落旅游发展相关论文发文量情况,可将国内传统村落旅游(包括古村落旅游与历史村落旅游)的研究历程进一步划分为起步阶段、拓展阶段、繁荣阶段三个主要阶段。

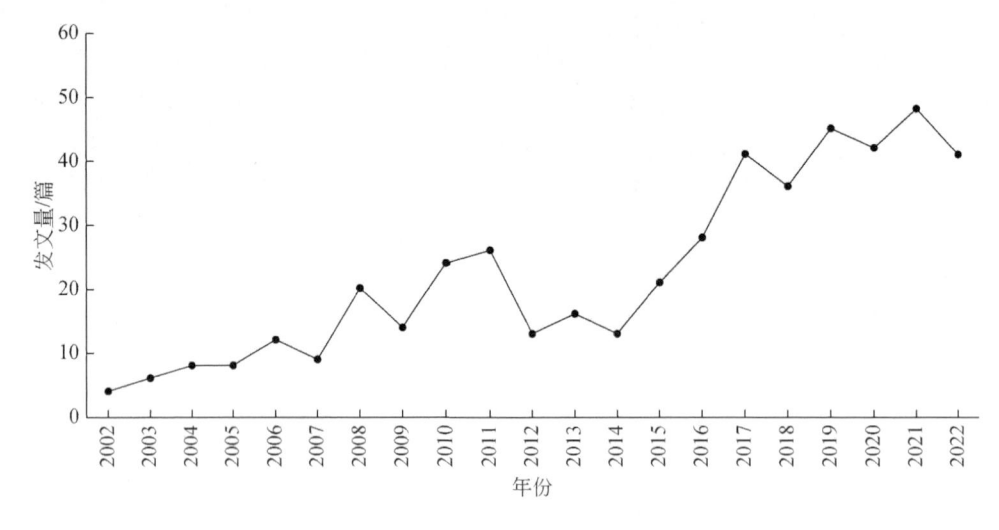

图2-7 2002~2022年国内核心期刊传统村落旅游发展相关论文发文量

(1) 起步阶段(2002~2006年)

在国家经济持续增长的大背景下,国内旅游市场方兴未艾,传统村落开始作为一种旅游资源受到研究者的关注。此阶段内,传统村落旅游发展研究呈现研究方法单一、研究内容集中的特点。学术界多采用个案研究的研究方法,集中选取安徽(吴晓勤等,2001)、浙江(金勇兴,2002)等区域的知名传统村落作为案例地展开研究。研究内容主要围绕景观设计(刘沛林和董双双,1998)、旅游影响(李凡和金忠民,2002)、村落保护(刘昌雪和汪德根,2003)、旅游开发(朱国兴,2002)等话题展开。整体来说,文献数量较少,质量偏低。

(2) 拓展阶段(2007~2011年)

2006年,国家旅游局将"中国乡村游"作为全国旅游宣传主题。乡村旅游成为国内旅游市场的热潮,传统村落旅游发展受到各级政府部门的重点关注。此阶段研究者开始从多学科角度探索传统村落旅游发展,该领域研究特点为研究内容分化拓展、研究方法趋于多样。研究内容在旅游开发、旅游影响等内容的基础上,增加了对社区参与(侯国林和黄震方,2010)、遗产旅游(邹统钎和李飞,2007)、可持续发展(施琦,2008)等话题的探讨,研究方向开始向管理学(何峰等,2010)、社会学(卢松和张捷,2009)、人类学(唐文跃,2011)等不同学科拓展。研究方法上,除案例分析法外,内容分析法、层次分析法、比较分析法等多种研究方法被运用到相关研究中来,文献数量逐年稳定增长,质量逐渐提高。

(3) 繁荣阶段（2012 年至今）

2012 年，住房和城乡建设部、文化部、国家文物局、财政部联合启动了中国传统村落的调查。同年，由传统村落保护和发展专家委员会评审颁布了中国传统村落名录。截至 2022 年 10 月 26 日，共有 8171 个村落被认定为中国传统村落。随着传统村落保护与开发的相关政策不断完善，其旅游发展引起了学术界的广泛研究。与前两个阶段相比，此阶段更多从"人"的角度出发，学者们在过往研究内容的基础上，深入开展了关于旅游商业化（林敏慧和保继刚，2015）、旅游容量（林祖锐等，2018）、旅游模式（张洪昌和舒伯阳，2019）、旅游感知（唐晓云，2015）等相关研究，通过对全国各地案例地的分析，系统探究了传统村落旅游发展过程中"人"的作用，从宏观上为传统村落旅游发展所面临的诸多问题提出了解决方案与未来展望。在此阶段内，该研究所采用的研究方法呈复杂化、多视角、跨学科的特点，学者们在数据收集、研究理论、数据分析等方面做出了改变与创新，高质量文献数目迅速增长。

2.3.2.2 研究方法

传统村落旅游涉及领域十分广泛，学者们在研究过程中采用了多种多样的研究方法。根据文献梳理可知，该领域所采用的研究方法在整体上以定性研究法为主，学者们通过田野调查、意愿访谈、内容分析等方法，对个案或者文本进行研究分析，从而对传统村落旅游发展提出建议。近年来，越来越多的学者开始从不同视角出发对传统村落旅游发展进行研究，采用追求数据、测量与分析精确性的定量研究，基于多案例地的对比分析，对传统村落旅游发展过程中所出现的问题进行了探究，常见的定量研究主要有层次分析法、熵权法等。此外，还有学者创新性地将定量与定性方法相结合，利用多学科方法构建传统村落旅游发展评价指标体系，分析其问题及原因并提出有效建议，助力传统村落旅游发展。从研究思路、优点、不足和案例文献方面入手，对现有文献的研究方法进行梳理后得到常用研究方法（表 2-3）。

表 2-3 传统村落旅游发展研究的常用研究方法

方法名称	研究思路	优点	不足	文献
田野调查法	选定小范围内的传统村落作为研究对象，调查周期至少一年，采用直接观察或深度访谈法，分析得到传统村落旅游发展资料	有利于获取传统村落旅游发展的第一手数据	受调查者主观意识和研究水平影响较大	翁时秀和彭华（2011）
比较研究法	通过对两个及以上传统村落进行调查，分析整理旅游发展对村落的经济、社会、文化和环境等指标的影响程度，并将这些影响进行比较，从而得出传统旅游发展影响效应在不同阶段呈现的特点	基于纵向与横向比较，能够更充分、系统地认识到不同传统村落间旅游发展的联系与区别	比较标准需具备可比性和客观性，所选比较样本存在随机性和客观性问题	刘逸等（2020）

续表

方法名称	研究思路	优点	不足	文献
案例研究法	深度参与传统村落生活，观察传统村落旅游发展过程，分析归纳旅游发展带来的变化	深入调查所获取的材料具有极高的真实性、客观性，有助于研究者把握传统村落旅游发展的本质	案例研究耗费大量的时间、人力和财力，而且通常仅能对小样本展开研究，在推广到大样本过程中研究效度不足	陆林等（2022）
数理统计法	针对传统村落旅游发展的机理、作用、问题、潜力等建立模型，通过对数据进行系统分析，得到较科学系统的研究结果	能够更全面地评价传统村落旅游发展过程中的问题，更科学地预测未来发展方向，更综合地分析发展潜力	传统村落案例地选取与数据处理工具的应用对研究结果影响大	窦银娣等（2018）
文献研究法	对文献进行客观、系统的分析整理，并对传统村落旅游发展的研究进展、开发模式、社区参与、人员感知等进行探讨	突破了时间与空间的限制，利用二手资料进行研究，不直接接触研究对象，具有无干扰性与无反应性	研究结果的信度取决于所用二手资料的完整性与真实性，且多数文献保留作者的思想倾向	罗萍嘉和郑祎（2020）

2.3.2.3 研究者及发文机构图谱

CiteSpace 软件是一款用于分析科学研究中蕴含的潜在知识，通过可视化手段呈现科学知识的结构、规律和分布情况的引文分析软件。本节运用 CiteSpace 软件中机构分布、作者合作等可视化功能对传统村落旅游发展相关文献进行可视化分析，绘制该领域研究者及发文机构知识图谱，以了解核心研究者群及其合作关系。"传统村落"概念正式提出于 2012 年，因此对 2012 年后该领域研究成果进行可视化分析，将更有助于我们精准掌握其研究现状与未来趋势。本节将中国知网所检索的 475 篇国内核心期刊文献数据导入 CiteSpace 中，设定时间范围为 2012~2022 年，并生成发文作者合作网络图谱（图 2-8）。知识图谱中节点代表研究对象，节点大小与数量代表研究对象出现频次（或被引频次）。节点之间的连线表示共现（或共引）关系，其粗细则表示共现（或共引）强度。

图 2-8　2012~2022 年发文作者合作网络图谱

图 2-8 中的节点数量为 284 个，连接线为 194 条，网络密度为 0.0048。从作者发文量上看（表 2-4），发文量在 4 篇以上的作者共有 10 位。刘沛林以 17 篇居于榜首，李伯华与窦银娣分别以 13 篇与 9 篇的发文量紧随其后。从合作关系上看，传统村落旅游发展研究以刘沛林团队与李伯华团队为核心，贡献了许多重大成果，但从整体上看，节点仍相对分散，研究者间合作范围有限。总体而言，传统村落旅游发展研究在研究者与发文量方面的特征有以下几点：一是存在较强的领军人物，以刘沛林、李伯华为例；二是研究者之间联系较为集中，合作网络的宽度与深度仍需拓展；三是研究者的发文数量普遍偏低，大部分研究仅从单一领域视角切入，跨领域合作数量较少。

表 2-4　国内传统村落旅游研究主要发文作者及发文量　（单位：篇）

发文作者	发文量	发文作者	发文量
刘沛林	17	卢松	4
李伯华	13	邵秀英	4
窦银娣	9	何艳冰	4
孙九霞	6	邹君	4
方磊	5	孔翔	4

研究发文机构的文献发表数量可以了解各机构在传统村落领域发展研究领域的研究现状与实际贡献。通过 CiteSpace 软件，对 475 篇国内核心期刊文献的发文机构进行分析，设定时间范围为 2012~2022 年，生成发文机构合作网络图谱（图 2-9）。由图 2-9 中节点分布情况可知，研究传统村落旅游发展的科研机构整体联系较为分散，相关研究主要由高校展开，其次还有研究所、研究中心参与其中。发文量大于 5 篇的科研机构共有 9 所。其中，衡阳师范学院、中山大学以及湖南省人居环境学研究基地作出的贡献最大，三个机构

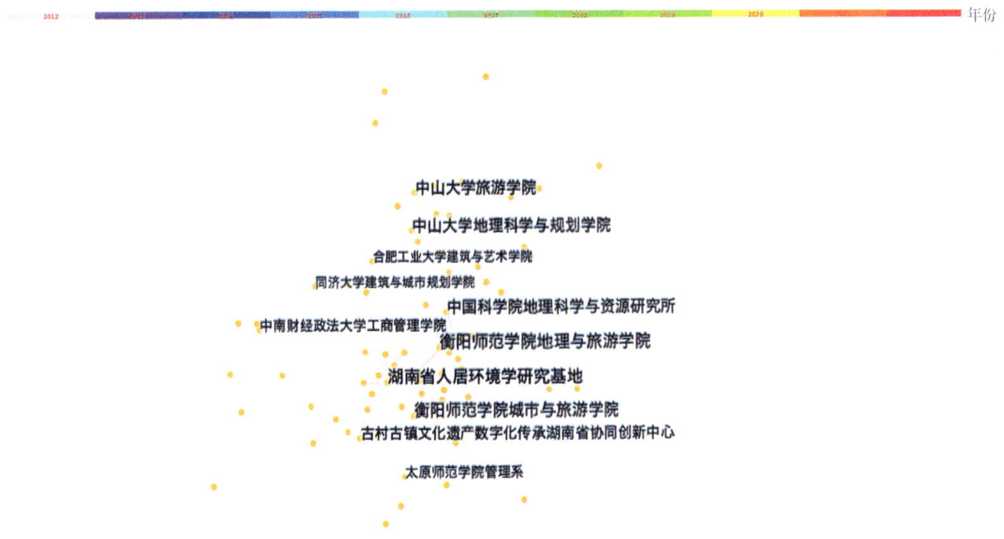

图 2-9　2012~2022 年发文机构合作网络图谱

发文数量占总发文数量的 19.4%。发文量大于 3 篇的研究机构有 16 所，分布在湖南、广东、安徽、山西、北京等地区，南部主要以湖南高校以及科研院所为代表，而北部则集中在北京、山西的高校之中。总的来说，开展传统村落旅游发展研究的科研机构在各自的研究方向上都有所成就，但从整体上看，机构间的合作交流次数较少，全国范围内的合作网络尚未充分形成，建立广泛且稳定的合作关系任重而道远。

2.3.2.4　关键词聚类及研究内容图谱

关键词是文章主要内容与核心观点的浓缩，分析关键词的出现频次与关联程度能够更直观地掌握领域内的研究热点。运用 CiteSpace 软件对 475 篇样本文献进行聚类分析，生成关键词聚类图谱（图 2-10）。图 2-10 中节点较为集中，关键词之间联系较为紧密，表明近年来传统村落旅游发展相关研究的主要内容比较集中。

图 2-10　国内传统村落旅游发展关键词聚类图

模块值 Q 是网络模块化的评价指标，Q 越大，表示网络得到的聚类越好，$Q>0.3$ 意味着所得到的网络社团结构是显著的。平均轮廓值 S 是用来衡量网络同质性的指标，越接近于 1 反映网络的同质性越高，在 0.5 以上，表示聚类结果具有合理性。本次聚类分析结果显示模块值 $Q=0.6897$，大于临界点 0.3，表示所划分出的网络结构是显著的。平均轮廓值 $S=0.8938$，大于临界点 0.5 且接近 1，表示聚类划分合理且令人信服。整体来说，本次聚类分析结果符合科学聚类标准。

在 CiteSpace 软件中，中介中心性超过 0.1 的节点称为关键节点。中心性高、出现频次多的关键词拥有较强的影响力，对其他关键词有一定的辐射作用。在所有关键词中，乡村旅游、旅游开发、保护、居民感知、社会参与是该领域的研究热点，古村落、乡村旅游、传统村落、旅游发展、旅游开发等则具有较强影响力。通过聚类分析生成了 11 个主要聚类，依次为乡村旅游、古村落、传统村落、旅游开发、旅游发展、宏村、旅游、旅游业、全域旅游、发展模式、旅游感知。结合聚类标签和文献内容再次进行归纳分类，得到主要核心内容（表2-5）。

表2-5 2002~2022年传统村落旅游发展关键词聚类

类别命名	主题类关键词
旅游开发与资源保护	利益开发、保护、对策、文化遗产、旅游规划、遗产旅游
旅游对传统村落的影响	旅游影响、影响因素、文化旅游、乡土文化、旅游产业
旅游可持续发展	发展模式、发展策略、发展路径、发展现状、发展对策
旅游感知与社区参与	居民感知、游客感知、旅游感知、环境感知、感知价值

2.3.2.5 主要研究内容

（1）旅游开发与资源保护

传统村落作为历史和文化的载体，具有重要的旅游价值。20世纪90年代，国内旅游市场快速发展，为满足日益壮大的旅游需求，充分实现传统村落旅游价值，学者们开始进行传统村落旅游开发研究。在最初的研究中，传统村落被定义为"一类重要而特殊的旅游资源"（曹国新，2003），不少学者通过实地调查的方式，研究了部分旅游资源禀赋较高传统村落在旅游开发时的开发模式（王云才等，2006）、开发方向（胡道生，2002）、开发效应（车震宇和保继刚，2006）等问题，为传统村落旅游开发提供了理论基础。然而，早期的传统村落旅游开发研究具有较强的功利性，学者们多将研究重点聚焦于资源规划及经济发展，忽视了对当地居民和文化遗产的探究（李文兵，2009）。随着旅游产业的进一步发展，全国各地有越来越多的传统村落将旅游作为未来发展的新基点。因此，传统村落旅游开发与遗产保护的关系成为学术界的新热点。不少学者指出"旅游化保护"是传统村落保护与发展的重要途径（孙琳等，2019）。学者们从文化生态旅游理论、"两山理论"、共生理论等出发，研究发现传统村落旅游开发与遗产保护之间具有相互促进关系（张建忠等，2015；唐承财等，2019；杨坤等，2021）。传统村落旅游开发为保护当地自然与文化遗产提供物质保障，而通过自然与文化遗产保护可以给当地旅游发展带来更多的创新空间。

（2）旅游对传统村落的影响

旅游对传统村落的影响主要体现在经济、社会文化、环境等方面，国内学者主要围绕经济、社会文化、环境三个方面研究了传统村落旅游发展所造成的影响。首先，学者们研究发现，在传统村落转型发展过程中，旅游产业能帮助传统村落走上经济良性循环发展道路（夏周青，2015）。一方面，旅游企业在"食住行游购娱"等业态上的投资，给当地居民带来了更多的就业机会及收入途径；另一方面，政府部门出台有利于旅游发展的相关政策，为传统村落发展旅游开辟新机遇。其次，学者们从社会文化的角度出发，运用多案例的比较分析方法，提出旅游发展会改变传统村落当地居民的传统价值观，进而产生社会文化变迁现象（王帆和赵振斌，2007）。尽管大部分传统村落原住民对发展旅游产业持积极情绪（李萍等，2012），但随着旅游业的发展，传统村落纯朴的社会风貌与外在世界相融合，村落文化也将不自觉地朝向迎合旅游者的方向改变（孙九霞，2009b）。最后，传统村落旅游发展给当地环境治理造成了不小的压力。环境影响主要来源于旅游者与原住民两方面。旅游者在旅游过程中的不文明现象会令传统村落环境保护面临挑战，而原住民为谋取更多经济收益，也会采取破坏自然和文化环境的逐利行为（宋河有，2017；金红燕等，2022）。因此，如何平衡旅游发展与原生环境的关系受到许多学者的关注。此外，另有学者们还从景观设计（卢松，2014）、遗产活化（刘娜娜等，2021）、空间布局（闫昱升等，2022）等地理学、建筑学视角出发，分析旅游发展对传统村落带来的影响。

（3）旅游可持续发展

1993年，联合国世界旅游组织（World Tourism Organization，UNWTO）提出了可持续旅游发展概念："既要满足当前旅游目的地与旅游者的需要，又要能满足未来旅游目的地与旅游者的需要"，其实质是要求"旅游与自然、文化和人类的生存环境成为一个整体"。因此传统村落在发展旅游产业时，既要通过旅游给当地经济带来积极效应，又要控制旅游对文化遗产、社会风貌、民俗风情等造成的影响。为实现传统村落可持续旅游发展目标，学术界开展了一系列研究。吴承照和肖建莉（2003）以高迁古村落为例，全面分析了传统村落可持续旅游发展的前提、动力与制约因素以及策略。李连璞（2013）认为不同发展阶段的传统村落应该采取不同的发展模式，他通过构建可持续评价指标体系的方式，将传统村落可持续发展模式分为强同步型、弱同步型、强错位型、弱错位型四种类型。在传统村落旅游可持续发展研究中，关于传统村落旅游资源开发与保护的问题已得到全面探讨，研究者主要通过分析案例地旅游发展的历程，从而分析过往发展过程中存在的问题，最终为传统村落旅游可持续发展提出对策。但是对于传统村落旅游资源的创新性利用的研究却寥寥无几，随着传统村落旅游市场日益壮大，如何增加旅游资源特色，保持旅游市场热度也是传统村落旅游可持续发展需要关注的重点。

（4）旅游感知与社区参与

在学术界，居民感知和游客感知是学者们开展研究的热点方向，传统村落旅游感知主要包括到访游客的旅游形象感知与当地社区居民感知两大方面。旅游形象感知在旅游者选择旅游目的地时具有重要影响，创造有吸引力的目的地形象感知是旅游发展的关键因素（郭英之，2003）。学者们通过问卷调查法、实地考察法、文献分析法、数据分析法等研究方法，研究了传统村落旅游形象感知的形成机制、塑造方向、发展策略，为传统村落营销实践提供了指导理论（呙艳妮等，2017；王士杰，2021；李芳芳等，2022）。当地居民是传统村落的主人，也是村落旅游发展的见证者、参与者与被影响者，不少学者对传统村落旅游发展过程中社区居民感知与态度展开了探究。围绕传统村落的人居环境、景观价值、文化传承等问题，学者们通过对典型案例地的走访调查，多方面探究了旅游发展下传统村落居民的感知状况（李伯华等，2017a，2018a；张振龙等，2020）。研究表明，旅游感知往往会影响居民对旅游发展所持的态度，居民态度又将进一步影响其参与旅游开发的积极性（汲忠娟等，2017）。旅游发展改变了传统村落的生活方式，当地居民作为直接利益相关者反过来又影响着村落旅游发展实践。有研究指出，在不同的社区参与情景下，当地居民、地方政府、旅游企业之间的利益分配关系存在较大差异（孙九霞和黄秀波，2017）。此外，有研究发现，在传统村落里，只有适度社区参与才能给游客带来良好的旅游体验

(孔翔等，2019）。

2.3.3 研究评述与展望

2.3.3.1 研究评述

传统村落作为中华民族悠久历史文化物质实体，凝结了广袤华夏大地上劳动人民多姿多彩的生活形态。旅游发展是现代社会传统村落转型发展的重要途径，本研究通过梳理国内外传统村落旅游的研究概况，分别对国内外传统村落旅游发展研究的主要内容进行了较为系统的综述。

1）国外方面，传统村落旅游相关研究起步早，研究视角宽泛，研究案例地选择丰富，但整体研究热度较低。由于"传统村落"是中国特有的概念，国外学者多围绕历史文化村、古村古镇、乡村文化遗产地等相近概念的旅游发展现象展开研究。研究者主要来自中国、美国、澳大利亚、印度尼西亚等国家和地区。研究案例地方面，东亚各国学者主要以本国传统村落作为研究对象，而欧美等其他国外研究者在研究本土传统村落的基础上，还广泛选取了世界各地的传统村落作为研究对象。研究内容方面，国外传统村落旅游发展研究聚焦"人"和"地"两大主题，形成了"旅游发展与旅游地居民""旅游发展与旅游者""旅游地商业化""旅游目的地营销"四个大的研究方向。

2）国内方面，传统村落旅游发展相关研究发展迅速，研究热度较高，涉及学科门类广。研究历程方面，国内传统村落旅游发展研究主要经历了起步阶段（2002~2006年）、拓展阶段（2007~2011年）、繁荣阶段（2012年至今）三个阶段，研究发展受国家政策影响较大。20年来，国内传统村落旅游发展研究整体呈上升趋势，文献数量增长明显、研究深度逐步精进、研究视角不断扩展。研究方面，国内传统村落旅游发展研究以定性方法为主导。但随着国内传统村落旅游研究的不断深入，研究方法上呈现定量与定性相结合的发展趋势。研究者和研究机构方面，国内传统村落旅游研究已形成以刘沛林与李伯华为主要作者的核心合作群，但整体合作网络的深度和广度还有待提升。研究机构间的合作交流次数有限，全国范围内的机构合作关系尚未形成。研究内容方面，国内传统村落旅游发展研究已经取得一定成果，主要围绕"旅游开发与资源保护""旅游对传统村落的影响""旅游可持续发展""旅游感知与社区参与"四个主题展开。

2.3.3.2 研究展望

随着我国旅游市场的日益增大，传统村落优美的自然风光、良好的生态系统、丰富的文化遗存、悠久的历史底蕴成为旅游发展的重要资源。现有研究已经贡献了许多有价值的理论方法与实践经验，但仍存在不少值得探究的研究问题。面对机遇和挑战，未来传统村落旅游发展研究可以着重关注以下几个方面。

（1）深化研究内容

第一，广泛选取研究对象。旅游产业能够给传统村落带来新的发展机遇，但不同传统村落间的资源禀赋存在一定差异。研究者在选取研究对象时，不仅要关注那些知名的传统村落旅游发展情况，也要对一般性质的传统村落旅游发展开展研究。第二，拓展研究视角。国内传统村落旅游发展研究涉及领域广泛，但主要集中在管理学、地理学、经济学等固定学科体系中。未来传统村落旅游研究可更进一步拓展研究视角，结合文化学、社会学、心理学等跨度更大的学科视角，吸收改进这些学科中的经典理论，深化研究内容体系。第三，重视已有研究内容的纵向挖掘。国内外传统村落旅游研究多是围绕单一案例地的旅游现象展开，多数研究仅停留在对案例地表面旅游现象的分析解读，缺乏进一步纵向挖掘。未来研究需重视现有的研究问题，运用新方法、新理论，纵向挖掘更多研究内容。

（2）构建研究体系

第一，优化研究方法。目前，传统村落旅游研究多采用相对传统的定性或定量研究法展开，从而导致研究问题同质化程度高以及研究结论多停留在表层。未来研究中，一方面应综合定性和定量方法的优缺点，发展定性定量相结合的研究方法，构建评价体系与理论模型进行探究；另一方面要积极探索跨领域的研究方法，通过修改其他领域的相关方法将其交叉运用于传统村落旅游研究之中。第二，创新研究理论。研究发现，国内外相关文献的理论精度还有待提高，构建统一的理论体系，创新理论内容势在必行。未来应立足传统村落旅游现象的特征，按照特定范式梳理相关概念定义，形成一套明确的理论体系，并融合不同领域不同视角的相关理论，力图创造更多的研究理论。第三，建立研究合作网络。对现有研究的梳理发现，不同研究者及研究机构间的联系还较为分散。未来研究要加强研究者、研究机构、政府部门等科研参与者之间的联系，形成高参与、高协同的研究合作网络。

（3）把握研究趋势

20多年来，国内外学者在传统村落旅游研究领域取得了许多优秀成果。随着研究的逐步深入，学者们的研究内容和主题呈现系统化趋势，研究热点和特色日益突显。通过对传统村落旅游现象的研究，现有研究包括资源开发、村落保护、旅游影响、旅游发展、游客感知、社区参与、利益主体、居民态度等主题。其中部分主题的研究已经相当深入，研究成果数量丰硕，研究潜力趋于饱和，继续挖掘的研究意义有限。因此，未来研究要加强对研究趋势的重视。研究者应结合客观规律、发展方向、社会热点等要素，主动寻找传统村落旅游发展的研究趋势，进而贡献对传统村落未来旅游发展实践有价值的研究成果。

2.4 乡村文旅融合发展研究综述

随着城镇化的快速发展，乡村要素流失、主体老弱、产业空心、文化衰落、环境污损等问题日益严重，乡村面临凋敝困境（陈坤秋等，2019）。随着文旅融合发展理念与乡村振兴战略的相继提出，乡村文旅融合发展成为乡村振兴的重要途径（何璇，2021）。乡村文旅融合旨在通过文化挖掘、旅游利用与城乡流动等有效促进乡村要素增值、结构优化与功能提升，最终推动乡村振兴（龙井然等，2021）。在政策导向下，越来越多的乡村开始挖掘乡村文化，通过乡村文旅融合发展应对乡村困境。乡村文化与乡村旅游融合的生动实践使乡村文旅融合的研究课题引起学者高度关注。不少学者探讨乡村文化与乡村旅游的关系，指出乡村文化与乡村旅游共生共荣，乡村文化是乡村旅游的内核，乡村旅游为乡村文化提供发展空间（Mikaeili and Memluky，2013；吴春兰，2020），并基于旅游学、管理学、社会学、经济学等多种视角，对乡村文旅融合机制（Prideaux，2002；吕龙等，2020；索玮聪，2020）、文旅资源（Dimitrovski et al.，2012；李军，2021）、融合产品（Sasu and Epuran，2016；刘海玲和王彩彩，2021）、融合模式（Morosi et al.，2008；Drpić and Rudan，2019；李眉洁和王兴骥，2022）、融合路径（Yinga and Zhou，2007；周梦等，2021）等展开讨论。因此，开展乡村文旅融合研究对乡村振兴、文化产业与旅游业发展、文旅研究具有重要的现实意义和理论价值。

国内外乡村文旅融合发展研究经历了20多年的发展取得一定的成果。为全面梳理和理解乡村文旅融合发展问题，本研究以Science Direct、Web of Science、谷歌学术、中国知网数据库为数据源，对国内外乡村文旅融合的研究文献进行回顾与分析，系统总结了乡村文旅融合研究的主要内容，并结合新时代乡村文旅融合发展实践从研究内容、研究方法、理论体系与合作网络等方面对未来研究提出展望，以期为我国乡村文旅融合发展的研究与实践提供有益的参考。

2.4.1 研究概况

2.4.1.1 国外研究概况

在Science Direct、Web of Science、谷歌学术等数据库中，以"rural tourism+cultural"和"rural tourism+culture"为关键词进行搜索，共获文献52篇，发表时间为1999～2022年。从年度发文量来看（图2-11），国外乡村文旅融合研究的整体发文量较少，均为个位数，其中6篇文章的研究者来自国内。2021年的发文量最高，但也仅有6篇。国外整体研

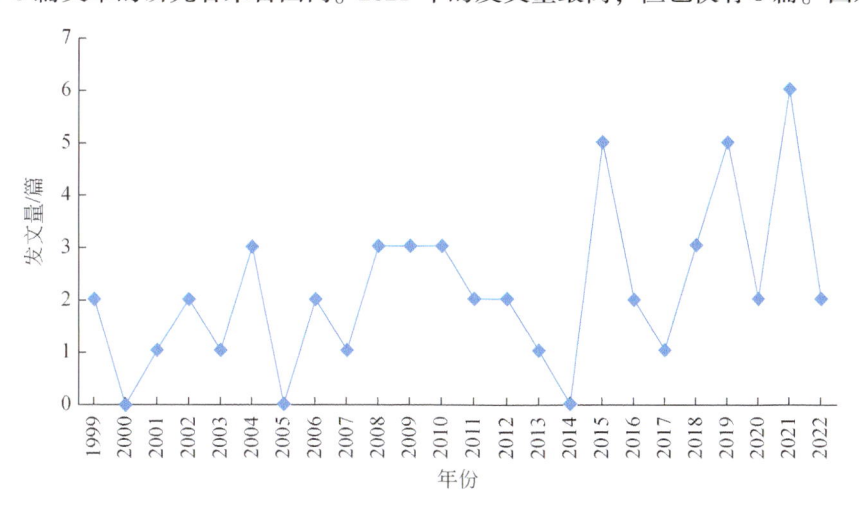

图2-11　国外期刊乡村文旅融合相关文献发表量

究热度较低，增长趋势不显著。从国际期刊的来源来看（表2-6），发文量最多的期刊是 *Sustainability*，其次是 *Annals of Tourism Research*，第三是 *Journal of Tourism and Cultural Change*，第四是 *Procedia Environmental Sciences*、*Tourism Management*、*International Journal of Heritage Studies*、*Procedia Social and Behavioral Sciences*、*Journal of Sustainable Tourism*、*Economic Sciences*、*Journal of Rural Studies*，发文量为1篇的期刊数有24个，占总期刊数的71%。研究文献的关键词主要包括乡村旅游与乡村文化的关系、乡村文化旅游与其他因素的关系、乡村生计、潜力、效应、作用、影响因素、发展模式、文化空间、资源利用、项目评估与排序、吸引力、协同关系。

表2-6　国外乡村文旅融合相关文献主要来源期刊　　　　　（单位：篇）

来源期刊	发文量
Sustainability	6
Annals of Tourism Research	5
Journal of Tourism and Cultural Change	3
Procedia Environmental Sciences	2
Tourism Management	2
International Journal of Heritage Studies	2
Procedia Social and Behavioral Sciences	2
Journal of Sustainable Tourism	2
Economic Sciences	2
Journal of Rural Studies	2

2.4.1.2　国内研究概况

(1) 研究历程

在中国知网数据库中以"乡村文旅融合""乡村文化与乡村旅游融合""乡村文化与乡村旅游""乡村文旅"为关键词进行检索，共获北大核心、CSSCI期刊、硕博士论文201篇，发表时间为2007~2022年。总体来看（图2-12），乡村文旅融合的研究逐步受到学术界重视，发文数量总体呈增长趋势，特别是2018年以后增长明显。根据我国学术界对文旅融合及相关问题研究的发文量及年度变化情况，相关研究大致可以分为三个阶段。

1) 起步探索阶段（2000~2008年）：2000年，党的十五届五中全会通过《中共中央关于制定国民经济和社会发展第十个五年计划的建议》，"文化产业"首次被写入中央文件（徐翠蓉等，2020）。由此，乡村文化的旅游资源价值逐渐受到研究者关注，文献数量缓慢增加，但研究内容相对单一，主要侧重于乡村文化旅游资源开发利用等。

2) 初步成长阶段（2009~2017年）：2009年，我国第一部文化产业专项规划——《文化产业振兴规划》审议通过，文化产业上升为国家战略性产业（徐翠蓉等，2020）。乡村文化与乡村旅游融合的研究逐渐发展，研究内容趋于多样化，但仍未形成独立的研究主题，大多基于文化营销、文化促进、文化遗产、文化创意、供给侧结构性改革、产业融

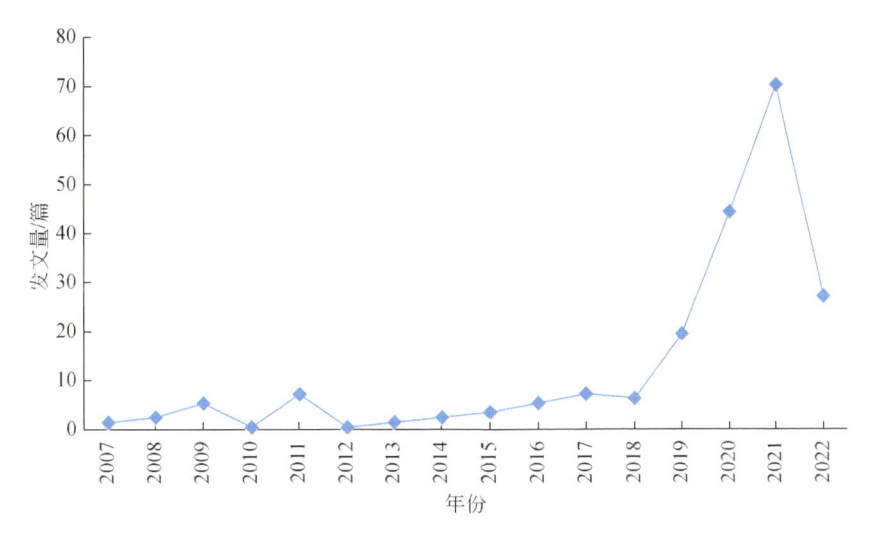

图 2-12　国内期刊乡村文旅融合相关文献发表量

合、旅游扶贫等视角研究乡村文化与乡村旅游，对于乡村文旅融合的直接研究较少。

3）快速发展阶段（2018年至今）：2018年，文化部和国家旅游局机构合并，中共中央、国务院印发了《乡村振兴战略规划（2018—2022年）》。2021年，国务院出台的《"十四五"推进农业农村现代化规划》提出"繁荣发展乡村优秀文化""提升农村产业融合发展水平""优化乡村休闲旅游业"，乡村文旅融合研究在当年出现一个高峰值。在这一阶段，乡村文旅融合研究的文献数量快速增加、研究深度不断推进、研究类型更加丰富、研究方向更加多元，应用型研究与理论构建并存，呈现集体狂热、各方关注的态势。主要研究内容为基于乡村振兴与农旅融合的视角探讨乡村文旅融合发展路径与模式。

（2）研究者及发文机构网络图谱

通过 CiteSpace 软件分析 201 篇有效文献，生成发文量 2 篇以上的作者合作网络图谱（图 2-13），共有 164 个节点，49 个链接，网络密度 0.0037。从共现频次来看，排在前两位的作者分别是孙九霞和钟漪萍，共现频次为 3 次。其次是张琪、吕龙、黄震方、潘颖、沈晓敏、孙红蕾、唐林仁、郭凌、傅才武、郑建明、黄其新，共现频次为 2 次。其中，黄震方与吕龙的合作较密切，潘颖、孙红蕾、郑建明的合作也相对紧密。第一作者发文量统计显示，发文量 3 篇及以上的作者共有 2 人，发文量共为 6 篇，发文量 2 篇及以上的学者共有 13 人，他们的发文量占论文总数的 13.93%，是乡村文旅融合研究的核心作者群。从合作网络来看，乡村文旅融合研究呈现分散特征，联系强度非常弱。可见，中国乡村文旅融合发展在研究者和发文量方面具有以下特征：一是缺乏较强的领军人物和核心研究团队；二是研究人员学术联系较少，跨学科的联系强度较低，研究团队仍处于独立研究阶段，尚未形成广泛的学术共识；三是各研究者的发文量普遍较低，研究有待进一步拓展与深化。

图 2-13　国内乡村文旅融合研究发文作者合作网络图谱

对文献发文机构进行合作网络分析，得到图谱（图 2-14）。由图 2-14 可见，乡村文旅融合研究主要集中在高校，其次分布于研究院所，整体呈现分散特征，尚未形成较为广泛和紧密的学术合作网络。发文量为 3 篇的机构有 4 个，分别是中山大学、华中师范大学、宜春学院经济管理学院、江西财经大学统计学院，占总数量的 5.97%。发文量为 2 篇的机构有 17 所。北部以北京院校为主，除中国科学院地理科学与资源研究所、山东大学历史文化学院、中央民族大学经济学院、中国传媒大学文化产业管理学院、山西财经大学外，发文机构大多集中在广东、江西、安徽、江苏等南方地区，且各发文机构自成体系，各自连接着周边的院校。另外，该领域的二级机构多为旅游学院、管理学院、历史文化学院，研究视角有待进一步丰富与扩展。

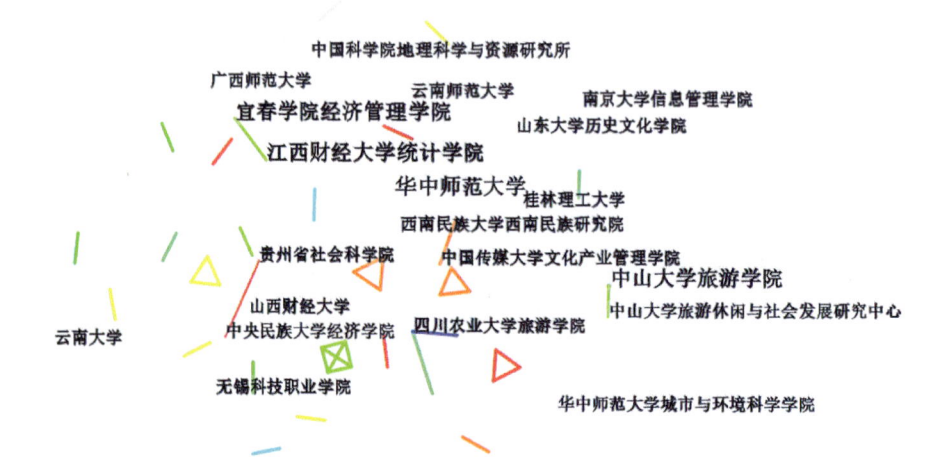

图 2-14　国内乡村文旅融合研究发文机构合作网络图谱

(3) 关键词共现及时间线聚类图谱

CiteSpace 软件根据输入文献中词组的出现频次和中心性提取关键词，并选取每年频次最高的 50 个关键词进行一定规则的计算，生成关键词共现网络图谱（图 2-15）。引用次数较高的关键词可被认为是研究热点，中心性超过 0.1 的关键词一般具有较强的影响力。本研究共现关键词节点 220 个，连线 316 条，网络密度 0.0131。从图 2-15 中可以看出，国内研究文献的关键词数量相对合理，具有较强的可读性，主要包括文旅融合、乡村旅游、乡村文化、农旅融合、乡村振兴、发展路径。

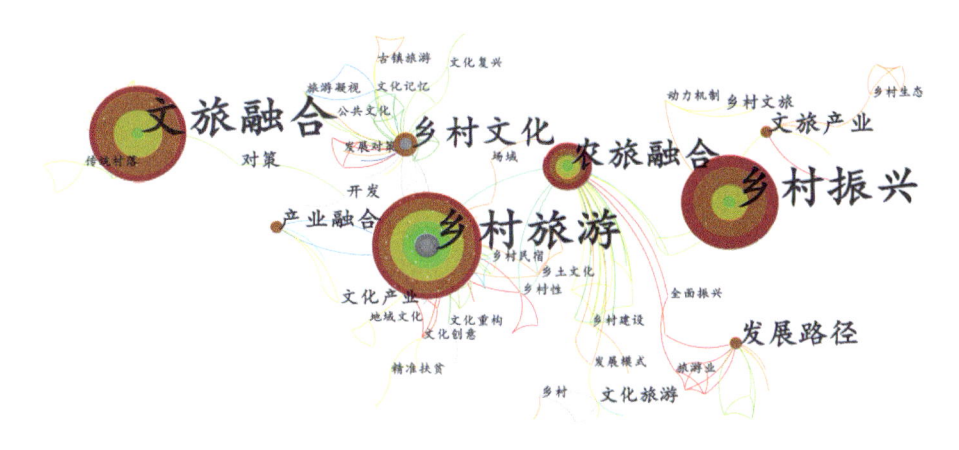

图 2-15 国内乡村文旅融合研究关键词共现网络图谱

CiteSpace 软件经过计算，将联系紧密的关键词进行分组生成聚类图（图 2-16），其中模块值 $Q=0.6241$，平均轮廓值 $S=0.8837$，均大于 0.5，符合科学聚类标准。由此梳理出国内乡村文旅融合研究的六大发展路径：文旅融合—传统村落—古镇旅游—地域文化—公共文化、乡村旅游—文化重构—乡土文化—乡村性—乡村民宿、乡村振兴—精准扶贫—乡村文旅—文旅产业—乡村生态、乡村文化—旅游凝视—文化记忆—文化复兴—发展对策、农旅融合—乡村建设—对策—发展模式、发展路径—全面振兴—旅游业。表明学者对乡村文旅融合的研究从乡村旅游与乡村文化的独立分析到二者的融合探索，从文化复兴的关注到乡村建设和全面振兴的重视，从乡村文化与乡村旅游的关系分析到乡村文旅融合路径与模式探讨，体现了学者对乡村发展从单维度到全视角的关怀、从理论研究到实践探索的价值转向。值得关注的是，2022 年出现乡村经济、活态发展、文化空间、体验经济、互联网+、数字化、文化消费、旅游活化等关键词，表明从数字经济、体验经济、文化经济、空间生产等视角探索乡村文旅融合发展逐渐成为新的研究方向。

2.4.1.3 研究方法

乡村文旅融合发展研究涉及的学科广泛，研究方法以定性研究方法为主，但呈现出定量研究方法与定性方法相结合的趋势。定性方法主要有实地考察法、案例分析法、专家咨询法、构建分析框架、归纳和演绎、文献研究等。定量方法主要有基于问卷调查数据基础上的结构方程模型、耦合协调模型等。具体分析详见表 2-7。

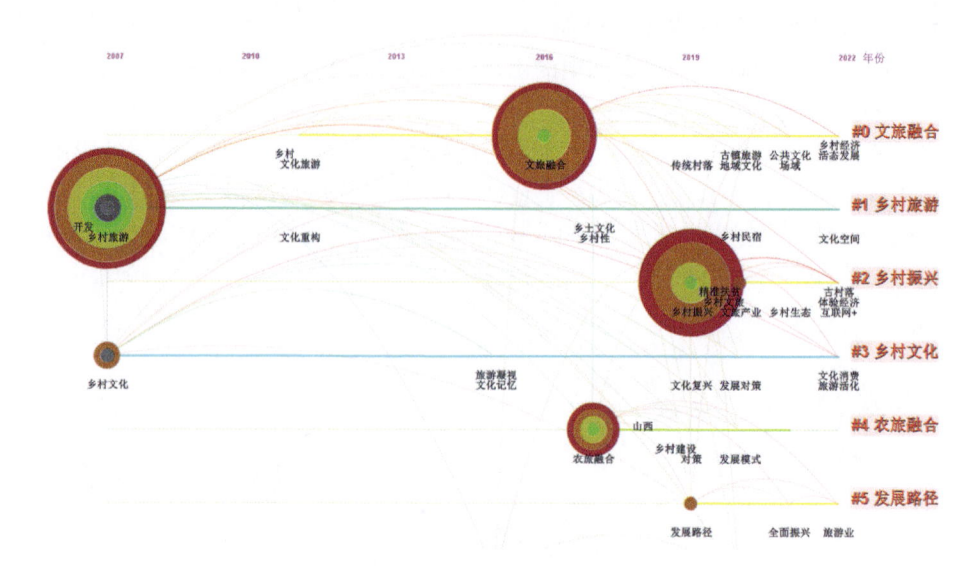

图 2-16　国内乡村文旅融合研究关键词时间线聚类图

表 2-7　国内外乡村文旅融合研究常用方法总结

方法名称	研究思路	代表性学者
实地考察法	结合问卷调查法、访谈法，深入案例地考察，收集乡村文旅融合发展等一手资料，分析乡村文旅融合现状和问题，以此为基础提出发展建议	Csurgó 和 Smith（2022）、李敏（2021）、孙长浩（2021）
案例分析法	以文化与旅游融合发展的典型乡村为例，剖析乡村文化与乡村旅游的融合度与融合机制，探讨文旅融合的发展路径与模式	Yinga 和 Zhou（2007）、Coros 等（2021）、Fatimah（2015）、周腾（2021）
构建分析框架	基于既有理论，分析乡村文化与旅游的特征，构建文旅融合发展的分析框架	MacDonald 和 Jolliffe（2003）、郭凌（2021）、周梦等（2021）
耦合协调度模型	构建文旅耦合协调度评价指标体系，采用熵权法确定指标权重，构建文旅耦合协调度模型分析乡村文旅融合度	吕龙等（2020）、赵静（2021）
结构方程模型	运用 AMOS 软件分析其参数，研究乡村文旅融合与其他变量之间的关系	刘冬（2022）、黎玲（2021）

2.4.2　主要研究内容

将国内外相关文献进行整理，依据文献内容和来源期刊质量筛选出 81 篇国内文献和 30 篇国外文献。国内外 111 篇主要文献根据研究主题可以划分为乡村旅游与文化关系研究、乡村文旅融合机制研究、乡村文旅融合资源研究、乡村文旅融合产品研究、乡村文旅融合模式研究、乡村文旅融合路径研究 6 个方面。其中，乡村文旅融合路径研究占比最高，达 27.02%；其次为乡村文旅融合机制研究，占比为 20.72%；此外，乡村文旅融合模式研究占比17.12%，乡村旅游与文化关系研究占比15.32%，乡村文旅融合产品研究占比11.71%，乡村文旅融合资源研究占比8.11%（图2-17）。

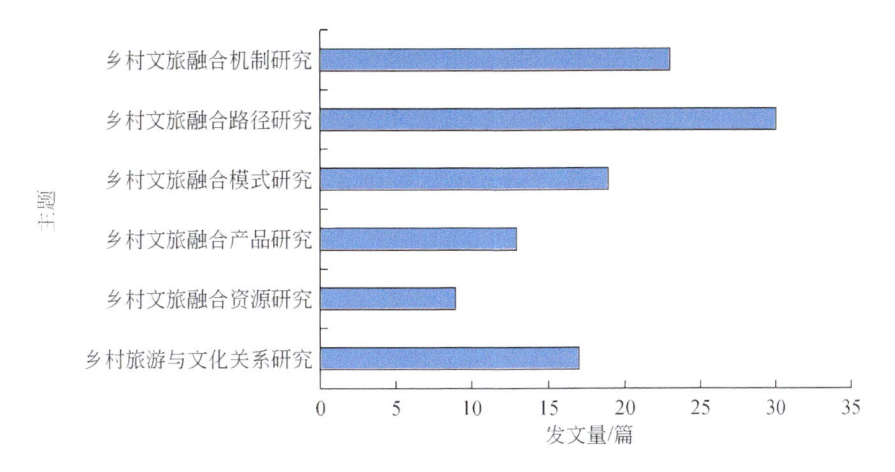

图2-17 国内外乡村文旅融合研究主题分类统计

2.4.2.1 乡村旅游与文化关系研究

乡村文旅融合的研究伊始是乡村旅游与乡村文化关系研究，主要对互相作用关系和单向影响关系展开讨论。首先，不少学者研究发现乡村文化具有历史、文化、经济、生态等多重价值（薛芮和余吉安，2022），可为乡村旅游发展提供内容，乡村旅游为乡村文化提供传播载体和途径，因此乡村旅游与乡村文化共生共荣（Mikaeili and Memluky，2013；吴春兰，2020）。其次，有学者从旅游凝视、文化传承等视角提出乡村旅游有助于乡村文化振兴（朱丹丹和张玉钧，2008；Ylmaz and Ylmaz，2019；孙九霞，2019a；王宁，2019）。也有学者基于空间生产理论（胡静和谢鸿璟，2022），认为自上而下的旅游发展话语渗入到乡村社会，会改变传统乡村文化场域和文化空间所根植的社会环境（郭凌和王志章，2014；孙九霞和黄凯洁，2019），对文化景观的可持续性产生影响（Fatimah，2015）。因此，乡村旅游发展对乡村文化是"繁荣"还是"衰落"、"原真"保护还是"创新"利用、景观"美化"还是文化"重构"等引起较大的学术争论（黄震方和黄睿，2018）。最后，另有学者通过实证进行反向研究，验证了乡村文化对乡村旅游的正向影响作用（蔡小于和邓湘南，2011；Tleubayeva，2019；Belliggiano et al.，2021；Csurgó and Smith，2022）。

2.4.2.2 乡村文旅融合机制研究

乡村文旅融合机制是通过剖析乡村文旅融合的影响因素和作用机理而构建的有机体（图2-18），相关研究主要集中于融合形成机制、发展效应机制、战略耦合机制三个方面。首先，不少学者认识到乡村文旅融合发展过程中面临的管理机制与营销机制困境（林丽波，2020），基于共生理论、文化记忆理论等构建文旅协同评价模型，指出影响文旅融合的因素包括文化、经济、政策、主体、生态、社会等多方面（Prideaux，2002；Stastna et al.，2020；吕龙等，2020；尚子娟和任禹崑，2021），建立形成机制、利益关联机制和效用机制三大非遗与乡村旅游融合机制（索玮聪，2020）。其次，学者们剖析文旅融合对乡村经济、农业生态效率、乡村产业结构的作用（胡平波和钟漪萍，2019；钟漪萍等，2020；钟漪萍和唐林仁，2020；谢云天，2022），提出通过产业融合、主体融合与功能融合实现资源、经济与社会多维效应（Nzama, 2008; Coros et al., 2021; Parte and Alberca, 2021; Vuin et al., 2016；龙井然等，2021；吴茂英等，2021）。最后，另有学者探讨文旅融合与乡村振兴的耦合机制，认为将文旅融合战略有效植入乡村振兴政策体系应厘清两大战略的逻辑关系、政策目标、链接框架与路径（傅才武和程玉梅，2021；何璇，2021），指出旅游系统与乡村地域系统的耦合联动关系是文旅融合与乡村振兴互促互馈的逻辑基础，融合通过文化挖掘、旅游利用、城乡流动的方式在要素增值、结构优化与功能提升机制下助推乡村振兴（龙井然等，2021；罗先菊，2022）。

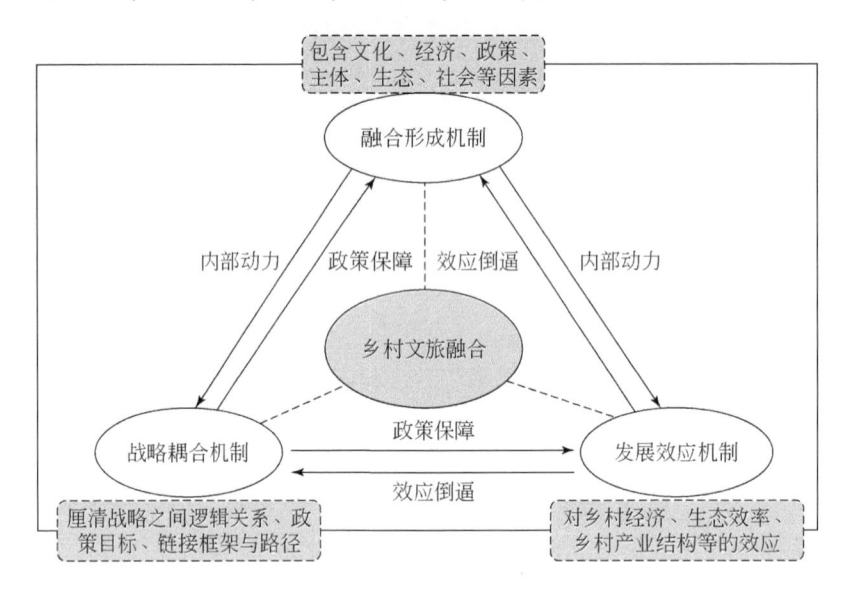

图 2-18 乡村文旅融合机制

2.4.2.3 乡村文旅融合资源研究

文化资源与旅游资源的融合是乡村文旅融合发展的基础，不少学者从资源视角出发探讨文旅融合的方式。一方面，学者认为开发利用文旅资源并将其转化为旅游产品可以推动乡村经济发展（Ataberk and Baykal, 2011；郑文换，2019；Emekli and Baykal, 2021）。在此过程中，要掌握与分析乡村文旅资源状况（Dimitrovski et al., 2012），适应所处乡村聚落形态、传统生产生活方式，促进主体与客体、文化空间与历史时间的互动与融合（李军，2021），平衡权力与利益关系，从文旅资源数字化、智慧化、持续化、平台化等维度推动乡村文旅融合高质量发展（张星海，2022）。还有学者从人口学、社会学及民族学等学科视角出发提出通过提高乡村人口传统文化素质促进乡村文旅资源开发的路径（李智环和杨军昌，2009）。另一方面，乡村文化在旅游发展中逐渐呈现失忆现象，乡村文旅资源保护受到关注。不少学者从保护的视角出发，运用旅游空间生产理论，提出以生态文明为指导理念的乡村旅游发展中文化景观记忆重构的具体路径（翟向坤等，2017），强调村民拥有参与保护乡村文旅资源的实质性权利，提出了乡村文化的动态保护与活化利用的技术措施和基本原则（张惬寅，2020）。

2.4.2.4 乡村文旅融合产品研究

乡村文旅融合产品是乡村文化与乡村旅游融合的直接表现形式，主要包括文创产品、数字化文旅产品、公共服务产品、生态文旅产品、亲子游文旅融合产品、民宿文旅融合产品等（图2-19）。

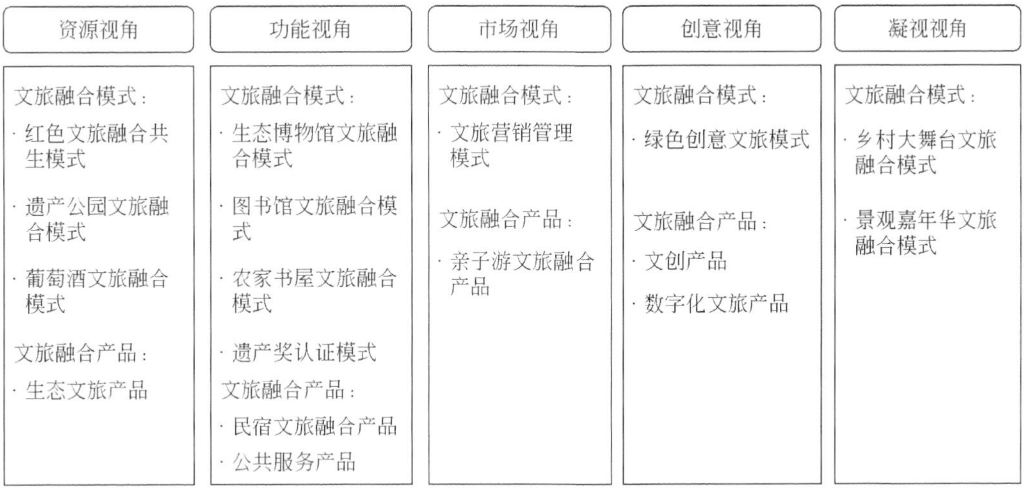

资源视角	功能视角	市场视角	创意视角	凝视视角
文旅融合模式： ·红色文旅融合共生模式 ·遗产公园文旅融合模式 ·葡萄酒文旅融合模式 文旅融合产品： ·生态文旅产品	文旅融合模式： ·生态博物馆文旅融合模式 ·图书馆文旅融合模式 ·农家书屋文旅融合模式 ·遗产奖认证模式 文旅融合产品： ·民宿文旅融合产品 ·公共服务产品	文旅融合模式： ·文旅营销管理模式 文旅融合产品： ·亲子游文旅融合产品	文旅融合模式： ·绿色创意文旅模式 文旅融合产品： ·文创产品 ·数字化文旅产品	文旅融合模式： ·乡村大舞台文旅融合模式 ·景观嘉年华文旅融合模式

图2-19 乡村文旅融合主要模式与产品

首先，文化创意产业为旅游业注入活力和生机（Sasu and Epuran，2016；赵华和于静，2015），因此文创产品的设计备受学者关注。他们认为乡村旅游文创产品设计应遵循体验性、互动性、多元化原则（施爱芹等，2022），关注村落规划设计、景观及功能建筑设计、公共服务设施设计、特色旅游纪念品设计、社区协同创新机制设计等方面（凌霓和张姮，2019）。其次，在数字经济发展浪潮下，数字化文旅产品逐渐进入研究者视野。不少学者认为文旅产品应从符号象征、文化属性、情感互动、数字化建设等层面去解读与研发，以数字化文创产品为载体，以移动媒体平台为传播媒介，以超文本述事为表达方法，推进数字化文旅产品开发与立体化传播（周宇等，2019）。另有学者从公共服务产品的发展机遇出发，认为文旅融合背景下乡村民间图书馆、遗产博物馆等公共服务产品能够强化社会联结、拓宽资金来源、开辟发展道路（Prideaux and Kininmont，1999；陶成煦和完颜邓邓，2021），指出文旅融合下乡村公共文化服务的差异化发展路径（潘颖等，2021）。黄其新（2014）提出生态文旅产品，认为这是一种均衡发展的策略。还有学者采用案例研究方法研究亲子游文旅融合产品与民宿文旅融合产品，提出资源融合、市场融合、空间融合、商品融合和技术融合的产品发展路径（张佰明，2020；刘海玲和王彩彩，2021）。为了进一步推动乡村文旅融合产品高质量发展，有学者改进传统评价方法，构建多层次文旅吸引力评价体系，丰富了乡村文旅融合产品的定量研究（单福彬等，2017；Šťastná et al., 2020）。

2.4.2.5 乡村文旅融合模式研究

根据不同地区的发展特征，学者们从资源、功能、市场、创意与凝视等视角构建了不同的乡村文旅融合模式（图2-19）。农旅融合模式是学者关注的热点，有学者指出农旅融合通常表现为资源融合、技术融合、市场融合、功能融合四种模式（李眉洁和王兴骥，2022）。王克岭（2020）提出绿色创意文旅模式，强调挖掘乡村特色核心文化资源、建设特色乡村品牌、确定政府和村民作用的必要性。还有学者基于乡村文化景观的二元属性，提出了生态博物馆、乡村大舞台和景观嘉年华三种乡村文旅融合模式，强调乡村社区和本土文化的结合（李飞，2011）。樊友猛和谢彦君（2015）基于文化记忆理论建立乡村遗产的"文化记忆–展示–凝视"模型，指出乡村文化记忆是文化展示的基础，乡村遗产的主题化展示为游客凝视确立了具体的视觉焦点，最终构建遗产"展示–凝视"的文旅融合发展模式。另有学者提出以公共文化场所为基础的文旅融合模式，如图书馆文旅融合、农家书屋文旅融合模式（陈锋平和朱建云，2020；陶俊和杨敏红，2022），基于仪式展演的文旅融合模式（平锋和梁婷婷，2020），乡村红色文旅融合共生模式（尚子娟和任禹崑，2021）、遗产公园文旅融合模式（Nzama，2008）、葡萄酒文旅融合模式（Mitchell et al., 2012）、遗产奖认证模式（Drpić and Rudan, 2019）、文旅营销管理模式（Royo-Vela, 2019），以及规划、执行和管理乡村文化遗产旅游的综合模式（Cawley and Gillmor, 2008；Morosi et al., 2008）。

不少学者根据不同标准对乡村文旅融合模式类型进行划分。赵承华（2011）将乡村文旅分为娱乐型、逃避型、教育型、审美型四种模式，关注文化体验的真实性、互动性和主题性。张艳和张勇（2007）将其分为文化观光型模式、文化体验型模式和文化综合型模式三类。此外，还有学者注重将文旅融合与乡村扶贫和乡村振兴战略结合，提出文旅融合型乡村旅游精准扶贫模式（桂拉旦和唐唯，2016），以及文旅融合视角下乡村振兴存在城郊融合振兴、特色开发振兴、休闲农业振兴与乡村工业振兴的典型模式（龙井然等，2021）。

2.4.2.6 乡村文旅融合路径研究

文旅融合路径是文旅融合研究的重点内容。学者们基于文化记忆理论、旅游人地关系理论、涵化理论，力图构建乡村文化旅游的研究框架（吕龙等，2018），探析中国乡村旅游文化的本质内涵（石群，2011）。基于"环境–文化–教育–组合"的四维吸引力框架，寻求民族传统文化资源与乡村文创旅游产业相互融合发展的规律，从功能、资源、市场、行政、人才五个维度探讨了机构改革背景下文旅融合在理论层面何以可能、在现实层面何以可行（崔凤军和陈旭峰，2020），并总结著名案例发展经验（Yinga and Zhou, 2007），从发展理念、管理体制、文化内涵、产品体系、市场营销、社会关系、生态系统、产业发展、解说体系、人才队伍、政策保障等方面探索乡村文旅融合发展路径（Durkin et al., 2017；Harun and Zin, 2018；耿松涛和张伸阳，2021；卢雨，2020；罗先菊，2022；任珏奕，2018；田磊等，2021；张天逸，2021）。此外，文旅数字化转型、茶旅融合、影视产业与乡村旅游融合、农村公共文化服务体系与乡村旅游融合等文旅形态的发展路径也受到一定的关注（芦人静和余日季，2022；陶俊和杨敏红，2022），乡村文旅融合路径的研究领域逐渐多元化。

2.4.3 研究评述与展望

2.4.3.1 研究评述

在文旅融合与乡村振兴背景下，乡村文旅融合已经成为乡村振兴的重要途径。本研究通过回顾国内外乡村文旅融合研究概况，从六个方面对乡村文旅融合的研究内容进行较为系统的综述。

1）从研究概况来看，国内外研究呈现以下特点，一是国外整体研究热度较低，增长趋势不显著；*Sustainability* 和 *Annals of Tourism Research* 是主要来源期刊；关键词主要包括乡村旅游与乡村文化的关系、乡村文化旅游与其他因素的关系、乡村生计、潜力、效应、作用、影响因素、发展模式、文化空间、资源利用、项目评估与排序、吸引力、协同关系。二是国内研究相较于国外研究呈现显著的政策导向特征，经历了较为稳定的发展阶段，即起步探索阶段（2000～2008年）、初步成长阶段（2009～2017年）、快速发展阶段（2018年至今），在此期间乡村文旅融合研究的文献数量总体呈增长趋势、研究深度逐步推进、研究类型逐渐丰富、研究方向不断多元；国内研究尚未形成较强的领军人物、核心团队、研究高地、紧密的合作网络与广泛的学术共识；国内乡村文旅融合的研究路径表明，学者对乡村发展从单维度到全视角的关怀、从理论研究到实践探索的价值转向，2022年突现的关键词表明，从数字经济、体验经济、文化经济、空间生产等视角探索乡村文旅融合发展逐渐成为新的研究方向。三是国内外乡村文旅融合发展的研究方法体系尚未成熟，以实地考察法、案例分析法、专家咨询法、构建分析框架、归纳和演绎、文献研究等定性研究法为主，以基于问卷调查数据的结构方程模型、耦合协调模型等定量方法为辅，呈现定量与定性研究法相结合的研究趋势。

2）从研究内容来看，乡村文旅融合的研究取得一定成果。主要研究内容为乡村旅游与文化关系研究、乡村文旅融合机制研究、乡村文旅融合资源研究、乡村文旅融合产品研究、乡村文旅融合模式研究、乡村文旅融合路径研究。乡村旅游与文化关系研究主要集中在二者互相作用关系和单向影响关系的讨论，并在乡村文化对乡村旅游起正向影响的论断上基本达成共识，乡村旅游对乡村文化的影响仍存在争议；乡村文旅融合机制研究主要关注乡村文旅融合形成机制、发展效应机制、战略耦合机制三个方面，但尚未形成系统的研究方法与体系；乡村文旅融合资源研究主要关注乡村文旅资源的保护与发展，如何实现乡村文化资源与乡村旅游资源深度有效融合的直接研究较少；乡村文旅融合产品研究主要关注文创产品、数字化文旅产品、公共服务产品、生态文旅产品、亲子游文旅融合产品、民宿文旅融合产品等，定性研究居多，定量研究鲜见；乡村文旅融合模式研究主要采用案例研究等方法对不同乡村进行模式总结与类型划分，通过构建指标体系有效识别不同案例地文旅融合模式的定量研究较少；乡村文旅融合路径研究主要基于采用单案例研究乡村文旅融合的现状问题与作用机制，提出发展路径，单案例历时分析与多案例对比分析等研究不足，采用定性与定量研究方法构建乡村文旅融合指标体系与理论模型探究发展路径是乡村文旅融合未来研究的重点。

2.4.3.2 研究展望

乡村文旅融合研究处于快速发展阶段，未来研究需进一步深化研究内容、完善研究方法体系、构建理论体系、建立科研合作网络，实现乡村文旅融合研究的成熟转向，以期对乡村文旅融合的实践运行提供借鉴。

(1) 深化研究内容

第一，加强乡村文旅融合的内涵研究。明确乡村文旅融合发展的总体思路，不断深化对乡村文旅融合关系的认识，深度剖析乡村文旅融合的本质，解析乡村文旅融合的价值维度，重新审视乡村文化和旅游融合的概念体系及其基本特征，科学界定乡村文旅融合发展的内涵，为乡村文旅融合研究奠定充分的理论基础。

第二，加强乡村文旅的融合机制研究。乡村文旅融合是一项复杂的系统工程，涉及自然环境、社会经济、文化制度、观念习俗等多个方面，未来研究需积极引入高质量发展、数字经济赋能等新发展理念，深化实际案例与理论研究的结合，综合关于乡村文旅融合发展、协调发展、耦合发展等研究成果，系统构建乡村文旅融合分析框架，根据不同类型乡村特点，深度剖析乡村文旅融合的影响因素与作用机理。

第三，加强乡村文旅融合的影响研究。构建包括理念融合、职能融合、产业融合、市场融合等多维度的乡村文旅融合效应评估指标体系，建立乡村文旅融合度的模糊评价模型、经济增长生产函数、生态环境函数、社会文化发展效应模型等，定量分析文旅融合对乡村的经济、社会、文化、环境等影响，同时关注乡村文旅融合的空间特征和时序变化，揭示不同时空尺度乡村文旅融合的地域差异规律和时序演化规律，有效掌握乡村文旅的融合现状与发展效应。

第四，加强乡村文旅融合的模式研究。建立科学全面的乡村文旅融合发展水平测评指标体系，对乡村文旅融合状况进行全面分析与预测，有效识别乡村文旅融合发展模式，加强不同区位和不同发展基础案例的实证研究和比较分析，针对不同模式分别探究乡村文旅融合机制、制定科学的乡村文旅融合标准和分级水平。

第五，加强乡村文旅融合的路径研究。引入价值链理论、文化资本理论、共生理论、生态系统理论和场景理论等，从产品、业态、市场、要素、价值等维度出发构建乡村文旅融合的创新生态系统，重点关注乡村文旅资源效能转化，深入探索乡村文旅融合产品的开发与发展方式，强化乡村文旅融合的制度研究，加强乡村文旅业态模式创新、服务创新、管理创新，拓展文旅融合研究的新视域，提出包含理念、体制、机制、资源、产品、产业、人才、利益主体等要素的系统化的乡村文旅融合发展路径。

第六，加强文旅融合与乡村振兴战略的对接。结合乡村振兴战略背景下乡村发展的现实困境，科学解读文旅融合与乡村振兴的概念内涵与时代特征，深度探究文旅融合与乡村振兴的互馈机制，构建乡村振兴战略背景下文旅融合发展模式，推动乡村振兴与文旅融合高质量发展。

第七，注重数字经济在乡村文旅融合发展中的运用。在数字经济发展背景下，积极关注云计算、物联网、人工智能与5G时代等在乡村文旅融合发展中的运用研究。开展数字经济赋能乡村文旅融合的传导机制与效应研究，阐释数字经济助推乡村文旅高质量融合发展的关键要素和关键过程，加强数字经济在乡村文旅要素流动与配置过程中的催化作用研究，关注"文旅+互联网"的整合推广模式研究，注重以智慧化技术为基础的文旅产业链垂直整合和横向融合研究，加强以数字信息基础设施为推动力的数字文旅产业多元应用融合研究。

第八，重视乡村文旅融合发展中夜间旅游的研究。在我国夜间经济等的影响下，乡村夜间文旅产品越来越受到旅游者的青睐。未来研究需全面关注乡村夜间文旅融合对乡村地区经济发展、社会进步、文化振兴以及现代化等方面的影响，基于此为乡村振兴提供发展新思路。

第九，拓展研究视角。未来乡村文旅融合发展研究可结合经济学、文化学、地理学、管理学、心理学、社会学等跨学科的视角，吸收文化经济学和文化产业理论，进一步扩展研究视角，丰富研究领域，深化乡村文旅融合研究内容体系。

（2）完善研究方法体系

从现有文献的理论深度来看，很多文献都是在描述乡村文旅融合发展现状、问题的基础上提出对策建议，以静态和截面性研究为主，历时性和连续性的实证研究较少。第一，未来研究需加强历时性研究，如对典型乡村的旅游产业、文化产业、文旅融合等进行多年的、多次的连续研究。第二，加强不同区域、不同类型、不同阶段的多个案例比较研究。第三，采用定量与定性结合的方法构建乡村文旅融合发展水平测评指标体系与理论模型，分析乡村文旅融合的阻碍因子、脆弱性因子等各种影响因子、作用机制、发展效应，基于深度分析对乡村文旅融合发展的具体问题构建相应的研究方法。第四，将文化学、社会学、生态学、旅游学、环境学等学科的相关理论交叉运用于乡村文旅融合发展研究，逐步形成乡村文旅融合发展研究方法体系。

（3）构建理论体系

目前研究个案分析较多、理论分析不足，构建统一的认知和理论体系势在必行。第一，未来应立足乡村文化与乡村旅游的特色，借鉴文化学、社会学、生态学、资源科学、旅游科学、地理学、环境科学、能源科学等学科的理论，将这些学科的相关理论运用到乡村文旅融合发展研究领域中，形成相关研究的理论支撑。第二，针对目前乡村文旅融合发展现状，应着眼于产业融合、文旅融合发展的运行规律，按照一定的思维体系将各类定义、内涵等进行系统梳理，明确乡村文旅融合发展的内涵和外延。第三，加强对乡村文旅融合发展实践的敏感度和介入性，积极从多维度多视角多学科探讨实践发展中的新问题，逐渐形成系统的研究框架与理论体系。

（4）建立科研合作网络

未来研究要加强不同学者、不同学术机构、学术机构与企业等之间的联系与合作，形成多个高水平和有代表性的研究群体和研究高地，建立联系紧密、协同度高的科研合作网络。

第 3 章 北京传统村落空间、文化特征及其成因分析

传统村落是我国悠久文化的载体，保护传统村落是传承乡村优秀传统文化、实现国家乡村振兴的重要举措。随着城市化的快速推进和工业化的高速发展，大批传统村落遭到严重破坏，面临着建筑风貌同质、传统文化衰微和村落格局无序等问题，因此，对传统村落的风貌保护、文化传承与科学利用刻不容缓。

2018 年 3 月，北京市人民政府办公厅发布了《北京市人民政府办公厅关于加强传统村落保护发展的指导意见》（京政办发〔2018〕7 号），并发布了第一批市级传统村落名录，共 44 处。2021 年 3 月 1 日，北京市出台的《北京历史文化名城保护条例》正式实施，该条例指出传统村落是北京市历史文化名城的重要组成部分，并为北京传统村落的保护和发展提供了政策依据与支持。传统村落的文化特征梳理与文脉传承对于全国文化中心建设、北京历史文化名城保护具有重大意义。本章首先概述北京传统村落，然后分析北京传统村落空间分布特征和文化特征，最后分析了北京传统村落空间与文化特征的成因。研究对推动北京传统村落文化传承与文旅融合发展有重要支撑作用。

3.1 北京传统村落概述

北京是世界古人类发祥地之一，也是古代中国多个朝代重要的繁衍生息之地，拥有悠久而深厚的历史文明，是闻名世界的历史文化名城。元明清三代，北京曾是我国的都城，有三十余位皇帝在此统领国家。北京历史文化特色鲜明，体现在农耕文明与游牧文明的撞击与融会、京城文化和各地区文化的融合与辐射、中华文化和外来文明的排斥与吸收方面（郭阳，2014）。传统村落是北京历史文化名城的重要组成部分，是不可再生的宝贵历史文化资源，记录着地方的地格文脉，承载了丰厚的民族文化与思想精神，同时还融会了我国北方乃至各地的文化精髓，具有特殊意义。2012 年，住房和城乡建设部、文化部等部门公布了第一批中国传统村落名录，北京市房山区水峪村等 9 个村落被列入名录。2018 年《北京市人民政府办公厅关于加强传统村落保护发展的指导意见》公布了北京市首批市级传统村落。截至 2023 年 3 月，住房和城乡建设部等部门发布了第六批中国传统村落名录，目前北京市共有传统村落共 45 个，其中 26 个为国家级，覆盖 10 个区 45 个村镇，如表 3-1 所示。

表 3-1　北京市传统村落名录

区划	数量/个	比例/%	国家级传统村落	市级传统村落
门头沟区	14	31.11	斋堂镇爨底下村、灵水村、黄岭西村、马栏村、沿河城村、西胡林村；龙泉镇琉璃渠村、三家店村；雁翅镇碣石村、苇子水村；王平镇东石古岩村；大台街道千军台村	清水镇张家庄村、燕家台村
密云区	10	22.23	古北口镇古北口、潮关村、河西村；新城子镇吉家营村；太师屯镇令公村；大城子镇墙子路村	新城子镇遥桥峪村、小口村；冯家峪镇白马关村；石城镇黄峪口村
房山区	6	13.34	佛子庄乡黑龙关村；南窖乡水峪村、南窖村；蒲洼乡宝水村；史家营乡柳林水村	大石窝镇石窝村
延庆区	5	11.11	八达岭镇岔道村	张山营镇东门营村、柳沟村；珍珠泉乡南天门村；康庄镇榆林堡村
昌平区	5	11.11	流村镇长峪城村	十三陵镇万娘坟村、德陵村、康陵村、茂陵村
通州区	1	2.22	—	漷县镇张庄村
顺义区	1	2.22	龙湾屯镇焦庄户村	—
平谷区	1	2.22	—	大华山镇西牛峪村
怀柔区	1	2.22	—	琉璃庙镇杨树底下村
海淀区	1	2.22	—	苏家坨镇车耳营村
合计	45	100		

目前学界对传统村落已经展开了大量研究，近年来关注的热点包括传统村落价值评估与构建、旅游开发、空间形态布局、文化遗产以及人居环境等（李伯华等，2017b）。在传统村落空间形态研究中，学者们从国家、省域等不同范围出发研究了传统村落空间分布特征及影响因素（李伯华等，2015；李江苏等，2020；田海，2020）。也有学者关注了传统村落景观基因，认为传统村落实现可持续发展必须确保景观基因的完整性（刘沛林等，2009）。在传统村落文化研究方面，学者们关注了文化景观基因识别与保护（翟洲燕等，2017）、文化传承（杨立国和刘沛林，2017）与文化活化（张行发和王庆生，2018）等内容。以北京传统村落为研究对象，学者们集中关注了传统村落保护开发、空间形态以及传统村落利益相关者等方面。在北京传统村落保护开发方面，学者们从传统村落民俗旅游资源（时少华和黄凤清，2015）、保护制度（宋怡宁和钱威，2019）、风貌特色传承再生（张大玉，2014）、价值评估（黎洋佟等，2019）等角度出发进行了探究；有学者提出了传统村落的更新提升措施（高富丽和王成芳，2020；李超和杨鑫，2020）以及绿色发展模式（唐承财等，2019）。在北京传统村落空间形态方面，学者们对传统村落的广场（徐艺蕾和徐峰，2017）、道路（李嘉宁，2015）、庙宇（高璟等，2020）、公共空间（岳天琦，2020）等不同空间形态的分布特点、规律展开了研究；也有学者分析了北京传统村落的整体空间分布特征及影响因素（郭阳，2014；张大玉和甘振坤，2018；田海，2020）。针对

传统村落利益相关者，有学者研究了不同主体对于北京传统村落文化遗产保护传承的感知与评价（唐承财等，2021a），还有学者对传统村落村民与游客的空间集体记忆（杨若凡和钱云，2019）、游客的旅游感知（李琛等，2019）、村民参与传统村落振兴建设（苏琛其和王崇烈，2019）等进行了探究。总而言之，目前在有关传统村落的研究中，宏观、微观尺度研究多，中观尺度研究少，对传统村落空间分布规律、文化特征的形成机制探讨较少，同时在研究方法上，多种方法融合创新的研究成果相对较少。

北京地区传统村落数量较多、文化多元、类型多样，如何对众多的传统村落进行科学地梳理与分类，对北京传统村落的空间分布特征、文化特征进行系统分析，并探讨其成因，是一个急需解决的重要理论问题。

3.2 研究方法

3.2.1 文献分析法

为深入了解北京传统村落的基本情况，分析其空间特征、文化特征，分析其空间分布文化等特点的形成原因，本研究采用了文献分析法，查阅搜集了大量有关北京各传统村落的文献、网页等资料，对北京重要传统村落的基本概况、历史文化、物质与非物质文化遗产、空间特征、发展历史等进行系统分析。

3.2.2 田野调查法

为佐证二手文献资料的真实性、准确性与实效性，同时对北京各传统村落形成及其演变特征有更加全面深入的了解，本研究采用了田野调查法。在北京传统村落名录中选取了18个传统村落，进行实地参与式记录和观察，进一步掌握北京传统村落的空间分布、文化特征及文化、空间发展现状。

3.2.3 深度访谈法

为获得有关北京传统村落更加丰富真实的信息，在对北京18个传统村落进行实地调研时，采用结构化、半结构化访谈方法，询问村委会、村民及旅游者关于当地历史文化等问题的看法。调研访谈时间为2020年10月10日~11月15日，共访谈村委会工作人员18位、村民30位、旅游经营者25位、游客25位。访谈问题包括传统村落基本概况、资源及历史、资源保护现状、文化传承现状、旅游业发展情况以及村落保护和文化传承面临的问题等。

3.2.4 空间分析法

空间分析是对于地理空间现象的定量研究，其常规能力是操纵空间数据使之成为不同的形式，并且提取其潜在的信息。为剖析北京传统村落空间分布特征进而分析其空间特征成因，本研究采用 ArcGIS 空间分析法，采集各传统村落的坐标位置、高程等信息，通过进行最邻近点指数计算、缓冲区分析、叠加分析等，得出有关其空间分布特征，从而为进一步分析其成因奠定基础。

3.3 北京传统村落空间分布特征

北京市传统村落的选址追求顺应自然、天人合一，达到人与自然的和谐共处。在传统村落选址布局过程中，充分考虑采光、通风、水源、土地、交通、农业生产、规避自然灾害等众多因素，形成了具备北方特色的传统村落空间分布特征。

3.3.1 整体呈随机分布

宏观上，可将传统村落视为点状分布，点状要素分布类型分为三种：均匀、随机和集聚。北京传统村落主要分布在门头沟区、密云区、房山区、延庆区、昌平区。利用 ArcGIS9.3 中空间统计工具计算北京传统村落的最邻近点指数。Z 得分和 P 值结果是统计显著性的量度，用来判断是否拒绝零假设。在空间分布模式中，P 值表示某种空间对象是随机分布的概率大小。在 $P<0.1$ 的情况下，如果指数小于 1，所表现的模式为聚类；如果指数大于 1，则所表现的模式趋向于离散或竞争。若 $P>0.1$，则接受零假设，零假设表明要素是随机分布的。结果发现显著性水平 $P>0.1$，说明北京传统村落整体上没有呈现显著的聚集分布特征。

3.3.2 西南、东北多

北京传统村落多分布于西南部的门头沟区、房山区以及东北的密云区等地。通过统计得知，西南地区的门头沟区和房山区两区传统村落数量约占全市传统村落总量的 45.46%；北部的密云区、延庆区、昌平区三个区约占全市传统村落总量的 43.17%；此外，通州区、顺义区、平谷区、怀柔区、海淀区各有 1 处传统村落，合计约占全市传统村落总量 11.37%。门头沟区是拥有传统村落数量最多的区，汇集了 12 个国家级传统村落和 14 个市级传统村落。由于北京地势西北高耸，东南低缓，大部分传统村落选址于京西远郊，建于山地沟谷地带有利于避免水患；同时，京西古道经于此，交通便捷，商业繁荣；永定河流域水源充足，沃土广袤。此外，位于山区远郊的传统村落受自然地形的保护，与自然环境融为一体，为其长久保留下来创造了天然条件（张澎和常丽红，2022）。

3.3.3 多沿山麓平原和山间盆地分布

海拔是划分地形地貌的重要属性，选择 ArcGIS 空间分析工具"按值分析"中的"按值提取点"并输入北京 DEM 数据（来源于地理空间数据云网站），从而得到各传统村落点的高程信息。发现海拔在500m以上的山地分布的传统村落有16个，占全部村落的35.56%；海拔在200~500m的丘陵盆地分布的传统村落有21个，占全部村落的46.67%；其次是50~200m的平原谷地，共有7个传统村落分布，占全部村落的15.56%；此外，1个村落海拔在50m以下。山麓平原地势稍高，能有效避免洪涝，满足防洪排水需要。山间盆地坡度小，土层厚，土质肥沃，利于耕种。同时，山间山体岩石易于加工成片，为建造房屋提供了丰富的石材。因此总体来看，北京传统村落多分布于地势稍高的地区。

3.3.4 多临水分布

利用ArcGIS10.6分析工具中的缓冲区分析工具（Buffer）对北京的河流水系分别以300m、600m、900m、1200m为间隔做缓冲分析，再利用直线距离分析，得到北京传统村落与邻近河流的距离。北京45个传统村落中，有9个传统村落分布距河流300m以内；13个传统村落分布距河流300~600m以内；4个传统村落分布距河流600~900m以内；6个传统村落分布距河流900~1200m以内；共计占全部传统村落的71.11%，大部分传统村落分布在距离河流1200m以内，沿河分布特征较为明显。河流临近或流经传统村落，可以保持适宜湿度，美化环境，为村落提供生产生活用水，同时契合人们"水能聚财"的传统思想观念。

3.3.5 多背靠山脉

北京位于华北平原与内蒙古高原交界地带，受西北风影响较强。因此北京传统村落多背靠群山，分布于山脉围合之处，负阴抱阳、背风向阳，以形成天然屏障，阻挡西北风，形成局部良好小气候。同时，中国传统思想认为群山环抱、依山傍水的地方为宜居之地。

3.3.6 分布受古道影响

京西的很多村落是沿京西古道分布的。京西古道主要是沿着永定河谷、清水河谷、西山沟谷，向西及西北，由多条主路及支路形成纵横交错的道路网络。该古道是连接北京和华北平原、内蒙古高原的一条至关重要的通道。沿古道分布的村落交通便利，可以带来发达的商贸经济。

综上而言，北京传统村落整体呈随机分布；存在"西南多，东南少；东北多，西北少"的分布格局，其中门头沟区分布数量最多；传统村落多沿地势稍高的山麓平原或山间盆地分布；多分布于背靠群山、临近河流的山水环抱之地；多沿商贸古道布局。

3.4 北京传统村落文化特征

北京传统村落在悠久的历史发展过程中，受到自然、文化、政治、历史等众多因素的共同影响，形成了丰富多样、独具特色的文化。对北京第一批45个传统村落的文化进行梳理分析，利用传统村落的文化载体，识别村落的主体文化以及其他附着文化基因，得出北京传统村落文化体系，如表3-2所示。

表3-2 北京传统村落文化体系

区划	村落名称	主体文化	附着文化	文化载体
门头沟区	爨底下村	传统民居文化、古道商贸文化	传统民俗文化、守边文化、姓氏文化	明清山地四合院建筑群、商号及商用院落、民俗表演及活动
	灵水村	举人文化、传统民居文化	宗教文化、传统民俗文化、古道商贸文化	明清民居建筑、举人故居宅院遗址、庙宇遗址、京西太平鼓、蹦蹦戏
	黄岭西村	传统民居文化、红色文化	守墓文化、古道商贸文化	革命遗址、古民居、古寺
	马栏村	红色文化	传统民俗文化	革命旧址、古建筑、大鼓、京剧
	沿河城村	长城文化、传统民居文化	传统民俗文化、红色文化	城墙、敌台、上下街门、碑碣、孔子庙、革命烈士纪念碑、沿河城戏、点花灯
	西胡林村	传统民居文化、商贸文化	农耕文化、传统民俗文化、红色文化	商号、古民居、寺庙、石刻、贞洁匾、戏台
	琉璃渠村	琉璃制造文化、古道商贸文化	传统民俗文化	琉璃厂商宅院、琉璃厂厂址、茶棚、过街楼、关帝庙、邓氏住宅
	三家店村	古道商贸文化、传统民居文化	煤业文化、宗教文化	梁家院、殷家院、二郎庙、龙王庙、关帝庙、铁锚寺
	碣石村	古井文化、传统民居文化	炼银文化、红色文化、中医文化、宗教文化	韩家井、子母井、古树、石碑、传统民居、龙王庙、萧克指挥部
	苇子水村	传统民居文化、传统民俗文化	宗教文化	古石桥、石磨、古树、传统民居建筑、秧歌戏
	东石古岩村	军事文化、古道文化	传统民居文化、农耕文化、宗教文化	摩崖石刻、石佛岭古道、宣纸烙画、汉代兵器
	千军台村	守边文化、传统民俗文化	煤业文化、古道商贸文化、抗战文化	京西古幡会、古井、古碑
	张家庄村	传统民居文化	宗教文化	王会忠院、古戏台、龙王庙、清龙寺
	燕家台村	宗教文化、传统民居文化		古民居、秀才宅院、圣泉庵、石碑、张仙洞
密云区	古北口村	长城文化、宗教文化	传统民居文化、红色文化、民族风情文化	古城墙、瓮城、杨令公庙等庙宇、古井、古树、古北口保卫战纪念碑等
	潮关村	守边文化	抗战文化、传统民俗文化	古城墙、瘟神庙、敌楼、潮关村惨案纪念碑

续表

区划	村落名称	主体文化	附着文化	文化载体
密云区	河西村	长城文化、传统民居文化	—	古长城、吕祖庙、清真寺、提督府、点将台、万寿行宫
	吉家营村	守边文化、传统民居文化	抗战文化	古城门、古堡寨、药王庙、观音菩萨庙
	遥桥峪村	守边文化	—	古城堡
	小口村	农耕文化	—	苹果专业村
	白马关村	守边文化	—	古城墙、碉楼、古城堡
	令公村	长城文化、传统民居文化	红色文化	城堡遗址、二柏搭枝庙、辽砖、陶片、辽代村落遗址、抗日洞
	黄峪口村	长城文化、农耕文化	红色文化	长城遗址、烈士纪念馆、中华蜂蜜生态观光谷
	墙子路村	传统民俗文化、长城文化	宗族文化	墙子路花会、营城、三堂庙、观音洞、大戏台
房山区	柳林水村	传统民居文化、宗教文化	传统民俗文化	圣泉寺、蟠桃宫、传统民居、磨坊、古戏台、山梆子戏
	黑龙关村	传统民居文化、宗教文化	宗族文化、传统民俗文化	玄帝庙、七圣神祠、龙神庙、关城遗址、二月二酬龙节
	石窝村	采石文化	宗教文化	显圣寺、娘娘庙、古井、古树
	水峪村	传统民居文化、传统民俗文化	采煤文化、古道商贸文化、宗族文化	古民居、街屋、杨家大院、古商道、杨氏家谱、水峪岩画、中幡
	南窖村	传统民居文化、传统民俗文化	采煤文化、红色文化	霍家大院、北极玄帝庙、过街楼、银音会、狮子会、灯笼会、烈士陵园
	宝水村	传统民居文化、饮食文化	红色文化、传统民俗文化	龙王庙、和尚帽石、神树岭、古碾、八八席、十二八席、刺绣、纳鞋垫、老虎枕、老调梆子
延庆区	东门营村	耕读文化、举人文化	传统民居文化、宗教文化	匾额、壁画、举人民居、关帝庙、阎王庙
	柳沟村	美食文化、传统民居文化	传统民居文化、长城文化、中药文化	火盆锅豆腐宴、九曲黄河阵、旱船、古民居、城墙、中草药种植基地
	南天门村	传统民居文化	宗教文化	齐仙庙、狐仙庙、舍身崖
	榆林堡村	驿站文化、长城文化	传统民居文化、传统民俗文化	灯山楼、城堡、刘家公馆、城隍庙、灯山会
	岔道村	长城文化	传统民居文化、民俗文化、红色文化	古城墙、古民居建筑、抗战遗址

续表

区划	村落名称	主体文化	附着文化	文化载体
昌平区	长峪城村	长城文化、美食文化	传统民居文化、传统民俗文化	长城遗址、瓮城、永兴寺、关帝庙、长城社戏、猪蹄宴、九曲黄河元宵灯会
	万娘坟村	守陵文化	传统民居文化	万娘坟、万贵妃园寝
	德陵村	守陵文化	传统民居文化、农耕文化	德陵、神宫监、古井、古桥
	康陵村	守陵文化、美食文化	传统民俗文化	康陵宫、正德春饼宴、书法篆刻、民间音乐、绣花、钩花
	茂陵村	守陵文化	—	神宫监
通州区	张庄村	传统民俗文化	—	龙灯会
顺义区	焦庄户村	红色文化、农耕文化	传统民俗文化、传统民居文化	地道战遗址、瞭望楼、果园、庙会、秧歌、评剧
平谷区	西牛峪村	农耕文化	红色文化	玉露香梨生产基地
怀柔区	杨树底下村	传统民俗文化	—	敛巧饭、走百冰
海淀区	车耳营村	宗教文化、军事文化	饮食文化	戚继光战车营、金刚石塔、北魏石佛、关帝庙、吕祖洞、牛头宴

注：表中部分村落附着文化为空白，尚未发现相关文化。

通过对北京传统村落文化的梳理，发现北京传统村落存在文化共性，具有以下几种显著的文化特征。

3.4.1 传统民居文化

由于相似的自然气候和文化背景，北京传统村落在形成演变过程中，展现出独具特色的地方民居形式和风格，形成了具有较大共性的传统北方民居文化。首先，在民居选址上，由于地形气候、传统信仰等因素，人们倾向于在靠山面水、背风向阳的地方定居（薛林平，2015）。其次，在民居形制上，北京传统村落民居多为合院形式，按功能、形式等划分有多种类型。合院的院落朝向、比例、入口通道、大门形式等都有不同的要求，充分体现出地理、美学、文化等特征。再次，在民居建构方面，房屋的台基、木构架、屋面层、屋脊、墙体、立面等都展现出浓郁的地域特色（薛林平，2015）。同时，在装饰上，北京传统村落民居多从门罩、门扇、墙腿石、门簪、墀头上进行建筑的装饰，以体现美好寓意及展示屋主身份（薛林平，2015）。目前北京的较大部分传统村落中保留了丰富的传统民居建筑，是北方传统民居建筑的代表。建筑保存较为完好、具有突出特色的典型传统村落代表有爨底下村、黄岭西村、宝水村、水峪村、南窖村等。爨底下村整体建筑精良，坐北朝南，建于缓坡之上，使每家采光、通风、观景视觉都有绝佳效果，体现出人与建筑的完美融合。黄岭西村是典型的山地村落，位于三条山岭包围的沟谷地带，谷底有泄洪河道穿过。河道将三条山岭分隔开，使之相互独立，村落分别依靠山岭、沿山麓地带展开，与周边环境高度融合。"石头房"是宝水村特色民居建筑,其构造除了两面山花墙角是用砖垒砌外,其他均是石头,房顶用青色石板覆盖而成,有着浓郁的地域特色。

3.4.2 传统民俗文化

民俗文化是一个地区聚居的民众所创造、共享并传承的风俗和生活习惯,涉及生产劳动、日常生活、岁时节日、民间表演、传统手工艺等。北京一些传统村落在发展过程中形成了独具北方地域特色、凝结劳动人民智慧的丰富多彩的民俗文化,并将其以各种形式传承下来。这些村落凭借其独特的节日活动、艺术表演、手工技艺等开展民俗旅游,成为以民俗风情为主要文化特色的传统村落。典型的代表有苇子水村、杨树底下村、张庄村、千军台村、南窖村等。苇子水村的原生秧歌被评为北京市非物质文化遗产;敛巧饭是杨树底下村流传了180多年的古老传统民俗,是国家级非物质文化遗产,人们在农历正月十六吃"敛巧饭""走百冰",还有戏班及花会助兴演出;张庄村的龙灯会是北京市民俗文化遗产,有300多年历史;千军台村是北京市非物质文化遗产"京西古幡会"的传承之地;南窖村有银音会、灯笼会、狮子会及六山会等民俗活动。

3.4.3 长城守边文化

为抵御北方少数民族的入侵,中原地区多个朝代的统治者对长城进行了不同规模的修筑。与此同时,还在长城沿线设置了大量的关城、卫所、堡寨、军屯等,以守卫边疆地区。在北京地区共有八段长城,其中比较有名的有八达岭长城、居庸关长城、慕田峪长城、司马台长城、黄花城水长城等。长城沿线出于军事防御目的的村落也大量产生。这些村落大多处于地势险要、军事位置优越的长城内侧,村内修筑了古城墙、瓮城、烽火台、关口、城门等军事防御设施。村落内的村民过去亦守亦居亦耕,村落的建设布局等既考虑军事防御,又充分考虑生产居住功能,形成了独特的边关传统村落。这样以长城文化、守边文化为典型特征的村落主要分布在密云、延庆及怀柔一带。例如,岔道村、古北口村、潮关村、河西村、沿河城村、长峪城村等。明朝时因巩固北境,岔道村成为长城防御体系下的一部分,明朝后期岔道城城墙的南段、东西段保存较为完整,城台、马面、射口等成为岔道村守边文化的主要物质载体。古北口村四面环山且地势平坦,有"京师锁钥、燕京门户"之称,古北口镇城和古北口瓮城等是重要的军事防御设施。

3.4.4 守陵文化

北京作为古都之一,众多皇帝及皇室成员的陵墓也分布于此。明十三陵位于昌平区天寿山麓,是明朝皇帝的陵寝,共埋葬了十三位皇帝。旧时皇帝的陵墓设有专门的守陵机构,安排专人看守陵墓、掌管香火、维护打扫等事宜。他们在那里耕种朝廷拨给的土地,并负责看守陵寝,逐渐形成了村落。明十三陵区域有大量因守陵而形成的村落,典型的代表有万娘坟村、德陵村、茂陵村、康陵村等。这些村落一般分布在皇陵附近,村内的村民大多是陵户的后代，村中至今仍保留着古堡、古树、古井、古桥等遗址古迹。万娘坟村因坟得名，村域内有明宪宗朱见深的贵妃万氏的园寝，村民大多是清朝看守万贵妃园寝的坟户的后代。德陵是天启帝熹宗朱由校的陵寝，德陵村因此得名，村内的五孔桥是十三陵地区依然使用的、最大的古石桥。

3.4.5 宗教信仰文化

我国是农耕文明国家，传统农民以自耕自足的小农经济为本，其宗教信仰也体现出对现实生存和生产状况的关注。同时我国传统宗教信仰体现出儒释道三教合一的特点。在北京传统村落中，有些村落仍保留了不少庙宇祠堂，关帝庙、龙王庙、娘娘庙等宗教建筑最为常见。宗教文化突出、保留宗教建筑较多的典型村落代表有柳林水村、黑龙关村、车耳营村、灵水村、长峪城村等。柳林水村拥有长星观、圣米石塘、蟠桃宫等道教胜迹，还有位于山间的老子巨幅塑像、古柏等景观，村落宗教信仰文化历史悠久。黑龙关村有龙神庙、玄帝庙、道士塔、七圣神祠等遗址，曾是皇家以及周围乡民的祈雨圣地，香火旺盛。而车耳营村有最大的石上塔金刚石塔、北魏石佛、吕祖洞、关帝庙等宗教遗址，宗教信仰文化氛围浓郁。

3.4.6 古道商贸文化

京西古道是北京重要的历史遗迹之一，它起于三家店，以"西山大路"为主干线，连接着纵横南北的各条主线道路，在门头沟区形成了一张纵横交错的道路网。这些古道主要有商运道、军用道以及香道。拉煤运货的驼马成群结队，将京西山区的煤、石料、水果等运到京城，再将京城的物产运入京西甚至内蒙古、山西等地，久而形成了商旅道路。这些古道沿线分布着众多的传统村落，传统村落的发展演变受到古道的巨大影响。一些传统村落利用古道经过的优越位置，开设驿站、发展商贸，为商道过客提供便利；一些传统村落凭借丰富的煤矿资源，进行煤炭开采；一些传统村落依靠精湛的手工技艺，进行琉璃制造等。除了具有浓郁商贸文化的古村落，在古道的沿线还分布着大量的庙宇、古迹遗址、碉楼石刻景观。京西古道沿线的商贸文化典型传统村落有爨底下村、琉璃渠村、三家店村、东石古岩村等。

爨底下村附近的斋堂川出产煤炭，往来的商队须穿过爨底下村，因此带来了村落商业贸易的繁荣，村内部分民居呈现出商住两用的特点。琉璃渠村是西山古道上重要的交通节点、古香道的必经之路，同时又是琉璃制造的重要基地，享有"琉璃之乡"盛名。三家店村曾是永定河上重要的渡口和物资集散地，商贾云集，曾有商业店铺三百余家以及煤厂数十家，煤业和商业非常发达。东石古岩村位于多条古道交汇处，古道穿村而过，村落利用位置优势为过往商客提供食宿服务。

3.4.7 红色文化

有的村落至今仍保留着抗日遗址遗迹，记载着可歌可泣的英雄事迹，传承着英勇的抗战精神,同时又保留着传统的村落风貌、民风民俗,抗战遗址与传统村落景观融合共生,成为典型的以红色文化为主体文化的传统村落。典型的代表村落有马栏村、焦庄户村等。马栏村被称为"京西第一红村";焦庄户被称为"人民第一堡垒",村内保留了地道战遗址、民兵指挥部旧址、民兵瞭望楼、"消息树"等抗战遗址遗迹,建立了村史馆、焦庄户地道战抗日纪念林、红色文化街。

3.4.8 饮食文化

传统村落在历史发展过程中,依靠地方特有的食材、烹饪方式、饮食习惯、风俗文化等,形成了独具地方特色的饮食文化。有些传统村落凭借地方美食、特色宴席形成了独特的饮食文化,并以饮食文化为核心,带动传统村落的观光与民俗体验活动,形成了典型的饮食文化型传统村落。典型代表村落有柳沟村、康陵村、长峪城村等。柳沟村是延庆区火盆锅的发源地,其豆腐宴在锅碗、菜品数量上都有特色,取吉祥美好的寓意,形成了"凤凰城-火盆锅-豆腐宴"民俗旅游品牌。十三陵镇中的康陵村以饮食文化打造了该村的特色名片,通过利用本地农副土特产品,创立了包含十几种特色菜品的"春饼宴",其中"正德春饼宴"已形成一定品牌效应。流村镇长峪城村则开发了"猪蹄宴",别有风味,深受游客欢迎。

3.4.9 耕读(举人)文化

在我国古代农耕社会,一些知识分子以耕读传家、耕读结合为价值取向,形成了独特的耕读文化。在北京众多的传统村落中也出现了一些耕读文化浓厚、人才辈出的村落。典型的有东门营村和灵水村。东门营村历史上曾出过文举人、武举人,村内大量的匾额、砖雕、影壁等书写着"百世书香""耕""家传敬义数千载,世继诗书几百年""世间好事忠和孝,天下良图读与耕"等文字,有浓郁的耕读文化气息。灵水村历史悠久、文风昌盛,被称为举人村,如今村内保留了举人宅院、寺庙等古建筑,修建了科举主题的塑像,文风浓郁。

综上所述,北京传统村落呈现出文化共性,形成了丰富多样、独具特色的文化。北京传统村落有九大典型特色文化:传统民居文化、传统民俗文化、长城守边文化、守陵文化、宗教信仰文化、古道商贸文化、红色文化、饮食文化、耕读(举人)文化。

3.5 北京传统村落空间和文化特征的成因分析

根据人地关系理论,人对地具有依赖性,地理环境影响人类活动的地域特性,制约着人类社会活动的深度、广度和速度;而人又具有能动性,可以认识、利用、改变和保护地理环境(吴传钧,2008)。人地系统是由地理环境和人类社会两个子系统交错构成的复杂的开放的巨系统,内部具有一定的结构和功能机制(赵荣斯和丁桑岚,2012)。传统村落作为人地系统的一种形式,其系统内部的地理环境和人类社会两大子系统也是相互影响和作用的。北京传统村落空间分布以及文化特征的成因十分复杂，受到自然环境、区位条件、社会经济发展水平等诸多因素的综合影响。上述研究表明，北京传统村落在空间分布和文化方面存在显著的特征，而这些特征的形成也主要受到来自地理环境和人类社会两个子系统的作用，一是受自然环境的影响，二是受人类活动的影响。图 3-1 为北京传统村落空间、文化特征的成因。

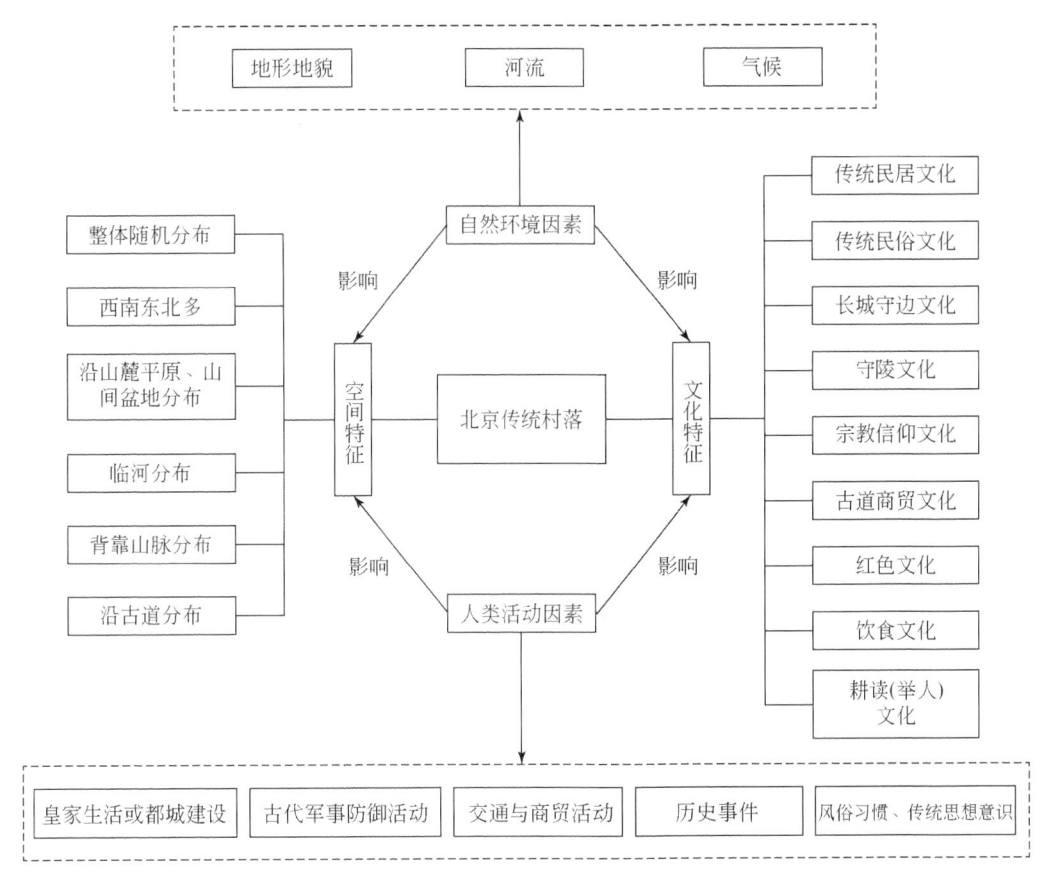

图 3-1 北京传统村落空间、文化特征的成因

3.5.1 自然环境因素

(1) 地形地貌

地形地貌是自然环境影响传统村落分布的重要方面。村落的选址、规模、格局、对外交通、人员交流以及建筑形式等都受到一个地区地形地貌的影响（赵永琪和田银生，2020）。传统村落的布局极大地受到地形的影响，地形平坦交通便利、生产条件便利、居住建设成本低，对人们生活活动具有极大的吸引力（关中美等，2017）。一般而言，人们会选择地形相对平坦、利于耕种的地区作为聚落地。同时，也会考虑地形的坡度，具有一定坡度的地形利于排水，避免产生洪涝灾害。北京西部、北部和东北部为山地，中部、南

部和东南部为平原。因此传统村落多分布在西部和北部的山麓及山地地带。在山地与平原交接的山麓地带，地势较平原更高，较山地更平，水土植被良好，适于人类居住（郭阳，2014）。

（2）河流

中国传统村落讲求贴近自然、融于山水，有着以"山为骨架、水为血脉"的环境构想（刘沛林，1998）。水文因素是传统村落形成的重要因素，水草丰茂、土地肥沃不仅利于农业生产和人们安居乐业，而且有航运交通、平整土地等作用（刘沛林，1998）。北京河流水系众多，分属五大水系，从地势较高的西北流向东南。大多的传统村落都依山傍水、靠近水源。由于人们的生产生活都离不开充足的水源，在村落选址时，人们一般会选择临河而居以便获得充足的生活和生产用水。同时，邻近水源的区域，生态环境更加优良，有利于形成宜居的小气候。此外，部分较为平直、可通航的河段还为人们的贸易运输提供了便利。

（3）气候

传统村落受气候因素影响大，日照、气温、降水等气候因素会影响传统村落的选址和分布，同时也影响村落的建筑材料和物质构成（于亚娟等，2020）。北京地处暖温带半湿润季风大陆性气候区，夏季降水集中多暴雨，冬季寒冷干燥，易遭受旱涝灾害。同时，北京地处我国华北平原，冬季受西北风影响较大，夏季盛行东南风，多狂风和龙卷风灾害（郭阳，2014）。在此气候环境下，人们在居住选址时往往趋利避害。一般会选择北面靠山的位置居住，利于阻挡西北风的侵袭，或群山环绕的内部山区，以抵挡大风侵袭。同时，人们在房屋的建设、布局时，也会充分考虑光照、通风、采暖等因素，调整墙体材料、厚度，门窗开口方向等，以获得良好的居住环境。此外，自然灾害也会对人们的生产生活造成极大影响，改变传统村落的选址及发展变迁等（郭阳，2014）。

3.5.2 人类活动因素

（1）皇家生活或都城建设

作为北方军事重镇和历代皇都，很多村落都是因都城的建设或运作而形成的。另外，为皇室和王公贵胄看墓的人家居住之处渐渐演变为村落，并以陵墓名称或墓主人的姓氏、身份命名，如万娘坟村、德陵村、康陵村等。

（2）古代军事防御活动

为增强御敌的能力，古代北京设立了大量军屯、关城、堡寨、卫所等。百姓在此亦农亦兵，后来大部分因军事防御目的而形成的聚落逐渐失去军事作用演化为保留丰富的长城守边文化的传统村落，如古北口村、岔道村、沿河城村等。

（3）交通与商贸活动

北京许多传统村落都是在交通因素以及人们的商贸活动影响下而形成的。旧时，北京西部的山区与北京城区存在大量的贸易与商品交换，从而形成了大量的商贸通道，被统称为京西古道。在古道沿线，为了方便贸易活动，人们在位置优越的区域开设驿站、商铺，或建立煤场、石料场等加工厂，从而形成了大批的传统村落。同时，西部山区拥有诸多庙宇，大量香客进山烧香拜佛也有食宿等需求，如爨底下村、琉璃渠村、三家店村等。

（4）历史事件

有的传统村落至今仍保留着抗日遗址遗迹、烈士陵园、英雄故事等，成为以红色文化为典型传统村落，如焦庄户村、马栏村等。后来，由于经济的发展和城市扩展等，京郊很多传统村落被拆除或全面改造，大批村落消失或面貌发生巨大改变，完好保留下来的传统村落凤毛麟角。

（5）风俗习惯、传统思想意识

风俗习惯影响村落的特色，宗教意识影响村落的形式（陈君子等，2018）。传统村落的形成受到一个区域人们思想观念的极大影响。传统的风水观念、人居理念，人们在长期生活中形成的风俗习惯、宗教信仰等，都对村落的布局选址、公共建筑功能、建筑造型设计等产生了深厚的影响。例如，北京的众多传统村落中，有关帝庙、城隍庙、龙王庙等传统公共建筑，这与人们长期以来形成的信仰观是分不开的。而有的传统村落文风浓郁，村内有大量楹联匾额以及举人宅院等建筑，形成浓厚的文化氛围特征，这跟当地村民崇尚耕读文化、重视耕读传家的思想观念是分不开的。

综上所述，北京传统村落空间分布和文化特征的形成主要受到两个方面影响：受地形地貌、气候、河流等自然环境因素的影响；受人类活动因素的影响，包括皇家生活或都城建设、古代军事防御活动、交通与商贸活动、历史事件以及风俗习惯、传统思想意识。总体来看，在影响北京传统村落空间分布和文化特征的因素中，自然环境对于传统村落空间分布的影响较大，同时对于区域社会经济的发展和文化的形成也具有一定的制约作用，而文化特征的形成受人类活动因素的影响更强。

3.6 本章小结

传统村落是北京历史文化名城的重要组成部分，揭示传统村落的空间与文化特征及其成因有助于促进北京历史文化名城的保护利用与传统村落全面振兴。因此采用 ArcGIS 空间分析法、文献分析法、田野调查法、深入访谈法等方法分析北京传统村落空间分布特征、文化特征及其成因。结果表明：①北京传统村落整体呈随机分布，分布格局为"西南多，东南少；东北多，西北少"，多沿地势稍高的山麓平原或山间盆地分布，多靠山临水、沿古道布局；②北京传统村落存在文化共性，形成了传统民居文化、传统民俗文化、长城守边文化、守陵文化、宗教信仰文化、古道商贸文化、红色文化、饮食文化以及耕读（举人）文化九种典型的传统村落特色文化；③北京传统村落空间以及文化特征的形成受到地形地貌、气候、河流等自然环境因素的影响以及皇家生活或都城建设、古代军事防御活动、交通与商贸活动、历史事件以及风俗习惯、传统思想意识等人类活动因素的影响。

基于以上丰富的研究结论，对北京传统村落的保护、开发和利用提出了以下建议，以期促进北京传统村落的文化保护和全面振兴。首先，在传统村落保护利用时，应充分考虑其不同的空间分布特征和文化特征，进而采取整体性和有针对性的保护利用措施。例如，传统村落因受到河流分布、交通线路的影响，呈现出线性分布特征以及文化共性。在对这类传统村落进行保护利用时，应对整个线性区域内的村落实行整体性的保护开发，维护区域文化特征的独特性和空间格局上的完整性。这也便于传统村落文化带、串联游线的打造，以增强整体形象、形成整体效益。对于文化上存在共性和相似性的传统村落，在保护利用时可以相互借鉴和共享文化传承保护模式，提高文化保护传承的效果。在旅游开发时，充分认识文化上的共性，有利于在共性的基础上强调个性，差异化地进行旅游开发打造，形成集群互补效应，避免产生雷同，带来形象遮蔽效应。其次，在传统村落旅游开发模式的选择上，要从村落的空间特点、文化特征出发，选择适合于本村落发展的模式和路径，避免定位不准、生搬硬套，破坏地方文化脉络。最后，村民是传统村落的主人，应让当地村民参与到传统村落的保护与发展中来，在乡村发展和乡村文化、经济、社会全面振兴的过程中汲取更多智慧和支持。

第4章　北京传统村落文化传承与旅游发展现状分析

文化是一个国家、一个民族的灵魂，也是传统村落旅游发展的根基。然而大部分传统村落由于缺少专业的文化管理机制、缺少继承人等现实因素，文化精髓也随着时代发展日渐消失。北京市作为中国的文化中心，除了故宫、颐和园、天坛、圆明园等亘古不衰的中华历史文明，传统村落中的许多民俗文化、乡土文化、农耕文明也值得探究。本章通过对北京市18个传统村落的摸排调查，对北京市传统村落的发展现状有了清晰的认识。深刻剖析了目前北京市传统村落文化传承过程中、旅游发展过程中以及文旅融合过程中出现的突出问题。发现问题是着手解决的第一步，本章将有助于大家了解传统村落发展过程中遇见的常见问题，从而举一反三，从多视角、深层次审视传统村落如何实现文化科学传承与旅游高质量发展的协调演进。

4.1　调研方法与数据来源

4.1.1　调研对象

北京市传统村落保存了大量明清古迹及传统民俗，丰富的文化遗产蕴含其中。文化遗产的传承问题一直是文旅各界的焦点。经过多年的实践检验，旅游成为文化遗产的传播和传承的重要手段，传统村落通过发展见效更快的旅游业来促进村落发展和文化保护传承。2015年，北京市旅游发展委员会已经将包括马栏村、爨底下村、碣石村、潮关村等京郊24个传统村落列入旅游开发计划。截至2023年3月，北京市共有传统村落45个，其中国家级的有26个，覆盖10个区45个村镇。

通过前期资料搜集，同时参考乡村旅游重点村名单，本研究在北京市传统村落名录中选取18个已经开展旅游活动的传统村落进行文化和旅游发展的调研，包括门头沟区6个传统村落，分别是爨底下村、黄岭西村、西胡林村、灵水村、马栏村、沿河城村；昌平区5个传统村落，分别是康陵村、茂陵村、德陵村、万娘坟村、长峪城村；房山区2个传统村落，分别是南窖村和水峪村；延庆区2个传统村落，分别是柳沟村和岔道村；以及密云区古北口村、顺义区焦庄户村、平谷区西牛峪村。本研究的案例村落详见表4-1。

表 4-1 调研村落基本信息

村落名称	村落总面积/km²	户籍人口/人	常住人口/人	村民主要文化程度	村年收入/万元	村民人均年收入范围/万元
爨底下村	5.33	102	98	高中	100	4~5
黄岭西村	9.74	370	100	高中	300	1~1.2
灵水村	1.33	578	150	初中	32	1~2
马栏村	16.34	710	125	初中	3316	1.3~2
沿河城村	81.2	870	100	初中	100	1~1.3
西胡林村	12.2	602	—	初中	2987	1.3
南窖村	9.53	2553	2600	高中	746	0.6~1
水峪村	10	1317	300	初中	3.2	1~2
柳沟村	5.73	970	1200	初中	2200	2~3
岔道村	11.36	1311	1300	初中	—	1.5~2.5
古北口村	11.33	3202	4202	初中	4900	2.2~3
焦庄户村	0.64	1321	1000	高中	—	1~1.3
长峪城村	12.84	362	120	高中	65	2~2.5
西牛峪村	4.27	98	80	初中	—	1~1.2
康陵村	1.7	266	210	初中	—	2~2.5
德陵村	3.33	546	600	初中	0.8	1~1.5
万娘坟村	1.68	458	440	初中	—	1.5~2
茂陵村	1.53	310	160	初中	1	—

资料来源：课题组调研。

4.1.2 调研方法

(1) 文献分析法

采用文献分析法，通过查阅相关文献资料，了解近年来北京市传统村落文化保护传承、旅游开发的趋势、演变过程等，对调研内容进行较为深入的了解与分析。

(2) 问卷调查法

调研过程中采用问卷调查法，以村委会、村民、游客、文化与旅游企业经营者四个群体为调查对象，针对性地设计问卷，问卷内容以北京传统村落文化保护传承与旅游开发利用为主题，了解当前北京传统村落文化保护传承和旅游发展的现状、问题。问卷通过实地和网络媒介两种渠道进行发放，收集完成后，对问卷进行统计和深入分析。

(3) 田野调查与深入访谈法

实地走访北京的18个市级传统村落，并与当地的村委会、村民、游客、文化与旅游企业经营者，就文化保护传承和旅游开发利用两个方面进行深入访谈，从而了解北京传统村落文化保护传承的现状、难题、保护方法、保护效果、旅游业发展状况等。

4.1.3 数据来源与处理

本研究集中实地调研时间分为两个阶段，第一阶段为 2018 年 8 月 15 日~9 月 10 日、第二阶段为 2020 年 10 月 10 日~11 月 15 日。此外，在 2015~2016 年和 2021~2022 年也进行了部分调研。主要的数据来源是村委会、村民、游客、文化与旅游企业经营者的问卷数据。其中获得有效村民问卷 121 份；旅游经营者问卷 20 份；游客问卷 109 份，其中网络有效问卷 45 份。此外，本书也通过访谈村党支部书记、村党支部副书记、村委会主任、村委会副主任、村民等，了解村落的传统文化保护现状、旅游业现状、经济情况等并通过查阅相关文献，对个别村落的基本信息和文化遗产现状、保护现状进行了补充。

4.2 传统村落文化保护传承现状分析

北京市传统村落蕴含丰富的物质和非物质文化遗产（详见 3.3 节），但是人口数量、重视程度、利用形式等问题在一定程度上影响了传承和发展，一些村落也已开展相关文化保护和开发工作，如编撰村志、开展旅游活动等。

4.2.1 村落人口较少，文化传承后继乏人

除少数村落（如南窖村、岔道村、古北口村等）常住人口在 1000 人以上，北京市各传统村落常住人口多在 100~300 人，属于较低水平。同时，各村常住人口中以老人、妇女和儿童为主，年轻劳动力的比例很低。对于民俗户来说，在旅游淡季的时候，很多村民会直接到镇上或市区度过冬天，直到次年的清明时节才会回到村里开展旅游接待，导致空心化季节现象更为严重。稀少的人口和严重的人口结构失衡为文化传承带来巨大阻碍。

4.2.2 大部分传统村落保护重物质文化轻非物质文化

物质文化相较于非物质文化而言，属于"看得见，摸得着"的东西，物质文化多以实体化保存的方式保留了下来，而非物质文化则在代代相传、口口相传的过程中容易出现传承断裂、逐渐消亡的问题，同时也容易受现代文化的冲击直至淡出地方视线。例如，地方传说在相传过程中出现断裂、传统手工艺因无人传承而消失、传统民俗在现代化发展过程逐渐淡化等。这些使得大部分传统村落仅重视对物质文化的保护，而忽视了非物质文化的传承。此外，村落对非物质文化的感知和认同感不足。例如，调研过程中，有很多村民表示不清楚本村有哪些非物质文化，与村党支部书记、村委会主任访谈过程中，很多认为本村没有什么非物质文化，从而导致对非物质文化的传承与管理投入较低、重视不够。

4.2.3 传统村落空间格局尚存，建筑整体保护力度较弱

北京各传统村落的传统格局尚存，村内主要道路为石砌路，层次感丰富，与周围建筑相协调。其中马栏村特色明显，地面用砖铺成红线，红线指引着一个个遗址。少数村落现存传统村落和传统建筑的数量相当可观，如爨底下村现存四合院、三合院等76套656间传统民居，被评为"中国最具价值古村落"。

但是多村对传统村落的保护与修复欠缺。一方面，部分传统房屋和传统建筑由于年代较长，质量一般，且长期无人打理而几近坍塌，古朴风貌缺失；另一方面，因缺少引导和管制，不少村民自主在其房屋外搭建台子、棚子，或者新建质量好的新房子，部分村落甚至在民居外随意堆放红砖等其他物品，这些都与村落整体建筑风貌不协调，破坏了传统村落、传统建筑的完整性和美感（图4-1）。

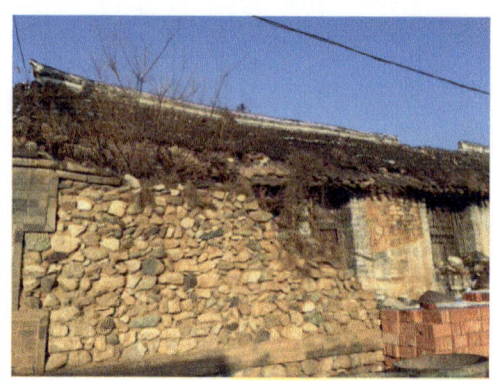

图4-1 河西村的街景与几近废弃的段家大院
资料来源：调研拍摄

4.2.4 物质文化利用形式单一，以民居为主、兼顾旅游利用

调研的传统村落对于物质文化遗产的利用方式大部分比较单一，以民居为主，少量兼顾旅游利用。

（1）村民自住型传统村落物质文化利用模式

大部分的传统村落对于物质文化利用以村民自住为主。由于未正式开发旅游，物质文化无其他利用途径，如茂陵村、德陵村等村落，其物质文化的利用程度为零，旅游开发潜力较小，因此传统村落不得不寻求其他产业进行发展。

（2）村民自住与旅游利用兼顾型传统村落物质文化利用模式

灵水村的许多传统民居兼顾村民自住、游客接待，特别是联合湖南卫视推出的《爸爸去哪儿》在灵水村做了一期节目后，传统村落物质文化得到极大宣传与包装，旅游产业获得快速发展。但是近年来随着游客关注热度下降、物质文化保护效果不佳，游客量呈现减

少趋势，物质文化利用率也逐步下降。马栏村与焦庄户村对于物质文化的利用方式较为相似，都是主要利用村内抗战遗址遗迹来开发旅游，而传统民居用于居住；红色旅游景点由于其独特性，具有较强的文化教育意义，为两个村落带来一定的经济收入。柳沟村依托"豆腐宴"、康陵村依托"正德春饼宴"、长峪城村依托"猪蹄宴"特色产业吸引了不少游客，提高了整个村落的经济收入，改善了许多村民的生活水平。这类传统村落数量正在逐步增加。

（3）旅游主导型传统村落物质文化利用模式

爨底下村、古北口村属于旅游利用强度较大的传统村落，将上百余间村民院落开发为农家乐、民宿等，既为游客提供当地特色美食，又同时满足游客住宿的需求。随着游客大量增多，传统村落的自然及人文景观作为景点进行建设和保护。良好的利用效果也会带来一些问题，如爨底下村由于发展速度快，保护与发展的矛盾逐渐显现。这类传统村落较少。

4.2.5 传统村落都已启动村志编撰工作，有利于文化资源梳理

2017年，北京市全面启动传统村落村志编撰工作，北京市地方志编纂委员会办公室与市农村工作委员会联合印发《北京市特色乡镇村志编纂工作实施方案》，确定10个区的44部村落志，其中国家级传统村落村志21部，市级传统村落村志23部。本次调研的传统村落中大部分已经完成了村志初稿，如南窖村、康陵村、万娘坟村等，其中焦庄户村、水峪村等已经完成村志编撰工作，形成了完整的村志。村志通过系统梳理传统村落历史演变、文化资源、乡土风情等资料，已经成为乡土文化和民俗文化传承的重要载体，对于传统村落文化传承有重要促进作用。

4.2.6 传统村落的文化资源具有较好的旅游开发潜力

北京市传统村落在悠久的历史发展过程中，形成了丰富多样、独具特色的文化，如共性的传统民俗文化、农耕文化、传统民居建筑文化、长城文化、古道商贸文化等，具有地方个性的如马栏村红色文化、灵水村举人文化、柳沟村豆腐文化、十三陵地区的守陵文化等。这些文化都具有较好的旅游开发潜力，是村落旅游开发的特色资源。爨底下村注册了"爨"字商标，并以此开发了丰富的旅游商品，马栏村依托红色文化推出了沉浸式体验游，古北口村依托庙宇文化举办各类庙会活动，柳沟村以"豆腐宴"为主打推出豆腐制作工坊体验活动。这些旅游产品体现了村落文化资源的旅游开发价值。

4.2.7 传统民俗文化丰富，部分村落开展了民俗文化节事活动

文化是传统村落的一个重要组成部分，传统村落的开发与发展也依赖着其文化内涵。北京市的传统村落不仅有悠久的历史，还保留着深厚的传统民俗文化。例如，河西村30%的村民为少数民族，其中有满族、回族、蒙古族、朝鲜族、苗族、裕固族，全村共有135

个姓氏。村庄在商周时期游牧民族和农耕民族共同居住形成集市，商铺兴盛，如当铺、铁匠铺、药铺等，其间还发展了大院文化。虽然由于后人分支太多，大院结构已经分裂，但是大院文化依旧保留至今。

此外，部分传统村落根据其民俗文化开展了一系列节事活动。例如，灵水村立秋当日开展"秋粥节"，全村共喝"举人粥"，以纪念刘应全及其子刘懋恒两次捐谷赈灾，救济灾民万余之义举。据记载，这一习俗已经持续300年。2022年，以"弦歌不绝逾千年·诗书耕读举人村"为主题，举办了第二十一届"灵水举人秋粥文化节"活动。

4.2.8　旅游开发正在逐步成为传统村落文化保护和利用的重要途径

旅游业是不少传统村落社会经济振兴的重要产业之一。旅游开发在很大程度上能够影响传统村落文化的保护与利用程度。本次调研所选的传统村落发展状况、经济条件各有不同，其旅游开发程度也参差不齐。以部分传统村落为例进行分析。

1）文化传承与旅游发展均很好的是爨底下村。作为门头沟区率先发展旅游业的传统村落，爨底下村旅游开发程度较高。随着旅游业越办越好，爨底下村积累了一定的资金，而这些资金则可以保障村中物质文化遗产的及时维修与日常维护。良好的传统村落风貌则可以吸引源源不断的游客，保护与发展相辅相成，爨底下村形成了良好的局面。

2）马栏村的旅游发展状况较好，且有逐步上升的趋势。同理，马栏村利用旅游发展得到的一部分资金进行物质文化的修复和保护工作，为未来马栏村的旅游发展打下良好的基础。

3）反观灵水村，由于近些年来旅游发展状况不理想，村落收入逐步减少，村民忙于维持生计，很难拿出一部分资金投入物质文化的修缮工作。由于古民居逐步破败，财政资金支持传统民居修缮，然而不少村民利用修缮资金将原有房屋翻新改建，导致传统村落整体风貌及原真性遭到破坏，这直接导致参观传统村落的游客数量减少，村落收入减少，如此恶性循环，传统村落的物质文化和非物质文化的保护传承情况堪忧。

通过对比几个已发展旅游的传统村落的文化保护和传承状况，发现旅游开发正在逐步成为传统村落物质文化保护和利用的重要途径。产业提升和转型是现在大部分传统村落要面对的主要问题，而发展旅游则是适用于大多数传统村落的道路。独特的文化特色为传统村落旅游发展奠定基础，旅游产业的科学发展必然会为传统村落文化保护传承工作带来利好。

4.3　传统村落文化保护传承存在的问题

4.3.1　村落人口结构难以满足文化传承需求

由于北京传统村落大多没有成熟的产业，村内大部分青壮年外出打工，人口大量流失，只剩老弱妇孺为村中常住人口。"空心村"问题，给传统村落的文化传承带来极大的制约。

首先，伴随着精壮劳动力的流失，村内可从事旅游业的经营者人数大大减少，劳动力的缺失导致游客的服务和体验需求得不到满足，旅游开发无法有效实施；同时，由于老人与儿童在旅游知识的学习方面存在难度，旅游综合服务水平难以提高，对深度旅游开发造成制约。其次，随着村落人口的大量流失，村内的房屋大量空置，年久失修，很多传统民居慢慢成为空房甚至是危房；而由于人口外流，部分房屋产权不清，难于利用，严重影响了村落的旅游核心吸引力，破坏了文化旅游的开发基础，影响旅游开发进程。最后，人口的流失也带来了传统文化的流失，许多传统民俗、艺术失去传承，而传统生活方式也逐渐消失，随着老年人的故去，代表村落传统文化内涵的故事、记忆都难寻踪迹，一个失去"文脉"的村落即失去了其旅游业发展的根基（图4-2）。

图4-2 黄岭西村与沿河城村的老人闲暇
图片来源：调研拍摄

4.3.2 大部分传统村落整体风貌保护欠佳

尽管调研的传统村落都对本村的物质文化载体进行了不同方式、不同程度的维修和保护，但总体来看，保护效果并不显著，村里将一部分物质文化完全孤立，看似在实行"冻结式"保护，实则给这些物质文化造成了无法挽回的破坏，大部分传统村落整体风貌保护欠佳。造成这种效果的原因主要有：一是对传统村落文化保护传承概念的理解不到位，二是对传统村落文化保护传承工作的不重视。

以灵水村、黄岭西村、马栏村、沿河城村、南窖村为例，尽管这些村落整体格局保存较为完整，但细看村落内部我们可以发现，许多古建古宅残破不堪，村内存在乱搭乱建的现象，施工场地随处可见。同时，空中线网、现代化路灯等都会破坏传统村落的整体风貌（图4-3和图4-4）。

图 4-3 灵水村已经废弃的庙宇
图片来源：调研拍摄

图 4-4 黄岭西村内外露的天线和电器
图片来源：调研拍摄

而对于柳沟村、焦庄户村、西胡林村、康陵村、德陵村、茂陵村来说，由于早期对物质文化的保护重视不够，村内的大部分古建筑惨遭拆除，现代化的乡村建设几乎完全取代古建筑民居；村民将住房修建为便于生活的普通民居，改造过程中大量使用现代建筑材料，模仿城市建筑的形式；村内两层的楼房越来越多，很多房屋在翻建时不再使用传统的木架结构以及木材、石块等材料，而是采用砖混结构，砌块、混凝土、金属等现代材料。整个传统村落现代化气息浓厚，几乎与现代乡村无异，这些会破坏传统民居的院落格局，破坏原有的村落意象。传统村落整体风貌不存，物质文化的原真性流失，使传统村落的文化内涵流失（图 4-5 和图 4-6）。

图 4-5 西胡林村现代化居民房屋
图片来源：调研拍摄

图 4-6 柳沟村内建设房屋
图片来源：调研拍摄

4.3.3　部分村落传统建筑受损较为严重，保护机制不顺

传统村落最吸引游客的是其遗留完整的明清时代的传统民居群和传统建筑。但近年来，一部分明清时代的传统建筑由于年久失修成了危房，村民从基本生活需要出发拆除老

房子重建新房，而新建过程中缺乏基本的保护意识，砖瓦等建筑材料、外观布局等都与传统院落差别较大，严重破坏了原本和谐的传统村落的建筑景观。部分旅游发展比较落后的村落将破旧的传统房屋闲置，使其自然灭亡，多处庙宇和建筑只能从古文和石碑中找到记录。例如，沿河城作为古时军事要塞，军事文化独树一帜；但是实地调研发现，沿河城村古军事建筑损坏严重，多处庙宇有名无实，极大地浪费了传统村落的宝贵资源。

与此同时，部分传统村落在旅游发展过程中，为扩展接待游客的空间，擅自改造原有建筑，或在院落中利用粗劣的现代材料搭建台子或棚子以满足游客餐饮、住宿的需求，严重破坏了传统村落的完整性和美观，大大降低了该传统村落的历史价值、艺术价值和旅游价值。

4.3.4 传统建筑保护效果不好，存在较多危房

调研的大部分传统村落建筑保护效果欠佳，部分传统建筑或被村民进行现代化改造，或被闲置，最终成为危房。例如，焦庄户村在村落的近代化发展过程中，抗战文化建筑没有得到很好的保护和修缮，仅有少量建筑保留下来，而且保存状况较差，观赏性和文化价值都没能很好地凸显。同时，本村内原有的不少庙宇建筑也未能得到很好的保存，如今都已不复存在。马栏村部分传统民居院落由于无人居住，缺少日常的维护与管理，院落内杂草丛生，房屋破损严重，同时还存在一定的安全隐患，据马栏村党支部书记介绍，村内危房占比近80%。传统村落危房已经是一种普遍现象，如马栏村、灵水村、南窖村、德陵村、焦庄户村等都存在一定数量的危房。

4.3.5 村落文化保护传承缺乏主体

一方面，当前传统村落大都面临着人口老龄化与村落空心化的问题，大量青壮年外出务工，村落空心化致使村内部分古宅无人居住，缺少日常的维护与管理，从而导致旧宅闲置甚至废弃。例如，水峪村的古民居院落闲置率达到95%，这也使得村落老化加剧，传统村落保护也失去了主体，面临着谁来保护、谁来治理的问题。同时，人口老龄化也使得传统村落的非物质文化面临无人传承的现状。传统村落文化保护传承的核心在于人，没有了文化传承的主体，文化传承无法延续，传统村落文化将失去发展活力甚至逐渐消亡。

另一方面，村民对于自身传统村落的文化认知不够，影响了村民参与文化保护传承的积极性。调研发现，多数传统村落村民对于物质文化的认知停留在传统建筑上，同时认为传统村落没有什么非物质文化，这种认知极大地影响了村民对于文化的保护传承。问卷数据显示，41%的村民表示不太了解当地文化资源，特别是北京传统村落的常住人口中，中老年人为主体，文化水平较低，对村落文化的现状认知不足，保护传承意识淡薄。例如，灵水村村民对于传统举人文化的认可程度不够，快速发展的商业导致许多非物质文化在灵水村村民生活中渐渐淡出，只有少数非物质文化作为旅游吸引物保留下来；村民对于传统文化的认知不清，影响村民参与保护传承的积极性，从而导致传统村落的文化保护传承缺乏主体。

4.3.6　非物质文化缺乏有效传承机制

传统村落的非物质文化缺乏系统完善的有效传承机制。第一，当前大部分传统村落对于非物质文化缺乏统一的整理和系统的调查，非物质文化分布零散，质量和保护情况参差不齐，各类非物质文化之间缺乏内在联系和良性互动。第二，缺乏有力的措施调动传统村落村民参与文化传承的积极性。调研发现，56%的村民认为当前传统村落内的非物质文化保护现状一般，非物质文化缺乏良好的传承机制，难以吸引年轻人加入。例如，昌平区十三陵镇康陵村制作春饼，乡村民俗美食获得较快发展，因手艺人待遇低而需要外聘厨师，本村中青年居民不愿意继承这项非物质文化。此外，由于村民收入普遍低，均在迫切地寻找增加收入的途径，有41.3%的村民认为历史文物和建筑比非物质文化更具赚钱的潜力，这表现出村民对于非物质文化的认知不到位，影响了村民参与文化传承的意愿。第三，对于传统村落的非物质文化传承缺乏有效的管理和保障机制，包括文化的档案管理、传承人资料管理、文化传承动态跟踪、传承实绩考核评价、传承活动及资金支持等。

4.3.7　传统村落文化与旅游开发融合深度不够

传统村落所拥有的物质文化与非物质文化都是村落旅游开发的特色资源，将特色文化与旅游开发进行深度融合可以有效提升传统村落旅游发展的品质。但目前传统村落文化资源利用效果一般，大部分传统村落没有很好地挖掘自身的历史文化与特色，传统村落历史文化的内涵与价值并未被完全展现出来。仅有少数传统村落进行了文旅融合的初步探索，如爨底下村在旅游开发过程中以"爨"字为创意，开发了丰富的旅游商品以及游客可以参与的旅游活动；柳沟村依托其豆腐宴品牌创建了豆腐DIY工坊，丰富了游客体验活动；马栏村推出了"不忘初心·红色马栏"沉浸式红色主题教育线路，进行实景演绎，使游客深度体验。但开发层次仍然较低，游客体验性不强，对于村落文化的历史价值、人文教育、文化生态等方面挖掘较浅。就整体而言，许多传统村落没有梳理清楚自身的特色文化，对于文化的深度挖掘效果一般，文化与旅游融合开发的层次较为薄弱，水平较低，文旅融合深度不够理想。

4.3.8　相关利益主体之间不协调

传统村落保护传承与发展的核心利益主体包括地方政府、村委会、村民、文旅企业。第一，传统村落文化保护传承和旅游发展存在多部门指导的现象，各部门在基础设施建设等方面，与旅游产业融合发展上缺少顶层设计和统一规划，缺乏更高层面的统筹，各部门对于同一方面会有不同的要求，就会出现传统村落文化保护传承与旅游发展相矛盾的局面。第二，村民对美好物质生活的追求与传统村落保护要求相矛盾，村民为了满足自身生活需求对传统建筑进行深度的现代化改造，破坏了传统村落整体风貌。如果当地村民居住条件得不到改善，会离开村落，加速传统村落空心化和社会经济、传统建筑的衰败。对于此，地方政府、村委会未能对村民进行很好的引导和合理的管控，没有协调考虑村民利益与传统村落保护传承之间的关系。第三，对于闲置古宅的修缮与利用，仅仅依靠政府资金远远不够，但是引入外来资本之后，各方想法、利益冲突，也会对传统村落保护传承造成不良的后果。同时，在外来个人经营者、外来企业的介入之下，村民可能只能得到一小部分收益，大部分利益得不到有效的保障，本村居民的利益和诉求不能得到表达和满足，其至村委会有时也难以起到公平组织协调的作用。因此，如果利益分配机制建构欠合理，则会造成多重矛盾，影响传统村落科学保护与高质量发展。

4.4 传统村落旅游发展现状及问题

4.4.1 旅游发展现状

北京传统村落各自遗留的传统格局完整性、传统建筑完整性不尽相同，各村旅游开发时间不同，游客量差别较大，因而目前各村旅游发展水平不尽相同。在众村落中，以爨底下村、古北口村、柳沟村等为代表的村落旅游发展较为成熟。他们有统一的游客接待中心，30%以上村民自发经营餐饮、住宿且都有营业执照，农家乐营业较为规范。大部分餐饮/住宿店都能在网上预定。平日农家的住宿率为60%~70%，重大节假日餐饮、住宿供不应求。

然而，大部分传统村落旅游发展刚刚起步，如潮关村等以北齐长城作为其旅游支撑，只为爬长城的游客提供歇息之所；又如沿河城村，只有少数复原的传统村落和传统建筑作为其旅游支撑，少数村民经营餐饮、住宿，但营业执照不全，缺乏制度规范。此外，绝大部分传统村落旅游季节性明显，每年5~10月有部分游客来访，11月至次年4月游客较少。少数村落如潮关村等旅游业尚未正式开发，残存的传统村落、传统建筑没有进行任何的修复、保护工作，旅游基础设施、配套设施严重缺乏，游客量极少。

同时，当前对传统村落的旅游发展还停留在观光阶段，各村旅游产品结构单一，基础设施不完备，整体旅游发展水平落后，是制约北京传统村落旅游发展的主要原因。北京已经发展旅游的传统村落大多以"传统建筑观光+农家乐住宿餐饮+农产品采摘"为其核心产品，未形成关联紧密的旅游产业链。

4.4.2 旅游发展中存在的问题

总体而言，当前北京市传统村落整体旅游发展水平偏低，各村差异大，存在着人口结构难以满足旅游发展需求、生态环境较为脆弱、经营建设用地稀缺、旅游区位优势不足、市场营销渠道单一、旅游产品结构单一等突出问题。

(1) 人口结构难以满足旅游发展需求

由于北京传统村落大多没有成熟的产业，农村物资缺乏、交通不便，缺失必要的教育、就业等公共资源，村民的生活水平得不到提高，这使得村内大部分年轻村民大多选择在城镇定居工作，青年人口大量流失。这种老龄化和空心化问题给传统村落旅游发展带来极大制约。首先，伴随着精壮劳动力的流失，村内可从事旅游活动的经营者人数大大减少，精干劳动力的缺失使得游客能够获得优质旅游服务的可能性较小，严重影响旅游体验。其次，由于人口外流，部分房屋产权不清，难以利用，给传统民居观光旅游造成了较大的困扰，严重影响了传统村落的旅游发展。最后，年轻人口的流失也带来了传统文化传承人员的严重流失，许多传统民俗文化失去传承主体，同时联结乡愁记忆情感的传统生活方式也逐渐消失，有损于旅游发展的资源本底。

（2）生态环境较为脆弱

北京传统村落主要集中在门头沟区、密云区、房山区等远郊区，均处于北京生态涵养区的范围，多属于限制、禁止开发区域；大部分区域以林地为主，是北京生态保育的重要区域，肩负着全北京生态涵养的重任。此外，由于传统村落基础设施水平落后，垃圾无害化处理设施、污水收集管网和处理设施尚显不足。如何增加生态环境韧性，适应高强度的旅游发展需求是生态文明战略下的重点和难点。

（3）经营建设用地稀缺

北京传统村落多地处山区，可开发利用空间有限。文旅融合发展不仅需要依托现有的旅游资源，更需要完善的服务配套设施以满足日益增长的游客文旅消费需求，包括旅游信息服务、旅游交通服务、餐饮、住宿、购物等。据实地调研反映，大多数传统村落存在传统建筑经过数代传承、产权不清或分散的情况，闲置的建筑既得不到维修保护，也无法作为建设用地得到有效的利用与开发。此外，当前传统村落中宅基地十分有限，可供建设公共基础设施的空间严重不足，无法满足文旅产业进一步开发的用地需要，对成规模的文旅融合开发造成了严重制约。

（4）旅游区位优势不足

由于传统村落大多数地处远郊区，且位于山区地带，与城市中心距离较远，且有不少为盘山路，道路曲折颠簸，严重制约了文旅融合发展的交通可进入性。例如，沿河城村除自驾外，对外联系的公共交通历时较长，从苹果园西站经过46站，耗时约2h才能到达沿河城站。此外，北京传统村落周边道路多为山地，各村之间、村镇之间不能最短直线到达，长时间的盘山公路不仅花费时间长，且路途颠簸，给游客进入带来不便。公共交通设施方面，交通班次较少，班次间隔长，无法满足文旅融合开发所需要的交通便捷需求。

（5）市场营销渠道单一

实地调研显示，北京传统村落的营销宣传方式主要分为3种：一是地方村委会统一在电视台、电台、报纸等传统媒体上进行宣传，如马栏村在《北京日报》《人民画报》等报纸上积极宣传该村的红色历史和故事。但大多传统村落村委会并未进行此项工作，在文旅品牌整体营销方面存在严重不足。二是文旅经营户自发在携程、美团、去哪儿等旅游电子商务平台上进行宣传，如爨底下村各家民宿纷纷入驻美团，游客可以在线浏览该村旅游信息。然而如果村民过于追求自身利益，以价格作为竞争手段来吸引游客，则不利于文旅消费市场的可持续发展。三是以"口口相传"方式在游客群体之间进行宣传，如万娘坟村基本没有宣传文旅融合相关信息的渠道。总而言之，北京传统村落文旅融合的市场营销方式较为传统，大部分传统村落旅游知名度不高，亟须进一步提升。

(6) 旅游产品结构单一

第一，目前大部分传统村落旅游以观光游为主，普遍重观光、轻休闲度假，旅游产品开发形式单一，没有突破传统村落开发旅游的惯常套路，如旅游业发展较好的爨底下村、柳沟村、灵水村、马栏村、康陵村、古北口村等，已开发的旅游产品也仅包括村落观光、餐饮及民宿。第二，产品吸引力较弱，经营效率偏低。旅游产品以欣赏乡村自然风光、传统村落风貌、吃农家饭为主，旅游产品内容空乏，缺乏多样性，对游客吸引力低，也没有充分发挥文化和旅游资源，如灵水村已开发的庙宇及展览馆等，仅有观光旅游价值，同时现已利用的传统建筑几乎都用作开发民宿与农家院。第三，与周边重要景区联动较少，未能形成乡村旅游路线。多数传统村落旅游产品的建设还只是停留在乡村旅游线路的设计层面，没有形成立体的旅游产品网络结构。单一的旅游产品结构导致传统村落旅游服务项目的大同小异，距离实现"一村一品"仍有较大差距，旅游线路之间的区分度较小。

4.4.3 文旅融合发展现状

北京传统村落蕴藏丰富的历史文化内涵与自然生态禀赋，目前大部分村落均借助其资源本底进行旅游开发，促进文化产业与旅游产业融合发展，以此获得经济红利的同时，也能起到保护和宣传乡村传统文化的双重作用。

然而北京传统村落文旅融合发展的实践中大部分是产品和服务的浅层次融合，缺少对文旅融合的破题。如何将文化、将什么样的文化融入本村的旅游中仍是问题关键。现在大多数村民经营住宿、餐饮、农产品，缺少与本村文化的结合，旅游服务产品一味照搬城里的风格，缺乏差异化，如餐厅农家菜菜品雷同，缺乏创新和吸引力，导致游客的体验性不强；游客在村内停留时间短，不能真正感受到当地的生活和文化特色。

4.4.4 文旅融合发展中存在的问题

北京大部分传统村落均位于北京生态涵养区内，拥有得天独厚的自然资源禀赋，具有发展乡村生态旅游的优先条件。同时作为历史见证和文化传承的载体，北京传统村落承载了皇家文化、长城文化、红色文化、农耕文化、传统民居文化等宝贵的历史文化遗产。因此，多元文化基因与生态资源体系在乡村地域空间内的有机融合，成为许多北京传统村落实现乡村振兴的重要依托。然而伴随快速扩张的旅游化和城市化，北京传统村落在文旅融合过程中反映出一些共性问题，具体如下。

(1) 缺乏文旅融合发展整体规划

囿于缺乏整体性的文化和旅游融合发展规划，北京传统村落文旅融合大多未形成明确性、科学性、可持续性的发展方向。目前北京传统村落的发展规划编制聚焦于两个方面，即传统村落村志撰写、保护和利用规划，集中于解决传统村落如何实现科学保护的问题，适当谈及如何利用，但对旅游开发等内容关注甚少。因此，北京应尽快启动传统村落文化和旅游融合发展规划，深度挖掘各村文化资源内涵，把握市场需求，从而统筹规划各村文旅融合发展定位，有效规范配套建设、运营机制、监督管理等工作内容，促进各村落文化传承和旅游发展的和谐共生。

（2）文旅融合产品体系单一

目前北京传统村落旅游产品以古建观光、季节性蔬果采摘、农家乐住宿餐饮等为主，文化深层次内涵挖掘不够，文旅融合产品体系结构单一，缺乏文化体验项目，绿色生态发展理念不足，如柳沟村除了已形成的"豆腐锅-火盆宴"这一特色餐饮品牌外，还有古民居文化、长城文化、兵城文化、中药文化及传统民俗文化等多种文化资源。但该村并未将丰富的文化内涵与旅游产品进行紧密结合，造成传统村落文旅融合仍旧停留在表层，游客在村内停留时间短，不能真正感受到当地的文化特色。此外，单一的文旅融合产品也会导致游客的旅游体验较差。由于村落内部提供的文旅服务产品过分相似，同质遮蔽效应较严重，不免给游客留下千篇一律的负面印象。

（3）文旅融合发展资金短缺

目前传统村落文旅项目资金来源主要依靠区镇等地方政府扶持，融资渠道少、融资平台缺位，社会资金吸纳较少，从政府获得的减税降费、金融补贴等资金支持不足以推动传统村落文旅项目的持续发展。然而，要想做好文旅融合，需要全方位、多层次的文化渗入，需要抓大方向、补充小细节，这都意味着大量的资金投入，尤其是对于闲置传统建筑的修缮与利用，仅仅依靠政府资金远远不够，但是引入外来资本之后，各方想法、利益冲突，也会对传统村落保护传承造成不良的后果。同时，外来个人经营者、企业的多方介入，在一定程度上会压榨村民的利益空间，也缺少有效的利益分配机制和机构来保障村民利益。因此，如果利益分配机制建构欠合理，则会造成多重矛盾，影响文旅融合的效率。

总体来看，北京市传统村落具备大量传统建筑等物质文化遗产，非物质文化种类丰富、内涵丰厚，部分村落通过开展村志撰写工作，为文化保护和传承奠定基础，发展条件良好。由于缺乏总体规划统筹，村内道路建设不足、经营建设用地不清、传统建筑损坏等问题在一定程度上限制了文化传承和旅游发展。此外，在传统村落文化传承和旅游发展前期，村落空心化及其所导致的人口结构失衡是制约其发展的主要问题。发展后期，旅游产品单一、利益主体不清、市场营销不足等问题促使北京市传统村落产品品质不佳，品牌知名度不高，不利于传统村落文旅融合的长期发展。未来，整体规划、产品体系和资金保障等方面仍是实现北京市传统村落文旅融合高质量、可持续发展的关键。

第5章 北京传统村落文化传承度测评及提升对策

传统村落作为我国传统文化的聚集地,被视为农耕文明及村落民居的"活化石"。然而,由于城镇化等原因,传统村落出现了不同程度的破坏。我国的自然村在2003年有360万个,2013年则只剩270万个,一天时间消失的自然村有80~100个[①]。2012年住房和城乡建设部、文化部、国家文物局、财政部联合启动了中国传统村落的调查,并由此开启了我国传统村落的文化保护和传承工作。即使国家层面已提出传统村落文化传承措施和办法,村落持续衰败的现实仍然不可避免,自上而下的文化传承策略落实到具体操作层面仍然阻力不断。目前,不少研究已经从多学科、多领域对传统村落文化的保护与传承提升路径提出了建设性建议,包括教育、管理、科技、营销、产品设计等方面,对传统村落等乡村的文化传承实践给予了较大的理论指导。但这些促进和提升建议往往基于研究人员对某个或某些具体案例一段时期的实地观察而做出定性分析或总结,带有一定的主观性和局限性,无法适用于更普遍的乡村场景。

近年来乡村旅游的开展,改善了地方人居环境,提升了地方居民的生活水平和质量。为提升游客满意度和体验感,当地居民和传承人或主动或被动地将地方原有文化重新拾起,并通过开发成旅游产品等方式保存、传播和传承村落传统文化。另外,旅游对乡村文化资源及其传承造成的负面影响同样不容小觑。旅游这把双刃剑使得传统村落原有的传承环境和基础受到了极大的改变,原有的提升路径和策略已经不再适用于现阶段的文化传承工作。文化传承的创新需要研究人员和实践人员对地方文化传承现状有深刻的认识和把握,单纯依赖于传统的定性分析和案例研究方法已经不再能够全面、准确地判断村落文化传承状况。因此,有必要借助可量化的方式或工具对文化传承水平进行测量,从而为传统村落接下来文化传承工作的开展提供现实数据支撑和理论依据。

基于此,本章主要目的在于构建一个可以定量测量传统村落文化传承度的指标体系,采用定性与定量相结合的方法为文化传承水平创建等级分析工具,并依据各等级的特征和共性提出建议。为完成以上目的,本研究的主要思路如下:第一,从文化变迁理论、利益相关者理论、乡村文化传承阐述了理论基础和研究进展;第二,构建旅游发展下传统村落文化传承度的测评理论、测评指标体系和测度模型;第三,选择北京16个典型传统村落为研究案例进行定量分析,测评旅游发展下北京传统村落文化传承度,从总体特征、各子系统特征、因素层特征等方面来分析北京传统村落文化传承度的特征;

---

① 中国新闻网. 中国每天消失百个自然村 传统村落急需保护(图). https://www.chinanews.com/gn/2013/01-14/4486095.shtml?utm_source=bshare.

第四，分析了传统村落文化传承水平的影响因素及路径；第五，提出北京传统村落文化传承度提升对策。

5.1 理论基础及研究进展

5.1.1 文化变迁理论

"文化"一词常常被认为起源于《易传·彖传上·贲》中"刚柔交错，天文也；文明以止，人文也。观乎天文，以察时变，观乎人文，以化成天下"。可见，文化是人类交流过程中逐渐沉淀和转化而成的一种产物，具有多样性、发展性的特征。因此，文化会由于时代更替、技术变化、人口迁徙等内外部原因而出现变迁（汤立许和蔡仲林，2011；范可，2022；王廷信，2022）。在人类学视野中，文化变迁理论是指由文化自身的发展或异文化间的接触交流造成的文化内容或结构的变化（宗晓莲，2002）。文化变迁区别于文化变异等说法，并不一定是负面的消极影响，也存在着积极的进步作用（段爱明等，2005），且通常表现为一个连续的、渐进的过程，是一个不以人的意志为转移的客观历史过程（郭山，2007）。

因此，对于处于变迁过程中的地方文化，其传承一方面应当尽量避免外部文化对自身文化带来的文化（非良性）改造（王汉祥等，2017），另一方面需要遵循文化内部要素发展引起的文化变迁规律（甘迎春，2021）。引发文化变迁的因素众多，但总结起来族群互动是其发生的基础和前提（王彦龙，2022）。而旅游活动具有体验性和交往性，意味着游客等外来群体进入旅游目的地后，需要与地方居民等进行互动。因此，旅游的介入促使有着深厚传统文化的旅游目的地呈现出在"虚无"与"实在"中转换和交织的文化变迁特征，同时也将目的地的文化系统划分为了原生文化和旅游文化两部分（孙九霞和王心蕊，2012）。根据文化变迁的程度，可以将其划分为三种形式：取代，即比较完整地吸收和接受某种新传统，而抛弃原有的旧传统；融合，最为常见，即不同文化传统的交汇、综合；消化，即以原有的文化传统为基础，对其他文化传统或文化因素的精神实质进行改造和吸纳（吴云，1997）。

5.1.2 利益相关者理论

市场运作是文化传承和创新的首要发展重点（Lee et al., 2021），其中乡村旅游作为市场运作的重要手段之一，因能够给乡村带来经济、社会、文化等多方面的效益而备受关注。众多声音也呼吁通过社区参与等方式来提升公众保护、传承村落传统文化的自觉性和主动性。但同样应当注意到的是社区参与促进旅游发展和文化传播的同时，众多传统村落的现代性正在不断提高，原真性却在不断流失。社区参与旅游的成败与利益相关者利益的协同程度和行为的协作方式密切相关（陈志永等，2008）。乡村社会以血缘为基础，以家庭–家族–社会的结构形式存在，并依靠宗法、礼制来维系其秩序，形成乡村社会共同体，包括乡村内部村民主体（乡村文化的载体）和外部的社会性主体（乡村之外的各种主体形式）。只有当后者充分理解乡村内在的文化价值时才能保证乡村传统文化的传承（孟莹和张冠增，2018）。

可见，乡村本身便是一个利益共同体，在旅游介入的情况下共同体内部的主体变得更加多元。从各利益主体在文化传承过程中扮演的角色来看，主要包括四类主体：村民（个体性的村落物质与精神文明的保护与传承者）、基层组织（组织性的村落物质文明与精神文明规制者与保护者）、开发商（以营利为首要导向的市场主体）和游客（以分享价值为导向的市场主体）。四者通过相互的作用构成利益相关者的行动框架（詹国辉和张新文，2017）。

需要注意的是，利益相关者们出于不同的利益诉求，在旅游开发与文化传承的平衡过程中存在着复杂的博弈。根据利益相关者在文化传承过程中重要性、紧急性和主动性三个维度上的差异，可将其划分为三种类型：核心利益相关者（在文化传承过程中占据主导地位，对文化的保护传承产生直接的影响，如传承人、游客、旅游企业等）、蛰伏利益相关者（与文化传承的关联程度稍弱，但当其利益诉求未能得到满足时，也会表现出较为激烈的反应，如学校、非遗保护机构）、边缘利益相关者（关联最弱，往往是被动地接受文化传承的影响，如行业协会）（陈炜，2017）。因此，要想实现文化传承与旅游发展的平衡，需得根据利益相关者们的角色定位、利益诉求、属性等兼顾和协调好彼此之间的合作与竞争。

5.1.3 乡村文化传承研究进展

文化传承一直以来备受学界关注，研究内容主要包括文化传承的价值意义（陶玉霞，2012）、新时代内涵（陶维兵，2018；苏静和戴秀丽，2021）等。相关研究的学科交叉特征明显，众多学者结合自身学科特点提出了诸多文化传承的路径，如教育传承（姚礼和李勇，2019）、文化生态空间保护（杨姗姗，2019）、生产性保护（李军，2019）等。目前有关文化传承的研究仍然以定性分析和案例研究为主，侧重针对性的问题研判和策略改进，无法适用于更广泛的传统村落或乡村。与此同时，美丽乡村、文化自信、乡村振兴等国家战略或概念中或直接或间接地提出了旅游发展对文化传承的重要作用以及二者的相互关联和内涵。

党的十八大以来，旅游发展促进传统村落文化传承也逐渐获得了较多关注（舒坤尧，2022）。乡土传统文化传承与乡村旅游发展存在一定的互动关系，乡村文化传承是乡村旅游的内在要求，而乡村旅游又为乡村文化传承提供重要保障，二者同属于乡村振兴战略的有机组成部分（罗文斌等，2021）。但随着旅游介入的深入，旅游对文化传承的负面影响也逐渐体现出来，从而改变了传统村落文化传承状况。早前提出的文化传承提升策略已经有部分不适用于现阶段的乡村文化传承。因此，有必要立足于当下的乡村文化传承水平，探讨和剖析其文化传承现状，并提出改进建议。

虽然已有研究关注到乡村地域内文化传承相关的定量化测量，但相比这一问题的急迫性和重要性，研究从数量和质量来看都仍显不足。以古村落这一乡村形态为例，其乡村性传承是存续地方本土文化的关键问题之一，乡村性传承是古村落旅游开发的重要问题（刘沛林和于海波，2012）。对乡村性的测量较好地解决了乡村文化传承中乡村本身特色和资源利用的问题。但旅游活动是内外部主体（即人）与乡村空间环境、资源等互动的过程，旅游开发对乡村文化传承的影响也并不仅仅表现为对乡村性的影响，研究有待探讨文化传承更多维度的内涵与意义。文化韧性是传统村落旅游高质量发展的基础和本色（主要包括历史风貌保存度、传统建筑保存度、民俗节庆丰富度、传统技艺活态性四个维度），却受到普遍性的忽视或轻视（何艳冰等，2022）。

最后，从研究对象来看，不少学者已经注意到乡村文化包含多种属性和类型，对不同的文化应当采取不同的保护和传承方式。例如，甘肃非遗手艺的传承发展对促进甘肃乡村振兴发挥了较大的作用，其非遗的网络化传播这一文化传承方法和途径具有可借鉴性和可操作性，表明非遗语境下的传统工艺复兴是一次面向生产实践的文化复兴，即对手工艺等非遗文化进行创造性转化和创新性发展（叶淑媛，2020）。Chen 等（2022）采用层次分析法，通过分析农业专家的意见，构建了中国台湾当地美食文化传承与可持续创新发展的指标模型。

5.2 研究方法与数据来源

第一，本节基于文化变迁理论构建旅游发展下传统村落文化传承度测评理论框架。第二，从传承内容完整性、传承方式多样性、传承主体多元性三个维度来构建旅游发展下传统村落文化传承度测评指标体系。第三，针对每个具体指标，给出相应的量化方法。第四，通过加权 TOPSIS 法确定各指标的权重，构建旅游发展下传统村落文化传承度测评理论模型。第五，详细阐述本研究的数据来源。

5.2.1 传统村落文化传承度测评理论框架

在旅游社会体系中，游客与目的地居民直接或间接的文化互动与交流促使旅游目的地由居民世界变迁为游客世界（李志飞和张晨晨，2022）。旅游发展为传统村落的文化传承注入新的活力和希望，文化传承的主体从当地居民、地方传承人、地方政府，拓展到部分游客、公众、文化和旅游企业等外来个人或群体，成为文化传承与旅游发展的共生主体。这些原生和外来主体在乡村内的活动往往有着自身的目的与诉求，从而使得乡村原有的社会秩序发生分化、重组，并逐渐形成一个充满冲突和竞争的场域空间（布迪厄和华康德，2015）。

一般来讲，传统村落文化传承内容不仅包括保存文物（龙花楼等，2009）、古民居等物质性文化（陆林等，2022），还包括民俗等非物质文化（乌丙安，2015；龚斌，2020）。因此传统村落文化传承评价指标体系要围绕着传统村落建筑、民俗、环境等文化资源的破坏、保护与可持续发展等问题进行构建。在传统村落文化传承主体和传承内容之间存在一个重要的关联要素,便是传承方式。三者在乡村这一空间环境中相互作用、彼此关联,共同影响着传统村落的文化传承水平和质量。考虑到指标体系构建的系统性原则,本研究将旅游活动空间和文化空间视为有机融合的一体,依据文化类型和特征分为物质文化展览空间、生产活动展示空间、生活场景展示空间、民间文艺表演空间、民俗活动展演空间(张琳和邱灿华,2015)。

基于上述内容,构建旅游发展下传统村落文化传承度测评理论框架(图5-1),采用3个相互关联的要素进行阐释:①传承内容,主要指传统建筑、风貌与空间格局、非物质文化等;②传承方式,包括建筑、博物馆、景点等物质文化展出,以宣传、导览、解说为主要途径的生产活动展示,寄托在民宿、饮食等方面的生活场景展示,以及民间文艺表演和民俗活动展演;③传承主体,涉及非物质文化传承人的规模与稳定性,当地居民文化传承的参与程度,政府经费投入和政策支持,旅游企业的社区支持以及游客(公众)的态度等。

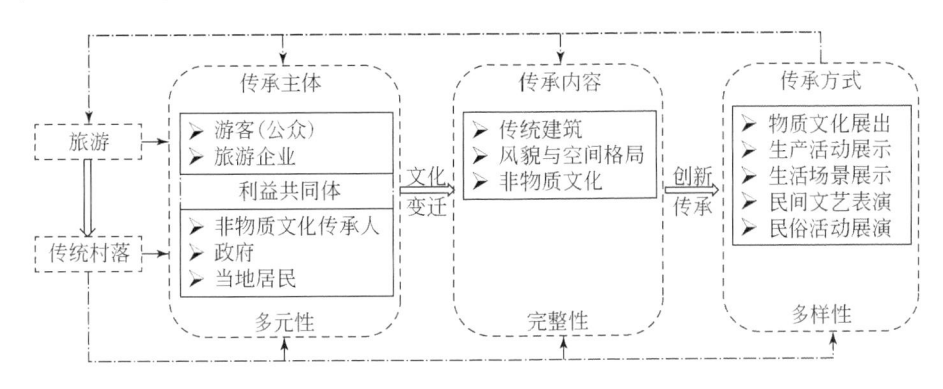

图 5-1 旅游发展下传统村落文化传承度测评理论框架

5.2.2 传统村落文化传承度测评体系构建

5.2.2.1 测评指标体系构建原则

(1) 综合系统性原则

如前文所述,传统村落文化传承并非一个可以短期、单线、独立完成的工作或任务,而是一项持久、多维、需要合作的综合性目标和工程,涉及文化传承的具体内容、手段方式、责任主体等多个方面。因此,为了更准确地测量出传统村落文化传承的水平,在构建指标体系时理应尽可能选择能够全面反映整体状况的指标项目。

(2) 科学性原则

科学性原则主要体现在两个方面:一是指标的选取,二是指标的量化。一方面,建立传统村落文化传承的评价指标体系必须立足于科学依据,客观真实地反映、评价村落内部的文化传承内容、方式及其主体等。指标过多过细会导致指标之间相互重叠、结构冗余,过少过简又会导致指标信息遗漏、测量误差大等问题。另一方面,指标的量化体现了对指标的理解和反映,因此必须按照科学合理的量化方法和依据进行。

(3) 可测量性原则

指标体系的构建并非目的,而是需要以此为工具尽可能准确地测量出各传统村落的文化传承水平,而这一目标的达成需要以获取最新数据为基础,为保证数据的真实性、有效性和及时性,在设计指标体系之时便得考虑到指标对应的量化及数据获取问题,对于一些无法直接量化的指标考虑定性评价等方法进行量化处理等,以保证指标具有可比性、普遍适用性以及可测量性。

5.2.2.2 测评指标体系构建思路

传统村落文化传承评价指标体系的构建是一个多维度的复杂过程,其包含的内容和目标较为复杂多元。因此,可行路径在于将评价目标层层拆解、具体化,通过可测量的指标来表示。由此,本研究在构建测评指标体系时,分为以下三个步骤:第一,详细深入分析乡村文化传承的内涵及其主要内容,发现和总结出影响乡村文化传承的关键,并将其作为指标体系的项目层;第二,根据各项目层的含义,结合已有相关研究、文件、报告等文本,挑选出各项目对应的核心影响因素,从而将具有高度概括性的项目层进一步细化;第三,根据此前对北京市门头沟区、昌平区、房山区、延庆区等地的主要传统村落实地调研获取到的文化资源及其传承、旅游发展状况,在前人研究成果的基础上,运用层次分析法,构建"项目层-因素层-指标层"三个层次指标体系。最后,以旅游发展下传统村落文化传承度测评理论框架(图5-1)为基础,借鉴国家级传统村落评价认定指标体系,咨询专家意见,构建旅游发展下传统村落文化传承度评价指标体系。

5.2.2.3 测评指标体系及其说明

针对每个具体的评价指标,进行解释和说明,并就其数据来源进行阐述,见表5-1。

表5-1 旅游发展下传统村落文化传承度评价指标选取

目标层	项目层	因素层	指标层	指标说明
A 旅游发展下传统村落文化传承度	B1 传承内容完整性	C1 物质文化	D1 传统建筑规模性与完整性	评价现存传统建筑(群)及其建筑乃至周边环境保存情况
			D2 传统建筑文物稀缺度	统计文物保护单位等级
			D3 现存历史环境要素丰富度	现存历史环境要素(石刻、石雕、古井、古树、历史文物等)种类数
			D4 村落传统格局保存程度	传统街巷体系及整体风貌的维持情况
			D5 村落与周边环境协调性	村落与周边自然或人文生活的和谐程度
		C2 非物质文化	D6 非物质文化的丰富度	民俗活动、传统手工艺、方言、传统表演艺术等非物质文化资源种类
			D7 非物质文化的稀缺性	村落非物质文化遗产所进入名录的最高等级
			D8 非物质文化的连续性	村落非物质文化遗产至今连续传承时间(年)

续表

目标层	项目层	因素层	指标层	指标说明
A 旅游发展下传统村落文化传承度	B2 传承方式多样性	C3 物质展出	D9 传统建筑功能丰富度	村落现存建筑的利用功能丰富程度
			D10 文化资源景点度	旅游化开发的传统村落文化院落、民居、景观占比
		C4 活动演出	D11 传统民俗活动丰富度	村落传统的文化表演、节事活动等演出的数量
			D12 文化和旅游节事活动丰富度	为吸引游客，村落所举办的特色旅游节庆活动数量
		C5 互联网传播	D13 网络传播方式多样性	宣传村落文化的互联网媒介种类数，官方微信、微博、小红书、抖音等
	B3 传承主体多元性	C6 政府保障	D14 政策支持度	地方政府对传统村落文化传承的政策（规划）完善程度
			D15 资金支持度	地方政府对传统村落文化传承的资金投入情况
			D16 智力支持度	政府进行文化传承与利用的培训次数
		C7 居民参与	D17 村民参与传承程度	居民有效参与文化传承工作的比例
			D18 文化传承人年龄结构	村落中老年、中青年人口数量比较
		C8 企业支持	D19 企业与村落文化的联系	村落文旅企业提供的产品及服务体现村落文化的程度
			D20 吸收本村就业人口比例	村落文旅企业吸收本村就业人口的比例
		C9 游客认同	D21 年游客接待量	近三年内村落年均接待游客数量（万人次）
			D22 潜在客源关注度	百度指数中 2019 年 1 月 1 日~2020 年 1 月 1 日的峰值和均值

5.2.3 传统村落文化传承度测评模型

（1）指标权重的确定

本研究采用熵权法确定评价指标的权重，设有 m 个观测值，n 项评价指标，x_{ij} 为第 i 个样本第 j 项评价指标的数值，用熵权法确定各指标的步骤如下。

1）无量纲化处理：采用直线型无量纲化方法中的极值法消除数据的量纲影响 $Y_{ij} = \dfrac{x_{ij} - \min(x_i)}{\max(x_i) - \min(x_i)}$ （$i=1, 2, \cdots, m; j=1, 2, \cdots, n$），$Y_{ij}$ 为各指标数据标准化后的值。

2）计算第 j 项指标信息熵 e_j：

$$e_j = -k \sum_{i=1}^{m} p_{ij} \ln p_{ij}$$

式中，$p_{ij} = \dfrac{x_{ij}}{\sum\limits_{i=1}^{m} x_{ij}}$，$k = \dfrac{1}{\ln m}$。

3）确定第 j 项指标的权重 u_j：

$$u_j = \dfrac{1 - e_j}{\sum\limits_{j=1}^{n}(1 - e_j)}$$

式中，$u_j \in [0, 1]$，且 $\sum\limits_{j=1}^{n} u_j = 1$。

最终得到各指标的权重见表 5-2。

表 5-2　旅游发展下传统村落文化传承度评价指标的权重值

目标层	项目层	因素层	指标层
A 旅游发展下传统村落文化传承度	B1 传承内容完整性（0.3791）	C1 物质文化（0.2319）	D1 传统建筑规模性与完整性（0.0494）、D2 传统建筑文物稀缺度（0.0409）、D3 现存历史环境要素丰富度（0.0419）、D4 村落传统格局保存程度（0.0489）、D5 村落与周边环境协调性（0.0508）
		C2 非物质文化（0.1472）	D6 非物质文化的丰富度（0.0471）、D7 非物质文化的稀缺性（0.0481）、D8 非物质文化的连续性（0.0520）
	B2 传承方式多样性（0.2279）	C3 物质展出（0.1009）	D9 传统建筑功能丰富度（0.0493）、D10 文化资源景点度（0.0516）
		C4 活动演出（0.0993）	D11 传统民俗活动丰富度（0.0523）、D12 文化和旅游节事活动丰富度（0.0470）
		C5 互联网传播（0.0277）	D13 网络传播方式多样性（0.0277）
	B3 传承主体多元性（0.3930）	C6 政府保障（0.1461）	D14 政策支持度（0.0515）、D15 资金支持度（0.0508）、D16 智力支持度（0.0438）
		C7 居民参与（0.0835）	D17 村民参与传承程度（0.0480）、D18 文化传承人年龄结构（0.0355）
		C8 企业支持（0.0863）	D19 企业与村落文化的联系（0.0406）、D20 吸收本村就业人口比例（0.0457）
		C9 游客认同（0.0771）	D21 年游客接待量（0.0490）、D22 潜在客源关注度（0.0281）

（2）传承度测度模型

基于加权 TOPSIS 法构建传承度测度模型，步骤如下。

1）确定权重规范化矩阵：$\boldsymbol{Y} = \{Y_{ij}\}_{m \times n} = \{y_{ij} \times u_j\}_{m \times n}$。

2）寻找最优值和最劣值：找出各项指标的最优值和最劣值，建立最优向量 $\boldsymbol{Y}^+$ 和最劣值向量 $\boldsymbol{Y}^-$。$\boldsymbol{Y}^+ = \max(Y_1^+, Y_2^+, \cdots, Y_n^+)$；$\boldsymbol{Y}^- = (Y_1^-, Y_2^-, \cdots, Y_n^-)$。

3）计算各个评价对象与最优值和最劣值之间的距离：$D_i^+ = \sqrt{\sum_{j=1}^{n}(Y_{ij} - Y^+)^2}$，$D_i^- = \sqrt{\sum_{j=1}^{n}(Y_{ij} - Y^-)^2}$。

4）计算各个评价指标与最优值的相对接近度：$C_i = \dfrac{D_i^-}{D_i^+ + D_i^-}$；$C_i$ 值越趋近于1，说明评价对象越优，反之，则越劣，由此计算出传统村落传承内容完整性水平、传承方式多样性水平、传承主体多元性水平以及文化传承度综合评价值。

此外，参照已有研究成果（余亮亮和蔡银莺，2015；马晓旭和华宇佳，2021），并结合研究区域实际，将传统村落文化传承水平贴近度划分为4个等级，具体见表5-3。

表5-3 旅游型传统村落文化传承水平评价标准

贴近度取值范围	传承水平等级	贴近度取值范围	传承水平等级
$0 \leqslant C_i \leqslant 0.25$	Ⅳ 较低	$0.25 < C_i \leqslant 0.50$	Ⅲ 一般
$0.50 < C_i \leqslant 0.75$	Ⅱ 较高	$0.75 < C_i \leqslant 1$	Ⅰ 很高

5.2.4 数据来源

第一，基于前期课题组对北京和山东、湖南等传统村落的调研情况，以旅游发展下传统村落文化传承度评价指标体系为基础，明确本次调查的对象为四类主体：村委会、本地村民、游客、文化旅游企业；第二，根据旅游发展下传统村落文化传承度评价指标体系，设计调查问卷和采访提纲；第三，邀请了部分村干部、村民、游客、文化旅游企业，进行了预调查，然后对问卷进行了修改完善；第四，邀请了15位乡村旅游、传统村落保护和利用领域的教授、副教授提出修改意见，确定最终调查问卷和访谈提纲。

课题组在前期多次调研和资料了解的情况下，根据北京传统村落的旅游发展状况，最终选取16个村落作为调研对象。先后对10位村党支部书记、2位村党支部副书记和4位村委会副主任就本村的文化传承和旅游发展状况进行问卷调查和深入访谈，回收有效问卷10份。另外，抽样选择了多位村民开展问卷调查，共回收121份有效问卷，并与其就文化保护传承、旅游参与、旅游开发等方面进行了深入访谈。同时，对64位游客和20位文化和旅游经营者展开调研，共回收有效问卷83份。此外，还在网络上对游客投放问卷，共回收问卷90份，剔除无北京传统村落旅游体验的游客问卷，得到有效问卷45份。上述共计得到259份有效问卷（表5-4）。

表 5-4 旅游发展下传统村落文化传承度评价各指标的数据来源

数据来源	评价指标
问卷调查	D1 传统建筑规模性与完整性、D2 传统建筑稀缺度、D3 现存历史环境要素丰富度、D4 村落传统格局保存程度、D5 村落与周边环境协调性、D6 非物质文化的丰富度、D7 非物质文化的稀缺性、D8 非物质文化的连续性、D9 传统建筑功能丰富度、D10 文化资源景点度、D11 传统民俗活动丰富度、D12 文化和旅游节事活动丰富度、D13 网络传播方式多样性、D17 村民参与传承程度、D18 文化传承人年龄结构、D19 企业与村落文化的联系、D20 吸收本村就业人口比例
田野考察	D3 现存历史环境要素丰富度、D4 村落传统格局保存程度、D5 村落与周边环境协调性、D10 文化资源景点度、D11 传统民俗活动丰富度、D12 文化和旅游节事活动丰富度、D13 网络传播方式多样性
资料分析	D2 传统建筑文物稀缺度、D6 非物质文化的丰富度、D7 非物质文化的稀缺性、D8 非物质文化的连续性、D9 传统建筑功能丰富度、D14 政策支持力度、D15 资金支持力度、D16 智力支持力度、D17 村民参与传承程度、D18 传承人年龄结构、D20 吸收本村就业人口比例、D21 年游客接待量、D22 村落网络关注度
典型访谈	D1 传统建筑占全村建筑比例、D3 村落现存历史环境要素丰富度、D4 村落传统格局保存程度、D5 村落与周边环境协调性、D8 非物质文化的连续性、D11 传统民俗活动丰富度、D12 文化和旅游节事活动丰富度、D14 政策支持力度、D15 资金支持力度、D16 智力支持力度、D17 村民参与传承程度、D18 传承人年龄结构、D19 企业文化与村落文化的联系程度、D20 吸收本村就业人口比例、D21 年游客接待量

5.3 实证分析

本节首先选取北京的 16 个案例传统村落，分析其基本信息；其次运用 5.2 节的研究方法，测评了旅游发展下北京传统村落文化传承度；最后从总体特征、项目层特征、因素层特征、指标层特征等方面来分析北京传统村落文化传承度的特征。

5.3.1 案例选取

北京市传统村落数量众多，共有国家级传统村落 26 个、市级传统村落 45 个（包括国家级传统村落）。这些传统村落选址独特，布局形态灵活多变，民居建筑精巧别致，非物质文化遗产丰富多彩，彰显出深厚的农耕文化积淀。北京市一直重视以旅游发展促进传统村落的保护与利用。2015 年 4 月，北京市旅游发展委员会发布了《北京古村落旅游发展规划》，总体指导其旅游业发展。北京市传统村落的旅游发展与文化传承开始齐头并进。随着传统村落旅游发展不断向前推进，目前北京市传统村落文化传承情况也呈现不同状态。本研究旨在探究旅游发展下传统村落文化传承度的模型构建和实证分析。在调研开始前，通过马蜂窝在线旅游平台、北京市各区的文化和旅游局官网以及百度地图等网上资料和文献，查找已发展旅游的传统村落。然后，在分批调研过程中，随着全国乡村旅游重点村的发布，调整和补充缺失案例村。部分传统村落旅游发展较为成熟，被列为重点调研对象（表 5-5）。

表 5-5 本研究调研村落基本信息

村落名称	所在区域	村落面积/km²	户籍人口/人	常住人口/人	每户村民年均收入范围/万元
爨底下村	门头沟区	5.33	102	98	15~20
黄岭西村	门头沟区	9.74	370	100	2~3
灵水村	门头沟区	15	578	150	1~2
马栏村	门头沟区	16.34	710	125	4~5
沿河城村	门头沟区	81.2	937	100	1.3~1.7
康陵村	昌平区	1.7	266	210	5~45
德陵村	昌平区	3.33	550	600	2~3
万娘坟村	昌平区	—	458	—	—
长峪城村	昌平区	18.5	362	120	5~10
岔道村	延庆区	11.36	1311	1300	—
柳沟村	延庆区	5.73	970	1200	5~6
南窖村	房山区	9.53	2553	2600	2~3
水峪村	房山区	10	1290	300 左右	1~2
焦庄户村	顺义区	0.288	1321	1000 左右	—
西牛峪村	平谷区	—	98	80	—
古北口村	密云区	11.33	3202	4202	5~6

资料来源：课题组调研获取。

5.3.2 评价结果

借助 5.2 节中构建的旅游发展下传统村落文化传承度评价指标体系和基于 TOPSIS 法构建的旅游发展下传统村落文化传承度测评模型，按照分级标准，将旅游发展下传统村落文化传承发展状态分为 Ⅰ、Ⅱ、Ⅲ、Ⅳ 四个水平。对北京市 16 个传统村落的文化传承度进行评价，对旅游发展下传统村落文化传承度测评模型进行实证分析后，结果表明：

1) 旅游发展下北京传统村落文化传承综合水平处于中等水平且差距较大。

2) 三个项目层中，除文化传承主体多元性水平较为一致之外，其他两个项目层的文化传承状态也有较大差异，13 个因素层的内部差异更大，传统建筑物质文化展览传承较好，而民间文艺表演等四项则传承欠佳。

3) 旅游发展下北京传统村落文化传承指标值均处于较低水平，43 个指标层中，村落选址久远度和建立传统村落博物馆两项分值相对较高，最低的为建立丰富的宣传方式、传统建筑占全村建筑比例和村落传统格局保存程度。整体看来，各项指标之间的差异不大，标准差都较低。

4) 案例初步证明了构建的旅游发展下传统村落文化传承度评价指标体系和测评模型具有较强的可行性和合理性。接下来将对实证分析的总体特征及各级别特征进行逐一阐述和分析。

5.3.3 总体特征

北京市16个传统村落文化传承综合水平总体处于较高水平，文化传承水平综合指数为0.2639~0.8082，平均分是0.5366。大多数村庄的文化传承水平高于0.50，位于Ⅰ级、Ⅱ级、Ⅲ级、Ⅳ级的传统村落分别有1个、10个、5个、0个。爨底下村综合水平得分最高（0.8082），处于最高等级；古北口村（0.6916）、柳沟村（0.6915）、岔道村（0.6139）、水峪村（0.6041）、灵水村（0.6027）、康陵村（0.5803）、南窖村（0.5744）、马栏村（0.5531）、长峪城村（0.5491）、黄岭西村（0.5171）10个案例村落处于较高水平等级；焦庄户村（0.4658）、沿河城村（0.4024）、万娘坟村（0.3343）、德陵村（0.3324）、西牛峪村（0.2639）5个案例村落则处于一般水平等级，无处于较差等级的案例村落，大致呈"橄榄形"结构。各传统村落文化传承综合水平差异大，呈现出明显的不均衡状态，标准差为0.121，其中10个案例村落高于平均值，4个村落低于平均值。可以发现，不同案例村落的文化传承整体水平曲线与3个子系统水平曲线的走向趋同但存在细微差异，这也反映出传统文化传承整体水平的优化提升需要三个子系统的同步提升。

具体而言，爨底下村文化传承综合水平最高，贴近度达到0.8082；古北口村（0.6916）、柳沟村（0.6915）次之；西牛峪村（0.2639）文化传承综合水平最低。究其原因可以发现，古北口村、柳沟村传统村落保护尚好，两者旅游发展较早，旅游相关设施设备，如交通设施等较为完善，且周边自然景观较好，以村落传统风貌和自然景观、一些传统地方民俗文化观光旅游产品受到游客欢迎。游客的喜爱一方面促进了当地乡村旅游的发展，另一方面促进了对传统文化传承的重视。这一阶段的古北口村、柳沟村，乡村旅游与文化传承表现为相互促进的友好关系。相反，西牛峪村文化传承综合水平较低的原因则是多方面的。一是历史原因导致其文化传承早早停滞，文化遗产遗留较少，传统文化显性产品开发缺少基础资源；二是由于旅游产业发展较晚且经营者多为外来人员，旅游发展对本村落社会经济、人口结构、文化传承的影响微乎其微，反而引入了更多的外来文化，对当地原本就稀薄的乡村文化传承"土壤"造成冲击（图5-2）。

5.3.4 各子系统特征

（1）文化传承内容完整性水平

旅游发展下传统村落的文化传承内容完整性水平处于Ⅱ较高水平，位于Ⅰ级、Ⅱ级、Ⅲ级、Ⅳ级的传统村落分别有1个（爨底下村）、10个（古北口村、水峪村、柳沟村、黄岭西村、岔道村、长峪城村、康陵村、南窖村、灵水村、万娘坟村）、4个（马栏村、焦庄户村、德陵村、沿河城村）、1个（西牛峪村），呈现"中间多，两头少"的结构。其中，水平等级处于Ⅰ级、Ⅱ级的11个传统村落；相反，水平等级为Ⅲ级、Ⅳ级的5个传统村落，其文化传承内容完整性水平均在平均值以下。以上等级分布说明乡村文化内容的完整性传承差距较大，导致处于较低文化传承内容完整性水平的村落缺乏文化资源基础，无法凭借先天的文化属性吸引游客。而文化传承内容对于传统村落的文化传承而言是基础

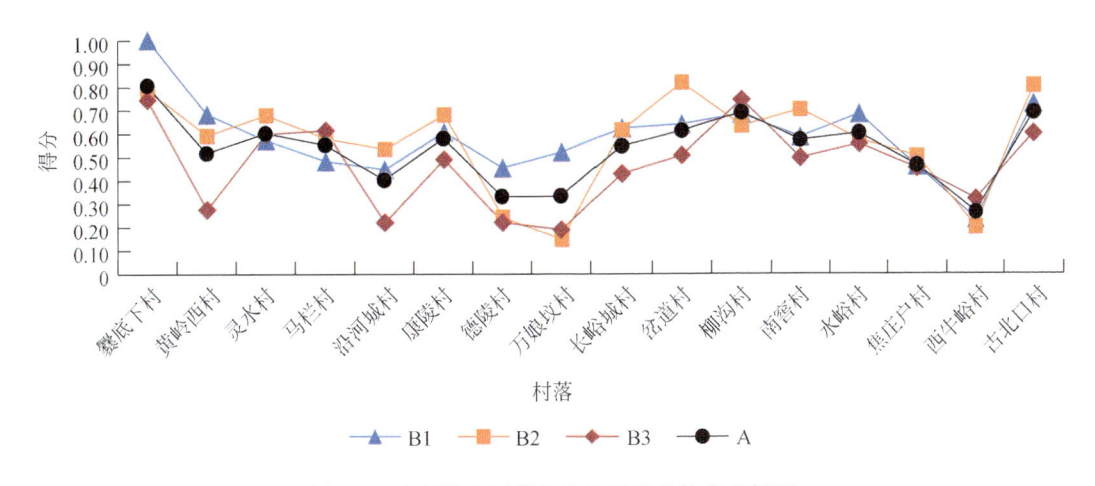

图5-2 案例传统村落文化传承度总体得分情况

和核心。因此，对于这类传统村落，当务之急是要梳理现有资源及其保存和继承状况，并向高水平传统村落寻求文化传承经验，结合自身文化内容属性和特征保存文化的完整性。

具体来看，爨底下村（1.0000）的文化传承内容完整性水平最高，主要是由于该村保留了明清时期的传统民居，且各级政府部门对其物质文化遗产的保护比较重视。更重要的是，为了吸引更多的游客，该村加大了对非物质文化遗产的关注，保留了一系列的节日活动，如元宵节逛庙会、清明节玩秋千等，受到大量游客的青睐。紧随其后的古北口村（0.7284）、水峪村（0.6838）、柳沟村（0.6829）等10个案例村落亦不可对内容完整性继承掉以轻心，其文化传承内容完整性得分集中在较高水平（图5-3）。这些村庄通过传统建筑改造、非物质文化教育等行动，加强了文化传承的完整性保护。然而，仍有一些限制需要改进。此外，马栏村、焦庄户村、德陵村、沿河城村均处于中等水平，文化传承水平仍然有待进一步提升。通过实地调查发现，主要原因在于其传统建筑保存程度低。具体而言，为了满足游客的需求，村民将传统农村民居改造和装饰成了具有充分现代元素的农家乐，导致传统景观布局表现不佳。最低的文化传承内容完整性水平出现在西牛峪村（0.2331），文化传承内容的完整性更加令人担忧，主要体现在两个方面：一方面，该村目前没有传统民居，精品民宿被作为未来旅游发展的重点。因此，传统的文化氛围并不明显，与一般性村庄没有什么不同。另一方面，该村长期忽视民间故事等非物质文化资源，非物质文化遗产等文化传承内容也遭到破坏。因此，进一步促进西牛峪村非物质文化的保护和传承迫在眉睫。

结合调研发现，造成这一水平差异悬殊的原因主要表现在以下两个方面：一方面，在传统村落的物质文化传承层面，Ⅰ级、Ⅱ级传统村落的传统建筑原貌大都保存较好，部分传统建筑列为国家级、市级或区级文物名单，传统村落选址久远，但留存下来的风貌与空间格局可见一斑，古树、古道等丰富的历史环境要素衬托出传统村落古朴厚重的环境氛围。另一方面，传统村落非物质文化传承也普遍得到重视。例如，水峪村的中幡是北京市非物质文化遗产；南窖村的银音会、灯笼会、狮子会、传统秧歌、腰鼓等活动流行于民间团体；灵水村的京西太平鼓是国家级非物质文化遗产，举人节、秋粥节、蹦蹦戏、转灯节

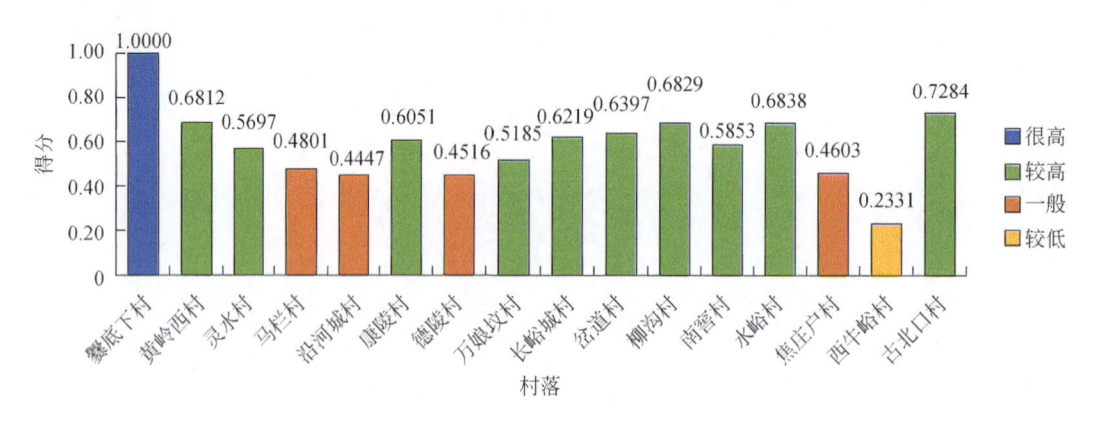

图 5-3　案例村落文化传承内容子系统得分水平及分级结果

是区级文化遗产。反观沿河城村，除城门、城墙等传统建筑外，其余传统建筑规模小、破坏较为严重，且非物质文化鲜有传承的印记。

(2) 文化传承方式多样性水平

案例村落文化传承方式子系统的贴近度范围在 0.1434~0.8189（图 5-4），得分均值为 0.5680，标准偏差为 0.2010，其中 11 个案例村落的传承方式水平高于平均水平。可见，目前北京市旅游型村落大多提升了对于文化传承方式的重视程度，旅游发展下传统村落的文化传承方式多样性水平总体处于较高水平，位于Ⅰ级、Ⅱ级、Ⅲ级、Ⅳ级的传统村落分别有 3 个（岔道村、古北口村、爨底下村）、10 个（南窖村、康陵村、灵水村、柳沟村、长峪城村、黄岭西村、马栏村、水峪村、沿河城村、焦庄户村）、0 个、3 个（德陵村、西牛峪村、万娘坟村），Ⅱ级传统村落数量偏多，Ⅰ级、Ⅳ级的传统村落数量均衡结构。

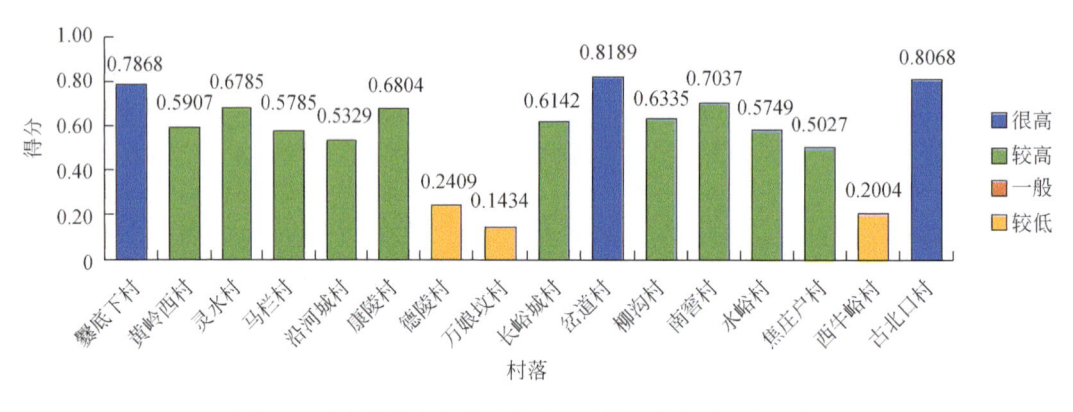

图 5-4　案例村落文化传承方式子系统得分水平及分级结果

具体而言，岔道村、古北口村及爨底下村的文化传承方式最为多样。这些村落相对重视旅游市场营销工作，通过文化资源的旅游赋能、传承发扬民俗活动、举办旅游节庆以及利用网络传播等方式，在吸引大批游客赢得旅游知名度的同时，也打通了原先传统文化传承不良的闭塞格局。例如，大部分村落均建立了规模不一的博物馆，但在博物馆的开发、展示程度上还需要进一步完善，包括适应旅游开发的需要，适应游客容量，场所精神、空间气氛的营造和文物安全的保护，历史背景和相关价值的展现，展示手段的有趣性和体验性等方面。目前来看，传统村落博物馆还远远没有达到上述几点。

南窖村、康陵村、灵水村等10个村落的得分集中于较高等级。这些村落正在积极丰富传统文化传承方式，如焦庄户村建立了专门的旅游门户网站、马栏村以整个村域为舞台，推出沉浸式红色主题教育演出等。水峪村传统村落保护规划编制、批复相对较早，通过划分街区保护规模较大的传统建筑（韩振华，2018）；另外，水峪村还拥有区级非物质文化传承人，具有参与人数较多、较为稳定的中幡表演队伍；同时，借助旅游发展完善村内各景点的讲解设施，设立了电子解说系统，促进了公众对传统村落文化的了解与传播；此外，通过房山区举办的"北京西山民俗文化节"，宣传村落独特的西山永定河文化带民俗文化。但整体来看，这些村落大多专注一种文化传承方式，并不重视不同文化传承方式的组合运用。

相对而言，德陵村、西牛峪村及万娘坟村的文化传承方式多样性表现较差。3个村落的旅游发展均处于初步阶段，尚未形成统一的旅游资源利用、市场营销及监督管理机制，文化传承方式相对单一。而这直接导致其无法通过旅游开发实现文化传承的有效赋能和促进。例如西牛峪村的乡土文化传承模式单一，主要为民宿文化提升模式。诚然，乡村民宿是游客体验当地风土人情的一个很好的载体，但目前西牛峪村内的民宿缺少对当地文化内涵和生活特色的表现和演绎，需要丰富文化特质，改善生活体验。

(3) 文化传承主体多元性水平

旅游发展下传统村落的文化传承主体多元性水平总体处于Ⅲ中等水平，该子系统贴近度居于0.1878～0.7450（图5-5），标准偏差为0.1735，位于Ⅰ级、Ⅱ级、Ⅲ级、Ⅳ级的传统村落分别有0个、7个（柳沟村、爨底下村、马栏村、古北口村、灵水村、水峪村、岔道村）、6个（南窖村、康陵村、焦庄户村、长峪城村、西牛峪村、黄岭西村）、3个（沿河城村、德陵村、万娘坟村），大致呈现均衡结构。其中9个案例村落的传承主体多元性水平高于平均值，说明北京市案例村落仍然存在政府保障力度不足、企业支持不到位、村民参与不深入等问题。

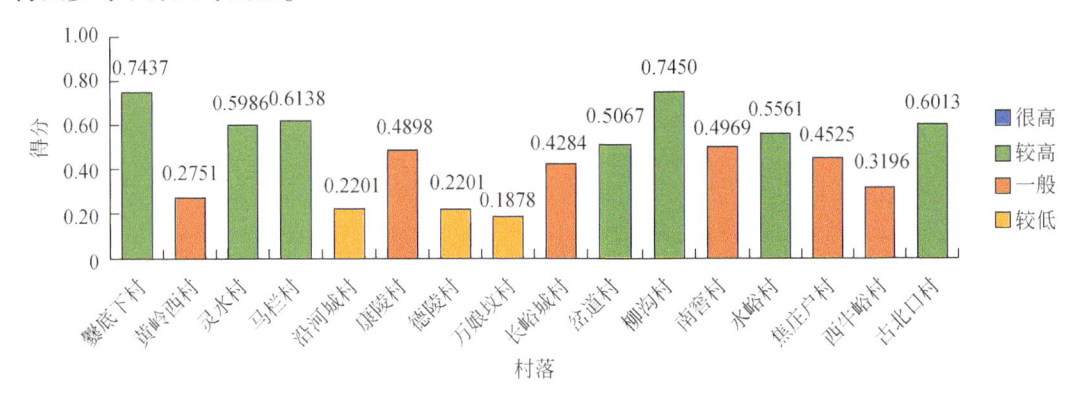

图5-5 案例村落文化传承主体子系统得分水平及分级结果

具体而言，柳沟村、爨底下村、马栏村等 7 个村落的文化传承主体参与程度较高。根据实地调研发现，这些村落在政府保障、社区居民参与、旅游企业支持以及游客文化认同测量维度的表现均较好，如北京市门头沟区对爨底下村提供了传统建筑修缮、村民信用贷款等方面的强力支持；灵水村投入 1.2 亿元推进旅游基础设施和配套设施建设。

南窖村、康陵村、焦庄户村等 6 个村落的文化传承主体多元性得分水平处于一般等级。各传统村落的文化传承以村委会为核心主体，通过餐饮、住宿等文化和旅游企业的发展促进民间手工艺、民俗文化的传承，并积极扩大民间队伍或组织。例如，康陵村获得昌平职业学校、明史专家等多方主体的支持，南窖村中心小学成为房山区非物质文化遗产培训基地等。此外，自 2012 年国家正式提出传统村落普查以来，传统村落文化传承工作便受到了国家及各地方的高度重视，各级财政、住房和城乡建设、农业农村、文旅等政府部门联合探索中国传统村落保护利用和传承发展的有效方法和路径，构建传统村落保护利用传承体系（王震和吕骞，2022）。虽然当地政府和旅游企业对这些村落给予了一定的政策、资金以及智力支持，但这些村落普遍存在社区居民参与程度较低、游客认同程度较差等问题，致使整体得分水平不高。

沿河城村、德陵村及万娘坟村 3 个村落的传承主体参与程度较差，这主要是因为这些村落旅游发展水平不强，无法实现本地村民自发传承、旅游企业引资进驻、游客旅游消费支持，严重降低了传承主体履行自身应付责任的自觉程度。由于村落的传统住宅质量出现问题，村民对自家的传统住宅进行更新或复建，到现在为止，不少传统村落的传统建筑仅剩几处具有代表性的历史遗迹，其余都为砖混结构的房屋，所以格局保存程度较低。吸收本村就业人口比例较低的原因是村落大部分中青年在城市务工，人口外流严重，留下的可能就业人口大大缩小。其次除农家乐外，一般的文化和旅游服务企业规模和数量较小，就业岗位有限。因此，造成大部分文化和旅游企业吸收本村就业人口比例有限的结果。

综上所述，由于人口密度、地理区位、公共资源等原因，北京市传统村落普遍存在村落年青人流向周边城镇的情况，常住人口老龄化趋势普遍明显，直接导致了重要文化传承主体的缺失。

5.3.5　因素层特征

首先，从 9 个因素来看，旅游发展下北京传统村落文化传承在指标层贴近度平均分较高的有物质文化（0.2319）、非物质文化（0.1472）、政府保障（0.1461）、物质展出（0.1009），说明传统村落文化传承中文化传承内容得到了较好的保护，且传承主体以当地居民和政府为主。其次，得分较低的是活动演出（0.0993）、企业支持（0.0863）、居民参与（0.0835）、游客认同（0.0771）和互联网传播（0.0277）四项，说明旅游发展下传统村落文化的活态利用仍然不足。究其原因，一部分是由传统村落人口外流导致群众主体力量缺失，另一部分是因为传统村落本身的传统文化亟须唤醒，需要激发村民、游客等主体对自身文化的认同感和自豪感，深入挖掘优秀传统文化，借助舞台化的表现形式促进文化的传播和传承。同时，旅游企业与村民、村委会之间的博弈仍在继续，外来旅游企业容易忽视地方文化传承的社会责任，片面以营利作为企业社会行为的导向，导致外部关系紧张，进而影响到传统村落文化的有效传承。

5.4 传统村落文化传承水平影响因素及路径

5.4.1 影响因素

由于面临着游客旅游需求与传统建筑风貌维持、传统村落保护工作与政策资金支持等多方面的矛盾，旅游型传统村落文化传承综合水平受到物质与非物质文化等记忆内容的完整延续，物质展出、活动演出和互联网传播等记忆载体的多样利用，以及地方政府、社区居民、旅游企业和外来游客等记忆主体的自觉传承等多方面因素的综合影响。如图5-6所示，不同指标所表现出的权重差异对于传统村落文化传承综合水平具有不同影响。

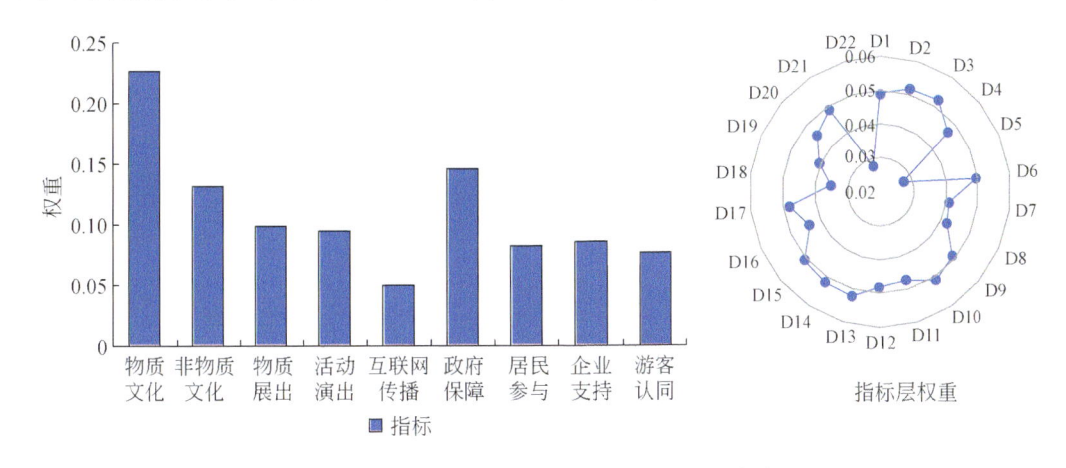

图5-6 旅游型传统村落文化传承水平评价指标权重

从要素层来看，物质文化（0.2278）、政府保障（0.1461）、非物质文化（0.1323）、物质展出（0.0997）是传统村落文化传承最主要的影响因素。由此可以看出，传统村落提高传统文化传承水平的首要任务是要保证传统文化传承内容的完整性。通过指标层雷达图，可以进一步确定影响传统村落文化传承水平的具体因素。从图5-6可以看到，不同指标因素的权重存在较大差异。具体来说，影响指标因素排序为：村落现存历史环境要素丰富度（0.0523）、网络传播方式多样性（0.0520）、传统建筑稀缺度（0.0516）、政策支持度（0.0515）、文化资源景点度（0.0508）、资金支持度（0.0508）、非物质文化的丰富度（0.0494）、传统建筑原真度（0.0493）。总的来说，作为旅游型传统村落文化传承的基础，文化传承内容的完整性极大地影响着每个村庄的文化传承水平。尽管如此，要将传统文化传承至今仍然是一件不容易的事。这需要不同维度的影响因素相互促进，从而实现文化传承水平的整体提升。

5.4.2 影响路径

在旅游型传统村落地域系统内,传统文化传承与旅游活动密不可分。作为基础条件的传统文化传承内容、中介条件的传统文化传承方式以及核心条件的传统文化传承主体等三维系统不断进行互动,协同作用于旅游型传统村落文化传承水平。结合前文所述,本研究认为三个子系统维度之间的协同过程可被总结为三条路径,分别是:记忆活化与文化传播、空间利用与旅游融合、文化认同与利益保障,不同路径共同促进了旅游型传统村落文化传承发展(图5-7)。

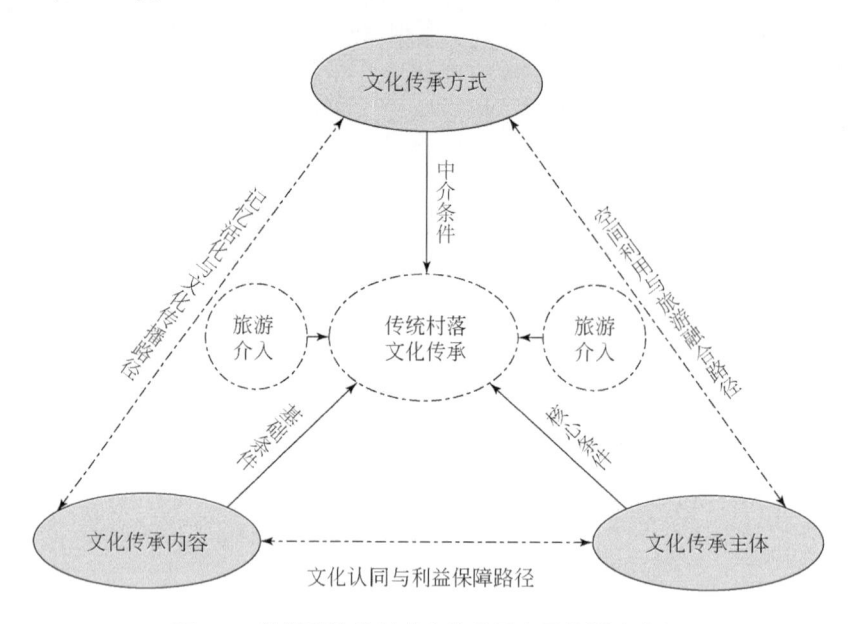

图5-7 旅游型传统村落文化传承水平的影响路径

一是记忆活化与文化传播路径。作为中国农耕历史与传统文化的有机物质载体,传统村落承载着丰富的文化景观与乡愁记忆。伴随乡村旅游的快速发展,传统村落文化记忆内容在旅游活动影响下,通过宗祠营造、庭院建设、民俗活动、媒体传播等记忆承载方式,实现旅游活化利用与文化展示传播之间的交互建构,以此赋予了乡村文化记忆新的生机与活力。例如,爨底下村依托明清古建筑的有形景观,通过定期修缮民居、优化庭院绿化设计、宣传旅游信息等文化传承方式,激活文化记忆,有效促进了其建筑文化的传承和可持续利用。

二是空间利用与旅游融合路径。利用文学文本、纪念仪式和身体实践等记忆媒介(吕龙等,2020)对传统村落文化记忆进行传播与扩散,根据地方政府、社区居民、旅游企业和外来游客等传承主体的诉求和认同,将传统村落部分物质空间开放以供旅游活动开展,同时推动传统文化记忆以不同形式、方向、速度在时间与空间的双重维度上传播,以此实现挖掘、展示、传播和传承传统文化记忆的目的。以柳沟村为例,乡村旅游带来了收入的增加和居民原有生产方式的改变。具体而言，他们开设了自营餐厅，经营特色美食"豆腐宴"，利用村落生活空间实现了文化记忆的有形展示。同时，传统生产技能的代代相传、开展村民体育锻炼活动等促进了文化记忆的可持续传承与发展。

三是文化认同与利益保障路径。在乡村旅游发展背景下，传统村落文化传承主体的利益需求都在不同程度上发生了变化，进而对传统文化记忆内容的传承和利用产生了一定影响。多方利益主体的旅游市场行为直接改变了文化记忆的空间环境和传承方式，并在此过程中不断加深自身对于文化记忆的认同感与归属感。此外，利益均衡分配的关系对于多元利益主体保护传承文化记忆、推进旅游发展和实现乡村振兴起到至关重要的保障作用。例如，马栏村通过富有中国特色的集体管理充分关注利益相关者的利益平衡，即政府和居民共同参与旅游业的发展。此外，该村还通过创建以革命记忆为核心的独特文化品牌，极大地增强了文化传承主体们的文化认同。

5.5 文化传承度提升对策

5.5.1 提升原则

提升旅游发展下传统村落文化保护与传承水平，有助于促进传统村落文化振兴和文旅融合发展，实现乡村全面振兴。基于上述分析，针对当前传统村落文化传承现状特点，提升文化保护与传承水平应遵循以下原则。

（1）文化传承优先原则

一方面，传统村落文化是旅游发展的基础条件，直接决定着旅游发展的方向与质量。乡村旅游产业的灵魂是民俗文化，以民俗文化为基础的旅游产品创新是乡村旅游的根本出路（黎玲和刘勇，2017）。另一方面，实现传统村落文化传承也是旅游发展的核心目标，旅游活动本身具有文化的性质和内涵，发挥着促进文化交往、传承、传播的重要作用。因此，保护地方文化一脉相传，确保文脉不断层是传统村落可持续发展的优先任务。

（2）文旅融合发展原则

文化的传承与振兴不等同于文化的保存和收藏，其关键在于如何传承和振兴。文化是发展的、动态的，因此，传统村落的文化传承与振兴也应当是动态的、灵活的。旅游与文化的融合为文化的再现、活化和利用提供了思路，因此应当在传统村落的文旅产品设计和文旅业态开发上坚持以文化为本底，增强文化要素投入在全要素中的占比，在发展旅游的同时扩大传统文化传承和传播，以此促进乡村文化振兴。

（3）因地制宜原则

文化资源区别于一般的自然资源，具有有形性与无形性相结合、差异性、发展性等特征。不同的传统村落在不同的历史时期、季节时节都有着不同的文化内涵属性及表征形式。因此，应当依据不同传统村落的文化资源特色和劣势，选择相应的文化传承和乡村振兴战略。例如，区位相近、文化属性类同的传统村落选择组团开发，强化文化品牌建设与营销，完善交通可达性；景区依附型或景区型的传统村落可以完善旅游配套设施，增加当地的旅游客流量，提供深度体验性的文化旅游产品。

5.5.2 提升对策

调研结果显示，北京16个已开发旅游的传统村落，绝大部分位于生态涵养区，承载着自然生态涵养和文化生态保护等多重功能；多数村落内，传统建筑均存在不同比例的危房，亟待科学修缮和活化利用；现代化建筑、仿古建筑严重破坏了村落整体风貌；非物质文化类型较少、内容单薄，缺乏有效传承机制；人口老龄化和产业空心化严重，大部分村落文化和旅游产业刚起步。根据提升原则及前文对文化传承的内涵解析，结合目前北京传统村落文化传承的调研结果，本研究从文化传承的内容保护完整性、方式创新多样性、主体参与多元性出发，提出旅游发展下北京传统村落文化保护传承与振兴对策。

（1）科学保护传统村落文化传承内容的完整性

第一，系统梳理文化传承内容及其内涵，并将其纳入传统村落保护发展规划之中，实行整体保护，包括传统民居、庙宇建筑、格局肌理、历史环境要素等物质文化景观与传统技艺、传统民俗、民间传说等非物质文化记忆。第二，科学保护传统村落文化传承内容。分类、分级与评价现有传统村落的文化资源，明晰文化资源保护利用现状，将各类文化资源建档编号入库，制定科学合理的传统村落文化保护方案。第三，确定传统村落不同文化的传承内容开发强度与功能区划。将传统村落划分为不同的资源开发区域，包括核心保护区、游憩利用区和风貌协调区，根据不同文化资源的具体保护情况对其进行对号入座，在保护文化资源的基础上进行适度的旅游利用；也可将村落分为古建观光区、新村民俗区、农耕体验区，针对不同功能区制定科学保护和活化利用政策。例如，古建观光区坚持保护性修缮，建立危房枯树等突发情况的处理预案；新村民俗区应加强村落风貌、建筑风格色彩的管控引导；农耕体验区应将农耕文明、农事活动、农业知识等内容植入农耕体验之中。第四，以"两山理论"为指导，推动传统村落文旅产业绿色健康发展。依法严禁一切破坏山水格局的工程建设；系统梳理古树名木等生物资源，严格保护好山水林田湖草沙复合生态系统；运用景观生态学方法，营造传统村落文化生态景观。

（2）创新丰富传统村落文化传承方式的多样性

第一，丰富传统文化传承内容的物质展出功能。以传统村落现存传统建筑为基础载体，强化生活居住、宗祠祭祀、宗教信仰等原有传统功能，开发文化展览室、露天博物馆、数字博物馆等创新功能，并积极通过旅游开发形式对传统村落的传统建筑承载的文化传承内容进行利用。第二，采用文旅节庆方式丰富传统文化传承方式。定期举办流传数年的传统民俗活动，同时通过举办旅游节庆的方式，以互动性、体验性、趣味性等特征吸引多方主体参与村落文化传承。第三，有机融合多种乡村文化开发文旅产品。将非遗活化与优秀传统乡村文化传承有机融合，将非物质文化与传统建筑文化、农耕文化、长城文化、红色文化等相结合，融入传统村落文化传承与优秀乡村文化振兴之中，形成具有京韵农味的传统乡村文化体系，开发乡村文旅产品。第四，深入开展"一村一室一文化"工程，即每个村建设一处乡情村史陈列室、形成一项特色文化，并将其打造成非遗展示、传播传习场所，培育文明乡风。第五，加强网络渠道文化宣传。充分利用互联网、报纸杂志、小红书、抖音等多种媒介渠道，积极宣传村落特色文化，强化利益相关主体的文化传承意识。第六，通过乡村文旅融合等途径因地制宜培育产业体系，从而将各种新颖的文化传承方式有机整合起来形成一股文化传承合力。深挖村落农林生态资源与文化遗产，明确各村比较优势，构建古村观光、精品民宿、休闲农业、农事体验、农耕文创、非遗技能表演、康养旅游、户外运动、民俗旅游、乡村美食等生态文旅融合产业体系。

(3) 提升传统村落文化传承多元主体的参与度

第一，地方政府应当强化政策、资金及智力等方面的扶持力度。从顶层设计支持传统村落文化传承相关工作，加强对物质与非物质文化的保护资金投入，并积极组织传统文化教育相关培训，组建乡村振兴专家库，出台政策鼓励中青年来村就业创业，扩大传承保护人员队伍。第二，村民主体自发参与文化传承。强调村民的文化传承主体地位，通过设立村规民约、红利绩效发放、奖金补贴等形式，促进年轻村民参与传统文化传承。第三，文旅企业履行自身责任。村落进驻旅游企业在进行文旅项目设计时，需要充分考虑与该村传统文化的匹配程度，并将经营管理、服务运营等工作优先提供给当地村民。第四，文旅消费者规范自身文旅消费行为。通过导游讲解、标识提醒等方式，引导消费者文明游览消费，以防出现破坏该村文化遗产的旅游行为。

5.6 本章小结

本章以文化传承为目标，基于文化变迁理论、利益相关者理论，通过剖析文化传承的内涵及涉及的主要要素，并对其归类、阐释及关联分析，从而对文化传承层层拆解，从传承方式多样性、传承内容完整性和传承主体多元性3个子系统出发构建旅游发展下传统村落文化传承度评价指标体系，借助加权TOPSIS法构建旅游发展下传统村落文化传承度测评模型，选择北京市16个传统村落作为研究对象，进行实证分析，并基于上述分析，提出文化传承度的提升对策。最终得出以下几点结论。

1）旅游发展下传统村落文化传承是以物质文化景观及非遗技艺等文化传承内容为基础，以物质展出、活动演出及互联网传播等文化传承方式为渠道，以政府、居民、企业及游客等多方主体参与为保障的相互作用过程。

2）从传承方式多样性、传承内容完整性和传承主体多元性3个子系统出发构建了传统村落文化传承水平综合评价指标体系，可细分为22个评价指标；文化传承综合水平可以划分为Ⅰ高、Ⅱ较高、Ⅲ一般、Ⅳ较低四个等级。经过实证分析后发现上述指标体系和评价标准具有较高的适用性。

3）从项目层和因素层来看，传统村落的文化传承内容完整性是最为基础的传承任务和目标，其活化利用不足制约着文化传承的效率和效果。具体来看，可以从指标影响程度排名前八的指标入手加以提升改进，包括村落现存历史环境要素丰富度、网络传播方式多样性、传统建筑稀缺度、政策支持力度、文化资源景点度、资金支持力度、非物质文化的丰富度和传统建筑原真度。

4）从实证分析的结果可以看出，案例村的文化传承水平集中在较高水平上，但差异很大。总体呈橄榄形分布结构，"中间多，两头小"。

5）从要素层来看，物质文化、政府保障、非物质文化、物质展出是传统村落文化传承最主要的影响因素；从指标层来看，村落现存历史环境要素丰富度、网络传播方式多样性、传统建筑稀缺度、政策支持度、文化资源景点度、资金支持度、非物质文化的丰富度、传统建筑原真度，都是比较重要的影响因素。影响传统村落文化传承的路径有3条，分别是：记忆活化与文化传播、空间利用与旅游融合、文化认同与利益保障，不同路径共同促进了旅游型传统村落文化传承发展。

6）旅游发展下传统村落的文化传承度提升应当秉承文化传承优先、文旅融合发展和因地制宜三大原则，分别从科学保护传统村落文化传承内容的完整性、创新丰富传统村落文化传承方式的多样性、提升传统村落文化传承多元主体的参与度三个维度进行同步协调优化改进。

传统村落的文化传承对于村落的社会文化发展的重要作用已经受到了广泛的肯定和重视，但无论是学术研究还是产业实践对文化传承的认识仍然较为有限，尤其是有关其定量的相关测量方面仍旧相对不足。本研究尝试性地制定了一个测量指标体系，并对北京市的传统村落进行了实证检验，结果与实际情况大致相符。但从全国来看，我国各地，尤其是南北方、东中西部的传统村落自然及文化状况相差较大，仍然需要在更广泛的案例环境下检验和完善。另外，本研究对文化传承水平的测量仅仅是对静态的时间点进行衡量，虽然有利于我们把握现状，但无法总结历史经验、难以预测未来发展。因此，未来的研究可以进一步获取时间序列或面板数据，利用旅游地生命周期理论，探索生命周期不同阶段传统村落文化传承水平的演变规律，以便更好地开展乡村地区的文化传承与文化振兴工作。

第6章 北京传统村落文化遗产保护传承感知评价及提升模式

传统村落承载着中华传统文化的精华，是农耕文明不可再生的文化遗产，被称为中国乡村历史文化与自然遗产的"活化石"，是物质文化遗产与非物质文化遗产的综合体（杨立国等，2018），具有历史、文化和科学价值。2012年，传统村落保护和发展专家委员会第一次会议决定，将习惯称谓"古村落"改为"传统村落"，以突出其文明价值和传承意义（李伯华等，2015）；同时中国传统村落名录保护工程的正式启动，也标志着国家政府部门对传统村落的重点关注。

随后学术界对传统村落的研究也越来越多。不少学者从地理学（余亮和孟晓丽，2016）、文化学（林祖锐等，2017）、生态学（唐承财等，2019）等学科视角对传统村落进行研究，主要集中在以下几个方面：第一，传统村落的空间布局研究。学者们主要关注传统村落的空间分布格局（刘大均等，2014）、布局特征（卢松等，2018）以及村落的空间形态（陈驰等，2018）等。第二，传统村落的价值研究。传统村落浓厚的地方文化与古村落文化价值历来受到学者的关注（胡燕等，2014），同时其经济价值引起了学者对其旅游价值的重视。第三，传统村落的保护与发展研究。不少学者分析了当前传统村落保护与利用中存在的问题与困境，从不同角度对传统村落保护与发展进行研究。旅游被认为是传统村落发展的重要途径，唐承财等（2019）基于"两山理论"探讨了传统村落旅游业绿色发展的模式；刘玢和左俊玮（2018）从利益相关者视角，对比我国当前政府主导、社区自主开发、企业承包三种传统村落的主要发展模式，构建了以政企合作模式为核心的综合化再生发展模式；文化遗产保护与传承是传统村落保护与发展的重要内容，不同学者总结了政府主导（童成林，2014）、社区自我发展（陈振华和闫琳，2014）的保护模式，提出改变以往偏重对物的保护的做法，要兼顾物质文化与非物质文化的整体性保护（耿涵和周雅，2015）。但已有成果多以定性研究方法来论述文化遗产的保护，定量评价研究稍显不足，尤其是从多主体评价进行分析的研究鲜见报道。

本章从利益相关者理论出发，以9个北京市首批市级传统村落为案例地，分析多主体对北京传统村落文化遗产保护传承的感知评价，基于此构建传统村落文化遗产保护传承提升模式。研究成果旨在推动传统村落文化遗产科学保护和可持续利用，助力乡村文化传承、乡村振兴战略实施与乡村旅游高质量发展。

6.1 数据来源与研究方法

6.1.1 研究区概况

北京市传统村落保存了大量明清古迹以及传统民俗，蕴含了丰富的文化遗产。本研究根据传统村落的类型，遴选了9个北京市首批市级传统村落，其中门头沟区6个，分别是爨底下村、黄岭西村、西胡林村、灵水村、马栏村、沿河城村；昌平区3个，分别是康陵村、茂陵村、德陵村。这些传统村落的常住人口以中老年人为主体，文化水平较低，村民收入较低，差异较大（表6-1）。各村落中物质文化遗产多为古建筑遗址、宗教寺庙遗址、文物古迹等，案例村落都对本村的物质文化遗产进行了不同方式、不同程度地保护和利用，利用方式大部分以民居为主，少量兼顾旅游利用。而非物质文化遗产主要有传统口头文学及其载体的语言、传统戏剧曲艺、传统节庆民俗三类。相比昌平区，门头沟区的传统村落具有更多的非物质文化遗产留存，并呈现出地域共性的特点。

表6-1 案例村落基本信息

村落名称	村落面积/km²	耕地面积/亩*	人口数/人	青少年人口数/人	老年人口数/人	村民文化程度	村集体年收入/万元	每户村民年均收入范围/万元
爨底下村	5.33	500	100	10	16	高中	70~80	15~20
黄岭西村	9.74	—	373	39	57	高中	—	—
西胡林村	12.2	1000	5314	30	129	初中	52.51	1.33
灵水村	1.33	—	545	200	345	初中	32	1~2
马栏村	16.34	600	710	55	66	初中	—	—
沿河城村	81.2	1326	870	约500	约300	初中	1.7	1.3~1.7
康陵村	1.70	—	240	40	100	初中	—	5~45
茂陵村	1.53	600	310	100	60	初中	1	—
德陵村	3.33	172	546	54	91	初中	0.8	2~3

*1亩≈666.7m²。

6.1.2 评价体系构建

传统村落文化遗产保护传承不是狭义的文化遗产保存完整度，而是具有更加丰富内涵概念的综合体，涉及物质文化遗产与非物质文化遗产的内容完整度、保护传承方式、参与主体多寡、主体参与程度深浅等一系列问题。因此，在进行感知评价时需要相应的评价指标体系。已有研究对文化遗产保护传承的评价多从文化遗产本身出发，如杨立国和刘沛林（2017）从文化遗产的保存度、承接度和传播度三方面来构建评价指标体系，赵勇等（2006）从物质文化遗产和非物质文化遗产两个方面构建历史文化村镇保护评价体系。本研究则基于利益相关者理论，从多主体感知的角度来分析文化遗产保护传承。有学者提出旅游核心利益相关者包括当地政府、社区居民、旅游企业和旅游者（刘静艳，2006），结合传统村落发展实际，在遵循指标系统性、可行性、可比性原则的基础上，本研究从村委会、村民、游客三类主体出发，构建传统村落文化遗产保护传承感知评价指标体系，如表6-2所示。

表6-2　基于多主体的传统村落文化遗产保护传承度评价指标体系

目标层（A）	因素层（B）	指标层（C）
传统村落文化遗产保护传承度	村委会（B1）	物质文化遗产种类（C11）；非物质文化遗产种类（C12）；文化遗产保护传承投入占村内总收入比例（C13）；非物质文化遗产传承人数（C14）；对村民宣传程度（C15）；文化遗产保护传承方式种类（C16）；对物质文化遗产保护状况认知（C17）；对非物质文化遗产保护状况认知（C18）
	村民（B2）	村民对物质文化遗产认知程度（C21）；村民对非物质文化遗产的认同感（C22）；村民对保护传承方式认知程度（C23）；村民对物质文化遗产保护现状的满意度（C24）；村民对非物质文化遗产保护现状的满意度（C25）；村民对文化遗产的保护意识（C26）；村民参与保护传承的程度（C27）
	游客（B3）	游客对文化遗产意义认知程度（C31）；游客对保护传承方式认知程度（C32）；游客对物质文化遗产保护现状满意度（C33）；游客对非物质文化遗产保护现状满意度（C34）；游客对文化遗产的保护意识（C35）；游客参与保护宣传文化遗产的意愿（C36）

评价指标体系因素层主要分为三类：第一类是具有信息搜集和整合能力的村委会，能从整体上把握文化遗产保护传承状况；第二类是作为传统村落长期使用者的村民，对文化遗产的认知、保护传承状况具有直接的感知；第三类是游客，传统村落的旅游发展会对文化遗产保护传承产生正面及负面影响，作为参与者，游客对文化遗产的认知、保护意识及行为等，会对其保护传承产生直接影响。综上，本研究将因素层设定为村委会、村民、游客三类。指标层（C）则是因素层（B）操作化的具体因子，指标的选取主要是基于因素层三类评价主体的不同特征。村委会主要是根据村委会搜集整理的本村文化遗产保护现状资料进行定量分析，村民和游客则分别从其对文化遗产的认知、保护现状满意度、保护意向、参与意愿四个方面进行指标选择。

6.1.3　熵权法

熵权法作为客观的指标赋权方法，其基本思想为，如果各个评价指标不同评价对象给出的值差异越大，说明该指标提供的信息量越大，在综合评价中所起作用应当越大，权重应该越高。该方法在旅游评价中得到广泛运用（Tang et al.，2018）。具体步骤如下：①根据表6-2评价指标和在案例地采集的数据，构建初始数据矩阵：$X = (X_{ij})_{21 \times 9}$（$i = 1, 2, \cdots, 21$；$j = 1, 2, \cdots, 9$）；②对初始矩阵进行无量纲化处理：$Y_{ij} = \dfrac{X_{ij} - \min_j X_{ij}}{\max_j X_{ij} - \min_j X_{ij}}$；

③计算每个指标的熵 H_i 和熵权 θ_i：$H_i = -k \sum_{j=1}^{n} f_{ij} \ln f_{ij}$，$\theta_i = \dfrac{1 - H_i}{m - \sum_{i=1}^{m} H_i}$，其中 k 为调节系数，$k = 1/\ln m$。

6.1.4 数据来源与处理

研究团队先后在门头沟、昌平等地多次开展调研工作，在预调研阶段发现村内的旅游经营者基本以本村居民为主，基于此，本研究的问卷调查主要分为村委会、村民及游客三大主体。首先，对各村委会领导进行当地文化遗产保护传承的问卷调查及深入访谈，回收9份有效问卷；其次，抽样选择了多位村民开展问卷调查，共回收有效问卷75份，并调研了其旅游参与情况以及以物质文化和非物质文化作为两个切入点进行深入访谈；同时，在网络上对游客投放问卷，共回收问卷250份，剔除无北京传统村落旅游体验的游客问卷，得到有效问卷203份；采用 α 信度系数法计算克龙巴赫信度系数，结果为0.718，大于0.7，表明该问卷具有较好的信度。综合各村委会、村民、游客多方的信息，全面、系统地了解北京传统村落文化遗产保护传承的现状、保护方法、保护效果，避免数据的片面性。

问卷调查以传统村落文化遗产保护传承感知评价指标体系为基础，设置相应的问题；客观指标的统计数据直接转为指标的赋值，对于非统计性指标的数据获取，采取利益主体感知法获取数值，本研究借鉴利克特量表的设计思路，根据指标实际情况划分不同的等级水平，分为非常高（91～100分）、较高（51～90分）、一般（31～50分）、较低（11～30分）、非常低（0～10分），请被调查者参照评分标准据实打分。本研究取每个等级对应比例的中间值，作为该指标的评分，然后对得分进行数据标准化处理。

6.2 传统村落文化遗产保护传承感知评价

6.2.1 指标权重与传承度评价值

通过熵权法计算所得各指标权重如表6-3所示。由指标层的权重可以看出，对传统村落文化遗产保护传承影响最大的前5位指标依次为文化遗产保护传承方式种类（C16）、村民参与保护传承的程度（C27）、村民对非物质文化遗产的认同感（C22）、非物质文化遗产传承人数（C14）、游客对文化遗产的保护意识（C35）。其中，村委会与村民评价指标各占两项，影响较大。

将指标层权重与案例村落文化遗产保护传承感知评价指标评分综合，按照公式 $S_j = \sum_{i=1}^{m} \theta_i X_{ij}$，即可得出案例村落文化遗产保护传承感知的实际指数。案例村落文化遗产保护传承分数排名前5位的分别为：爨底下村（0.69分）、马栏村（0.68分）、灵水村（0.67

分)、沿河城村（0.47 分）、黄岭西村（0.45 分）。从案例村落样本分析可知，门头沟区传统村落文化遗产保护传承状况高于昌平区。

表 6-3 文化遗产保护传承感知评价指标的熵和熵权值

指标	C11	C12	C13	C14	C15	C16	C17	C18	C21	C22	C23
熵 H_i	0.769	0.757	0.757	0.543	0.766	0.513	0.572	0.835	0.769	0.530	0.862
熵权 θ_i	0.035	0.037	0.037	0.070	0.036	0.074	0.065	0.025	0.035	0.072	0.021
指标	C24	C25	C26	C27	C31	C32	C33	C34	C35	C36	
熵 H_i	0.764	0.594	0.830	0.522	0.579	0.669	0.719	0.849	0.574	0.675	
熵权 θ_i	0.036	0.062	0.026	0.073	0.064	0.051	0.043	0.023	0.065	0.050	

6.2.2 村委会对文化遗产保护传承的感知

在村委会对传统村落文化遗产保护传承感知评价中，平均得分由高到低依次为：马栏村（0.81）、灵水村（0.75）、黄岭西村（0.62）、爨底下村（0.52）。表 6-4 为村委会子系统评价指标得分。马栏村的指标得分高于其他传统村落，主要在于其非物质文化遗产传承人数和文化遗产保护传承投入占村内总收入比例两个指标得分较高，近年来马栏村旅游发展趋势逐步上升，利用旅游发展得到的一部分资金进行文化遗产的修复和保护，为未来马栏村的发展打下良好的基础。

表 6-4 村委会子系统评价指标得分

指标	爨底下村	黄岭西村	西胡林村	灵水村	马栏村	沿河城村	康陵村	茂陵村	德陵村	均值
C11	0.60	0.40	0	0.60	1.00	0.80	0	1.00	0.20	0.51
C12	0.75	1.00	0.25	0.75	0.50	0.25	0	0	0.25	0.42
C13	0.09	1.00	0.27	1.00	1.00	0.09	0	0	0	0.38
C14	0	0	0	0.80	1.00	0	0	0	0	0.20
C15	1.00	0.27	0.27	0.27	0.67	0.27	0	0.67	0.27	0.41
C16	0.75	0.75	0.25	1.00	0.75	0.50	0.25	0	0	0.47
C17	1.00	0.57	0.29	0.57	0.57	0.57	0.57	0	1.00	0.57
C18	0	1.00	0.50	1.00	1.00	0	0	0	1.00	0.61

从各指标得分中可以看出，对物质文化遗产保护状况认知和对非物质文化遗产保护状况认知的得分均值较高，分别为 0.57、0.61，显示村委会对当前传统村落文化遗产的保护传承状况比较满意，各村都对本村的文化遗产进行了不同方式、不同程度的维修和保护。非物质文化遗产传承人数的得分最低（0.20），在案例村落中仅有灵水村与马栏村拥有非物质文化遗产传承人，可以看出传统村落非物质文化遗产缺乏良好的传承机制。一方面由于村民收入普遍低，而非遗传承人待遇低难以吸引年轻人加入；另一方面当前传统村落存

在空心化现象，导致非物质文化遗产传承缺失。同时，文化遗产保护传承投入占村内总收入比的得分也较低（0.38），这与村落经济发展和政府资金支持有一定关系。对村民宣传程度（0.41）和文化遗产保护传承方式种类（0.47）指标得分处于中等，其中爨底下村在这一方面更加注重。

6.2.3 村民对文化遗产保护传承的感知

表6-5为村民子系统评价指标得分。结果显示，调研对象中78.7%为普通村民，21.3%为旅游经营者。通过数据分析，村民对保护传承方式认知程度的得分最高（0.53），其次是村民对物质文化遗产认知程度（0.51），相比较而言，村民对非物质文化遗产的认同感的得分并不高（0.40），一方面物质文化遗产更具有实际载体依托，村民对于村落物质文化遗产的认知更为清晰；另一方面一些非物质文化遗产由于缺乏传承人，逐渐流失。同时村民对非物质文化遗产保护现状的满意度的得分也较低（0.41），调查发现，村民认为其保护和传承管理现状并不理想，大部分非物质文化遗产已经逐渐消失。然而，村民对保护现状的认知与其保护意识及参与程度的得分状况不相匹配，村民对文化遗产的保护意识的得分并不高（0.43），村民参与保护传承的程度的得分也偏低（0.38）。北京传统村落的常住人口中，中老年人为主体，文化水平较低，对村落文化遗产的保护意识淡薄，参与能力有限。村委会需向其说明文化遗产保护的重要性，加大宣传，加强各种举措，努力使所有村民都加入到文化遗产保护的工作中来。

表6-5 村民子系统评价指标得分

指标	爨底下村	黄岭西村	西胡林村	灵水村	马栏村	沿河城村	康陵村	茂陵村	德陵村	均值
C21	1.00	0.23	0.54	1.00	0.85	0.77	0.08	0.00	0.08	0.51
C22	1.00	0.00	0.39	0.39	0.72	0.72	0.17	0.06	0.17	0.40
C23	0.80	1.00	0.70	0.80	0.40	0.70	0.00	0.40	0.00	0.53
C24	1.00	0.20	0.27	0.87	0.47	0.20	0.87	0.07	0.00	0.44
C25	1.00	0.39	0.17	0.72	0.63	0.56	0.17	0.00	0.06	0.41
C26	0.69	0.41	0.57	0.58	1.00	0.33	0.00	0.33	0.00	0.43
C27	0.52	0.40	0.40	0.70	1.00	0.40	0.00	0.00	0.00	0.38

6.2.4 游客对文化遗产保护传承的感知

图6-1为游客子系统评价指标得分。在游客的感知中，游客对文化遗产的保护意识的得分最高（69.4分），其次是游客对保护传承方式认知程度（61.2分）与游客参与保护宣传文化遗产的意愿（60.7分）。随着国民素质的提高及相关法律法规的日渐完善，游客对文化遗产的保护意识逐渐增强。游客认为旅游企业、开发商要避免重复开发、重复建设，避免对传统村落文化遗产资源造成浪费；同时要增加村民保护意识，通过旅游促进传

统村落文化遗产的保护与传承；另外游客自身应该自觉奉行文明旅游，严守传统村落保护条例，践行文明出游指南。此外，相较于游客对物质文化遗产保护现状满意度（43.1分），游客对非物质文化遗产保护现状满意度（53.3分）更高，许多传统村落成为旅游景点后，会在一定程度上改变其原有样貌，物质文化遗产相较于非物质文化遗产而言，其脆弱性、可破坏性更大；在旅游开发的过程中，传统村落物质文化遗产更容易遭到破坏，且在破坏之后，难以得到修复并恢复其原真性。

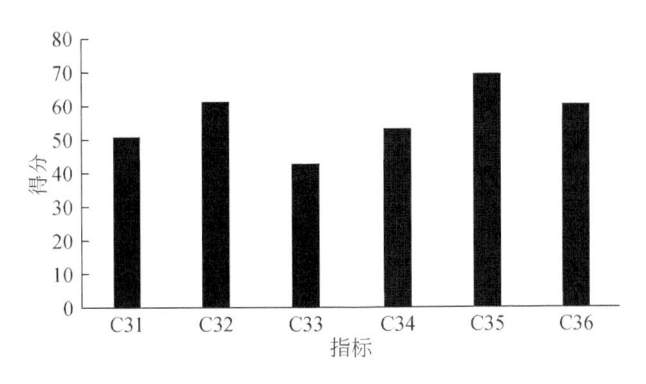

图 6-1 游客子系统评价指标得分

6.2.5 文化遗产保护传承度总体分析

总体来看，当前传统村落文化遗产保护传承状况均处于较低水平。从各案例村落属性来看，门头沟区文化遗产保护传承感知得分较高，其下属的马栏村、灵水村、爨底下村，作为门头沟区较先发展旅游业的传统村落，其旅游开发程度领先于其他各个村落。开发旅游使其积累了大量的资金，而充足的资金则可以保障村中物质文化遗产的及时维修与日常维护，同时对非物质文化遗产进行创意产品及活动开发，也扩大了传统村落非物质文化遗产的影响力，使村落保护与发展相辅相成。而对于西胡林村、康陵村、德陵村、茂陵村来说，由于早期对文化遗产保护的重视程度较低，村内的古建筑遗留较少，当前乡村建设现代化气息浓厚，乡村整体风貌效果欠佳，文化遗产的原真性流失，缺乏传统村落的文化内涵。

6.3 传统村落文化遗产保护传承感知提升模式

6.3.1 提升原则

基于上述分析，提升传统村落文化遗产保护传承是促进传统村落可持续发展的重要方式。针对当前传统村落文化保护传承现状与问题，提升文化遗产保护传承应遵循以下原则。

1）保护为主、活化利用。文化遗产是传统村落的精华，应当以保护为主，在强调保护的基础上，活态化地合理利用文化遗产，实现保护与发展并举。

2）文化为本、产业相辅。文化是传统村落的根本，依托传统村落丰富的文化遗产资源，从生态旅游、乡村旅游、生态文化等维度，构建传统村落生态产业体系，增强传统村落社会经济的恢复力，从而促进文化遗产保护。

3）多主体参与、互惠共生。从村委会、文旅企业、村民、游客等多个主体出发，构建多元主体的保护模式，提升传统村落保护传承文化遗产的各方参与度。

4）因地制宜、绿色发展。贯彻绿水青山就是金山银山的发展理念，坚持因地制宜原则，通过生态文明建设提升传统村落综合环境，在保护传承的过程中实现村落绿色发展。

6.3.2 提升模式

传统村落文化遗产保护传承提升，首先，要理清文化遗产保护内容，文化遗产内容内涵是保护基础；其次，采取科学合理的保护手段，途径方式则是保护手段；而参与主体是文化遗产保护传承的核心力量，依靠其核心力量，明确文化遗产保护目标，最终实现乡村文化振兴。图6-2为传统村落文化遗产保护传承度提升模式。

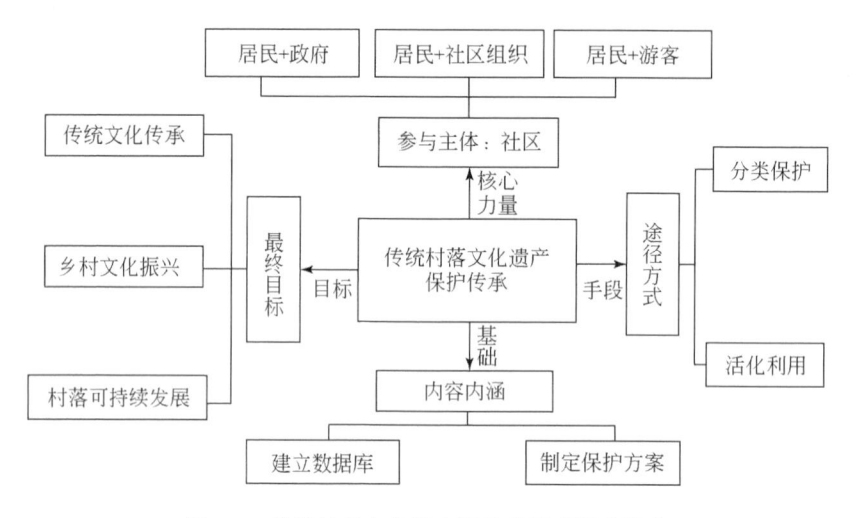

图6-2 传统村落文化遗产保护传承度提升模式

1）从内容内涵来看，传统村落保护是全面的、系统的，它不等同于保护民居与文物性建筑，物质文化遗产是村落历史文化演变过程的见证，而非物质文化遗产是村落生产生活方式的集中展现（张行发和王庆生，2018），两者都是传统村落发展的重要资源基础。需要系统普查传统村落内各类物质文化与非物质文化，摸清本村资源本底，划定保护类型和级别，建立文化遗产保护数据库，制定科学合理的文化遗产保护方案。

2）从途径方式来看，分类保护，活化利用。一方面，对村落分类，根据传统村落发展的不同阶段，选择合适的保护方法。对于保护状况较差、开发处于起步阶段的传统村落，如康陵村、茂陵村等，采取统一规划、整体保护的方式，偏重于实体化保存；而对于旅游业发展较成熟的传统村落，如马栏村、爨底下村等，可以依托其丰富的文化遗产资源和优良的生态环境，在传统村落的环境容量内，以当地农户为参与主体，从文化生态旅游、自然生态旅游、乡村民俗旅游、生态休闲农业等方面构建基于文化遗产的传统村落生态产业体系，以实现文化遗产的活化利用，从而促进传统村落文化遗产的保护。另一方面，对传统村落文化遗产保护利用进行资源分类，物质文化遗产主要采用实体化保存的方式，对于非物质文化遗产则要注重活化利用，如生态博物馆、文化传承人等，其中也可根据文化遗产的不同特征进行细分类，采取科学合理的保护方式。

3）从参与主体来看，社区村民作为文化遗产保护传承的核心主体，要建立多元化社区参与模式，发展"居民+政府""居民+社区组织""居民+游客"的参与模式。首先，发挥政府的支撑引领作用，出台传统村落保护条例，强化政策保护；编制文化遗产保护发展规划，协调保护与发展；提高资金投入，全面提升村内基础设施，特别是加强公共服务配套设施、交通基础设施、防灾减灾设施配套建设，改善社区居民生产生活环境。其次，为社区赋权，提升村民参与度。社区组织通过实践教学、观摩学习等方式，对村民进行文化遗产保护和利用培训，增强村民对于村落文化遗产的认知度和参与度；通过设立传统村落保护与发展基金，并制定合理的利益分配、补偿和激励机制，完善村民参与保障机制。最后，在传统村落旅游过程中，村民引导游客，通过营造旅游氛围、构建旅游场景，让游客亲身感受传统村落文化遗产的历史性和趣味性，强化其产生传统村落文化遗产的保护意识与行为。

4）从最终目标来看，不能陷入"保护性破坏"与"建设性破坏"的双向困局中，对于传统村落文化遗产的保护传承，不是以降低村民生活质量、让村民远离现代化生活为代价，而要追求在保护中得到发展，在传承中实现发扬。通过对文化遗产的保护传承、活化利用，增强村落内生性发展动力，激发传统村落活力，实现乡村优秀传统文化传承，促进乡村文化振兴及村落可持续发展，推动社会主义文化强国建设，传承中华优秀传统文化。

6.4 本章小结

本研究以9个北京市首批市级传统村落为案例地，采用指标体系法、熵权法，基于利益相关者理论，从村委会、村民、游客的视角出发，分析其对传统村落文化遗产保护传承的感知评价。主要结论如下。

1）村委会对传统村落文化遗产保护状况满意度较高，但仍存在一些问题，非物质文化遗产缺乏良好的传承机制，文化遗产保护传承投入占村内总收入比例低。旅游开发正逐步成为传统村落文化遗产保护和利用的重要途径。

2）村民感知结果显示，其对传统村落非物质文化遗产的认同度较低，对当前村内文化遗产保护传承现状的满意度并不高，且其满意度与保护感知度及参与度差异较大，村民对文化遗产的保护感知度较低，参与度不高。

3）相较于游客对物质文化遗产保护现状满意度，游客对非物质文化遗产保护现状满意度更高，其保护意识在逐渐增强，传统村落在发展旅游业的同时要带动传统文化保护，合理利用与保护文化遗产，推动村落可持续发展。

4）案例村落文化遗产保护传承状况均处于较低水平，具有较大的提升空间，爨底下村、古北口村、柳沟村、岔道村文化遗产保护传承度较高。

5）在遵循保护为主、活化利用，文化为本、产业相辅，多主体参与、互惠共生，因地制宜、绿色发展的原则下，从内容内涵、途径方式、参与主体、最终目标四个方面构建传统村落文化遗产保护传承提升模式。

科学保护传统村落文化遗产是促进传统村落可持续发展的重要任务之一。研究表明，当前传统村落文化遗产保护传承状况处于较低水平，各利益主体对其保护传承状况感知不一，针对各利益主体的感知评价结果，采取相应的保护传承度提升措施，可以更加科学有效地促进传统村落文化遗产保护与传承。与以往研究不同的是，本研究基于多主体感知进行传统村落文化遗产保护传承状况的评价，能尽可能地避免单一主体认知的局限性与主观性，从而获得更加客观的结果。

本研究基于利益相关者理论，以9个北京市首批市级传统村落为例，分析了村委会、村民、游客对传统村落文化遗产保护传承的多主体感知评价，构建了传统村落文化遗产保护传承提升模式。研究成果可推动北京市传统村落文化遗产的保护工作，促进北京市传统村落科学保护和乡村旅游可持续发展。

然而，本研究以9个北京市首批市级传统村落为例，样本量可能会对评价结果产生一定的影响；另外，目前关于传统村落文化遗产保护传承评价的研究较少，本研究的评价指标体系主要侧重于村委会、村民、游客三大主体，未来还需要多关注乡村旅游经营者等其他主体，并不断完善指标体系；基于多主体的评价主要是以定性分级的方式进行，可能存在一定的主观性，未来如何更加科学地量化研究值得更加深入探究。

第 7 章　旅游发展对北京传统村落文化传承的影响及其作用机理

乡村旅游作为推进农村产业融合发展的新载体，是带动农民增收致富的"绿色"驱动力（黄祖辉等，2022）。原本扎根于乡村本地的原真性文化在旅游产业中以文化原真性为起点，通过文化消费、去地方化、文化再生产、再地方化的节点形成旅游对乡村文化的活化循环路径（薛芮和余吉安，2022）。然而，由于我国乡村旅游的发展并不存在严格意义上的进入门槛（刘民坤等，2021），乡村旅游对其"乡土性"并没有做到保护与开发并重（李丽娟，2021）。可见，旅游发展对传统村落本身的文化传承产生的影响并不能简单归类为积极影响或消极影响，而是二者兼而有之。文化传承之于乡村、旅游的重要性归纳成一句话，即乡村与旅游的发展必须以乡村文化传承为基石。因此，本章主要任务和思路包括以下四个方面：首先，分析传统村落文化传承与旅游开发的关系；其次，借鉴旅游地生命周期理论，对北京乡村旅游发展阶段、不同旅游类型传统村落生命周期历程进行实证分析；再次，从总体影响和分阶段两个层面，分析旅游开发对不同旅游地生命周期阶段下北京传统村落文化传承的影响；最后，运用系统动力学理论及人地关系理论，从政策管控、文旅经济、社会经济、旅游科技等维度，综合分析旅游开发对北京传统村落文化传承的影响作用机理。

7.1　传统村落文化传承与旅游开发的关系

党的十九大报告指出，文化是一个国家、一个民族的灵魂；文化兴国运兴，文化强民族强。党的二十大报告指出，推进文化自信自强，铸就社会主义文化新辉煌。在人类学视野中，文化变迁一般指文化内容或结构由于其自身发展或异文化间接触交流而发生变化（陈国强，1990），并在与社会环境的平衡协调中得以不断演进发展的现象。传统村落的文化传承是指传统村落文化在居民共同体内部代际间的纵向传递过程，包括"传"和"承"两个有机组合过程（杨立国和刘沛林，2017），最终目标是形成文化传统，实现民族认同（赵世林，1995）。

当前，信息的传播加速与时空的高度延展使得地域文化逐渐全球化（刘军民和庄袁俊琦，2017）。在多样化的文明交流中，传统村落的文化边界逐渐模糊化。同时，伴随着乡村振兴战略的深入实施，我国传统村落文化保护传承与旅游开发迎来极大的发展契机。有学者认为乡村旅游可以促进传统村落的保护（吴必虎，2016），然而也有学者持反对意见（王云才和韩丽莹，2014），因而，传统村落文化传承与旅游开发之间的关系值得深入研究。

7.1.1 旅游开发是传统村落文化传承发展的双刃剑

传统村落拥有丰富的物质文化和非物质文化，它是传承和呈现传统民俗文化的重要载体，旅游开发对传统村落文化传承有着喜忧参半的影响效应。一方面，良好的旅游开发活动能够有效挖掘北京传统村落文化本底，并激发其内生活力。毋庸置疑，一些已经被乡村旅游激活的传统村落及其文化遗产不会在短时间内消失（麻勇恒，2017），这在很大程度上促进了传统村落的文化传承。同时，良好的旅游开发能够吸引优质人才加入，并促进当地人口回流，从而改善传统村落的空心化现状，强化文化传承的主体力量。此外，由于旅游能够一定程度上提升个体经济利益，当地居民对于文化保护传承的自发性增强，促进居民文化认同（赵建桥和方旭红，2012），增进文化自信自尊（Brougham and Butler，1981；李蕾蕾，2000），进而促进传统村落的文化传承。

另一方面，旅游开发也可能在一定程度上成为传统村落文化传承的阻碍。研究表明，将外来文化进行简单移植或粗糙嫁接会造成传统村落文化的异化，使其脱离固有的文化内涵和形态特征，这种状态必然导致村落传统文化原有属性的淡化和扭曲（闵英和曹维琼，2016）。然而，旅游开发的本质就是为适应"他者"需求（毕安平等，2018）。随之附带而来的现代强势文化极易入侵、渗透、移植弱势的传统村落文化，造成传统村落文化传承处于被动局面。同时，乡村在经济、话语权上所处的弱势地位极易导致居民文化不自信。为满足游客猎奇心理，传统村落的生活方式可能退化成一种高度商业化、有组织的自我模拟（孔翔等，2016），真实性难以保存（Hughes，1995），其文化传承自然面临着"被扭曲""被中断""被消费"，甚至"被商业化"的困境。毕竟传统村落文化传承首先是自身生存发展的需要，而不是对"他者"需求的满足。

目前全球传统村落的衰败与"空壳化"及其进一步带来的村落文化衰减式传承问题，从根本上讲都是经济形态与文化样式不适应的结果与表现（麻勇恒，2017）。对于不同旅游发展阶段的北京传统村落而言，其文化传承度参差不齐。可见，传统村落的文化传承与旅游经济发展息息相关。众多低传承度的传统村落较为缺乏可持续的文化创新与知识再生产的机会和活力，文化传承呈现"无序化"状态。针对这样的传统村落文化传承困境，根本解决之道在于创造稳定的经济环境。

7.1.2 优秀文化传承是传统村落旅游开发的关键

农业传统文化是千百年的智慧集成，是中华民族实现伟大复兴过程中进行知识创新与产业升级的参照系（麻勇恒，2017）。党的十九大以来，在乡村振兴战略指引下，传统村落的文化价值得到不断确认与提升，政策制定、监督实施、培训教导、导则制定、资金支持等相关工作开展如火如荼。因此，历史悠久、文化深厚不应该成为传统村落居民与现代接轨的屏障（刘军民和庄袁俊琦，2017），而应被视为传统村落旅游开发的关键。

首先，传统村落的优秀文化传承不仅是对地域文化的传播继承，也是实现"活态文化"发展的关键（孔翔等，2016），而旅游开发作为传统村落活态发展的重要路径，文化传承在其中有着举足轻重的作用。其次，从理论上讲，良好的传统村落文化传承意味着其具备丰富的传承内容、优秀的传承人才、稳定的传承机制，这是传统文化能量源源不断、实现活态发展的基础所在，也是旅游中开发特色文化产品、实现项目串联、保持高度吸引力、稳定并扩展客源市场的关键保证。最后，实践经验表明，旅游的重要吸引力在于非惯常环境下特色文化的体验价值，因而保持并传承具有乡土特色的传统村落文化就成为旅游开发的关键性工作。当前传统村落旅游发展面临同质化严重（陈修岭，2019）、商业化泛滥（保继刚和林敏慧，2014）、创造性破坏（姜辽和苏勤，2013）、保护性破坏（车震宇，2008）等困境。独具特色的地域文化尤为珍贵，而优秀的文化传承无疑是传统村落旅游开发的底气所在，是传统村落旅游开发的关键，是其保持长久生命力的后备支持。

7.1.3 旅游开发与文化传承有助于促进传统村落振兴和高质量发展

传统村落旅游开发与文化传承在时空上具有一定的相关性。旅游开发是精准扶贫、促进传统村落经济社会发展的有效路径，文化传承是打造传统村落旅游产品的基础性工作（闵英和曹维琼，2016），二者均有助于促进传统村落振兴和高质量发展。首先，传承传统村落优秀文化可以有效维护村落社会秩序、引导村民行为道德规范，激发村民文化自信的同时为建设美丽乡村、促进传统村落文化传承及生态环境保护提供积极的推力作用。其次，旅游开发被视为传统村落保护开发的最佳途径（李柱和张弢，2017）。在乡村振兴战略指引下，由旅游产业开发带来的大量资本、人力、技术等涌入传统村落，在显著提升传统村落经济发展水平的同时也可促进传统村落的现代化进程，缩小城乡差距。在旅游开发带动下，不少传统村落逐渐构建起完整的产业链，凭借旅游带来的经济效益和基础设施改善，逐渐摆脱了冷清萧条的颓势（刘军民和庄袁俊琦，2017），在整体上促进了传统村落可持续发展。最后，旅游开发在实现传统村落社会经济快速发展的同时，也能够推动村落文化资源的数字化保存展示、提升当地居民的文化认同与自豪感，进而推动传统村落文化传承，促进乡村振兴战略的实施与国家文化软实力的提升。

7.2 北京传统村落旅游地生命周期理论与实证

本节首先概述旅游地生命周期理论，其次划分与分析北京乡村旅游发展阶段及其特征，最后基于上述分析，划分北京旅游型传统村落类型，概述北京旅游型传统村落生命周期，分析北京各类旅游型传统村落生命周期。本节将为后续分析不同生命周期下旅游发展对北京传统村落文化传承的影响及其作用机理提供理论基础。

7.2.1 旅游地生命周期理论概述

任何事物都有一个产生、发展、成熟乃至衰退的演变过程（唐琮沅和景保峰，2008），旅游地生命周期可被视为一种客观现象（张建忠和孙根年，2012）。旅游地的成长是一个有生命的自组织现象，包含发现引入、加速成长、走向成熟到最终衰退的生命过程（孙根年和薛刚，2007），乡村旅游地亦如此。旅游地生命周期理论是关于旅游地成长的管理理论，揭示了旅游地的生命周期与结构变化，并对其采取改善措施实现旅游地系统提升，对于促进旅游地的可持续发展具有十分重要的意义（张建忠和孙根年，2012）。目前，旅游学者公认并广泛讨论及应用的旅游地生命周期理论是由巴特勒（Butler，1980）提出的，他认为任何一个旅游地的发展过程一般都包括探查、参与、发展、巩固、停滞和衰落或复苏6个阶段，当前不少学者将旅游地生命周期理论运用于各类旅游目的地可持续发展研究之中（张惠等，2004；丁新军和田菲，2014；Tang et al.，2017；张城铭和张涵，2017）。

然而，巴特勒旅游地生命周期阶段划分及阶段特征是理想化的标准（徐致云和陆林，2006），很少有旅游地的发展历程完全符合其阶段划分及特征，因此需要根据目的地特性及具体发展情况来选定阶段节点，确定发展走向。近年来，在国家乡村振兴战略及"两山理论"指引下，乡村旅游成为精准扶贫、促进乡村经济社会发展的有效路径（闵英和曹维琼，2016），许多学者也参与了乡村旅游地的生命周期研究（汪德根等，2011；张德平，2016；沈克，2018）。乡村旅游的开发也极大地促进了传统村落整体保护及发展（吴必虎，2016）。然而，不同的传统村落品牌资源及吸引力不同，因此需要因地制宜对其生命周期进行具体分析。

7.2.2 北京乡村旅游发展阶段划分及特征

当前，北京市乡村旅游正在借助其产业市场与文化引导的双重功能，有力地促进传统村落以及乡村文化保护与传承事业的进步（陈修岭，2019），对当地经济社会的发展也有着重要的推动作用。根据北京市乡村旅游发展的历年数据（表7-1）不难得知，2007年北京市乡村旅游游客接待量首次突破1000万人次，旅游收入首次突破5亿元，2017年北京市乡村旅游游客接待量及旅游收入打破了上升趋势，数据较前年均有所下滑。加之，2007年北京市乡村旅游示范区和示范点建设工作继续推进，逐步带动全市乡村旅游整体发展；

表 7-1　2005~2021年北京市乡村旅游发展统计数据

年份	游客量/万人次	收入/亿元	年份	游客量/万人次	收入/亿元
2005	758.9	3.1	2014	1914.2	11.3
2006	982.5	3.7	2015	2139.7	12.9
2007	1167.6	5.0	2016	2297.4	14.4
2008	1205.6	5.3	2017	2232.1	14.2
2009	1393.1	6.1	2018	2042.3	13.0
2010	1553.6	7.3	2019	1920.1	14.4
2011	1668.9	8.7	2020	1877.5	25.0
2012	1695.8	9.1	2021	2520.2	—
2013	1806.5	10.2			

资料来源：北京市人民政府、北京市统计局。

2017年北京市印发《关于加快休闲农业和乡村旅游发展的意见》，大力推动北京休闲农业和乡村旅游结构优化及提档升级。由此，我们判定2007年与2017年为北京市乡村旅游发展阶段节点。近年来，乡村旅游日益成为北京市居民出游的重要选择，并获得快速的恢复和发展。研究整理后将北京市乡村旅游发展阶段划分为起步开发、快速发展、巩固平缓三阶段（表7-2）。

表7-2 北京市乡村旅游发展阶段划分与特征

阶段	开端标志	阶段特征
起步开发阶段（2006年以前）	20世纪90年代后期，北京市城市化迅速发展，城市生活节奏快压力大，都市人群开始关注乡村，北京市乡村旅游悄然兴起	①旅游形式以郊区农村观光、学生郊游和农家乐为主（任顺娟，2010）；②经营方式渐趋多元化，但仍以村民自主经营为主；③乡村旅游所需的基础服务设施不完善；④乡村旅游相关规范、标准和制度开始完善，但并不全面系统；⑤乡村旅游市场竞争开始有了初步引导
快速发展阶段（2007~2016年）	2007年，北京市乡村旅游示范区和示范点建设工作继续推进，13个京郊生态旅游休闲带建设规划开始制定，逐步带动全市乡村旅游的整体发展	①乡村旅游产业规模迅速扩张；②旅游乡村产品逐步丰富；③经营方式多元化发展；④品牌效应显现，北京市乡村旅游市场规模迅速扩张；⑤投资建设规模迅速扩张，相关规划快速发展，北京市规划建设了众多品质高、前景好的乡村旅游项目；⑥管理逐步规范化，推进乡村旅游示范工作
巩固平缓阶段（2017年至今）	2017年，党的十九大报告提出乡村振兴战略，北京市印发《关于加快休闲农业和乡村旅游发展的意见》，为推动北京休闲农业和乡村旅游结构优化及提档升级共同发力；2022年，党的二十大报告强调乡村振兴战略是高质量发展的"压舱石"	①乡村旅游经济社会效益显著提升；②生态效益与经济发展逐步平衡；③产业结构明显优化，组织化、融合化、创意化发展特征显著；④数字化发展趋势显著；⑤投资主体多元化；⑥服务规范化

7.2.3 北京传统村落旅游地生命周期分析

7.2.3.1 北京旅游型传统村落类型划分

当前，不少传统村落发展了特色旅游产业，根据北京传统村落的主要旅游业态，将案例村划分为"村景+美食"型、"村景+民宿"型、"村景+特色文化"型、综合型四类交叉型旅游型传统村落（表7-3）。

表 7-3 北京市旅游型传统村落类型划分

类型	主要特征	传统村落
"村景+美食"型	①以"村景旅游+美食文化"为主要特色，其发展取决于村景和美食的美誉度和知名度；②起步阶段以村景观光旅游为主，发展速度缓慢、规模小、效益低；③发展阶段美食品牌逐渐形成，发展速度加快，需强化多种产品组合开发以实现持续增长；④转型升级阶段外在压力迫使传统村落创新升级，反之，发展曲线可能趋于平缓甚至衰落	柳沟村（豆腐宴）、长峪城村（猪蹄宴）、康陵村（春饼宴）
"村景+民宿"型	①以"村景旅游+民宿特色"为主要特点，二者互补共进，形成发展共生体；②起步阶段以村景观光为核心驱动产品，整体发展速度较为缓慢、规模较小、效益低，需强化精品民宿驱动力；③发展阶段品牌逐渐形成，村落知名度迅速提高，发展速度较快、规模较大、效益较好，但品质一般；④转型升级阶段传统村落旅游业逐步走向高质量发展路径，效益和品质得到提升，精品民宿演化方向为规模化空间分布的民宿型旅游度假区，反之，则缺乏竞争力，村落发展处于下坡态势	岔道村、西牛峪村
"村景+特色文化"型	①以"村景旅游+特色文化"为主要特点，文旅融合政策优势及市场优势显著；②起步阶段以红色文化为核心资源，以村景为次要产品及游憩环境，旅游发展增速缓慢、规模小、效益很低；③发展阶段文旅融合政策及专项资金的落实促进发展速度提升；④转型升级阶段旅游客源稳定，发展速度、个体规模、整体效益显著提升，应夯实红色文化内在驱动力，传承红色基因	马栏村、灵水村、南窖村、沿河城村、焦庄户村、西胡林村、万娘坟村、德陵村、茂陵村
综合型	①村落文化复合多元，以村景旅游为基底，发展中择优融合多元产业形态，实现文化共融；②起步阶段以观光为主，发展速度较为缓慢、规模较小、效益低，需引进强化异质性驱动力；③发展阶段外生动力显著，着眼于特色化品牌创建，旅游发展速度较快、规模较大、效益较好，但品质一般；④转型升级阶段品牌知名度显著提升，传统村落走向品质化发展路径，效益和品质实现提升；⑤衰落下坡阶段，管理效率低，村落旅游发展横向分支泛滥，纵向管理不足，造成品牌负面消耗，村落旅游产业逐渐衰落	爨底下村、黄岭西村、古北口村、水峪村

7.2.3.2 北京旅游型传统村落生命周期概述

旅游地生命周期理论描绘了旅游地发展历程中规律性的变化，但是特定旅游发展都具有各自的特点，因此在实际案例中生命周期曲线可能会有不同的变形（王志稳和黄家美，2004）。整体来看，当前北京市乡村旅游政策支持度高，但受制于资源本底、区位、交通等因素，不同传统村落旅游发展所处生命周期的阶段及生命活力参差不齐。为实现传统村落旅游业可持续发展，需得首先平衡和兼顾好乡村文化与乡村旅游二者的关系，可采取诸如保护和传承传统村落的文化景观、加强特色旅游吸引物的创新研发、加大传统村落的旅游服务设施和基础设施的建设、加大传统村落旅游市场宣传等措施。然而，要推动传统村落旅游产业由起步开发阶段向发展阶段转化，除了要做好上述措施外，还需有强大的外生动力和内生动力。

具体而言，一方面，外生动力主要来自政府和外来企业，政府主要给予传统村落文化资源的保护和传承政策、资金，并给传统村落在保护利用规划编制、基础设施建设、旅游公共服务设施建设、人力资源培训等方面提供动力支持；外来企业主要在文化和旅游企业投资建设、运营管理等方面为传统村落发展提供动力支持。另一方面，内生动力主要来自于村委会、村民精英和村民。强有力的村委会是传统村落文化传承和旅游发展的关键，在争取政府资金、引进文旅企业、修建设施等方面都扮演着重要角色；村民精英可以在核心旅游产品开发、文化资源保护传承等方面发挥带头作用；村民可以在参与特色旅游、村景观光、文化传承等方面扮演重要的参与角色。

7.2.3.3 北京各类旅游型传统村落生命周期分析

不同旅游类型的传统村落均面向特定的细分市场，其生命周期的长短往往取决于潜在市场的大小（王海燕和李晓东，2006）。参照旅游地生命周期理论模型（Butler，1980），从北京市 20 多年的乡村旅游发展情况来看，不同类型传统村落旅游发展生命周期曲线可能只有 2~3 个阶段：起步阶段、发展阶段、转型升级/衰落下坡阶段。本节绘制了北京市不同旅游型传统村落的生命周期曲线（图7-1）。具体分析如下。

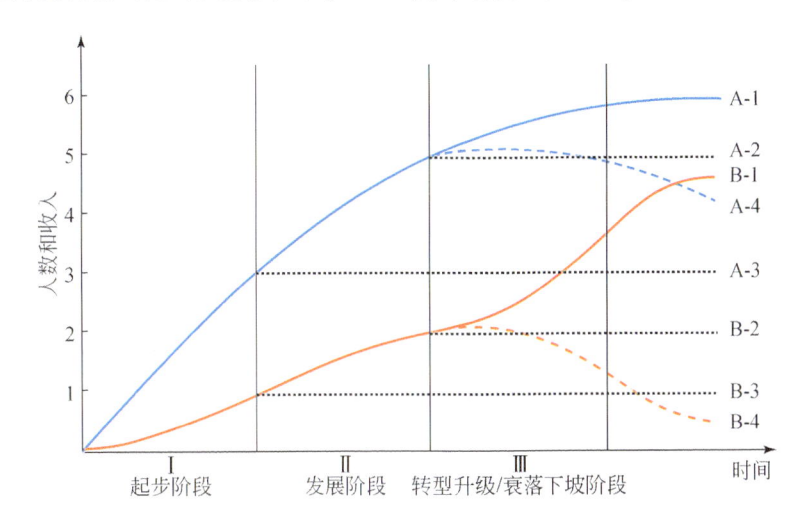

图 7-1　北京市传统村落旅游地生命周期曲线

A 代表拥有较强观光价值的传统村落，A-1 即经历了 3 个阶段的驱动发展，A-2 即经历了 2 个阶段的驱动发展，A-3 即经历了 1 个阶段的驱动发展，A-4 即衰落下坡阶段的驱动发展；B 代表拥有较弱观光价值的传统村落，B-1 即经历了 3 个阶段的驱动发展，B-2 即经历了 2 个阶段的驱动发展，B-3 即经历了 1 个阶段的驱动发展，B-4 即衰落下坡阶段的驱动发展

（1）"村景+美食"型传统村落

村景旅游型传统村落以传统村落观光旅游为主，将乡村美食文化植入传统村落则可以满足多元化市场需求。与此同时，将传统村落非物质文化有机融入村景旅游，在趣味性和体验性等方面增加了村景与活动的美誉度和知名度。这些都使得此类传统村落具有较好的旅游发展潜力，能够吸引多层次游客。"村景+美食"型传统村落生命周期发展历程契合图 7-1 中 B 型曲线，其内在发展逻辑为植入乡村美食文化，弥补传统村落观光旅游的吸引力不足，整体促进传统村落旅游发展内在动力的延续与更新。

1）起步阶段。在起步阶段（图 7-1 中 B-3 曲线），此类传统村落旅游人次和收入起步于第1梯度，村景观光价值较低，基础设施不完善，难以有效吸引游客前来旅游，发展速度缓慢、规模小、效益低，需要依靠美食因素吸引游客以实现向发展阶段的转变。

2）发展阶段。在发展阶段（图7-1中B-2曲线），传统村落旅游人次和收入迈入第2梯度，美食品牌逐渐形成，经营方式渐趋多元化，政府扶持及企业投资等外生动力显著增强，游客流量及旅游收入均较起步阶段有所提升，发展速度有所加快。然而单纯的美食动力不足以支撑传统村落向转型升级阶段迈进，需要文化创意旅游、精品民宿旅游、休闲农特产品采摘、乡村民俗美食等多种产品组合开发才能实现。

3）转型升级阶段。在转型升级阶段（图7-1中B-1曲线），传统村落旅游人次和收入迈入第3梯度，伴随着中央对社会经济高质量发展要求的提出和北京市乡村旅游提档升级的机遇来临，此类传统村落抓住时机强化内生性驱动建设，经济社会效益显著提升，以打造美食IP、创新美食文创、强化村落景区化建设、引入高科技展示等现代化方式实现转型升级，乡村旅游发展迎来新的增长点；否则，传统村落将面临衰落下坡阶段（图7-1中B-4曲线），仅靠单一性村景观光和遍在性乡村美食，其旅游发展必遭瓶颈，短期增长惯性后曲线发展趋于平缓甚至衰落。

例如，北京市延庆区井庄镇柳沟村生命周期发展历程契合图7-1中B-1曲线，传统村落起步阶段的驱动因素为村景资源，发展阶段的驱动因素为美食市场，当前转型升级阶段的主要驱动因素为创新。在以"火盆锅豆腐宴"乡村美食旅游品牌为核心资源的基础上，柳沟村拥有丰富的兵城文化、中药文化，兼有总兵府、城隍庙、中药园等观光景点，传统村落旅游项目较为丰富，能够丰富游客体验，吸引大量回头客，契合近年来城市游客的乡村出游需求。

（2）"村景+民宿"型传统村落

近年来，借鉴浙江等地精品民宿成熟的发展模式，北京乡村民宿释放出巨大的市场潜力，呈现出强劲发展势头。"村景+民宿"的组合形式使得村景观光与民宿两大异质性产业系统被视为统一整体，预示高质量发展时代下北京传统村落的旅游亟须挣脱同质化发展桎梏，逐步转向凸显地域特色、满足休闲度假需求的可持续发展模式。此类传统村落旅游发展生命周期契合图7-1中A型曲线，村景观光与精品民宿互补共进，形成传统村落旅游坚韧共生体。

1）起步阶段。在起步阶段（图7-1中A-3曲线），此类传统村落旅游人次与收入起步于第1~第3梯度，以村景观光为核心驱动产品，由于新兴民宿产业起步时间较晚，传统村落民宿为简单的住宿形态且以村民自主经营为主，在其他传统村落旅游的激烈竞争下，整体发展速度较为缓慢、规模较小、效益低，需要强化精品民宿驱动力以实现向发展阶段的转变。

2）发展阶段。在发展阶段（图7-1中A-2曲线），传统村落的旅游人次与收入迈入第4~第5梯度，旅游业态逐渐丰富，品牌逐渐形成，且民宿产业所附带的技术、管理、资本、规划等较为科学规范，能够有效延长游客停留时间，传统村落知名度迅速提高，发展速度较快、规模较大、效益较好，但品质一般。

3）转型升级阶段。在转型升级阶段（图7-1中A-1曲线），传统村落的旅游人次与收入迈入第6梯度，由于发展阶段速度过快、规模过大，加之乡村旅游市场品质化需求显著，传统村落旅游业逐步走向高质量发展道路，此时产业结构明显优化，数字化、投资主体多元化趋势显著，发展速度变缓、规模得到控制、效益和品质得到提升。在转型升级发展态势下，"村景+民宿"最终演化状态为民宿型旅游度假区，其发展模式呈现散点状、带状和组团集群三种空间布局，主要空间影响因素为传统村落的自然资源（如沿河流、森林等）与文化资源（如沿长城文化带、永定河文化带等）等。同时，应当在外生动力的激励下重点强化内生动力建设。具体来看，从传统村落整体发展角度，未来应当更多关注智慧乡村与美丽乡村建设；从民宿单体角度出发，未来要关注智慧家庭或智能家居建设，强化自身硬实力。若传统村落处于衰落下坡阶段（图7-1中A-4曲线），在旅游发展中则表现为民宿管理不科学、产品特色不突出、服务不到位，在精品民宿产业中缺乏竞争力，导致传统村落整体发展不再具有显著增长态势，逐步走向衰落。

例如，延庆区八达岭镇岔道村旅游发展历程契合图7-1中A-2曲线，传统村落起步阶段下的驱动因素为村景资源，当前发展阶段下的驱动因素为资金、精品民宿市场，旅游增长速度较快。该村落位于八达岭长城脚下，拥有数家品质卓越、久负盛名的网红民宿，每年6~10月旅游旺季游客络绎不绝，在同类传统村落中有较强的市场竞争力。同时，在其长城旅游的基础上，岔道村还拥有戏台、衙署、清真寺、关帝庙等众多观光景点，旅游产品层次丰富，能够有效吸引亲子、背包客等不同类型游客。

（3）"村景+特色文化"型传统村落

凭借当前强劲的文旅融合政策优势及市场优势，"村景+特色文化"型传统村落旅游发展优势显著。特色文化是传统村落在长期发展中形成的具有显著文化特征，承载着村民情感记忆及强烈文化认同的村落文化。北京市传统村落存在文化共性，形成了传统民居文化、传统民俗文化、长城守边文化、守陵文化、宗教信仰文化、古道商贸文化、红色文化、饮食文化、耕读（举人）文化九种典型的传统村落特色文化（Xiao et al.，2022）。此类传统村落旅游发展状况主要取决于特色文化的美誉度和知名度，其旅游地生命周期历程契合图7-1中B型曲线，以红色文化村落为例：

1）起步阶段。在起步阶段（图7-1中B-3曲线），此类传统村落旅游人次与收入起步于第1梯度，以红色文化为核心资源，以村景为次要旅游产品和游憩环境，具有一定资源吸引力，但基础设施及旅游服务设施不完善，传统村落旅游发展缓慢、规模小、效益很低，要实现向发展阶段的转变，需紧随政策步伐，深度挖掘村落红色文化资源，扩大客源市场。

2）发展阶段。在发展阶段（图7-1中B-2曲线），传统村落旅游人次与收入迈入第2梯度。随着文旅融合政策的逐步开展以及传统村落专项资金的落实，此类传统村落旅游发展速度显著加快、产业规模迅速扩张，然而要实现向转型升级阶段的跨越，需强化内在驱动力，不断创新红色文化展现形式、夯实旅游服务设施建设、强化人才培养。

3）转型升级阶段。在转型升级阶段（图7-1中B-1曲线），传统村落旅游人次与收入迈入第3梯度，国家大力倡导思想政治教育，各企事业单位响应政策定期开展红色文化教育，传统村落旅游客源稳定，发展速度、个体规模、整体效益显著提升。此时传统村落应与乡村振兴融合发展，以数字化、规范化及"红色旅游+"产业融合为导向，注重红色文化资源的文化及审美价值开发和有效利用，夯实红色文化内在驱动力，传承红色基因。

北京市门头沟区斋堂镇马栏村旅游发展历程契合图7-1中B-2曲线，传统村落起步阶段的驱动因素为红色文化资源，当前发展阶段的驱动因素为政策，发展速度较快。马栏村红色文化鲜明，在自创山坡红色马栏景观及保护"八路军冀热察挺进司令部"遗址基础上，大鼓、京剧、舞蹈等传统戏剧民俗保留完整，古民居、龙王观音禅林大殿遗址等类型丰富的古村落生活样本仍有留存。不论是对于有红色文化教育任务的相关单位，还是对于自驾游、组团游等游客，马栏村红色旅游都具有强烈吸引力。

（4）综合型传统村落

综合型传统村落文化复合多元，其旅游发展的实质就是在探索中不断实现多元文化的共融。综合型传统村落生命周期发展历程契合图7-1中A型曲线，其旅游发展在明确自身资源特点及内省短板的基础上，通过择优融合具有市场前瞻性的多元产业形态，以此谋求传统村落发展的现代性与地方性，实现集体利益与个体利益的兼收并蓄、共存共融。然而此类传统村落也有可能陷入特点不突出的困境中，具体发展状况取决于资源特色及当地政府领导力。

1）起步阶段。在起步阶段（图7-1中A-3曲线），该类传统村落旅游人次与收入起步于第1~第3梯度，在优良的村景资源及生态环境基础上发展观光旅游产品，此时传统村落旅游发展精力更多在于景区化建设中，在北京市传统村落中优势不显著，发展速度较为缓慢、规模较小、效益低，需要引进并强化餐饮、民宿等业态，才能实现向发展阶段的转变。

2）发展阶段。在发展阶段（图7-1中A-2曲线），传统村落旅游人次与收入迈入第4~第5梯度，国家对于传统村落与乡村旅游重视程度有所提升，专项资金、扶持政策、企业投资等外生动力显著，传统村落开始着眼于特色化品牌创建，重点强化文化资源吸引力、多元化经营方式及规范化管理制度，引进精品民宿、特色餐饮等产业形态，旅游发展速度较快、规模较大、效益较好，但过快的发展速度一定程度上会影响到旅游产品品质。

3）转型升级阶段。在转型升级阶段（图7-1中A-1曲线），传统村落旅游人次与收入迈入第6梯度，品牌知名度显著提升，但此时单纯追求经济的粗放式增长路径有违时代趋势，传统村落必然要走向品质化发展道路，强化组织化、融合化、创意化的产业结构发展，以减缓发展速度、控制扩张规模等方式来实现效益和品质的提升，夯实旅游发展根基，谋求可持续发展。此时传统村落发展着眼点应由外向内强化审视，以实现旅游发展内生驱动为目标，完善传统村落旅游发展的内在支撑体系。

4）衰落下坡阶段。在衰落下坡阶段（图7-1中A-4曲线），传统村落管理效率低，旅游发展横向分支泛滥，纵向管理不足，村内旅游经营者利益至上，村委会等各旅游主体不注重传统村落文化的维系传承，造成自身品牌的负面消耗，在经历了短暂的增长惯性后传统村落旅游必将衰落。

门头沟区斋堂镇爨底下村旅游发展历程契合图7-1中A-1曲线，起步阶段的驱动因素为村景资源，发展阶段的驱动因素为文旅市场，当前转型升级阶段的驱动因素为创新。村落在自然村景资源的基础上，多元化发展观光、民宿、文创、餐饮、研学等旅游品牌，当前旅游发展稳定增长，前景光明。爨底下村始建于明代，被誉为"中国古典建筑瑰宝的明珠"，被评为国家3A级景区。爨底下村具有传统民居、田园美食、精品民宿、庙宇古建、京西古道遗址、抗日小学遗址以及石雕等众多传统村落文化样本，是典型的集村景、美食、民宿、宗教、红色文化、京西古道、姓氏等多元文化于一体的综合型传统村落，在北京传统村落中有较强的知名度及吸引力。

7.3 不同生命周期下旅游开发对北京传统村落文化传承的影响

在传统村落旅游地可持续发展中，乡土文化是其内在支撑（张琳和邱灿华，2015）。对乡村旅游中"乡土性"的传承与保护，既是有效促进乡村旅游发展的内生动力，又是乡土文化实现现代转化和可持续发展的必要举措（李丽娟，2021）。一方面，地域文化的传承对于传统村落旅游地生命周期演变至关重要，主要体现在聚居空间（周国华等，2011）、景观风貌（李伯华等，2022）等多个方面。另一方面，在不同生命周期阶段，旅游开发方式、开发模式等的差异性也会对传统村落文化传承造成不同程度的影响，主要体现在传承内容完整性、传承方式多样性、传承主体多元性三个方面。本节首先结合第5章对北京传统村落文化传承度分析结果，分析了不同生命周期阶段旅游对北京传统村落文化传承度的总体影响；然后按照起步阶段、发展阶段、转型升级/衰落下坡阶段，具体分析了不同生命周期阶段旅游对北京传统村落文化传承度的具体影响。

7.3.1 总体影响

根据第5章北京传统村落文化传承度测评结果，可得北京市不同传统村落文化传承度（表7-4）。由表7-4可知，文化传承度为Ⅰ级的村落有3个，分别为南窖村、岔道村、水峪村；文化传承度为Ⅱ级的村落有1个，为灵水村；文化传承度为Ⅲ级的村落有11个，分别为万娘坟村、古北口村、康陵村、德陵村、柳沟村、沿河城村、焦庄户村、爨底下村、长峪城村、马栏村、黄岭西村；文化传承度为Ⅳ级的村落有1个，为西牛峪村。

表7-4 北京市传统村落文化传承度

文化传承度水平	村落数量	村落名称
Ⅰ级	3个	南窖村、岔道村、水峪村
Ⅱ级	1个	灵水村
Ⅲ级	11个	万娘坟村、古北口村、康陵村、德陵村、柳沟村、沿河城村、焦庄户村、爨底下村、长峪城村、马栏村、黄岭西村
Ⅳ级	1个	西牛峪村

结合第3章北京传统村落空间、文化特征及成因分析以及第4章北京传统村落文化传承与旅游发展现状分析的内容，判别案例村所处生命周期阶段。从起步阶段、发展阶段、转型升级/衰落下坡阶段等，结合具体案例村落及其表现，分析旅游开发对北京传统村落文化传承度的影响（表7-5）。

表7-5 不同生命周期阶段旅游对北京传统村落文化传承度的影响

发展阶段	文化传承度阶段特征	案例村落	典型案例及其表现
起步阶段	①文化传承度总体处于Ⅲ级水平;②传统文化传承制度未受太多外力干扰,村民文化重视度、认可度较低,文化传承遭遇阻碍;③旅游开发度低,传承内容完整性好;④旅游商业化明显,传承方式多样性较差	沿河城村、西牛峪村、西胡林村、德陵村、茂陵村、黄岭西村、万娘坟村、南窖村	①黄岭西村文化传承度处于Ⅲ级水平,村落人口流失严重,传承主体严重缺乏,同时为迎合旅游需求,着重强调红色文化,对其他民俗文化不够重视,传承度较低;②南窖村文化传承度处于Ⅰ级水平,村落文化样本完整,文化传承状态较好,是京西民俗文化节的重要主办地,村民认可度及参与度也较高,文化传承度水平高
发展阶段	①文化传承度总体处于Ⅱ级水平;②外力因素推动下,传统村落开始注重文化传承体系的整合构建;③旅游开发逐步走上正轨,各主体文化重要性感知增强,文化认可度及传承内容完整性提升;④旅游开发吸引人才,主体多元性得以保证;⑤旅游发展逐步规范化,文化传承方式多样性提升	马栏村、长峪城村、焦庄户村、灵水村、古北口村、康陵村、岔道村、水峪村	①灵水村文化传承度处于Ⅱ级水平,举人文化宣传良好,古民居及庙宇遗址保存较好,加之旅游发展及综艺节目宣传使得其文化传承度较高;②岔道村文化传承度处于Ⅰ级水平,村落文化传承重视程度高,旅游市场稳定,文化认可度高,积极发展特色产业,文化传承度高
转型升级/衰落下坡阶段	①文化传承度,转型升级阶段处于Ⅱ级水平,衰落下坡阶段处于Ⅱ级及以下水平;②衰落下坡阶段,相关主体精力集中于游客量与旅游收入的回升,对文化传承关注过少,文化传承度水平下降;③转型升级阶段,旅游开发程度较高,文化传承度评价标准相应较高,文旅产业结构优化,资本博弈下以经济利益为重,对文化传承疏于维护管理,相关主体不重视文化传承,文化传承度较低	柳沟村、爨底下村	柳沟村文化传承度处于Ⅲ级水平,①通过对豆腐美食及村景进行转型升级实现旅游促进,饮食文化广为传播;②各主体以经济利益为重心,村落传统建筑保护度不足,对非物质文化关注度不够,村民文化传承热情不高,总体传承度较低

7.3.2 分阶段分析

(1) 起步阶段

起步阶段的北京传统村落文化传承度总体处于Ⅲ级水平。此阶段,传统村落核心旅游产品为村景观光,开始从相对原始、封闭的状态向现代化、开放性的状态转变,传统的文化传承制度未受太多外力干扰,传承内容完整性较强。然而,传统村落旅游发展缓慢,规模较小,相关文旅制度及规范不完善、引导性政策不健全,村民对传统村落文化的重视度、认可度等均较低,造成传统村落文化传承的方式多样性、主体多元性均较低,传统村落产业变革时期下的文化传承遭遇阻碍。同时,此阶段下,乡村旅游对于当地经济状况具有一定的改善作用,经营方式渐趋多元化,但不可否认的是,传统村落仍然存在旅游开发程度较低、旅游公共服务设施和基础设施不完善、村民旅游政策感知性较弱等问题。此时，旅游发展通常呈现不可持续状态，村民为了经济利益容易一哄而上，缺乏文化保护传承意识，旅游开发呈现明显的商业化趋势，传统文化"被表达""被扭曲""被舞台化"，传统村落的文化传承面临一定困境。

例如，门头沟区斋堂镇黄岭西村属于"村景+红色文化"旅游类传统村落，近年来游客量开始增多，旅游发展速度加快。然而，该村文化传承度却处于Ⅲ级水平，其原因一方面在于经济因素驱使下传统村落人口流失严重，传承主体严重缺乏；另一方面在于为满足旅游发展需求，该村片面强调红色文化的展现，虽然较好传播了革命文化，但原有的庙宇文化、戏曲文化及祈雨习俗等留存较少且无人问津，村民传承文化的意愿亦不强烈。相比之下，房山区南窖乡南窖村也是典型的"村景+特色文化"旅游类传统村落，旅游发展虽处于起步阶段，但文化传承度处于Ⅰ级水平。原因在于南窖村保存有较完整的古村落文化样本，村落本身文化传承状态较好；同时本身也是京西民俗文化节的重要承办地，在旅游推动下全面立体化地呈现并传承了传统村落文化，村民的认可度及参与度也较高，因而其文化传承度处于稳定的高水平阶段。

(2) 发展阶段

发展阶段的北京传统村落文化传承度参差不齐，总体处于Ⅱ级水平。在此阶段，各种乡村旅游业态百花齐放，但过分追求经济效益在一定程度上导致传统村落旅游发展品质一般，地方政府、专家学者、相关单位等开始关注并呼吁传统村落文化传承的保护及延续。在政策条例、专项资金、智力帮扶等外力因素推动下，传统村落开始注重文化传承体系的整合构建，实现新时代传统村落文化传承的继承、发展与创新，展现出北京乡村文化传承的勃勃生机。同时相比于起步阶段，发展阶段传统村落旅游开发逐步走上正轨，旅游产业规模迅速扩张、旅游产品体系逐步丰富、旅游经营方式多元化发展、配套设施渐趋完善，当地政府、旅游开发商、村民对于传统村落文化传承重要性的感知增强，并意识到优秀文化的传承是旅游发展保持活力的重要源泉，因而文化认可度及传承内容完整性得以提升。加之此阶段，乡村旅游管理逐步规范化，品牌效应开始显现，知名度不断提高，传统村落文化传承方式伴随旅游发展实现了多样化的科学发展。同时，传统村落旅游投资建设规模迅速扩张，有力吸引了中青年村民回流及外来人才加入，传统文化传承的主体多元性得以保证。

例如，门头沟区斋堂镇灵水村属于典型"村景+举人文化"旅游类传统村落，品牌知名度高，旅游市场竞争力强。从文化传承角度看，灵水村现存众多明清民居、举人院落以及寺庙遗址，文化传承的内容完整性较好；从外力驱动角度看，多年的旅游发展以及《爸爸去哪儿》综艺节目的宣传，使得灵水村文化传承的方式具有多样化特征。因此，整体上灵水村文化传承度处于Ⅱ级水平，传承度较高。相比之下，延庆区八达岭镇岔道村属于"村景+民宿"旅游类传统村落，其文化传承度处于Ⅰ级水平。从文化传承角度看，当地军事戍边文化显著，传承机制较为稳定完善；从旅游发展角度看，其乡村旅游发展开端较早，该村落拥有稳定的旅游市场，当地村民及游客的文化认可度较高，同时积极发展特色民宿及餐饮产业，因此文化传承的内容完整性和方式多样性水平高。

(3) 转型升级/衰落下坡阶段

转型升级/衰落下坡阶段的北京传统村落文化传承度均处于Ⅲ级水平。相较发展阶段，此阶段文化传承度有所回落，若传统村落处于衰落下坡阶段，其原因不难理解，可能在于其旅游发展态势跌落，相关主体精力集中于游客到访量与旅游收入的回升，对文化传承关注减少，相关工作及制度有所松懈，导致文化传承度水平下降。倘若传统村落文化传承度处于转型升级阶段，文化传承度水平下降的原因则可能在于：第一，旅游开发程度较高，乡村旅游的经济社会效益显著提升，然而旅游地形象渐趋固化，且传统村落文化的传承内容、传承方式、传承原则等文化传承度的具体标准均有所提升（杨立国和刘沛林，2017），良好的文化传承更多需要政府、专家学者、专业管理团队等的支持，因此传统村落文化传承程度略显疲软。第二，转型升级阶段，传统村落文旅产业结构明显优化，数字化发展趋势显著，旅游发展速度减缓、规模得以控制，经济效益和品质得到提升，传统村落整体发展平衡性得以维系，然而这在一定程度上导致相关主体对文化传承疏于关注与维护管理。第三，在此阶段，传统村落人际关系逐渐以旅游利益分配为核心，发展资源大量被用于围绕旅游利益的斗争和协调（张骁鸣和保继刚，2009）。文旅经营者一般以外来资本引入为主，当地村民经济地位与话语权处于下方，双方均对文化传承不够重视与不够关心，因此传统村落文化传承内容完整性、方式多样性以及主体多元性难以得到有效保证。

例如，延庆区井庄镇柳沟村属于典型的"村景+美食"旅游类传统村落，转型升级阶段旅游发展水平高，该村落通过创新豆腐菜品、保证原材料、传承传统技艺、建造豆腐制作工艺体验室、打造以豆腐为中心的系列饮食文化等方式，实现豆腐美食的转型升级；通过建设农业景观、豆腐壁画、电子屏/导览牌、船舶展示馆等实现村景升级，对传统村落旅游起到了一定的促进作用，使其饮食文化广为传播。如此盛名使得当地村民及部分外来经营者更多追求经济利益，手工豆腐产业资本大量注入，相关产业链条逐步完善。然而，这也在一定程度上造成了传统村落传统建筑保护资金不足、传统民居现状保护乏善可陈、现代建筑占比高的困境。同时，对于文旅结构优化的重点关注使得柳沟村对民俗活动、民间文艺、兵城文化、中药文化等非物质文化的保护传承关注不够，村民的文化传承热情不高。总体来看，柳沟村文化传承度处于Ⅲ级水平，传承水平不高。

7.4 旅游开发对北京传统村落文化传承影响作用机理

人类活动和地理环境的关系随着人类社会的进化而不断向广度和深度两个方向发展，而人地关系是包括两个各不相同但又相互联系的变量的一种系统（吴传钧，1991）。深入探讨人类活动与地理环境之间的关系并对其背后的系统演化机理进行研究是人地关系理论的内在要求，这对于旅游实践的发展及相关政策的完善具有重要的现实意义。概括地说，人地关系包括人对自然的依赖性和人的能动作用（郑度，2002）。根据人地关系理论及系统动力学原理，结合前文研究基础，本节绘制了旅游开发对北京传统村落文化传承系统的影响作用机理（图7-2）。

第 7 章 旅游发展对北京传统村落文化传承的影响及其作用机理

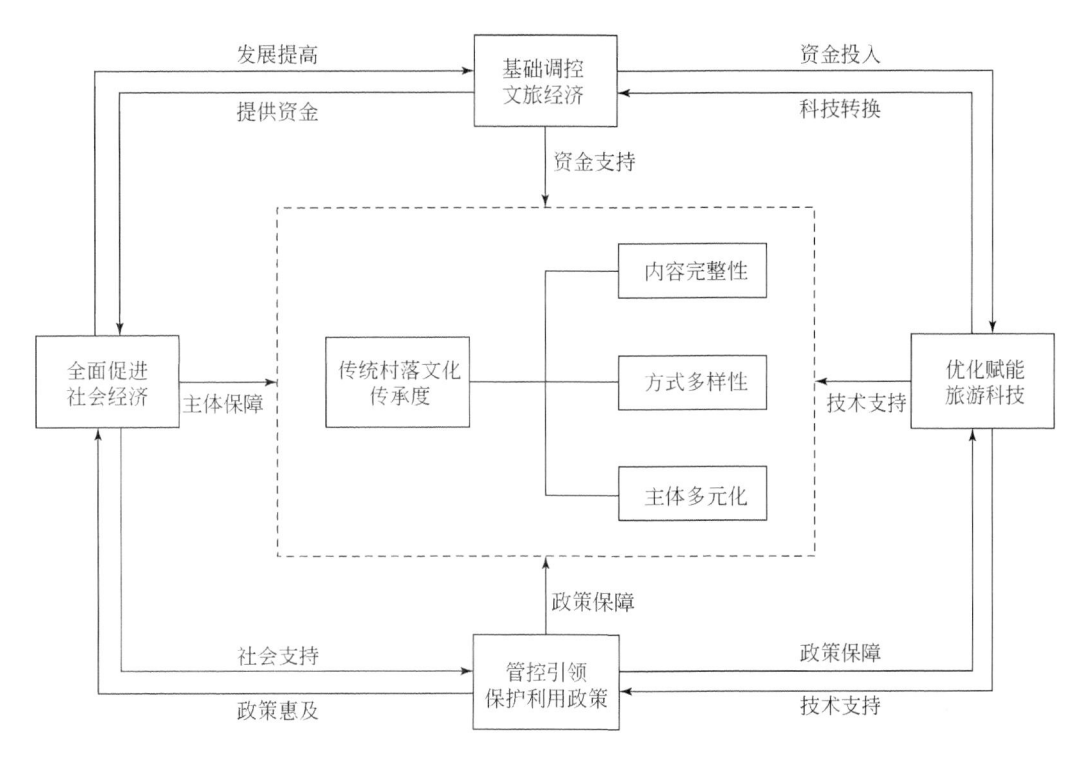

图 7-2 旅游开发对北京传统村落文化传承系统的影响作用机理

据前文 7.3 节所述，传承内容完整性、传承方式多样性、传承主体多元性等受到经济、政治、社会、科技等因素影响。因此，在北京传统村落文化传承度系统结构（图 7-2）中，系统外部存在文旅经济、保护利用政策、社会经济及旅游科技四个影响因素，系统内部存在传承内容完整性、传承方式多样性、传承主体多元性三个主要因素。

7.4.1 保护利用政策的管控引领作用

在北京传统村落文化传承系统中，保护利用政策对于传统村落文化传承度的影响具有管控引领作用。保护利用政策可以为传统村落文化传承提供良好的政策环境，使传统村落文化传承在文化保护、资源调配、资金借贷、人员管理等方面具有良好的后备保障。

保护利用政策对于北京传统村落文化传承的影响体现在：政府主导施行的政策措施使得传统村落物质文化、非物质文化得到法治化的保护，相关原则性指导有力促进了传统村落文化传承的内容完整性。在保护利用政策的引导下，传统村落开始注重传承方式的多样性及延展性，在延续代际相传等传统传承方式的基础上，因地制宜、因时制宜创建电子解说系统、现代庙会等传承方式，传承方式多样性得以提升。在保护利用政策支持下，北京传统村落文化传承主体渐趋多元化，各村均以村委会为传统文化传承的核心主体，传承主体在年龄梯队、性别结构上呈现良好态势。

保护利用政策为传统村落文旅经济、社会经济、旅游科技的改善提供政策保障，促进传统村落文化传承度的提高。根据各影响因素的运行反馈，保护利用政策可适时调整，从而促进传统村落文化的动态传承。具体来说，保护政策为传统村落旅游开发营造空间，提升文化传承度；经济反馈性使得传统村落保护利用政策得以调整改进，避免文化传承的低效无序状态，从而促进传统村落文化传承度的提升。

当前从传统村落文化传承实践来看，保护利用政策的实际引导功效与其理论上的角色规范之间还存在较大偏离。例如，当前"中国传统村落名录"及"全国乡村旅游重点村"等的遴选工作使入选的传统村落旅游开发获得较大进展，然而其文化传承度却不尽如人意。例如，门头沟区斋堂镇爨底下村的旅游开发水平较高，但其文化传承度却较低，折射出保护利用政策的引导作用与文化传承实际状态的偏离。

7.4.2 文旅经济的基础调控作用

在北京传统村落文化传承系统中，文旅经济对于文化传承度的影响具有基础性的调控作用。文旅经济对于传统村落的文化传承度具有直观显著的影响，具体体现在：第一，由于旅游开发带来的客源市场是由传统村落文化的资源价值转化为经济价值的保证，保护物质文化、非物质文化等文化资源是传统村落重要现实需求，投入的资金通过文物修缮、建设展览馆等能够维持部分传统村落文化的正常生存空间，很大程度促进了传统村落文化传承的内容完整性；第二，文旅资金的增加能够吸引传统村落的村民回流及优秀人才加入，促进了传统村落的文化传承主体多元性；第三，基于可持续发展理念，文旅资金的注入使传统村落文化传承摆脱生存窘境，得以进一步通过陈列展示、舞台表演、实景模拟等多元化方式实现传承，传承方式多元性得以提升。

文旅经济可为传统村落社会经济发展以及旅游科技的改善提供资金支持，同时也可为传统村落保护利用政策制定提供决策依据。在文旅经济与各影响因素的相互作用中，各主体利益得以平衡，整体旅游社会环境趋向和谐，旅游科技扶持增加。因此，对于传统村落文化传承度，传承的物质基础得以保证，文化认可度提高，传承制度及传承主体的执行障碍得以清除，传承方式多样性和传承主体多元性得到提高。因此文旅经济对于传统村落文化传承度具有基础性调控作用。

从北京市传统村落旅游发展现状来看，文旅经济对于文化传承度的基础调控作用有一定的实践检验。例如，门头沟区斋堂镇灵水村的旅游发展水平较高，文化传承度处于Ⅱ级水平，一定程度上表明文旅经济发展与文化传承可同步正向提升。

7.4.3 社会经济的全面促进作用

在北京传统村落文化传承度系统中，社会经济对于文化传承度的影响具有全面促进的作用。传统村落社会文化环境中管理者、经营者、村民等传承主体构成了当地社会环境的一部分，也是传统村落文化变迁的敏感者和承受者，具有多重性和动态性。

城市居民的乡村旅游活动促进传统村落社会文化和经济发展，进而促进村民的可支配收入提高。为进一步提高收入，村民可以开发旅游、民宿、餐饮等多元化产业，此种往复循环的宏观社会经济发展能够极大促进传统村落保护与旅游开发。同时，由于传统村落文化的脆弱性，传承主体参与传承的主动性非常重要，其积极态度将决定传统村落传统文化发展的质量和方向。具体来看，社会经济对于传统村落文化传承的影响表现在以下两个方面。①文化传承内容完整性及传承主体多元性。良好的社会经济为传统村落文化营造优化生存空间，在先进经营理念、自发传承意识、健康游览态度的共同作用下，村落传统文化开发过程被注入品牌、策划、营销等现代化管理手段，有助于促进传统村落文化传承内容的完整性及传承主体的多元性提升。②传承方式多样性。从文化吸引力角度出发，良好的社会经济能够促使传统村落从技艺展示、内涵展示、手工艺展示等方面着手，全方位提升传承方式的多样化发展。

良好的社会经济能够促进传统村落文旅经济的发展，为传统村落保护利用政策的制定提供社会支持，为旅游科技的改善提供动力。在此作用下，传统村落文化传承有了内容完整性、方式多样性和主体多元性的全面提升，由此，传统村落文化的传承度将会迎来质的飞跃。因此，对于旅游型传统村落而言，通过营造良好的社会经济环境，增强传承主体的文化认同感及自豪感来提升传统村落的文化传承度便显得十分迫切。

从北京传统村落旅游开发实践来看，多数传统村落处于起步开发阶段，旅游开发对其文化生态影响的负面效应显著，"主客"关系发生转变，表现出较严重的抵触和冲突，因而社会经济环境较为被动。例如，门头沟区斋堂镇沿河城村旅游开发基本上还处于起步阶段，较少有传承主体主动参与传统村落文化传承，即使参与也很少能够从中获益，社会经济环境不友好，客观上抑制了传统村落传承主体参与的积极性，文化传承度较低。

7.4.4 旅游科技的优化赋能作用

在北京传统村落文化传承系统中，旅游科技对于文化传承的影响具有优化赋能作用。借助现代化技术手段，旅游科技一方面能够为传统村落文化传承注入新的人流、物流、资金流及信息流，另一方面能够以高科技信息化手段促进传统村落文化传承的结构优化、机制迭代、效能提升及动力转换。

具体来看，旅游科技通过借助区块链、5G等技术，以文化数据存储等形式提高传统村落文化传承的准确性，延长文化存储的时效性，优化文化传播的广域性，极大促进了文化传承的内容完整性。借助旅游科技，传统村落能够通过全息投影、虚拟现实（virtual reality，VR）技术、3D演示、文化传媒、文化网游/手游等技术手段强化文化展现的生动性，传统村落文化传承方式多样性得以提高。同时，新颖的旅游科技手段贴合传统村落游客的旅游需求，良好的游客满意度能够反映村民的文化认同感，间接增强传统村落文化传承的主体多元性。

在传统村落文化传承过程中，以现代化手段为媒，旅游科技能够直接促进传统村落的文化传承方式多样性提升。市场需求的高质量满足能够为传统村落赢得良好的社会经济环境，主体多元性进而得以提升。经济效益的增加使得相关利益主体的文化认可度得以提升，形成良好的效应反馈，在保护利用政策的加持下文化传承内容完整性得以提升。综上，旅游科技能够为传统村落文化传承度调整结构，优化赋能。

例如，房山区南窖乡水峪村利用二维码建立了电子解说系统，并将这一系统运用于游客走古商道、推光绪碾、观古民居、登纱帽山等旅游活动之中，丰富了传统村落自身文化的对外呈现和传播方式，文化传承度水平高。然而，从北京整体传统村落旅游开发实践来看，文化传承的科技发展整体处于较低水平，鲜少有传统村落真正依托旅游科技，建立系统完整的旅游科技化展示平台势在必行。

第 8 章 北京传统村落文旅融合发展水平评价及影响路径

乡村文旅融合发展有助于推动城乡融合发展与乡村全面振兴。传统村落拥有大量优秀的乡村文化，科学推动传统村落文化与旅游融合发展有助于弘扬和传承中华优秀传统文化、全面推动乡村振兴。本章以北京 16 个典型传统村落为研究对象，在探讨传统村落文旅融合发展理论框架的基础上，使用层次分析法构建传统村落文旅融合发展水平指标体系，运用加权 TOPSIS 模型进行传统村落文旅融合发展水平评价分析，采用 fsQCA 法解析传统村落文旅融合发展的主要影响因素及其组合路径，针对传统村落等乡村地区文旅融合发展的优化提出 6 个建议。研究成果旨在科学评价北京传统村落文旅融合发展水平，揭示影响北京传统村落文旅融合发展水平的因素及其组合路径，将可为提升北京传统村落文旅融合发展水平提供决策参考和科技支撑。

8.1 研究背景

8.1.1 全国实施乡村振兴战略激发了传统村落发展新活力

伴随我国新型城镇化、新型工业化、农业现代化的快速发展，农村空心化、农业边缘化、农民老龄化等"新三农"问题强烈外显，已经成为制约满足人民日益增长的美好生活需要的主要矛盾（陈志军和徐飞雄，2022）。党的十九大报告中提出实施乡村振兴国家重大战略，该战略是新时期做好"三农"工作的重要遵循（王院成，2018），强调要坚持农业农村优先发展，助力乡村实现产业兴旺、生态宜居、乡风文明、治理有效、生活富裕的总目标。2021 年 2 月 25 日，国务院直属机构国家乡村振兴局正式挂牌；同年 4 月，第十三届全国人民代表大会常务委员第二十八次会议表决通过《中华人民共和国乡村振兴促进法》。实施乡村振兴战略已经成为党中央、国务院推动城乡融合发展与共同富裕的重要抓手。

乡村振兴战略是推进我国乡村地区突破发展的关键起点，将国家发展话语重新回归至乡村本身（孙九霞和王淑佳，2022），将乡村地区的生态农业、休闲度假、文化传承等多功能价值利用摆在重要位置。传统村落蕴含着中华传统文化遗产的丰富文化基因，是中国乡村地区的杰出代表。许多传统村落通过挖掘自身资源禀赋，充分发挥内生力量，发展特色产业，转化资源优势为经济优势，有效恢复了发展活力，实现了从贫到富的全新蝶变。此外，自乡村振兴战略提出后，各级政府按照明确任务、层层落实、五级书记抓振兴的工作方针，有序推进了各地区乡村振兴战略实施（杜国明等，2021），更是为传统村落等乡村地区的经济社会发展打了一剂强心针。

8.1.2 我国迈入文旅融合发展新时代，传统村落迎来转型新机遇

2009年8月文化部和国家旅游局共同发布《文化部 国家旅游局关于促进文化与旅游结合发展的指导意见》，在国家政策层面首次明确指出要推进文化与旅游协调发展，并提出"文化是旅游的灵魂，旅游是文化的重要载体"。2011年12月《中国旅游业"十二五"发展规划纲要》提出要加快旅游业与文化、体育等相关产业的融合发展，强调了文化产业和旅游产业的融合思路。随后国家又陆续印发了一系列政策，侧重点也逐渐从"文旅结合"向"文旅融合"转变（吴理财和郭璐，2021），持续推动文化和旅游的融合发展。在文旅产业供给侧亟须深化改革的背景下，2018年文化和旅游部正式组建成立，打破了行政机构壁垒，标志着我国文旅融合发展跨入了新时代。为贯彻落实党中央提出的建设社会主义文化强国这一宏伟目标，文化和旅游部于2021年4月印发《"十四五"文化和旅游发展规划》，进一步明确要以推动文化和旅游高质量发展为主题，促进文旅产业供给侧结构优化升级。2022年10月，党的二十大报告提出，坚持以文塑旅、以旅彰文，推进文化和旅游深度融合发展。从图8-1可以看出，国家在政策层面对文旅融合发展给予了高度重视。

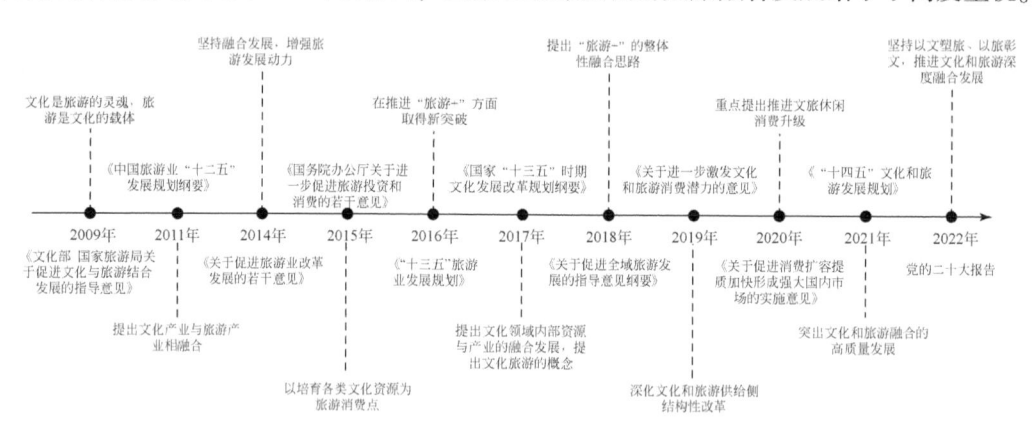

图8-1 关于文旅融合的重点政策演进

当前传统村落普遍存在文化景观受损（刘春腊等，2020）、人居环境恶化（李伯华等，2018b，2018c）等危机，许多传统村落面临着衰败甚至消亡的困境（唐承财等，2019）。1986年，《国务院批转建设环境保护部、文化部关于请公布第二批国家历史文化名城名单报告的通知》正式发布，自此我国的历史文化村镇保护工作拉开序幕。自2012年起，我国传统村落保护政策供给进入快速发展阶段（图8-2）。住房和城乡建设部等部门于2012年启动了传统村落保护工作，截至2022年10月26日，已公布了六批中国传统村落名录，共计8171个村落被纳入保护范畴；为加大传统村落保护力度，住房和城乡建设部等部门于2014年出台了《住房城乡建设部 文化部 国家文物局 财政部关于切实加强中国传统村落保护的指导意见》，明确指出以旅游发展来实现文化遗产的合理利用。虽然旅游业有助于实现乡村精准扶贫、村民增收致富和乡村振兴战略（麻学锋等，2020；唐承

财等，2020；黄震方等，2021；孙九霞等，2021；孙九霞和王淑佳，2022）。但对于传统村落这类以文化遗产为核心旅游吸引物的乡村地区来说，乡村旅游的快速推进也使得传统村落人地关系、物质空间及社会文化发生巨变，村民生活方式急剧变化（Dewi，2014）、村落过度商业化（Mitchell，2013）、传统原貌消退（Gao and Wu，2017）等现象日益严峻，制约了乡村振兴的全面实现。在文旅融合新时代背景下，《中共中央 国务院关于做好2022年全面推进乡村振兴重点工作的意见》提出了文化和旅游在乡村振兴中应发挥的作用。推进乡村文化和旅游融合发展成为促进乡村振兴的重要路径（傅才武和程玉梅，2021；瞿华和罗静，2022），为研究传统村落转型发展指明了方向。

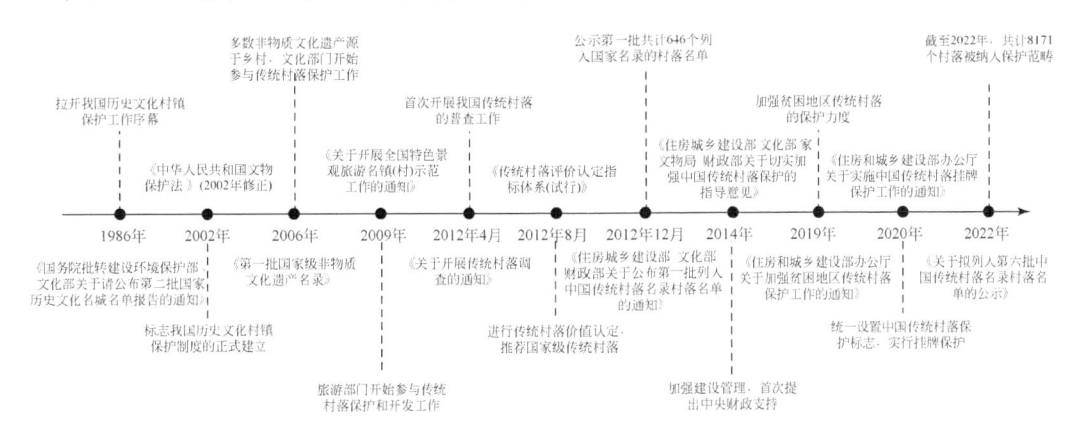

图 8-2 关于传统村落保护的重点政策演进

8.1.3 传统村落文旅融合发展水平定量评价研究相对薄弱

当今社会框架下，如何科学统筹传统文化传承与旅游产业可持续发展之间的关系，客观评价传统村落文旅融合发展水平，推动乡村振兴战略实施，已经成为许多传统村落的重要科学命题。在传统村落研究中，部分学者从业态品质提升（朱琦，2020）、活态保护利用与旅游融合发展（时少华和裴小雨，2020）、空间环境保护与更新（吴洁，2019）、文旅融合机制（王乃举，2022）等方面关注了文旅融合对于传统村落发展的意义。但将传统村落文旅融合发展作为整体，探讨其概念内涵、定量评价、影响因素及作用机理等理论和实践问题的研究相对薄弱。此外，文旅产业融合评价研究多为国家（翁钢民和李凌雁，2016）、省域（程晓丽和祝亚雯，2012）、城市群（于秋阳等，2022）、县域（王经绫，2020）等中宏观空间尺度，通过构建文化产业与旅游产业的评价指标体系与耦合协调度分析来反映产业融合情况（程晓丽和祝亚雯，2012；翁钢民和李凌雁，2016；王经绫，2020；于秋阳等，2022），鲜有针对乡村地区的微观尺度研究。此外，大尺度的指标体系和方法也难以适用于传统村落等乡村地区。

综合以上研究背景，本章尝试从乡村微观视角出发，以北京市 16 个典型传统村落为例，探讨传统村落文旅融合发展的理论框架，使用层次分析法构建传统村落文旅融合发展水平指标体系，运用加权 TOPSIS 模型进行传统村落文旅融合发展水平评价分析，采用

fsQCA法解析传统村落文旅融合发展的主要影响因素及其组合作用路径。本研究试图为乡村地区文旅融合发展研究提供思路,从文旅融合视角丰富我国传统村落可持续发展和乡村振兴的理论成果,为传统村落全面实现乡村振兴与乡村文旅融合发展提供理论基础和科技支撑。

8.2 理论框架

8.2.1 传统村落文旅融合发展的理论内涵

产业融合理论认为发生产业融合的不同产业内部要素存在着功能和范围上的相互渗透,具有一定程度的产业关联(庄志民,2020)。文化和旅游具备天然亲和力、高度彼此渗透、双向互动共进等方面的关联特征(范周,2019);伴随文旅部门的合并组建和政策文件的陆续出台,文化与旅游在产业培育和发展等各方面表现出了融合趋势(张朝枝和朱敏敏,2020)。通过产业间的相互延伸,文化和旅游在现阶段已经催生出一系列新的产品、业态和服务,即形成了文旅融合(翁钢民和李凌雁,2016)。文旅融合不是单纯的文化旅游利用和旅游文化开发,而是一个从资源到产品、从产品到产业,最终实现相互促进、优势互补、互惠共赢的过程(张朝枝和朱敏敏,2020)。

推进乡村地区文化和旅游融合发展能有效促进乡村振兴(傅才武和程玉梅,2021)。伴随城市化扩张和传统文化获得高度重视,传统村落所表征出的原真性、乡村性、文化性等乡土属性日益凸显,满足了游客愈加个性化的旅游需求(李伯华等,2018a,2018b,2018c)。文化成为传统村落旅游产业发展的内涵供给与独特吸引。适度的旅游开发实现了文化资源的整体性活态保护(卢松等,2005),并驱动了文化景观和地方性的再造(卢松,2014),从而促进传统村落更好地继承与发扬传统文化,实现以文塑旅、以旅彰文。因此,传统村落文旅融合发展能够科学利用历史文化遗存,推动村落可持续发展,稳步推进乡村振兴战略目标实现。

依据人地关系地域系统理论,乡村地域系统是由自然环境、资源禀赋、区位条件、经济基础、文化习俗等要素相互作用构成的具有一定功能、结构和区际联系的乡村空间体系(刘彦随等,2019),即由经济子系统、生态子系统和社会子系统共同组成,具有综合性、动态性和开放性特征的复杂适应系统(李志龙,2019)。其中,文化空间是以人的价值意识为导向的无形空间,亦是乡村地域系统不可或缺的组成部分(杨忍等,2022)。作为人地关系耦合的典型乡村聚落,传统村落在长期的农耕文明发展历程中凝聚了丰富的历史信息、传统文化景观以及乡愁记忆情感(汪芳和孙瑞敏,2015;焦胜等,2016;王淑佳和孙九霞,2021),拥有较于一般乡村聚落而言更加独特的文化延续价值,在现代化语境下表征出了强烈的文化遗产属性。据此,本研究认为在传统村落这一特定地域范围内,应当强调人地关系交互对于传统村落文化空间的深刻影响,并将传统村落地域系统理解为以经济发展、社会进步、生态保育和文化传承子系统的变迁为主线,不断适应内外变动以保持更好的可持续发展状态的多维系统。

通过对传统村落文旅融合发展理论框架的剖析（图8-3）可以发现，文旅融合发展通过文旅资源深度融合、文旅产品体系培育及文旅产业功能提升的路径，将其对传统村落地域系统的作用关系传递至经济子系统、社会子系统、生态子系统及文化子系统4个关键维度，释放和创造出利于实现乡村全面振兴目标的经济发展效益、社会进步效益、生态保育效益和文化传承效益。具体而言：第一，文旅融合的经济承载功能方兴未艾（马波和张越，2020），文旅融合通过利用传统村落可开发的闲置资源，能够不断提升村落集体收入与村民个人收入，持续增强旅游资本积累效应；第二，文旅融合发展在乡村社区的强势涉入，促使许多农户改变既有的生产生活行为，转向参与当地传统文化的创造性转化和创新性发展，大幅提升当地居民的地方认同以及精神风貌，推动和谐社会的构造（蔡新良和虞洪，2019）；第三，旅游业的市场属性与资源依赖性对乡村生态环境的平衡提出更高要求，促进乡村生态景观的营造优化（龙井然等，2021），同时更高标准、深层次、好品质的乡村旅游发展形态也加大村落生态环境综合治理力度（陆林等，2019）；第四，文旅融合发展有利于推动传统文化资源的活化利用和传承创新（范周，2019），着重强调在地文化对于传统村落旅游发展的关键作用，为传统文化场景化、活态化、生动化传承提供重要途径，继而达到延续乡土文化记忆和乡愁联结情感的目的。

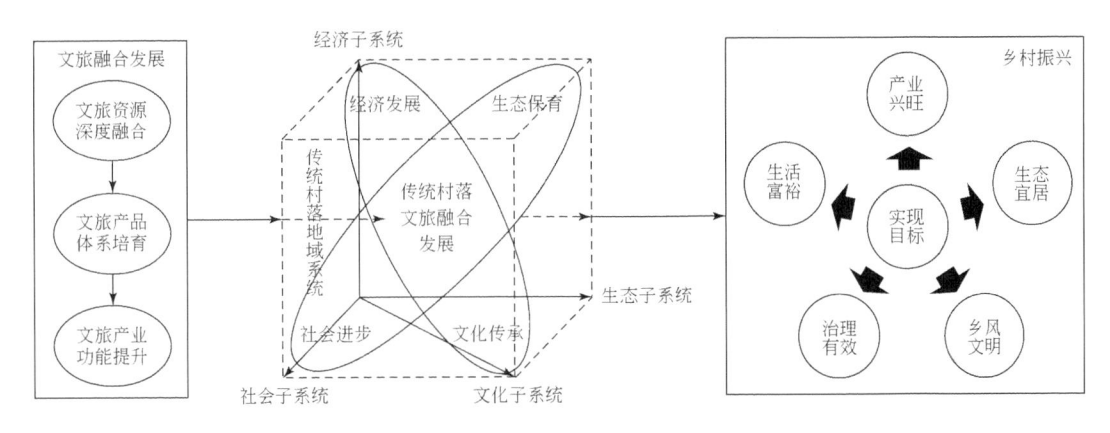

图8-3 传统村落文旅融合发展的理论框架

8.2.2 传统村落文旅融合发展水平评价指标体系构建

基于上述理论框架，本研究的指标选取不仅关注学术层面上的相关研究及专家深入访谈，也融入更多实践话语上的相关政府文件及长期实地调研资料的思考。①经济发展效益是传统村落文旅融合发展最为外显的效益体现。文旅产值和人均文旅收入能够综合反映出村集体的经济收入情况（王勇等，2019），同时作为衡量村落产业结构优化的重要指标，文旅产值占村落总收入比例的提升所折射出的积极意义需被重视。②文旅融合发展不仅为乡村地区创造了大量就业机会，还促进了当地社区的和谐社会建设（蔡新良和虞洪，2019；龙井然等，2021）。因此，社会进步效益维度的指标构成需要结合当地居民文旅就业率、乡风文明建设的现状情况，强调村民主体的就业活力与精神风貌。③生态景观营造水平、综合环境治理强度均是生态保育效益的关键指标。生态景观营造水平展现了文旅融合对传统村落生态资源的科学利用程度，综合环境治理强度则是文旅融合推动传统村落实现生态宜居目标的重要表现。④文化传承效益需要综合测度文旅融合影响下的传统村落物质文化空间保护和非物质文化遗产传承，传统建筑保存完好度、非物质文化传承度及传统格局保存程度均是其核心指标。

基于此，本研究构建了传统村落文旅融合发展水平评价指标体系（表8-1）。具体流程如下：①梳理《国家乡村振兴战略规划（2018—2022年）》《传统村落评价认定指标体系（试行）》《美丽乡村建设指南》等文件，分析相关研究成果（Carrillo and Jorge，2017；蔡新良和虞洪，2019；林祖锐等，2019；龙井然等，2021；万紫微，2021；王勇等，2019），初步遴选指标。②通过多次对传统村落的实地调研考察，评估各指标的系统性、科学性和可操作性，筛选部分不可测量的指标。③邀请从事传统村落保护与发展、乡村旅游、文旅融合发展等研究领域的12位专家组成焦点小组，根据专家讨论的反馈意见反复筛选指标，最终确定指标体系。

表8-1 传统村落文旅融合发展水平评价指标体系

目标层	准则层	因素层	要素层及指标内涵解释	指标来源
传统村落文旅融合发展水平A	经济发展效益B1	文旅产值C1	村落文旅产业在一定时期所获取的价值总和	焦点小组讨论
		人均文旅收入C2	村落常住居民在一定时期内平均所得的文旅产业收入	万紫微（2021）
		文旅产值占村落总收入比例C3	村落文旅产业产值/总收入	焦点小组讨论
	社会进步效益B2	当地居民文旅就业率C4	文旅产业就业人数/总就业人数	Carrillo和Jorge（2017）
		乡风文明建设C5	以村落所获的文明村镇（或文明单位）荣誉称号等级为表征	蔡新良和虞洪（2019）
	生态保育效益B3	生态景观营造水平C6	以专家对村落生态资源的景观风貌营造、空间利用格局优化等水平的赋分为表征	龙井然等（2021）
		综合环境治理强度C7	以专家对村落废弃物处理、清洁能源使用、村庄绿化工程等项目治理水平的赋分为表征	焦点小组讨论
	文化传承效益B4	传统建筑保存完好度C8	评价村落现存传统建筑及其细节的保存情况	《传统村落评价认定指标体系（试行）》
		非物质文化传承度C9	以村落非遗活动的传承规模为表征	林祖锐等（2019）
		传统格局保存程度C10	评价村落传统格局、街巷体系、传统公共设施的保存及利用情况	林祖锐等（2019）

8.2.3 传统村落文旅融合发展影响因素模型构建

传统村落文旅融合发展是多重因素交互作用下的复杂过程，因此需要以单变量建构组态视角，从影响因素组合角度更为系统且全面地分析其影响路径，以便有针对性地提升传统村落文旅融合发展水平。依据传统村落文旅融合发展的现实需求和未来展望，综合相关研究成果（王莹和许晓晓，2015；胡静等，2018；唐承财等，2019；安传艳等，2020；闫幸和吴锦峰，2020；张雪晶等，2022），本研究从资源基础、设施水平、政府支持、管理投入、市场营销5个方面分析传统村落文旅融合发展的影响因素。

1）资源基础。资源丰度、资源稀缺性和资源价值是旅游目的地得以发展的重要驱动力（王莹和许晓晓，2015；胡静等，2018）。作为典型的乡村旅游目的地，传统村落的资源基础同样是其文旅融合发展的关键条件。

2）设施水平。乡村旅游地的高质量发展无法脱离保障条件的支持（张雪晶等，2022），公共基础设施和配套产业要素均是保障传统村落文旅融合有序开展的重要因素。传统村落设施环境需要兼顾游客文旅消费和村民生产生活的双重需求，以此来提升游客满意度和村民生活幸福感。

3）政府支持。相关政策与资金是传统村落文旅融合发展最直接的支持。良好的政策供给环境能够科学引导传统村落文旅融合发展的方向、速度及效益，同时政府财政支持对于刺激旅游地经济发展、专业知识引进、协调利益相关者信任关系等具有显著作用（安传艳等，2020）。

4）管理投入。有效的旅游经营管理机制能够大幅提升旅游服务水平和游客体验质量（张雪晶等，2022），运营管理人才发挥的积极作用也能够促进乡村共建共享，为乡村文旅融合发展提供坚强软实力。

5）市场营销。通过强有力的市场营销，能够促进传统村落文旅消费市场的拓展与延伸。其中，举办民俗节庆活动（唐承财等，2019）和构建多种媒体宣传渠道（闫幸和吴锦峰，2020）是提升市场营销影响力的重要途径。

基于此，本研究在参考已有研究的基础上，构建了涵盖资源基础、设施水平、政府支持、管理投入以及市场营销5个变量11个二级指标的传统村落文旅融合发展影响因素模型（图8-4）。其中，资源基础包括资源丰度、资源稀缺性、资源价值（X_{A1}、X_{A2}、X_{A3}）；

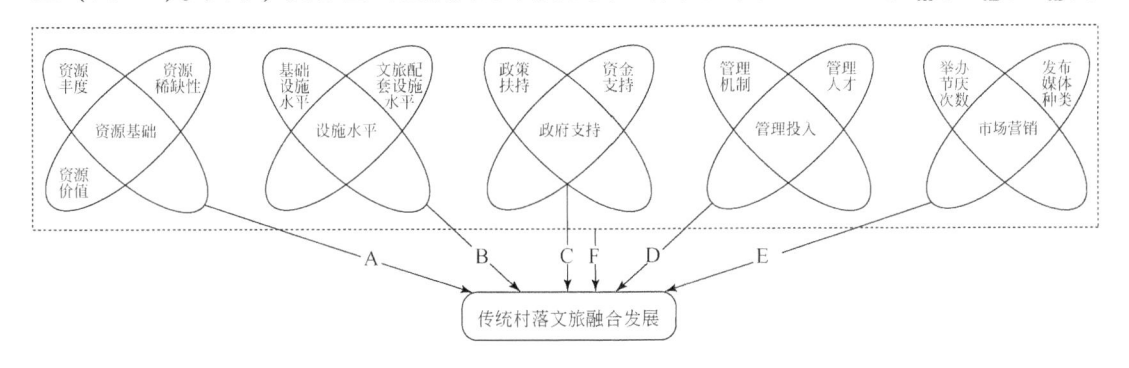

图8-4 传统村落文旅融合发展的影响因素模型

图中A、B、C、D、E分别表示资源基础、设施水平、政府支持、管理投入及市场营销对传统村落文旅融合发展的影响；F代表5个维度共同作用下对传统村落文旅融合发展的影响。其中，结果变量数据为测算出的传统村落文旅融合发展水平

设施水平包括基础设施水平和文旅配套设施水平（X_{B1}、X_{B2}）；政府支持包括政府对传统村落文旅融合发展的政策扶持及资金支持（X_{C1}、X_{C2}）；管理投入包括管理机制及参与村落文旅工作的管理人才（X_{D1}、X_{D2}）；市场营销包括举办节庆次数及发布媒体种类（X_{E1}、X_{E2}）。通过分析各前因变量之间的交互关系及其对发展水平的共同影响，进一步剖析传统村落文旅融合发展的多元组态路径。

8.3 研究方法与数据来源

8.3.1 案例地概况

北京市共有45个国家级和市级传统村落。在参考全国乡村旅游重点村名单的基础上，通过携程网、马蜂窝、大众点评等旅游资讯类网站搜集了解北京市各传统村落的旅游发展情况，考虑到地理分布广泛性、旅游发展阶段、村落特色、调研数据获取完整性等因素，最终从中遴选出16个已开发旅游的传统村落为实证对象，并对各案例村落的传统村落级别、行政地理、主要产业、主体文化、发展优势、文旅融合发展情况进行概述（表8-2）。

表8-2 案例村落基本信息

案例村落	传统村落级别	行政地理	主要产业	主体文化	发展优势	文旅融合发展情况
爨底下村	国家级	门头沟区斋堂镇	文旅产业	传统民居文化/古道商贸文化	完整保存我国明清两代山地四合院建筑群，具有丰富的非物质文化遗产，文旅产业发展成熟，就业结构稳定	自1995年开发旅游，所在的爨柏景区于2010年成为国家3A级景区；被评为第二批全国乡村旅游重点村、第二批国家森林乡村等
黄岭西村	国家级	门头沟区斋堂镇	文旅产业、农林种植业	红色文化/传统民居文化	具有丰富的红色遗存，多种文化融合发展	自2008年开发旅游，为爨柏景区的一部分；被评为第一批国家森林乡村等
灵水村	国家级	门头沟区斋堂镇	文旅产业、林果种植业	举人文化	具有独特的举人文化及旅游资源，同时热播娱乐节目带来了强劲的旅游知名度	自2000年发展民俗旅游，年文旅产值稳定在200万~300万元，被评为第一批全国乡村旅游重点村、北京最美的乡村等
马栏村	国家级	门头沟区斋堂镇	文旅产业、农林种植业	红色文化	拥有多处文化遗存及自然资源，红色文化特色鲜明，乡风文明建设较好，集体化经营管理	自1997年开发旅游，所在的马栏景区被评为国家3A级景区；被评为第一批全国乡村旅游重点村、首批北京市文化旅游体验基地等
沿河城村	国家级	门头沟区斋堂镇	文旅产业、林果种植业	长城文化	保存北京乃至华北地区最为完整的一座石头城，被誉为"华北第一城"	旅游开发时间较晚，现存10家旅游经营户，年游客到访量约2万人次；被评为第三批国家传统村落、北京首批传统村落等

续表

案例村落	传统村落级别	行政地理	主要产业	主体文化	发展优势	文旅融合发展情况
康陵村	北京市级	昌平区十三陵镇	文旅产业、零售业	美食文化/守陵文化	紧靠世界文化遗产（明十三陵），保留多种非遗文化	2019年旅游产业收入占村落总收入比例的80%；被评为2020年度首都全民义务植树先进单位、北京首批传统村落等
德陵村	北京市级	昌平区十三陵镇	文旅产业、林果种植业	守陵文化	留存十三陵中保存最好的神宫监墙，守陵文化特色鲜明	旅游发展相对滞后，现存1家精品民宿（若隐民宿）；被评为北京首批传统村落
万娘坟村	北京市级	昌平区十三陵镇	文旅产业、农林种植业	守陵文化	拥有守陵文化、红色文化及民俗文化等多种文化基因	现存3家村民自营农家乐，旅游设施相对缺乏；被评为北京首批传统村落
长峪城村	国家级	昌平区流村镇	文旅产业、林果种植业	长城文化/美食文化	历史遗存级别很高，文旅餐饮品牌知名，长峪城社戏百年传承	自2004年开发民俗旅游产业，现有12家旅游经营户；被评为北京最美的乡村、市区级先进民俗旅游村等
岔道村	国家级	延庆区八达岭镇	文旅产业、林果种植业	长城文化	保存了长城、革命旧址、庙宇建筑等多处历史遗存	自2008年开发民俗旅游产业，现有105户旅游经营户，其中高端民宿37户；被评为北京最美的乡村等
柳沟村	北京市级	延庆区井庄镇	文旅产业、农林种植业	美食文化/传统民俗文化	文旅餐饮品牌独特，文化遗产较珍稀，标准化经营管理	该村在2019年接待游客约80万人次，实现旅游收入1900万左右；被评为第一批全国乡村旅游重点村、北京最美的乡村等
南窖村	国家级	房山区南窖乡	文旅产业、农林种植业	传统民居文化	非遗文化资源丰富，传统格局保存较好	旅游发展处于初级阶段，村落现有2户农家院，旅游配套设施较缺乏；被评为第四批中国传统村落
水峪村	国家级	房山区南窖乡	文旅产业、林果种植业	传统民俗文化	传承了"四古文化"，即古村落、古商道、古石碾和古中幡	自2004年开始发展民俗旅游，现有6家民俗经营户，年游客量为3万~5万人次；被评为全国民主法治示范村、北京市农村工作（2017~2021年）先进集体等
焦庄户村	国家级	顺义区龙湾屯镇	文旅产业、林果种植业	红色文化	保存了地道战遗址等多处红色历史文化遗存，坚持赓续焦庄户精神	自20世纪90年代初开始发展红色旅游，被评为第二批全国乡村旅游重点村、市级民俗旅游村等
西牛峪村	北京市级	平谷区大华山镇	文旅产业、林果种植业	农耕文化	一村一品示范效应，中高端精品民宿落地	自2003年开发旅游，目前有7家精品民宿；被评为北京首批市级传统村落、第八批全国一村一品示范村镇等

续表

案例村落	传统村落级别	行政地理	主要产业	主体文化	发展优势	文旅融合发展情况
古北口村	国家级	密云区古北口镇	文旅产业、林果种植业	长城文化	拥有多处国家级文保单位，文化特色鲜明，村集体旅游发展意识强	自2000年开始经营民俗接待，被评为第一批全国乡村旅游重点村、北京最美的乡村等

8.3.2 研究方法

（1）层次分析法

层次分析法能够解决复杂系统的分层问题，通过专家打分，对多个元素两两比较进行排序判断进而确定权重。其关键在于确定层次及因子，结合传统村落文旅融合发展水平评价指标体系，分解为经济发展效益、社会进步效益、生态保育效益、文化传承效益4个评价准则，对每个要素分别提取评价因子，形成"目标层-准则层-因素层-因子层"的评价层次结构，对各层次各因子进行定量评价。具体步骤为：

1）构建准则层和因素层指标间的两两比较判断矩阵；

2）分别邀请来自文旅融合发展（7位）、传统村落（10位）、乡村旅游（9位）领域的26位专家对各判断矩阵进行比较评分；

3）使用Yaahp12.3软件进行一致性检验，经检验各判断矩阵CR<0.1后，通过专家群决策计算出各指标的最终权重结果 W_j。

（2）加权TOPSIS法

TOPSIS是系统工程中常用的多属性决策方法，是一种逼近理想解的排序法。原理是利用决策矩阵中含有的信息，对若干项指标通过测度评价值向量与正理想解和负理想解的相对距离进行排序优选，适用于多层次的评价分析（Tang et al., 2018）。本研究采用改进的加权TOPSIS法对传统村落文旅融合发展水平评价指标体系中的经济发展效益、社会进步效益、生态保育效益、文化传承效益及其综合发展水平进行排序与比较。具体计算步骤如下：

1）计算加权规范化决策矩阵，$P=(p_{ij})_{m \times n}$，即将标准化矩阵 Y_{ij} 与前文所求的权重向量 λ_j 相乘；

2）确定矩阵的正理想解 p_j^+ 和负理想解 p_j^-，其中 $p_j^+ = \max(p_{1j}, p_{2j}, \cdots, p_{mj})$，$p_j^- = \min(p_{1j}, p_{2j}, \cdots, p_{mj})$；

3）计算各评价对象指标向量与正理想解的距离 d_i^+ 和负理想解的距离 d_i^-，其中 $d_i^+ = \sqrt{\sum_{j=1}^{n}(p_{ij}-p_j^+)^2}$，$d_i^- = \sqrt{\sum_{j=1}^{n}(p_{ij}-p_j^-)^2}$，$(0 \leq d_i^+, d_i^- \leq 1)$；

4）计算各个被评价对象与最优值的贴近度 C_i，$C_i = \dfrac{d_i^-}{d_i^+ + d_i^-}$，$(0 \leq C_i \leq 1)$。

（3）模糊集定性比较分析法

为探究传统村落文旅融合发展的影响因素及其组合路径，本研究采用定性比较分析（qualitative comparative analysis，QCA）法。定性比较分析由美国社会学家Ragin首次提出，是针对中小样本案例研究的分析方法（Zhang and Zhang，2021）。该方法利用集合论与布尔代数的思路，结合了定性和定量的优点，通过对少量案例进行研究对照，分析多种前因条件组合下的因果逻辑关系（王利等，2021；张圆刚和刘鲁，2021）。每个案例被视为条件变量的组态，需要学者发现要素组态与结果的集合关系，以整合性分析视角解决复杂因果关系。

fsQCA 是定性比较分析的一种类型，采用"模糊集得分"的方式赋予因果变量 0~1 的取值。本研究选择该方法是基于如下考虑：①传统村落文旅融合发展的影响因素较为复杂，并非单一因素作用，fsQCA 能够从整体性和系统性角度进行多因素的组态路径探讨；②本研究所选案例的变量赋值，诸如资源基础、政府支持等，不需要进行 0 或 1 二元赋值的完全界定，采取 fsQCA 对赋值定级细分，可以使解释途径更具合理性（王利等，2021）；③本研究属于小样本因果关系探索性研究，本研究选取 fsQCA 法来分析传统村落文旅融合发展的影响因素及组态路径，具有较强可行性和合理性。

8.3.3 数据来源与处理

本研究范围为传统村落这一微观地域尺度，统计资料的完整性较弱，因此本研究数据主要来源于实地踏勘、深入访谈、定向问卷调查和专家打分，具体指标数据获取来源及赋分标准如下（表8-3）。

表8-3 各评价指标的数据获取及赋分方法

研究内容	数据获取方法		具体指标与赋值
传统村落文旅融合发展水平评价体系	综合评估	走访/村委会	文旅产值（C1）：10＝1 000 万元以上；8＝501 万~1 000 万元；6＝101 万~500 万元；4＝50 万~100 万元；2＝50 万元以下
			人均文旅收入（C2）：10＝25 000 元以上；8＝20 001~25 000 元；6＝15 001~20 000 元；4＝10 000~15 000 元；2＝10 000 元以下
			文旅产值占村落总收入比例（C3）：10＝50% 以上；8＝41%~50%；6＝26%~40%；4＝10%~25%；2＝10% 以下
			当地居民文旅就业率（C4）：10＝75% 以上；8＝51%~75%；6＝26%~50%；4＝5%~25%；2＝5% 以下
			乡风文明建设（C5）：10＝国家级；8＝省级；6＝地市级；4＝县级；2＝无
			非物质文化传承度（C9）：10＝50 人以上；8＝11~50 人；6＝5~10 人；4＝2~4 人；2＝2 人以下
	参与性乡村评估（participatory rural appraisal，PRA）	村民/游客 PRA	传统建筑保存完好度（C8）：10＝很高；8＝较高；6＝一般；4＝较低；2＝很低
			传统格局保存程度（C10）：10＝很高；8＝较高；6＝一般；4＝较低；2＝很低
	专家评估	专家打分	生态景观营造水平（C6）：按照 1~10 分（最低至最高）赋值
			综合环境治理强度（C7）：按照 1~10 分（最低至最高）赋值

续表

研究内容	数据获取方法		具体指标与赋值
传统村落文旅融合发展影响因素模型	综合评估	走访/村委会	资源丰度（X_{A1}）：10=20种以上；8=16~20种；6=11~15种；4=6~10种；2=6种以下
			资源稀缺性（X_{A2}）：10=国家级；8=省级；6=地市级；4=县级；2=无
			政策扶持（X_{C1}）：10=很好；8=较好；6=一般；4=较差；2=很差
			资金支持（X_{C2}）：10=很好；8=较好；6=一般；4=较差；2=很差
			举办节庆次数（X_{E1}）：每种活动计1分，满分10分，无活动计0.5分
			发布媒体种类（X_{E2}）：每种宣传媒体种类计1分，满分10分，无宣传媒体计0.5分
	PRA	村民/游客PRA	基础设施水平（X_{B1}）：10=很高；8=较高；6=一般；4=较低；2=很低
			文旅配套设施水平（X_{B2}）：10=很高；8=较高；6=一般；4=较低；2=很低
	专家评估	专家打分	资源价值（X_{A3}）：按照1~10分（最低至最高）赋值
			管理机制（X_{D1}）：按照1~10分（最低至最高）赋值
			管理人才（X_{D2}）：按照1~10分（最低至最高）赋值

（1）综合评估数据

研究人员首先于2020年10~11月实地探访了各研究对象村委会，获得相关统计报表与文件，同时结合查阅各村所在区政府统计资料、勘探实地和访谈村民等方式，保证所获指标数据的准确性。

（2）PRA数据

正式调查采取实地调研和网络调查两种方式，获取每村30个及以上的村民及游客样本。现场问卷发放时间如上所述，回收调研有效问卷214份。网络问卷调查时间分别为2020年11月和2022年3~5月，回收调研有效问卷277份。其中，村民线上问卷发放渠道为通过电话访谈、微信联络等方式进行定向发送；游客线上问卷发放方式则采取滚雪球方法，将问卷定向投放给1~2年内具有案例村落旅游经历的游客。最终共回收243份村民有效问卷，248份游客有效问卷。

（3）专家评估数据

邀请具有案例村落旅游体验的10位乡村旅游等相关领域专家，向其充分展示各村资料，请专家按照相应指标进行评估。

8.4 结果与分析

8.4.1 指标权重

通过层次分析法计算步骤得到传统村落文旅融合发展水平评价体系各指标因子的具体

权重，如表8-4所示。

表8-4 各评价指标的具体权重

目标层	准则层	权重	因素层	权重
传统村落文旅融合发展水平 A	经济发展效益 B1	0.2675	文旅产值 C1	0.0755
			人均文旅收入 C2	0.1064
			文旅产值占村落总收入比例 C3	0.0856
	社会进步效益 B2	0.2515	当地居民文旅就业率 C4	0.1608
			乡风文明建设 C5	0.0907
	生态保育效益 B3	0.2206	生态景观营造水平 C6	0.1011
			综合环境治理强度 C7	0.1195
	文化传承效益 B4	0.2604	传统建筑保存完好度 C8	0.0897
			非物质文化传承度 C9	0.0868
			传统格局保存程度 C10	0.0839

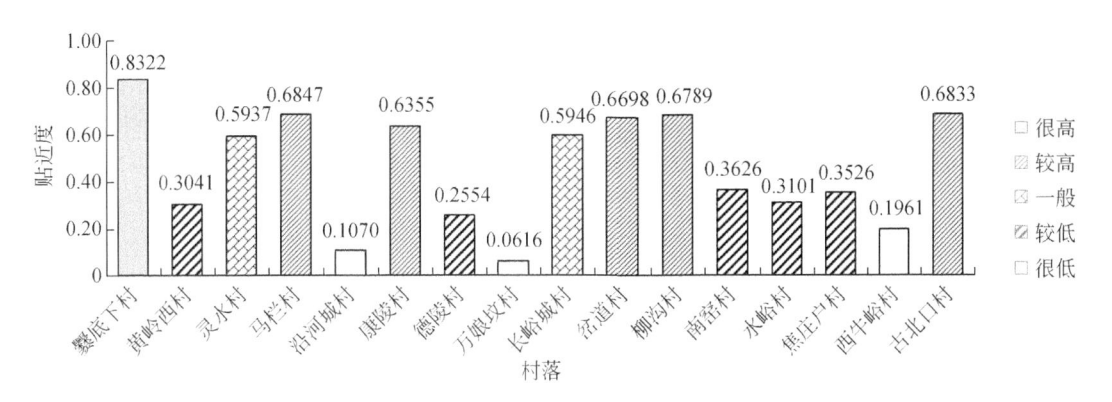

8.4.2 案例村落文旅融合发展水平评价

根据上述方法进行评价，测算得出案例村落文旅融合发展水平的贴近度，并对贴近度进行五档划分（$0 \leq C_i \leq 0.2$，$0.2 < C_i \leq 0.4$，$0.4 < C_i \leq 0.6$，$0.6 < C_i \leq 0.8$，$0.8 < C_i \leq 1$），分别对应很低、较低、一般、较高、很高5个等级。各案例村落文旅融合发展水平及相应准则层的评价结果如图8-5和图8-6所示。

图8-5 案例村落文旅融合发展水平评价结果

（1）经济发展效益维度评价

古北口村、岔道村和柳沟村依托优质文旅资源，开发了特色鲜明的旅游品牌，如古北口村、岔道村为长城脚下村落；柳沟村为"火盆锅豆腐宴"，吸引了大批北京市区及周边省市的游客，形成了较为稳定的游客规模与旅游收入，经济效益表现最为良好。爨底下

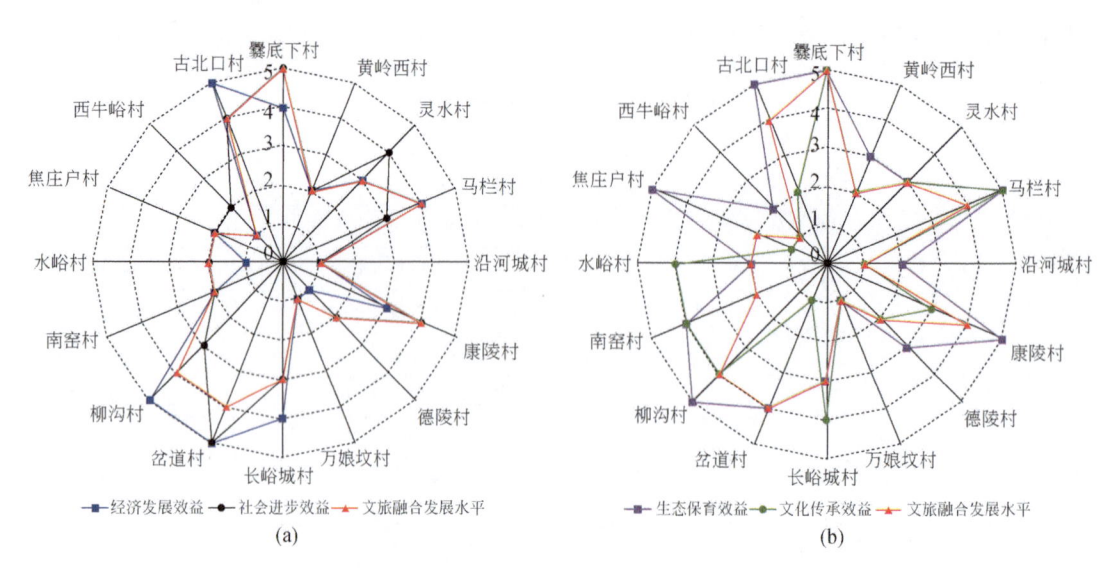

图 8-6　案例村落文旅融合发展水平分值分级
1、2、3、4、5 分别代表很低、较低、一般、较高和很高等级

村、马栏村和长峪城村虽将文旅产业作为村落重点发展方向，但在人均文旅收入指标上的突出效应尚未彰显，一定程度上体现出文旅产业对于村落集体收入的带动作用表现欠佳。灵水村和康陵村的集体收入来源主要是文旅产业，年均文旅产值维持在 300 万元左右，相较于其他村落，其整体经济效益表现一般，但未来具有一定发展潜力。黄岭西村、南窖村和焦庄户村的文旅产值占村落总收入的比例不高，其主要将文旅产业作为支撑产业，兼顾林果种植业、农副经营业等多种产业经营。沿河城村、德陵村、万娘坟村、水峪村和西牛峪村的文旅产值收入较低，文旅融合发展相对滞后，经济发展效益处于很低等级。

(2) 社会进步效益维度评价

爨底下村和岔道村旅游发展较早，许多村民摒弃固有生产观念，将个人院落开发为农家乐，当地居民文旅就业率很高，村民文化认同和地方认同感较强，体现出热情好客的文明乡风。灵水村、康陵村和古北口村的当地居民文旅就业率维持在 60% 左右，伴随文旅融合发展的持续造势，未来有望晋升为很高等级。相较而言，马栏村、长峪城村和柳沟村的社会效益水平处于一般等级，主要是因为村落常住人口基数大，参与文旅经营、服务接待等工作的比例相对较小。黄岭西村、德陵村、南窖村、水峪村、焦庄户村和西牛峪村等案例村落文旅融合所带来的社会进步效益表现较差，村民参与文旅就业意识有待进一步提升。沿河城村和万娘坟村由于经济发展效益水平不高，村民对于文旅融合发展、地方文化认同、乡风文明建设等方面的重视程度较低，引致表征出的社会进步效益水平处于很低等级。

(3) 生态保育效益维度评价

爨底下村、马栏村、康陵村、柳沟村、焦庄户村和古北口村自开展旅游业以来，致力于生态景观营造与旅游接待环境改善，保持了很高的森林覆盖率和村域绿化率，生活垃圾、污水等废弃物处理率和清洁能源普及率也达到良好水平。岔道村和南窖村在文旅融合发展过程中同样重视了综合环境治理，但因其发展核心为民俗文化和历史建筑，所以生态景观营造水平指标得分相比上述村落较低。黄岭西村、灵水村、德陵村和长峪城村的生态保育效益水平处于一般等级，实地调研显示，4个村落的内部绿化率相对不高，未来可依托政府补贴进行生态景观的专项提升。沿河城村、水峪村和西牛峪村在综合环境治理强度方面表现欠佳，未形成与村落文旅融合发展同步提升的节奏，如水峪村村民家庭污水排放大多采取自排方式。万娘坟村的生态保育效益得分最低，与实地调研反映的政策落实不到位、帮扶资金缺失等情况相吻合。

（4）文化传承效益维度评价

爨底下村和马栏村高度重视传统建筑修缮与非物质文化记忆传承，如爨底下村村委会定期拨款对明清古建筑群进行修缮，完整保存的传统格局风貌赢得了大批游客青睐；马栏村推出了体现该村红色文化底蕴的"不忘初心·红色马栏"沉浸式红色主题教育线路等。长峪城村、柳沟村、南窖村和水峪村未来能够通过文旅融合的有序发展，进一步提升文化传承效益。囿于传统民居建筑保留程度较差，灵水村和康陵村的文化传承效益水平较为一般，未来有必要重视文旅融合发展中的文化传承问题。黄岭西村、德陵村和古北口村对于非物质文化传承的关注程度较低，如古北口村暂时遗失了制作宫灯、鲁班枕等传统手工技艺。沿河城村、万娘坟村、岔道村、焦庄户村和西牛峪村内部的传统民居建筑破败较为严重，部分村落甚至与现代化乡村无异，故文化传承效益得分水平不佳。

8.4.3 文旅融合发展影响因素及作用路径

由图8-6可以看出，16个传统村落的文旅融合发展综合水平与经济发展效益、社会进步效益、生态保育效益和文化传承效益4个维度评价水平的分级结果存在一定差异，这也反映出各村落的文旅融合发展水平的高低是多元影响因素共同作用的结果。因此，通过揭示上述现象的背后成因，有针对性地进行文旅融合水平提升，就显得尤为重要。

（1）单变量必要性分析

fsQCA研究要求对结果变量和前因变量进行校准，转化为0～1的隶属值。参照已有研究（杜运周和贾良定，2017），在汇总前文5个条件变量的二级指标数据并对其进行均值处理之后，本研究分别选取变量数据的95%、50%和5%分位作为完全隶属点、交叉隶属点和完全不隶属点。后续步骤均基于校准后的数据进行。

在进一步进行条件变量组合路径分析前，需要采用一致性和覆盖率数值进行单变量的必要性检验（郭长伟等，2022）。通常认为，当单变量一致性水平大于0.9且具有一定覆盖率时，说明该变量可以作为结果变量的必要条件（张明和杜运周，2019）。通过计算单个变量的一致性和覆盖率可以看出，单变量均不能单独构成传统村落文旅融合发展的必要条件（表8-5），即传统村落文旅融合发展不是由单个固定变量所能充分解释的，因此需要对条件变量进行组合路径分析。

表 8-5 单项因素的一致性和覆盖率

变量	一致性	覆盖率
资源基础	0.790 119	0.783 559
~资源基础	0.400 778	0.456 364
设施水平	0.771 489	0.887 066
~设施水平	0.398 302	0.391 698
政府支持	0.848 131	0.810 387
~政府支持	0.362 811	0.431 920
管理投入	0.893 998	0.866 019
~管理投入	0.320 481	0.375 155
市场营销	0.758 637	0.858 554
~市场营销	0.445 584	0.444 275

注:"~"表示"非";一致性是衡量每个(或整个)解是结果集合的子集的程度;覆盖度表示每个(或整个)解在多大程度上覆盖(或解释)结果。

(2) 多元组态分析

在单变量必要性分析的基础上,为减少可能出现的矛盾组态,本研究将最小案例阈值设置为1,一致性阈值设置为0.80(张圆刚和刘鲁,2021),对个案数据分析输出简化解、中间解和复杂解三种类型。在实际分析中,通常将简化解和中间解共有的条件组合称为核心条件。据此,得到这些条件变量及其组合对传统村落文旅融合发展的影响路径,共归纳出3条路径组合。由表8-6可以看出,3条路径组合的总体解一致性为0.878 598,表示5个条件变量对传统村落文旅融合发展具有较好的解释力度。同时,总体解的覆盖率为0.777 385,说明3条组合路径能够解释77.74%的案例。对传统村落文旅融合发展的多元组态路径结果进行进一步分析。

表 8-6 基于 fsQCA 分析的传统村落文旅融合发展影响路径

序号	路径	原始覆盖率	唯一覆盖率	一致性
1	设施水平*政府支持*管理投入	0.684 235	0.108 596	0.903 472
2	资源基础*设施水平*管理投入*市场营销	0.638 132	0.062 492	0.985 613
3	资源基础*~设施水平*政府支持*~管理投入*市场营销	0.245 018	0.030 657	0.866 556

总体解的覆盖率:0.777 385

总体解的一致性:0.878 598

注:"~"表示"非";"*"表示"和"。

1) 成熟发展路径。路径1的一致性为0.903 472,能够解释68.42%的案例,古北口村、爨底下村、柳沟村、马栏村和岔道村等是该组态路径的典型代表。该组态的核心要素为"设施水平""政府支持""管理投入",缺失了"资源基础"这一核心变量与"市场营销"这一辅助变量。该组态在3个组态路径中覆盖的案例最多,常见于文旅融合发展水平较高的传统村落。由于旅游发展时间相对较早，这类案例村落大多已形成了较为成熟的文旅资源利用模式，如爨底下村将"爨"文化与"农家乐+精品民宿+民俗体验"相结合，发挥了以点带村的产业规模集聚效应。同时，这类案例村落在长期发展历程中也积累了较高的旅游知名度，为文旅深度融合发展提供了优先条件。然而这也在一定程度上意味着这类案例村落的资源基础竞争力和市场营销影响力在自身维度上无法实现大幅提升，因此二者未能构成驱动该路径的核心条件。在当今社会框架下，村民日常生计诉求与游客文化消费需求日益增长，对传统村落"硬"设施水平和"软"管理效能的优化转型提出了更高要求。在此转型中，地方政府提供的优先政策补给与惯性资金支持对此条文旅融合发展路径起到至关重要的作用。

2）快速发展路径。路径 2 的一致性为 0.985 613，能够解释 63.81% 的案例，典型案例有康陵村和长峪城村。该组态的核心条件为"资源基础""设施水平""管理投入"，辅助条件为"市场营销"，缺失了核心条件变量"政府支持"。该组态的案例村落实际上是大部分处于文旅快速融合发展时期传统村落的写照。与其他文旅融合发展较为成熟的传统村落相比，这类村落是在文旅融合相关的政策扶持与资金支持相对缺失情况下的自我探索。由于发展速度过快，这类村落的文旅产品体系相对较为单一，其文旅融合发展仍需以深层次的资源要素整合为关键驱动力。同时，这类村落会大力建设相对完善的旅游配套设施，以适应快速扩张的旅游接待规模。此外，由于缺乏地方政府介入，这类村落多形成了由当地村民自营为主导的经营管理局面，村民参与文旅融合发展的话语权较强。但总体而言，长期以经济效益为主导的开发模式会使传统村落忽视部分优秀文化基因的传承，同时地方政府的持续缺位也会引发村落出现经营收入严重分层、社会不公平、部分村民生活过于边缘化等问题。

3）渐进发展路径。路径 3 的一致性为 0.866 556，能够解释 24.50% 的案例，涵盖了灵水村和水峪村 2 个典型案例。该组态的核心条件为"资源基础""政府支持"，边缘条件为"市场营销"，"设施水平""管理投入"二者在此路径中对文旅融合发展的驱动作用表现并不明显。这类村落一般为点状的小规模旅游开发空间与传统生活空间相结合的形态，常见于文旅融合发展水平欠佳的传统村落。当配套设施完善度和管理投入有效力并不占优势时，资源禀赋要素和政府强力支持成为推动此条文旅融合发展路径的关键。一方面，此条发展路径的传统村落通过低强度的渐进式旅游开发，有效激活了本村旅游经济活力，如水峪村依托传统风水格局、古贸易商道和庙宇建筑等传统文化景观，保证了每年约 5 万人次的游客到访量。但由于缺乏文化深度挖掘，这类村落的开发模式仍以传统观光游为主，文旅产业规模集聚效应较差。另一方面，在地方政府主导下，这类村落物质文化空间形象得到了较大程度的修复，对文旅深入融合发展有一定的促进作用，如门头沟区政府为灵水村提供了 1.4 亿元专项文化遗产保护资金，并进行了详尽的文化遗产和旅游发展规划。

此外，一致性阈值的设定将南窖村、黄岭西村、德陵村、沿河城村、万娘坟村和西牛峪村排除在外，与传统村落非文旅融合发展组态分析的覆盖结果相吻合。这些案例传统村落大多处于文旅融合起步阶段，其发展受到多方面障碍因素的共同作用，亟须进行各维度相应的优化提升。同时，为加强本研究结果稳定性，参考朱亚丽和郭长伟（2020）的研究，采用"调整一致性门槛值"进行稳健性检验，即将前文中一致性阈值设定中普遍被接受的 0.80 这一标准更改为 0.85。对比发现，调整结果后得到的 3 条组态结果仍然保持不变，说明本研究得到的 3 条传统村落文旅融合发展的影响路径结果稳定。

8.5 本章小结

8.5.1 结论

本章以北京市 16 个典型传统村落为研究对象，在探讨传统村落文旅融合发展理论框架的基础上，构建传统村落文旅融合发展水平指标体系，评价与分析传统村落文旅融合发展水平，解析传统村落文旅融合发展的主要影响因素及其组合路径。主要结论如下：

1）由于传统村落表征出强烈的文化遗产属性，本研究将其地域系统理解为由经济子系统、社会子系统、生态子系统和文化子系统共同组成的复杂适应系统。传统村落文旅融合发展是一个沿着"文旅资源深度融合—文旅产品体系培育—文旅产业功能提升"逻辑，持续向传统村落地域系统释放经济发展、社会进步、生态保育和文化传承等多方面综合效益，进而推动传统村落全面振兴的动态过程。

2）案例传统村落文旅融合发展水平贴近度介于 0.0616~0.8322，整体差异较大，各村在 4 个指标维度上的水平呈现梯级分化、非均衡性的状态。其中，爨底下村的文旅融合发展水平最好。

3）单因素必要性分析中，资源基础、设施水平、政策支持、管理投入与市场营销 5 个单变量因素均无法单独成为传统村落文旅融合发展的必要条件。因此，传统村落文旅融合发展影响因素必须以条件组合的形式存在。

4）传统村落文旅融合发展共存在 3 条影响路径，分别为成熟发展路径、快速发展路径及渐进发展路径。研究表明，传统村落文旅融合发展不存在唯一的要素组合，而是以不同的路径组合来驱动发展，因此各传统村落需要根据自身文旅融合发展水平特征选择最为适宜的影响要素，以形成最优的组合方案。

8.5.2 讨论

本章首先基于地理学、管理学、社会学等学科对传统村落文旅融合发展进行理论思考，构建传统村落文旅融合发展水平评价指标体系和影响因素模型。通过实证分析，初步证明评价指标体系与影响因素模型的可行性与适用性，与已有研究成果（卢松等，2010；王莹和许晓晓，2015；庄晓平等，2018；张雪晶等，2022）有一定可比性，丰富了现有传统村落指标体系评价研究成果，解析了传统村落文旅融合发展的多元影响因素及其组态路径。其次本研究探索性地将传统村落作为文旅产业融合评价的研究对象，丰富了微观空间尺度的文旅产业融合研究，为乡村地区文旅融合发展研究提供了新的视角。最后本研究将以往针对传统村落文旅融合发展的定性研究（吴洁，2019；朱琦，2020；时少华和裴小雨，2020；王乃举，2022）拓展至定量与定性相结合研究，能够在一定程度上为后续相关研究提供方向指引与理论启示。

此外，本研究也存在一些局限：第一，由于本研究尚属传统村落文旅融合发展水平评价和影响因素模型构建的探究，因此，在传统村落文旅融合发展理论内涵、评价体系构建、指标赋分标准修正、影响因素撷取等方面均有待进一步的普适性检验，这也是后续研究中需要不断深化和完善的方向；第二，本研究选择的研究案例为北京市典型传统村落，在样本代表性上具有一定局限性，未来有必要补充不同的省市地区、旅游发展类型及文化内涵特征的案例样本，提高研究的科学性；第三，囿于传统村落的历史数据难以获取，本研究未涉及传统村落文旅融合发展水平及影响路径的动态演化过程和时空分异分析，因此同样需要在未来研究中继续跟进与补充。作为中华文化的源头，传统村落的有效保护（王淑佳和孙九霞，2021）、永续活化（李伯华等，2018a，2018b，2018c）与共同富裕是保障乡村可持续发展的重要环节，以新的研究思路和范式推动传统村落传承与发展，提出传统村落文旅融合的优化政策建议，对于推动乡村优秀文化传承与有效利用、全面实现乡村振兴战略具有重要意义。

8.5.3 政策建议

基于上述研究，对传统村落等乡村地区文旅融合发展的优化提出6个建议。第一，系统梳理和深度挖掘乡村文旅资源内涵。明晰文化资源保护利用现状，深度挖掘乡村文化内涵，实现典型文化资源再认知。依据景观生态学理论，将自然景观设计作为重要内容纳入乡村旅游发展规划，强化自然资源文旅价值（Chen X et al.，2020）。第二，有机整合文旅产品体系。依托村落文旅资源，打造特色乡村文旅产品体系（于法稳等，2020），丰富文旅融合新业态，摒弃原有的单一、陈旧和同质化现象；同时强化VR、增强现实（augment reality，AR）及全息投影等数字化技术的应用，拓展传统文化展示及旅游空间，增强文旅产品的游客互动性。第三，优化乡村社会环境。定期组织传统文化传承、道德风尚践行等主题教育活动和"传统文化传承贡献人物""文旅创业先锋"等表彰活动，培育文明乡风；与高校、企业构建合作机制，完成定期的文旅人才引进和联合培养，提升村落整体受教育水平。第四，完善传统村落文旅融合政策。提供专项资金政策扶持文旅业态项目发展，提供优惠税收政策吸引外部投资企业，充分吸纳社会资本；加强乡村文旅融合的顶层设计，丰富传统村落保护和旅游发展规划中关于文旅融合的内容。第五，加强乡村生态文明建设。制定绿色发展和环保规章，约束利益相关者行为，严格执行生态保护、空气环境监测等措施，加强生态环境综合整治和景观提升。第六，创新乡村文旅融合管理机制。安排专人负责文旅公共服务管理、文旅市场监督等工作；出台村规民约管理准则，规范村民旅游生产行为，优化文旅市场监管形式与效力，加大事后惩戒力度，如公示批评、缴纳罚款等，保障村落文化效益。

第9章　国内外传统村落文化传承与生态旅游融合发展案例分析

传统村落蕴藏着丰富的历史文化内涵与自然生态禀赋。目前全球许多传统村落将文化与生态旅游有机融合，借助其资源本底进行乡村生态旅游开发，促进传统文化传承与生态旅游融合发展，以此实现了传统村落整体性保护与乡村全面振兴。本章选择韩国、日本和中国的 12 个传统村落为案例，分析其概况和主要做法。研究成果旨在为我国传统村落文化传承与生态旅游融合发展提供案例借鉴和决策参考。

9.1　国外案例分析

韩国、日本与我国一衣带水，在地理、文化、旅游等领域具有相似属性。本节从韩国庆尚北道安东市丰川面河回村、日本岐阜县白川乡两个案例，分析韩国、日本传统村落的文化传承与生态旅游融合发展经验，研究成果旨在为中国传统村落高质量发展提供国际案例借鉴。

9.1.1　韩国庆尚北道安东市丰川面河回村

9.1.1.1　案例概况

河回村位于韩国庆尚北道安东市丰川面河回里，是丰山柳氏的集姓村。距离安东市区约 26km，因洛东江以"S"形蜿蜒环绕将村落包围，所以称为河回村，面积为 5.28km²，大约有 100 余户人家，柳家的后人至今仍在这里生活。该村于 2010 年 8 月和庆州良洞村一起被选为世界文化遗产。村子完整地保存展示了传统韩屋的美。河回村不仅风景秀丽，是一个背山面水的风水宝地，更保存了丰富了文化遗产。例如，书院、古宅、精舍、寺庙博物馆等，村内现有宝物第 306 号养真堂（柳云龙宅）、宝物第 414 号忠孝堂（柳成龙宗宅）、国家民俗文化财第 84 号北村宅、国家民俗文化财南村宅第 90 号、国家民俗文化宅第 85 号远志精舍、国家民俗文化财第 86 号宾渊精舍、国家民俗文化财第 87 号鹊泉古宅、国家民俗文化财第 88 号玉渊精舍，国家民俗文化财第 89 号谦庵精舍等多个韩国文化财。同时，演绎河回别神假面舞时使用的两个屏山假面被指定为国宝第 121 号保存在这里，其历史悠久，制作年代推测为高丽时代。而河回别神假面舞表演也被指定为重要无形文化财第 69 号，这些文化财各自有着重要的文化内涵。例如，玉渊精舍是西厓先生柳成龙撰写记录壬辰倭乱《惩毖录》的遗址，被韩国人认为是宗家精神和西厓先生爱国精神的传承之地；河回别神假面舞表演是韩国历史最悠久的假面舞表演，源于 12 世纪中叶，揭示了下层平民生活的艰辛，用讽刺、诙谐的语言揭露当时的社会矛盾，对了解当地风俗文化有着重要价值。除了珍贵的文化遗产，万松亭松林和芙蓉台等也是游客们不可错过的自然风光。河回村以历史文化资源为核心主题，集休闲观光、现代娱乐于一体的文旅发展模式，吸引了国内外的游客。图9-1和图9-2分别为河回村、芙蓉台、安东假面和安东假面文创产品的照片。

图9-1 安东假面
图片来源：调研组拍摄

图9-2 安东假面文创产品
图片来源：调研组拍摄

9.1.1.2 主要做法

(1) 以国际假面舞节为桥梁，增加国际影响力

假面是河回村典型的民俗文化遗产，河回村以假面为起点，以安东国际假面舞节为桥梁，扩大假面的国际影响面，增强它的传播力。从1997年起，每年的9~10月都会在安东举办国际假面舞节。安东国际假面舞节，是韩国文化体育观光部指定的优秀节庆，吸引了世界各地的游客。小小的假面将世界各地聚集在这个盛宴上，更是有韩国假面舞表演、外国假面舞表演、舞台剧假面联动游行、假面创作表演等多种多样的体验活动。假面舞节的持续举办，让安东假面走向了世界，促进了假面文化的传承和发展，同时也传播了韩国传统文化。

(2) 参与式传统民俗游戏活动，赓续传统文化

保持村民的原生态面貌，传承赓续民俗文化是河回村发展旅游一直坚守的原则。每年7月16日的夏日夜晚，河回村的儒生们齐聚一堂，在芙蓉台断崖下流动的洛东江上举办游船诗会兼祝祭，现在俗称船游绳火游戏，游戏分为准备、点火、鸡蛋火、落火等步骤。为了传承民俗文化和展现古代儒生的风雅，河回村保留了这一民俗活动，并将其旅游商品化，定期举办公演。游客们可以一边欣赏美丽的烟火，一边在游船上欣赏两班文人的即兴作诗表演。既是传统文化与现代旅游的结合，又弘扬了传统的民俗文化。

如果说绳火游戏是两班文人的游戏，那别神假面舞表演则是古代平民们游戏的天堂。别神假面舞原本是指每年一次的正月十五城隍庙神的村神祭。新娘、贵族、破戒僧、儒生等角色戴着假面进行场景表演，为了将这一民俗游戏更好地展现，在村子入口处的假面舞传授会馆，每周会有3次河回别神假面舞公演，共有两班、书生等6场戏可以欣赏。与单纯的公演相比，在假面舞表演的过程中，这些人物角色会跟现场观众互动，也会邀请大家参与其中。诙谐的表情、夸张的动作、制作精美的假面以及与现场游客的热情互动，让游客们印象深刻，在欢歌笑语中，记住了这古老的民俗文化。

（3）多元化营销方式，让韩国文化体验更加立体

河回村是韩国具有代表性的传统民俗村落，融合了古宅、宗家、礼仪、书院、民俗等诸多文化元素。最好的营销方式是亲自体验，河回村以文化为中心，通过感官营销，打造了仪礼体验、古宅体验、民俗体验、教育体验等多种体验项目，让游客全面立体地感受韩国的传统文化。仪礼项目主要是古代的丧礼、观礼和传统婚礼体验。为了让子孙后代铭记孝的意义和重要性，举办了丧礼观礼体验项目；传统婚礼体验则是通过亲自参与，明白传统文化中家的重要性和提高责任感。民俗体验项目分为岁时民俗体验和传统工艺体验。岁时民俗体验是指根据端午、中秋等传统节日时的民俗活动，开发相关的体验项目，如荡秋千、制作中秋松饼、风物和农乐体验等。传统工艺体验是指游客跟随村里的手工匠人，体验韩国传统工艺。传统生活文化展示项目则包括穿韩服、研磨体验、背水架体验、推磨体验、捣杵体验等。教育体验项目则包含了世界文化遗产的特讲、先贤文化体验和讲学、茶礼和礼仪教育、书法体验等项目。此外，在河回村通过预约可以体验韩剧中经常出现的古色古香的韩屋。来河回村如果不吃一次安东炖鸡，尝一杯安东烧酒，旅途会少了很多乐趣。河回村将韩国文化，以体验营销的方式，寓教于乐，既增加了游客的乐趣，同时为游客的重游和口传意愿奠定了基础。

影视营销依然是提高旅游目的地影响力的重要媒介。2022年电影《外界+人》在安东的万松亭完成了第一部拍摄；2017年由马东锡和李东辉主演的《兄弟》在河回村古宅完成了相关拍摄。这些电影的拍摄让河回村的名声再次提高，而河回村的宗家文化、儒家文化通过影视的方式得到了展现和传播。同时，多样化的新媒体营销为旅游目的地传播力的增强提供了新的路径。庆尚北道为了更好地宣传河回村在内的庆尚北道旅游，通过外籍小记者在旅游目的地采风，在自己国家的主流媒介发表游记/攻略、旅游视频，吸引潜在游客。另外通过官方微博，征集优秀的游记，举办线上活动，邀请有影响力的博主宣传等方式拉近海外游客与韩国文化的距离，这些喜闻乐见又接地气方式的营销，扩大了在潜在游客中的影响力，提高了海外市场的人气。同时安东市政府会邀请韩国国内的旅游博主、旅行作家、当地留学生参加特色活动，吸引国内游客的注意力。

（4）开发文创产品及衍生品，赋能文化传承

假面文化是韩国民俗文化的代表，也是河回村的特色文化。以假面为主题的文创产品，既可以广而告之假面文化，又可以促进旅游衍生品的消费。在河回村的商铺随处可见假面主题的钥匙扣、面具、项链，更是有假面制作体验，可以让游客一边学习，一边制作属于自己的假面面具。在安东国际假面舞节时，还会有假面泥人捏制、假面相框制作等。

旅游与文化、教育融合的一个很好路径是研学旅游。在河回村内有一个世界假面博物馆，收集了亚洲、非洲、欧洲、美洲等世界其他地区的假面，共有5个展示室，向游客展示着各个国家的假面。与传统的纯展览博物馆不同，假面博物馆还有专门的体验教室、体验项目，相关教育资料等，在体验结束后可以在网站上上传后记，供其他游客参考。另外，有专门的假面工坊，完整地再现整个制作过程，游客可以深入学习。同时，还有专门的作品展览区、商品购买区等，实现了假面展览、制作、销售、分享一条龙服务。永慕阁是展示柳成龙先生遗物的博物馆，包含了国宝第 132 号《惩毖录》、宝物第 160 号柳成龙宗孙家文籍的部分、宝物第 460 号柳成龙宗孙家遗物部分等。两处博物馆因其历史文化意义和象征，是韩国研学旅游的热门推荐场所。这里有文化旅游解说师为游客进行详细的讲解，让游客对爱国精神有了更加深层的理解。

9.1.2 日本岐阜县白川乡

9.1.2.1 案例概况

白川乡位于日本本州岛中部、岐阜县西北部白山山麓，与日本北陆地区的富山县和石川县接壤，四周被陡峭的群山环绕，包含荻町、相仓和菅沼三个地区。白川乡是日本著名的暴雪地带，年平均气温为 11.2℃，每年 12 月至次年 3 月会下雪，累积雪量高达 2~3m（最高积雪纪录为 4.5m）。在 1800 年左右的江户时代，因当地气候寒冷，常年积雪，村民创造出一种适合大家族居住的建筑形式——合掌造。合掌造的屋顶是 45°~60°的急斜面，便于积雪滑落，因其形状像双手合掌，因此得名合掌造。白川乡因特殊的建筑"合掌造"而闻名，这里冬季景色十分壮观，被誉为"冬日的童话村"。白川乡村内有明善寺库里乡土馆、荻町公园、和田家等多处旅游景点，1995 年白川乡历史村庄和五屹山被联合国教科文组织指定为世界文化遗产。截至 2022 年 10 月，白川乡有 1490 名村民，586 户人家，2021 年游客人数为 42 万人次。

9.1.2.2 主要做法

(1) 挖掘特色传统文化，开展体验式节庆活动

合掌造房屋是白川乡最具代表性的建筑，但仅靠合掌造建筑来开展的乡村旅游尚不能持续发展，所以除合掌造外，白川乡积极挖掘其他本土特色文化，如当地居民在遇到喜事时会吃"Suttate 锅"，这种以大豆做锅底，结合白川乡特有的厚片木耳和邻近地区的顶级牛肉——飞弹牛肉的火锅，是白川乡的特色美食（杨玲，2020）。它曾在"日本全国火锅大赛"上连续两年分别斩获冠亚军，如今也是吸引游客纷纷前往白川乡旅游的原因之一。此外，白川乡还通过举办庆演、节事等活动将传统文化进行趣味性、体验性展示，吸引游客参观游览，实现白川乡传统文化的增益与传承。白川乡在其官方网站上公布了每年的节庆活动时间表，每年 10 月中旬，白川乡会举办"浊酒节"，村民们在巨大的酒瓮前开展隆重的仪式，还会进行化装游行、跳狮子舞、唱民谣戏等活动。白川乡夏季举办的"插秧节"会邀请游客一起在田里插秧劳作，既能缓解当地劳动力不足的问题，又能让游客体验到劳作的乐趣。

(2) 凝聚成乡村共同体，推动乡村原生态发展

20 世纪 60 年代，因火灾烧毁、民居改造、被外地人买走或移建等原因，白川乡的合掌造房屋逐渐减少。当地村民开始思考白川乡的未来生存之道，他们意识到必须采取措施留住合掌造建筑。合掌造屋顶所用的茅草每20~40年就需修葺一次，需要300~500人相互协作，因这种大型的修葺活动而形成的相互扶持、团结一心的精神，当地人称之为"结"的力量（张姗，2012）。这种力量让村民们凝聚成乡村共同体，一个由全体村民组成的协会"白川乡荻町部落自然环境保护会"应运而生，经全体村民同意后制定了《白川乡荻町集落自然环境保护居民宪章》，确立了白川乡资源"不卖、不借、不毁坏"的保护原则。协会还制定了《白川村景观条例》，以"不破坏整体景观，自然形态必须原状保护"为核心原则指导旅游开发，制定了更细致的保护条例，如统一建筑物颜色、不得建设有损村落景观的建筑、不得新增与景观不符的广告牌等。此外，白川乡还成立了"世界遗产白川乡合掌造保存财团"，从事村落内的景观保存工作，具体包括合掌造房屋的修缮、支持村中节事活动举办及村落调查普及等。乡村共同体意识下，每一条村规的制定和修改都需要全体成员的同意，村民们相互理解、相互尊重，以白川乡全村的可持续发展为目标，成为白川乡的保护者、管理者、执行者、监督者和受益者（赵夏和余建立，2015）。

（3）完善旅游发展配套设施，因地制宜介入特殊景观

白川乡不断完善配套设施和服务，如白川乡旅游信息中心提供了附有多国语言的地图，包括英语、法语、德语、韩语、泰语、西班牙语等，甚至中文都分为简体和繁体两种形式。此外，游客可以在白川乡官方网站上查阅当地交通状况、旅游注意事项及民宿位置等信息。将"个性化"与"人情味"完美结合，提升游客旅游体验。因早期部分居民移居城市，白川乡将闲置的房屋建设成"合掌民家园博物馆"，复现当地传统农业生产情景，让游客近距离感受白川乡的文化魅力。除巧妙利用空闲房屋宣传特色文化外，白川乡还将原本可能破坏乡村美景的消防设施进行合理改造利用。白川乡合掌造的建筑为全木质榫卯结构，特殊的建筑形式和地理气候使当地存在很大的火灾隐患，因此白川乡非常重视消防安全（李皓，2020）。为提高村民防火意识，白川乡每年都会定期举办消防演习，村内所有消防水枪齐开，村庄在蒙蒙水雾中若隐若现，成为一道独特的风景线。

9.2　国内案例分析

通过课题组在全国各地的调研考察，本节选取北京市门头沟区斋堂镇爨底下村、吉林省白山市抚松县锦江木屋村、内蒙古自治区呼伦贝尔市额尔古纳市恩和村、山西省长治市平顺县岳家寨村、青海省黄南藏族自治州同仁市隆务镇吾屯下庄村、江西省上饶市婺源县篁岭村、湖南省怀化市中方县荆坪古村和湘西土家族苗族自治州花垣县十八洞村、贵州省黔东南苗族侗族自治州黎平县地扪村、四川省阿坝藏族羌族自治州理县桃坪村的10个传统村落为案例，重点介绍了其在文化传承与生态旅游融合发展过程中表现较为突出的典型案例，研究成果旨在为中国传统村落文化传承与乡村振兴提供案例借鉴与决策参考。

9.2.1 北京市门头沟区斋堂镇爨底下村

9.2.1.1 案例概况

爨底下村位于北京市门头沟区斋堂镇，始建于明永乐年间（1403～1424 年），因在"爨里安口"（当地人称爨头）下方得名。该村距北京城区 90km，海拔 650m，村域面积 5.33km²，森林覆盖率达 96.8%。村落坐落于缓坡之上，以龙头山为中轴线，呈扇形延展，四面群山环抱，山峦起伏蜿蜒，山势奇异优美。该村具有保存完好的以明清建筑风格为主体的山地四合院 76 套、房屋 656 间，排列井然、错落有序、布局严谨，是北京市目前保存最为完整的古民居群，被誉为"中国古典建筑瑰宝的明珠""中国北方民居的活化石""北京的布达拉宫"。凭借优越的自然环境资源与丰富的历史文化景观，该村赢得了大批游客青睐。目前该村每年接待国内外游客近 20 万人次，实现了文化传承与生态旅游的良好融合。图 9-3～图 9-6 为爨底下村部分文旅资源与设施。

图 9-3 "爨"字影壁
图片来源：调研组拍摄

图 9-4 "爨"字石块
图片来源：调研组拍摄

图 9-5 村内餐饮设施（"爨"灶社）
图片来源：调研组拍摄

图 9-6 一线天
图片来源：调研组拍摄

9.2.1.2 主要做法

(1) 坚持保护第一,严控古建风貌

第一,整体修缮村落古建。在各级政府拨付专项资金的支持下,爨底下村针对村内民居院落的破损程度,采用重点修缮、一般修缮和保护性修缮的方式,分类修缮加固,使村落传统风貌更加协调。第二,还原古建风貌。该村强调原工艺的古建修缮手法,要求使用当地建筑石材,并且通过特殊的做旧处理,确保瓦片或砖块的颜色和质地与原始样式接近一致,从而还原传统民居的历史风貌。第三,严格限制民居翻建。该村要求翻建民居所用材料、色彩、风格必须统一标准,并配有固定的测量队伍和施工队伍,保证民居的建筑风格相协调。

(2) 整合文旅资源,全域旅游规划

按照"传承历史文脉、建设斋堂古镇"的工作思路和功能定位,门头沟区斋堂镇依托历史文化名村爨底下村,联合青龙涧村、柏峪村、双石头村、黄岭西村、柏峪台村5个具有百年历史的古村落,对爨柏沟峪的文旅资源进行整体开发,并根据各村环境特色,规划了沟域经济发展的产业布局。此举充分发挥了爨底下村的旅游强村优势,带动了周边村落的协同发展,将爨柏沟峪建成了集生态旅游、民俗旅游、休闲旅游等旅游产业为一体的旅游沟峪带,有效促进了区域经济增长。

(3) 引入社会资本,促进提质增效

爨底下村一直致力于吸纳社会资本和旅游企业。2009年,斋堂镇成立了爨柏景区管理中心,并由政府担保从银行贷款与社会资本一起成立爨柏景区投资运营公司,共同开发经营与管理爨柏沟峪。其中,北京中坤投资集团有限公司以资金入股,为爨底下村在内的爨柏沟峪提供了强力资金支持(时少华和李享,2019),一部分用于基础设施和旅游配套设施的规范设置,另一部分用于传统民居修缮和改造。此外,爨底下村积极向社会资本推介村庄闲置资源发展精品民宿,保障了该村"爨舍"等精品民宿品牌的发展。通过政府资金与社会资本相结合的方式,极大促进了爨底下村经济实力提升与文旅深度融合。

9.2.2 吉林省白山市抚松县锦江木屋村

9.2.2.1 案例概况

锦江木屋村位于吉林省白山市抚松县漫江镇南侧的山林之中,由康熙十六年(1677年)留守长白圣地的满族人聚居形成,至今已在长白山下存在了300多年。长白山木材储量丰富,当地居民就地取材,砍树造屋,形成了别具特色的满族木屋建筑群。锦江木屋村现有传统满族木制房屋50多栋,依山势错落分布于长白山脚下。村内随处可见木墙、木瓦、木桌、木椅、木栅栏、木烟囱等木质元素,是东北地区和长白山区仅存的一处传承性的满族木屋群,有着"长白山木文化的活化石""长白山最后的木屋村落"的美誉。

锦江木屋村景色优美、生态丰富、民风淳朴,村内布满村民们种植的山杏树、梨树等植被。春夏有山花绿树装点,掩映在一片开满鲜花的果树林中,冬天有皑皑白雪覆盖,犹如一幅美丽的山水画。2009年，锦江木屋村入选吉林省非物质文化遗产名录，2013年被列入第二批中国传统村落名录，2014年入选首批中国少数民族特色村寨命名挂牌名单。近年来，锦江木屋村致力于走乡村旅游致富之路。通过生态保护、遗产修缮、民俗挖掘等方式，打造了以乡村旅居、东北民俗、关东文化等为旅游特色的乡村旅游景点，吸引了越来越多的游客前来游览。

9.2.2.2　主要做法

(1) 发展乡村生态旅游，优化旅游服务环境

早年间，由于锦江木屋村位于长白山深林之中，交通条件困难，当地居民多以开荒、采挖、狩猎、捕捞为生。但随着近年来高速修建、高铁通车，锦江木屋村依托长白山生态旅游的快速发展以及自身别具特色的传统木屋成功赢得了不少游客的青睐，乡村生态旅游成为该村重点发展的旅游形式。在当地政府的鼎力支持下，锦江木屋村围绕"中国最后的木屋村落"这一主题，大力开展旅游服务基础设施提升行动，如打造精品民宿、建设水冲公共厕所、开发民俗旅游景点等，旅游服务环境日益优化。

(2) 传承多种乡土文化，沉浸式体验文旅产品

锦江木屋村是吉林省长白山地区保存最完整的传统木刻楞建筑群落，是不可多得的长白山民族文化遗产资源。作为长白山文化的"活化石"，锦江木屋村立足绿水青山的资源禀赋，深入挖掘木文化、抗联文化、萨满文化等极具长白山地域特色的关东文化，着手开发了原始村落、满族文化体验等特色旅游项目。游客可以居住历史悠久的满族木屋，品尝热腾腾的手工豆腐，欣赏传统技法的满族剪纸，并与村民们一起踩高跷、跳秧歌。锦江木屋村"靠山吃山，靠水吃水"的原生文化活灵活现地传递给慕名而来的游人。

(3) 串联区域旅游发展，创新乡村冰雪文旅业态

锦江木屋村紧邻长白山景区、长白山鲁能胜地旅游度假区、长白山万达度假小镇等冰雪旅游地、休闲度假地，是大长白山区域旅游发展中的重要节点。在此背景下，锦江木屋村依托深厚的文化底蕴与独特的交通区位优势，与周边景点合作共建了多条精品旅游线路，形成了休闲度假-冰雪旅游-乡村旅游-生态旅游的区域旅游合作网络。此外，为吸引更多游客到访，锦江木屋村还积极邀请新闻媒体到村实地采访、宣传推介，开设了长白山艺术家创作写生基地，建设了占地近1万 m² 的冰雪旅游公园，并成功举办"首届锦江木屋村冰雪嘉年华"活动，促进乡村冰雪文旅业态创新。

9.2.3　内蒙古自治区呼伦贝尔市额尔古纳市恩和村

9.2.3.1　案例概况

恩和村是恩和俄罗斯族民族乡乡政府所在地，地处内蒙古自治区呼伦贝尔市北部额尔古纳市的西北部，距额尔古纳市区98km，面积约240km²，西隔额尔古纳河与俄罗斯相望。全村511户，户籍总人口1143人，由汉、蒙、俄罗斯等10个民族组成，俄罗斯族为主体民族，是我国最年轻的少数民族之一。该村于2013年入选了第二批中国传统村落名单，

2017 年入选第二批中国少数民族特色村寨。

恩和，蒙古语意为"平安"之意。清代俄罗斯商队用骆驼驮着俄货到甘珠尔庙集市交易，恩和是必经之地，故俄语称此地为"戈拉湾"，意为"驼队""运输队"。该村俄罗斯民俗风情浓郁、俄式木刻楞建筑风格独特、民风淳朴，获评"自治区级文明村镇""全国民族团结进步模范集体"。凭借哈乌尔河、卧龙山、俄罗斯族传统民间舞蹈、巴斯克节等良好的旅游资源基础，形成了以俄罗斯族民俗文化为主题，融农业观光、休闲度假、健身娱乐等为一体的文旅产品体系，辖区哈乌尔河景区为 2A 级景区。2021 年全村接待游客量约 23 万人次，旅游收入约 850 万元。图 9-7～图 9-10 为恩和村的景观和活动照片。

图 9-7　哈乌尔河桥村史介绍
图片来源：调研组拍摄

图 9-8　中国首个俄罗斯族民俗馆
图片来源：调研组拍摄

图 9-9　首批家庭游接待户——瓦西里木刻楞建筑院落
图片来源：调研组拍摄

图 9-10　国家级非物质文化遗产巴斯克节场景
图片来源：调研组拍摄

9.2.3.2　主要做法

(1) 树立"党建+旅游"品牌，助推乡村旅游增收

立足恩和俄罗斯族民族乡乡政府所在地的区位优势，围绕党建助推乡村旅游发展。首先，将党员发展为旅游致富带头人、旅游服务志愿者，成立旅游协会党支部，为旅游从业者提供可靠的政治保障。其次，通过建立和完善旅游协会章程，依靠行业内部的制度来约束、规范竞争行为，遏制低价、恶性竞争，形成合力增强家庭游经营者凝聚力。与此同时，积极发挥"党建+旅游"引领作用，带动经营家庭游村民，在环境保护日捡白色垃圾，开展环保宣讲活动，提升生态环境保护意识。

（2）推进旅游基础设施项目建设，提升旅游接待能力

恩和村交通以公路为主，S201省道与外界连接，有多条村级道路与额尔古纳市相连。村屯间由砂石路连接，村内主街道为砼路覆盖，已完成主要道路硬化，村内有可供租赁的自行车和可乘坐的俄式马车。一方面，持续推进旅游基础设施项目建设，完成排水沟修建民生项目、切实解决辖区排水不畅现象，实施樟子松、紫叶稠李、山丁子、花楸等树种的造林绿化和路灯改造，新建生活污水处理站，有效改善旅游环境，为推动旅游业的发展提供必要的保障。另一方面，逐步完善旅游服务接待体系，建设传统民俗街、景观雕塑、游客中心、停车场，旅游厕所完备、游憩设施配套合理，提高了村民幸福指数，提升了旅游接待能力。

（3）创建恩和村地标建筑，增强旅游发展文化动力

厚重的俄罗斯族文化是恩和村的基调。中国第一家俄罗斯族民俗馆于2007年建成，占地约530m²，馆藏展品423件，从农耕、生态、渔猎、彩金、家居、民间艺术和宗教七个方面进行民俗文化展示，有力地见证了俄罗斯族在额尔古纳河流域繁衍生息的历史，展现俄罗斯族群众生产（农牧业、狩猎业、采金业）历史演变、生活习俗、民间艺术和宗教信仰等。俄罗斯族民俗馆成为传承传统文化，承接先进科技、现代艺术、创新文化的发展平台，有效促进了恩和传统村落文化的呈现和互动交流，成为游客打卡地、旅游形象地标建筑和推动旅游业发展的新动力。

（4）深挖非物质文化遗产内涵，提高旅游产品四季体验值

为有效保持传统文化生态的平衡，恩和村强化非物质文化遗产的传承与活态化保护。一方面，结合对全村511户居民的深度访谈和文献分析，挖掘整理俄罗斯族歌唱、舞蹈、列巴制作、钩花等非物质文化遗产资源，通过积极培育和申报，俄罗斯族传统民间舞蹈和巴斯克节分别入选自治区和国家级非物质文化遗产名录，为7名非物质文化传承人建立档案，促进非物质文化技艺传承和保护。另一方面，将柳条节、染彩蛋、泼水节、上山节等俄罗斯族民俗按时间序列纳入恩和旅游产品打造中，增强不同月份到访游客的参与度和体验感。

9.2.4 山西省长治市平顺县岳家寨村

9.2.4.1 案例概况

岳家寨原名下石壕村，位于山西省长治市平顺县北部河谷、浊漳河南岸的石山上，相传村民是民族英雄岳飞的后代，因岳飞被奸臣所害，其后人被迫隐姓埋名、四处流亡，路过此地，感觉此地山大沟深、人迹罕至，相对安全隐蔽，于是在此定居。为传承岳飞的爱国主义精神和坚贞不屈的英雄气概，取名"岳家寨"，但对外为躲避追杀和寻求保护，称下石壕村。

岳家寨平均海拔高达 1200m，该村山青水绿、气候温和、环境优美，因居太行山巅，交通不便，因此民居房屋、道路等全部就地取材，皆由石头垒砌而成，因此形成了"石墙""石街""石板房""石磨""石碾""石水缸""石头桌子""石头条凳"的原始石头生态世界，有"太行山之中的世外桃源""太行空中村"的美誉。2012 年，岳家寨被列入第一批中国传统村落名录，2018 年被列入山西省首批旅游扶贫示范村，2019 年入选山西省 3A 级乡村旅游示范村，同年被列入第七批中国历史文化名村，2021 年入选第三批全国乡村旅游重点村名单。图 9-11 和图 9-12 分别为岳家寨村的传统风貌与精品民宿。

图 9-11　岳家寨村传统风貌
图片来源：调研组拍摄

图 9-12　岳家寨村精品民宿
图片来源：调研组拍摄

9.2.4.2　主要做法

(1) 注重对村落传统生产生活方式的保护

因岳家寨地处高山峡谷之上，自古交通不便，因此人们保留着传统的自给自足的生产生活方式,即使 21 世纪开发旅游以来,也依然注重对传统生产生活方式的保护,如建造于 20 世纪五六十年代的供销社,如今依然以那个年代的生活样貌营业,走进供销社,映入眼帘的货架上整整齐齐地摆放着五六十年代遗留下来的一系列"老物件",水壶、暖水瓶、马灯、手电筒等琳琅满目、应有尽有,虽然在现代生活中的使用功能已然消失,但因其镌刻着人们曾经的生活方式和记忆,让游客产生一种回到 20 世纪五六十年代的时空错觉。

(2) 注重村落整体景观和自然生态环境的保护

岳家寨主要依托秀美壮丽的自然风光和独具特色的石头文化发展乡村旅游,但发展乡村旅游以来,大量游客的涌入致使生产生活垃圾不断增加,对村落的整体景观和自然生态环境产生了负面影响。因此,为促进村落整体景观和自然生态环境的保护,岳家寨采取景区化运营模式,对进村游客收取垃圾处理费,提高游客和当地居民的环境保护意识,保护了村落的整体景观和自然生态环境,促进了岳家寨文旅产业的可持续发展。

(3) 引进旅游管理公司,与村委会、农户实现共建共营共享

一方面,岳家寨引进旅游管理公司,与村委会、农户共建乡村旅游供给设施,如民宿供给方面,既有长治市旅游产业发展有限公司投资的高端民宿"悬崖居",亦有当地居民投资经营的中低端民宿。另一方面,旅游管理公司与村委会、农户共营旅游业态,依托山西当前主打的太行旅游品牌,积极打造"太行人家"乡村民宿品牌,同时共享文旅产业发展的成果。

9.2.5　青海省黄南藏族自治州同仁市隆务镇吾屯下庄村

9.2.5.1　案例概况

吾屯下庄村是全国知名的"热贡艺术"之乡。该村位于青海省黄南藏族自治州隆务镇,毗邻隆务河,海拔约 2292m,南连隆务镇,西接年都乎、郭麻日两个热贡艺术的传统村落。该村于 2012 年入选住房和城乡建设部第一批中国传统村落名录,2019 年被认定为国家森林乡村。

吾屯的藏语称为"森格雄",意为狮子滩,村内有国家级文物保护单位隆务寺附属寺吾屯下寺、古军屯屯堡等古建筑,还有享誉世界的热贡艺术唐卡和刺绣工艺的传承,其文化与历史背景深远。吾屯聚居点形成于明天启及崇祯年间,是以吾屯下寺为活动中心,信众村民逐渐自主选择寺庙周边定居而形成的聚落。村落建筑形态兼具汉、藏、土族各种特色,是热贡地区农耕文明的"活化石",基本以三合院为主体,具有极高的文化旅游价值。吾屯下寺是国家级非物质文化遗产民间传统美术"热贡艺术"的发祥地。此外,吾屯下庄村传统文化精神的节事活动也为重要文化旅游资源,如六月会、"於菟"等系列活动,这些节事活动不但维系着村民群体的自我认同,也为古文化遗址的持续传承提供必要纽带,同时也逐渐成为村落独特的文化旅游吸引物。

9.2.5.2 主要做法

(1) 做好宣传教育文章，营造文化遗产保护氛围

近年来，同仁市以推进传统村落文化保护利用为出发点，多措并举开展传统文化宣传教育工作，将吾屯下庄村成功打造为地区"枫桥经验"成功案例，予以推广，为全市传统村落保护和发展工作提供行动指南。该村充分利用微信、微博、抖音等新媒体矩阵，积极推送具有村落特色的怀旧图片、文章及短视频等，从指尖上触发村民内心深处浓郁的"乡愁"，并为热贡艺术传承保护家庭颁发世界非物质文化遗产保护传承农户牌。同时，吾屯下庄村常态化举办"四下乡""送法下乡"等活动，深入宣传《中华人民共和国文物保护法》《中华人民共和国非物质文化遗产法》等法律法规，正面引导村民在保留传统建筑风貌的基础上新建民房，切实让村内养成"保护中发展、发展中保护"的良好氛围。图9-13为世界非物质文化遗产保护传承农户。

图9-13 世界非物质文化遗产保护传承农户
图片来源：调研组拍摄

(2) 做好顶层设计文章，挖掘利用文化旅游资源

为深入推进吾屯下庄村文化旅游资源挖掘利用，同仁市多次联合有关专家学者组成专题调研组，深入村庄实地走访、专题调研，全面掌握传统村落的生存发展状态，为进一步深入挖掘具有鲜明民族地域特色和传统文化特色的村落文化旅游资源奠定基础。在充分调研的基础上，组织编制了《藏地牧歌片区传统村落集中连片保护规划》，深入挖掘该村的"热贡文化"发源地、绿色生态、田园风光等特色资源优势，植入文旅融合产业发展思路，为该村的保护利用提供了明确路线。

(3) 做好文旅融合文章，打响"唐卡小镇"品牌

吾屯下庄村古堡内居民大多是热贡唐卡、泥塑绘画制作艺人，被誉为"热贡艺术学校"。因吾屯家家画唐卡，家家有画院，又被誉为"藏族画家之乡"。该村紧抓这一优势，以"公司+文化产业基地+非遗传承基地"的发展模式，大力发展建设"同仁·唐卡特色小镇"。小镇中有热贡文化产业园区、热贡画院唐卡传习中心等非物质文化遗产传承保护中心，成为该村的文化展示窗口、文化艺术研学旅游体验中心，游客在这里可以参观体验矿物颜料的研磨制作过程、参观唐卡的绘画制作工艺。同时建设了吾屯文创街区、销售基地、特色民宿等旅游配套服务设施，涵盖旅游纪念品、多民族美食、藏文化展示、藏文化互动、藏式民居体验和藏医展示等文化旅游功能。小镇成为游客游览体验传统唐卡制作、定制文创特色产品和感受人文民俗特色的新景点。图 9-14 为唐卡创作。

图 9-14　唐卡创作
图片来源：调研组拍摄

（4）做好节事活动文章，多元展示民俗风情

"热贡六月会"距今已有约 1400 多年历史，是一项青海省同仁市热贡地区传统民族民间的娱乐活动，原始风味极为浓厚，它容宗教、祭祀、娱神、娱人于一体，充满了神奇与欢乐。吾屯下庄村与同仁市其他民俗村联合举办六月盛会，活动主要展示民族传统的祭神仙、上口扦、跳神舞、爬龙杆、打神鼓、唱"拉伊"等习俗，吸引中外游客慕名前来观看，如图 9-15 所示。同时，在"热贡六月会"期间，吾屯下庄村还吸引了专业摄影师和绘画爱好者进行艺术创作。

图 9-15　热贡六月会
图片来源：调研组拍摄

9.2.6 江西省上饶市婺源县篁岭村

9.2.6.1 案例概况

篁岭村地处江西省上饶市婺源县东端,始建于明宣德年间,至今已有近600年历史,属典型的山居古村。全村古树环抱、梯田簇拥、风景如画,犹如挂在山坡上的盆景。为实现乡村优秀传统文化传承,婺源县采取文旅开发的方式对该村庄进行保护性开发,打造了以篁岭晒秋、梯田花海、山寨村落、徽派古建等为主要特色的文旅产品体系。短短几年,篁岭村先后荣获了国家4A级旅游景区、中国最美休闲乡村、全国特色景观旅游名镇名村示范点、中国乡村旅游模范村、特色文化产业重点项目等一系列荣誉。"篁岭"模式复活了即将消失的古村风貌和传统农耕生活,有效保障了周边生态环境,解决了农民就地城镇化、土地经营权集约流转等难题,大幅提振了村民的经济自信、产业自信和文化自信。图9-16为篁岭村典型文旅资源——"晒秋"。

图9-16 篁岭村典型文旅资源——"晒秋"
图片来源:调研组拍摄

9.2.6.2 主要做法

(1) 整体规划开发，景区化运营管理

当地政府在出台优惠政策的基础上，将篁岭村整体性开发项目规划包装、向外推介，并在 2009 年择优引进了具有资金实力、品牌影响力、旅游运营经验的婺源篁岭文旅股份有限公司。该公司以"整村开发、生态入股"的商业模式为创新引领，从景观打造、道路修缮、索道修建、古建产权置换、地质灾害防护以及整村易地搬迁等方面，将篁岭村打造为以天街古村、梯田花海、"乡村奇妙夜"夜游、篁岭冰雪王国等为特色，集农业观光、民俗体验与休闲度假于一体的综合性景区，使篁岭景区成为我国高端特色乡村游的行业标杆。

(2) 文旅深度融合，传承优秀乡土文化

一方面，保持村落原有传统风貌。该村通过"新村换旧村、新房换旧宅"产权置换的方法，将原住民集体迁往新村统一安置，对篁岭村古建进行产权收购和修旧如旧，再对原有村落建筑及风貌体系进行规划、保护和维修，实现了古村落文化原真性的保留。另一方面，打造特色文化符号。数年来，该村围绕乡村文化元素主线，遵循地域民俗文化特色，以"篁岭晒秋图"为核心意象打造景区独具特色的主题品牌符号，并集结了一批非物质文化遗产传承者与手工艺者，在保护基础上充分利用传统村落遗留的生产生活资料、旧屋舍等闲置资源，深度挖掘、充分展示当地的民俗文化，有效促进了文旅深度融合与优秀乡土文化传承。

(3) 村落共建共享，社区全面参与旅游

篁岭村积极构建村民和景区的"村企利益共同体"，让广大村民共享旅游发展成果。一方面，旅游发展带动了当地村民广泛就业。农户既可在篁岭景区租赁的田地里收取租金、股份分红、农作物保护价包购等方面受益，又能以田地务工、景区务工、民俗务工等形式安置就业、获取薪酬，从而实现传统村落人均收入水平的显著提升。另一方面，带动了当地村民旅游创业。得益于景区的市场开发和人气打造，越来越多的当地村民参与到农家乐、交通服务、旅游商贸服务等经营活动，实现了创业致富。

9.2.7 湖南省怀化市中方县荆坪古村

9.2.7.1 案例概况

荆坪古村位于湖南省怀化市中方县中方镇舞水河西岸，距怀化市区 15km，面积约 1.5km²，大约有 400 余户人家，交通十分便捷。该村入选了第四批中国传统村落名单，荆坪村古建筑群被评为第七批全国重点文物保护单位。该村古朴自然、山明水秀，被誉为"湘西最美古村"。村内现有祠堂、古驿道、伏波宫、文昌阁、节孝坊、唐代古井、水文碑、龙凤桥、观音阁、五通神庙和旧、新石器时代遗址等 20 多处古文化遗址，同时拥有如酒歌、傩戏、渔鼓、霸王鞭等丰富的民俗文化要素，村落整体传统文化气息十分浓厚。此外，荆坪古村的森林、草地、动物、山地、水域等自然生态禀赋同样非常优越，具备绿水青山转化为金山银山的生态资源。凭借良好的旅游资源基础，该村形成了以历史文化为主题，融农业观光、休闲度假、健身娱乐等为一体的文旅产品体系，目前已发展成为3A级景区。2021年全村接待游客量约20万人次，旅游收入约5000万元。未来，荆坪古村的旅游发展潜力巨大。图9-17为潘氏宗祠，图9-18为网红柚见图书馆，图9-19为"河畔集"创意集市，图9-20为平居茶馆。

图9-17 潘氏宗祠
图片来源：调研组拍摄

图9-18 网红柚见图书馆
图片来源：调研组拍摄

图9-19 "河畔集"创意集市
图片来源：调研组拍摄

图9-20 平居茶馆
图片来源：调研组拍摄

9.2.7.2 主要做法

(1) 深度挖掘文化基因，培育丰富文旅融合新业态

长期以来，荆坪古村深度挖掘村内宗祠文化、商贸文化、民俗文化、舞水文化、生态文化等丰富文化基因，积极探索文旅融合业态新模式。该村以旅游业六要素"吃住行游购娱"为基础，充分结合村落传统文化，将传统风貌、民俗风情等文化"特色"打造成"景色"，培育了一系列丰富的文旅融合新业态，具体包括10家精品农家乐、网红柚见图书馆、喜庆堂中式婚礼体验馆、琴庐民宿、平居茶艺馆、怀化有礼文创院子（非遗馆）、鲜花农场、农耕营、乐享民宿、魂狩木艺手工工作坊等各类文旅业态，实现了传统文化的文旅产品价值转换。

（2）举办创意文旅集市活动，传播优秀乡村传统文化

以传播优秀乡村传统文化为出发点，荆坪古村举办了集文创产品售卖、汉服穿越古村、非遗手工制作、鲜花农场农耕营家庭研学等多项活动于一体的创意集市"河畔集"，吸引了众多游客前来打卡游玩体验，推动了荆坪古村传统文化的创造性转化和创新性发展。该集市也因此被评为湖南省 2021 年文化和旅游厅最佳文旅项目，现已成为每周末都会举行的常态化市集。同时，该村还会不定期举办不同主题的集市活动，如"巧集妙市，礼乐祈福"荆坪古村传统文化市集暨七夕民俗大会等，促进了传统文化与现代生活的碰撞与交流。

（3）打造乡村网红打卡地，加大文旅市场宣传力度

荆坪古村通过选取传统村落内具有辨识度的特色文化元素，配套地标性建筑设计，逐步打造了多个极具标识性和影响力的乡村网红打卡地，如柚见图书馆、琴庐民宿等。其中，柚见图书馆为一家集培训、阅读、文创产品研发于一体的综合图书馆，是湖南省第一家乡村振兴图书馆，其主题元素为古村家家户户种植的柚子；琴庐民宿则以纪念潘仕权先生（乾隆皇帝的音律老师，把中国音阶五音提升至七音的人）为文化内核。同时，该村通过节庆营销、网络营销等方式，显著提升文旅知名度，助力了乡村网红打卡地的成功打造。

（4）组建志愿者服务队伍，形成乡村产学研联盟

为促进乡村人才队伍提质升级，荆坪古村积极与怀化学院、湖南医药学院、怀化师范高等专科学校等高校对接，充分发挥校地双方优势，设立了大学生创新创业团队和勤工俭学团队，为大学生提供文创产品展示场地和文旅志愿服务场地，实现了乡村文旅开发、大学生创新创业、实践研学、乡村治理、志愿服务等多方面的深入合作，打造了乡村产学研的合作典范，为乡村振兴发展注入了活力。截至 2022 年 11 月，荆坪古村创意集市体验基地共有志愿者 197 人以及 8~16 岁的小志愿者 60 人，主要负责创意集市的活动组织、产品筛选、联络沟通、文旅解说等工作。

（5）加强旅游管理与配套设施建设，提升乡村旅游环境

荆坪古村高度重视旅游管理与配套设施建设，为游客提供优质的乡村旅游环境。第一，加强农家乐经营管理。该村制定了包括消防安全和食品卫生安全等方面的农家乐管理制度，并与各农家乐签订了管理责任状，督促和帮助各农家乐完善各项证照手续。第二，加强景区卫生维护。该村安排专人负责景区环境卫生的维护，确保景区卫生的干净整洁。第三，加强景区消防安全管理。该村通过设置安全标语及警示牌、发放消防宣传手册、制定消防应急预案等方式，提高了管理处和当地村民的消防安全应急能力。第四，加强景区安全隐患排查与整治。该村坚持每日巡检制度，保证每日两次及以上的巡检次数，以便及时发现安全隐患并快速进行处置。第五，完善旅游讲解服务。该村切实做好了景区导游及各项服务接待工作，有效提升了游客旅游体验质量。

9.2.8 湖南省湘西土家族苗族自治州花垣县十八洞村

9.2.8.1 案例概况

十八洞村隶属湖南省湘西土家族苗族自治州花垣县，平均海拔700m，面积共918.95hm²，共有239户946人，为苗族聚居村。十八洞村有丰富的文化资源和文化遗产，具有保存完好的传统村落格局和建筑风貌，已列入中国传统村落、湖南省历史文化名村名录。2013年11月，习近平总书记在十八洞村考察时首次提出"精准扶贫"重要论述，使其成为精准扶贫首倡地。2020年6月，湘西土家族苗族自治州被评为全国传统村落集中连片保护利用十个示范区之一，推动实现了区域传统村落保护利用。十八洞村作为湘西土家族苗族自治州传统村落集中连片保护利用示范区的核心组成部分，在乡村建设中通过新理念、新技术、新方法的应用，实现了传统村落空间、民族文化资源、乡村文化遗产的活化利用和活态传承，为全省乃至全国传统村落保护利用提供了新典范，为进一步巩固脱贫攻坚、推进乡村振兴提供了新动能（图9-21）。

图9-21 十八洞村村落风貌
图片来源：调研组拍摄

9.2.8.2 主要做法

(1) 通过规律识别，基因认知，实现系统化调研

在基础资料解析、深度入户调研的基础上，通过理清传统村落演进脉络，从人地关系、人居关系、人际关系、村际关系、城乡关系五个方面识别和梳理出十八洞村村落演进规律，在宏观层面精准把脉未来保护发展策略，优化战略性顶层设计。同时，从区域空间布局形态、聚落空间布局形态、街巷空间类型、建筑类型、文化标志五个方面精准提炼十八洞村传统村落保护规划要素类型、位置和范围等，形成乡村空间基础数据库，为精准划定历史文化保护线、制定传统村落保护利用策略、传统风貌管控措施提供有效指导，同时对传统民居、村容村貌、公服设施、景观风貌、公共空间等规划建设起到了很好的导控作用。

（2）通过文脉延续，文旅融合，实现活态化传承

注重延续文脉，深入挖掘历史文化资源，建立文化传承与创新体系，坚持保护苗族特色、保存苗寨风情、保持苗居风貌。十八洞村建立分级分类管理机制，制定风貌塑造管控导则和民居建设管理制度，以"建房图集"的形式对新建房屋的风格、层数、材料、色彩等进行控制和引导，做到既美化人居环境，又提升生活品质。注重葆有文气，设计村标，树立村庄形象，创造文化标识，在村庄空间结构、产业规划、村寨设计等环节植入文化基因，做到"一村一特色，一寨一主题"。注重发展文旅，发挥自然与人文旅游资源优势，围绕产旅结合、农旅融合、文旅配合，依托苗族风情体验发展古色旅游，把古色旅游变成记忆线，使之成为乡村旅游的重要目的地。着重突出古色古香、原汁原味，在吃住行游购娱中体现民族民间民俗文化特色，使游客在原生态文化旅游中发思古之忧情，感悟中华文化的博大精深和地域特色文化的璀璨光芒。

（3）通过科技应用，空间留存，实现数字化保护

在传统人力踏勘基础上，十八洞村引入无人机倾斜摄影技术对传统村落全域进行空间信息采集，对传统民居进行三维数字化建模和全方位、全村域的可视化表达，采用"互联网+数字工程"的技术把整个传统村落转译成为数字博物馆。构建由门户网站、数字沙盘、数字化管理系统、手机小程序（APP）构成的"十八洞村数字化平台"，为村庄规划、传统村落保护利用建设、村寨设计提供数字化服务。

（4）通过驻村制度，共同缔造，实现精细化管理

创新驻村规划师制度，成立湖南省首个驻村规划师团队，在传统村落保护建设中承担七重角色，即"蓝图编制的技术员"、"村民诉求的传递员"、"项目实施的监督员"、"规划决策的建议员"、"技术资源的输送员"、"村庄发展的研究员"和"美丽乡村的宣传员"。搭建共同缔造平台，传统村落保护建设中引入"多方参与，共同缔造"的理念，搭建以村民为核心，驻村规划师为主干，驻村工作队、地方政府、企业、社会组织和乡村外客等其他主体参与的互动平台，建立"纵向到底、横向到边、协同共治"的共同缔造机制，做到决策共谋、发展共建、建设共管、效果共评、成果共享（图9-22）。

9.2.9　贵州省黔东南苗族侗族自治州黎平县地扪村

9.2.9.1　案例概况

地扪村位于贵州省黔东南苗族侗族自治州黎平县茅贡镇，地处清水江支流源头的大山深处，是仅次于肇兴侗寨的全国第二大侗寨。"地扪"是根据侗语音译的地名，直译为泉水不断涌出的地方，意译为村寨发祥、人丁兴盛的地方。地扪村由母寨、芒寨、寅寨、维

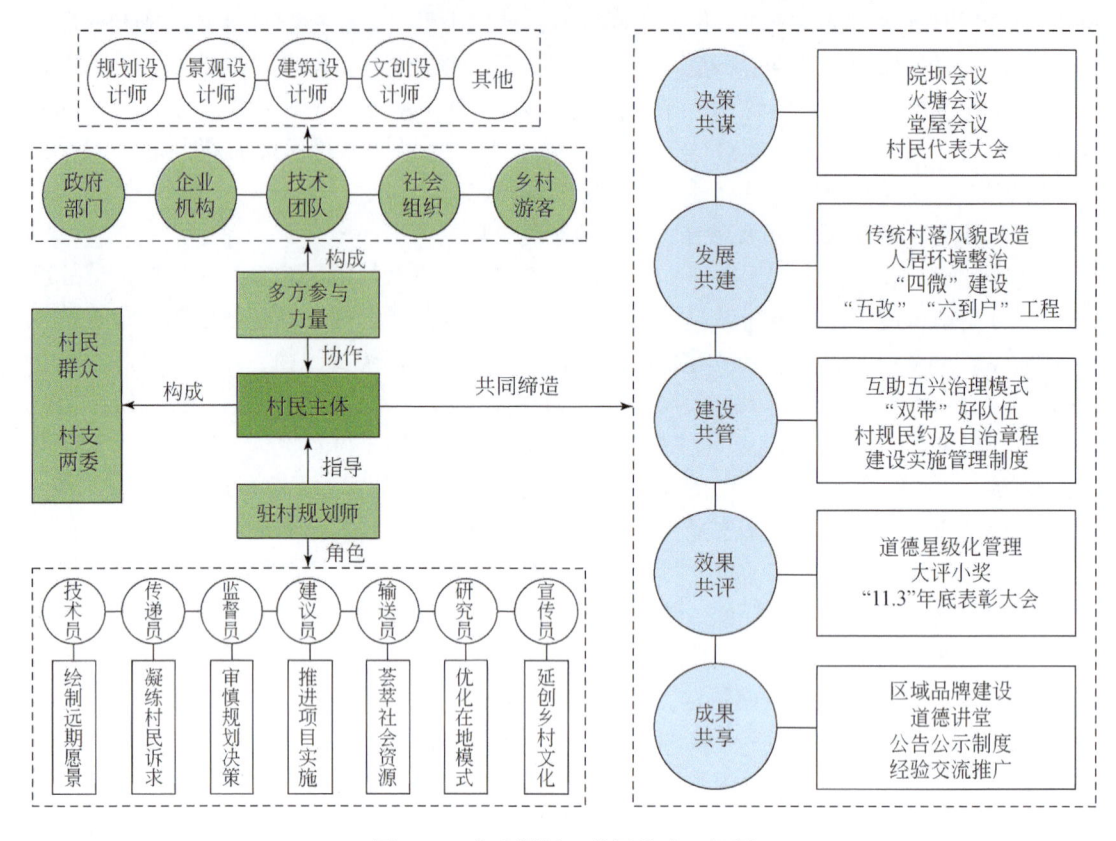

图 9-22 十八洞村"共同缔造"机制

寨、模寨、登岑寨、罗大寨七个自然村寨组成，是区域侗族村寨发源地，原是生活在珠江下游岭南的水乡泽国，秦汉时期为了逃避战乱，溯江而上，几经迁徙来到地扪这个地方定居后，勤劳耕作，丰产足食，人丁兴旺，很快就发展到了 1300 户，由此得之"千三侗族"，并修建鼓楼取名"千三鼓楼"，每年正月十一至十五还举行千三欢聚节作为纪念。图 9-23 为地扪村村貌。

美国《国家地理》杂志 2008 年曾出版一期中国专辑，其中刊登了美国著名华裔女作家谭恩美到地扪村体验生活时所写的题为《时光边缘的村落》的文章，图文并茂地介绍了地扪侗寨的风土人情，地扪村从此被世界各国旅游爱好者熟悉。据统计，依托地扪村为核心景点，2021 年茅贡镇接待游客 3.5 万人次，旅游综合收入达到 300 万元左右。

9.2.9.2　主要做法

（1）构建人文生态博物馆，实现乡村文化价值赋能

地扪侗族人文生态博物馆 2004 年 12 月经黎平县人民政府批准建立，由中国西部文化生态工作室与当地社区共同创建，属于社区居民共同拥有，是中国第一座民办生态博物馆。虽名为"博物馆"，实体空间却不限于传统室内场馆空间设定，而是将整个茅贡镇辖区作为博物馆的区域，该村拥有的侗歌、侗戏、蓝靛、古法造纸、刺绣等 20 余项非物质

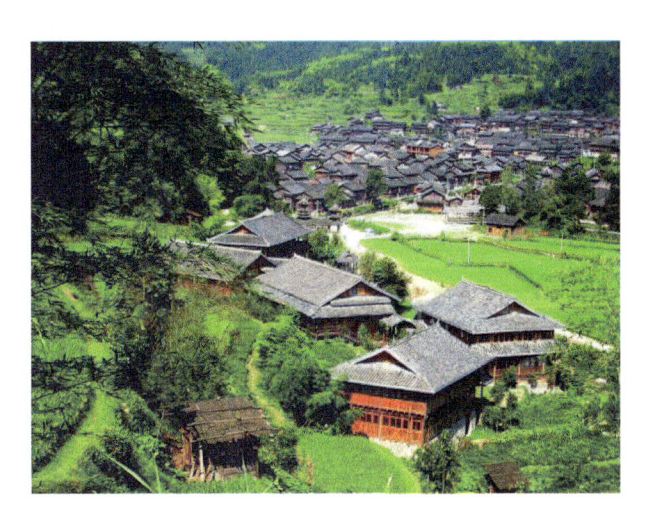

图 9-23　地扪村村貌
图片来源：吴柳桃摄

文化遗产及镇内所有生产生活、文化礼俗以及节事活动都是博物馆的展品。地扪生态博物馆带头发起的"百首侗歌侗戏传承计划"，先后在村中设立多个文化传承活动点，定期组织村内青少年集体学习侗歌侗戏，确保乡村文化传承不脱节。还通过组织"城市创意阶层"建构创意乡村联盟，积极"发现乡村价值、重估乡村价值、输出乡村价值、重拾乡村价值"，以乡村振兴进而实现城乡之间的良性互动和价值联结。图 9-24 为地扪村民进行传统织线。

图 9-24　地扪村民进行传统织线
图片来源：吴柳桃摄

(2) 打造一体化乡村旅游模式，探索乡村文旅融合新路径

地扪村经过多年探索，逐渐形成"文创+社区"的发展模式，以地方政府和社会资助扶持发展，生态博物馆提供专业指导，村委会协调配合，专业服务团队统筹管理经营的乡村旅游联合经营实体。着力于培育和发展以社区文化考察、乡村生活体验为特征，给来访客人和游客提供深度文化认知和乡风民俗体验。这种模式既有别于传统"农家乐"和简单化农业农村观光、民族村寨采风的乡村度假型文化生态旅游，又传承了"美丽乡村·四在农家"的特有风情，这种模式彰显了地扪村文化的艺术底蕴，让人感受侗族村寨生活文化体验的内涵。村民开展社区旅游服务、传统手工制作、地方土特产加工、自然生态种养业等生产经营活动，推动地扪侗族文化社区乡村旅游可持续发展，形成独特的"地扪经验"，推动了乡村文旅深度融合发展。

（3）定期举办民族节庆活动，实现非遗文化活态展示

图9-25为地扪村民着侗族服饰共庆千三欢聚节。千三欢聚节是地扪村一项隆重的节日，来源于地扪分支回乡祭祖，经过多年发展，目前已形成了完整的节庆形式，千三欢聚节于每年正月举行，节上侗族男女会举行合歌祭祖、演侗戏、吹芦笙等活动，十分热闹。欢聚节选择在地扪村举行，除了它是千三发祥地之外，更重要的是它具有十分丰富的侗族文化资源；有古朴的传说故事和历史文物，而且保存较为完好。最具代表性的有"塘公"，相传他是护佑千三一带民众的神，千百年来，受到代代尊崇。

图9-25　地扪村民着侗族服饰共庆千三欢聚节
图片来源：吴柳桃摄

千三欢聚节对于促进民族团结、研究侗族民族文化传统有着重要的意义，每年节日当天都能吸引不少游客参与，其中不乏贵州本土知名网红到此开直播"打卡"，使得该村获得线上流量，进一步提高地扪村民族文化对外知名度，带动更多群众了解、尊重、欣赏和参与保护传承传统民族文化。

9.2.10　四川省阿坝藏族羌族自治州理县桃坪村

9.2.10.1　案例概况

桃坪村位于四川省阿坝藏族羌族自治州理县桃坪镇，三面环山，平均海拔1500m，位于九黄线（九寨沟—黄龙）旅游圈中。距离县城40km，距离汶川城区仅16km，距离四川省省会城市成都139km，是从成都通向阿坝藏族羌族自治州的重要驿站。该村在2012年入选第一批中国传统村落名录，陆续又获得了全国乡村旅游重点村、四川省天府旅游名村等荣誉称号。桃坪村是一个典型的羌文化聚集核心区域，这里有被誉为"东方古堡"的桃坪羌寨，有古羌人的生活痕迹，更有充满民族和地域文化色彩的羌族文化。羌寨的选址体现了丰富的堪舆文化、民族文化和地域文化交融的特征，表达了羌族人民对山川、白石的崇拜，也是羌族人民依山而建、逐水而居生活理念的表征。羌寨是世界上最悠久、保存最完好且还有人居住的古堡式建筑之一，历经多次地震灾害，仍屹立于川西高原。桃坪羌寨是国家级4A旅游景区，其独特的古碉楼、萨朗、火塘、释比等文化符号成为其发展的重要内驱力。当下，已经逐渐形成以羌文化为核心，融合乡村休闲、农业采摘、民族文化体验为一体的文旅产品体系。随着中国乡村振兴的深入推进，新媒体平台的推广和宣传，越来越多的旅游者开始了解羌寨，渴望在羌寨寻找诗与远方的栖居（图9-26～图9-29）。

9.2.10.2　主要做法

（1）重视羌寨的原真性保护，活化羌寨民族文化符号

桃坪村以桃坪羌寨为核心形成集生产生活于一体的聚落空间。受泥石流、滑坡、地震等自然灾害的影响，桃坪羌寨形成了老寨和新寨两个部分。老寨是桃坪羌寨的旧址，是具有极高建筑文化价值的村落空间，当地采用博物馆的形式实现对寨子的完整性保护，最大限度地保护羌寨的原真性。新寨则是寨民生活的空间载体，主要用于旅游接待和日常生活。现在，桃坪村以博物馆的形式对仅存的3座古碉楼及周围的寨房进行保护，聘请当地

图9-26　羌碉	图9-27　羌绣馆
图片来源：调研组拍摄	图片来源：调研组拍摄

| 乡村振兴战略下北京传统村落文化传承与文旅融合发展 |

图 9-28　千年木锁
图片来源：调研组拍摄

图 9-29　空中道路体系
图片来源：调研组拍摄

的村民担任讲解员，将羌寨的历史文化和寨子的空间格局、水系水网特点、道路街巷布局等讲述给旅游者，让旅游者从他者的视角逐渐成为我者视角，更好地理解羌族人民建造羌寨的智慧和初衷。羌寨百姓着羌族服饰并以萨朗歌舞让旅游者直接融入羌寨人民的日常生活，以圈舞的形式塑造氛围，活化羌文化符号内涵。此外，羌寨人民将羌族文化符号中的羌绣、羌餐、羌语等元素融入旅游接待之中，让旅游者在餐饮、住宿、购物等方面感知羌族文化（图9-30和图9-31）。

图 9-30　羌房新居
图片来源：调研组拍摄

图 9-31　特色餐饮
图片来源：调研组拍摄

(2) 重视乡村民宿发展，强调民宿中的主人文化

桃坪村的民宿主要沿国道317和新寨分布，村落中较多居民利用家中的空闲房屋开展旅游接待服务。通过对美团酒店预订服务的检索可以发现截至2022年11月开展旅游住宿的寨民超过了35家（以距离700m以内和是否有报价作为检索标准）。村寨的核心半径内分布了较多的住宿接待地，大部分住宿地都具有羌文化色彩。主人文化作为乡村民宿的核

心载体，对旅游者的旅游体验会产生较多的影响。村寨中的少数民族寨民普遍待人友好，给旅游者留下了难忘的旅游服务体验，也让旅游者加深了对羌文化的认知。这都是主人文化的体现，也是民宿的核心吸引力之一（图9-32和图9-33）。

图9-32　羌家小院外部
图片来源：调研组拍摄

图9-33　羌家小院内部
图片来源：调研组拍摄

（3）提升村寨旅游基础服务设施，完善旅游村寨旅游环境

桃坪村自1996年开始发展旅游业，旅游基础服务设施随着旅游业的快速发展不断完善和提升。截至2019年3月11日，桃坪村在新羌寨周围开辟了停车场，建立了4个旅游厕所，其中四星级厕所1个。同时，也为带婴儿的旅游者和残障人士的出游提供了休息场所。村落的道路平整干净，极大地提升了旅游者的舒适度和对环境的满意度。此外，寨子内售卖特色餐饮和农土特产品的商家均明码标价，极大地保障旅游者的权益。老寨中设有中文、英文、日语和韩语4种语言的标识标牌，并且有专门的工作人员负责老寨子内部的环境管理和检查寨子中建筑物的受损程度，保护旅游者的生命财产安全。最后，老寨和新寨都实现了互联网的全覆盖，并开设了特色羌族文化产品的售卖点，便于旅游者对外联系和就近购买相关文化产品（图9-34）。

图9-34　老寨内部的标识标牌
图片来源：调研组拍摄

9.3 相关启示

基于9.1节和9.2节的国内外传统村落文化传承与文旅融合发展的典型案例，通过梳理这些案例的典型做法（表9-1），可以为中国传统村落可持续发展提供借鉴与思考。本节提出5点启示，具体如下：村落的原真性保护与创新性发展结合；挖掘特色文化资源，焕发村落生机和魅力；完善村落基础设施，优化旅游发展环境；探索文旅融合新路径，打造村落发展新模式；村落主客共建共享，积极引入社会资本。

表9-1 国内外传统村落文化传承和生态旅游融合发展的典型做法

村落名称	地理区位	文化传承与生态旅游融合发展的典型做法
河回村	庆尚北道安东市	以国际假面舞节为桥梁，增加国际影响力；定期举办参与式传统民俗游戏活动，赓续传统文化；多元化营销方式，让韩国文化体验更加立体；开发文创产品及衍生品，赋能文化传承
白川乡	岐阜县	挖掘特色传统文化，开展体验式节庆活动；凝聚成乡村共同体，推动乡村原生态发展；完善旅游发展配套设施，因地制宜介入特殊景观
爨底下村	北京市门头沟区	坚持保护第一，严控古建风貌；整合文旅资源，全域旅游规划；引入社会资本，促进提质增效
锦江木屋村	吉林省白山市	发展乡村生态旅游，优化旅游服务环境；传承多种乡土文化，沉浸式体验文旅产品；串联区域旅游发展，创新乡村冰雪文旅业态
恩和村	内蒙古自治区呼伦贝尔市	树立"党建+旅游"品牌，助推乡村旅游增收；推进旅游基础设施项目建设，提升旅游接待能力；创建恩和村地标建筑，增强旅游发展文化动力；深挖非物质文化遗产内涵，提高旅游产品四季体验值
岳家寨村	山西省长治市	注重对村落传统生产生活方式的保护；注重村落整体景观和自然生态环境的保护；引进旅游管理公司，与村委会、农户实现共建共营共享
吾屯下庄村	青海省黄南藏族自治州	做好宣传教育文章，营造文化遗产保护氛围；做好顶层设计文章，挖掘利用文化旅游资源；做好文旅融合文章，打响"唐卡小镇"品牌；做好节事活动文章，多元展示民俗风情
篁岭村	江西省上饶市	整体规划开发，景区化运营管理；文旅深度融合，传承优秀乡土文化；村落共建共享，社区全面参与旅游
荆坪古村	湖南省怀化市	深度挖掘文化基因，培育丰富文旅融合新业态；举办创意文旅集市活动，传播优秀乡村传统文化；打造乡村网红打卡地，加大文旅市场宣传力度；组建志愿者服务队伍，形成乡村产学研联盟；加强旅游管理与配套设施建设，提升乡村旅游环境
十八洞村	湖南省湘西土家族苗族自治州	通过规律识别，基因认知，实现系统化调研；通过文脉延续，文旅融合，实现活态化传承；通过科技应用，空间留存，实现数字化保护；通过驻村制度，共同缔造，实现精细化管理
地扪村	贵州省黔东南苗族侗族自治州	构建人文生态博物馆，实现乡村文化价值赋能；打造一体化乡村旅游模式，探索乡村文旅融合新路径；定期举办民族节庆活动，实现非遗文化活态展示

续表

村落名称	地理区位	文化传承与生态旅游融合发展的典型做法
桃坪村	四川省阿坝藏族羌族自治州	重视羌寨的原真性保护，活化羌寨民族文化符号；重视乡村民宿发展，强调民宿中的主人文化；提升村寨旅游基础服务设施，完善旅游村寨旅游环境

9.3.1　村落的原真性保护与创新性发展结合

留住村落的原真性是传统村落正确开发利用的基础，白川乡、爨底下村、岳家寨村等传统村落均坚持保护第一的原则，采取一系列措施保护村落的传统生产生活方式和整体景观，如邀请专家进行整体规划、统一建筑颜色、还原古建风貌、收取垃圾处理费等，避免由过度开发或外来文化带来的负面影响。

在村落原真性保护的同时，村落还尽力改善居民的生产生活条件，如修建新村统一安置村民、根据环境特色合理规划民居建筑等。此外，这些传统村落在尊重历史、尊重遗产的基础上，因地制宜实现创新发展。以锦江木屋村为主的传统村落根据其地理区位与自然气候，发展生态旅游、冰雪旅游；以爨底下村为主的传统村落对周围村落资源整合开发，建成完整的旅游网络，实现传统村落文化的创造性转化和创新性发展。

9.3.2　挖掘特色文化资源，焕发村落生机和魅力

特色文化是传统村落发展的灵魂，深度挖掘村落的特色文化资源有助于使传统村落熠熠生辉。恩和村、十八洞村、桃坪村等传统村落全面考察村落存在的特色文化资源并将其提炼发展。立足于传统村落的特色文化，通过修建民俗博物馆、人文生态博物馆等设施，真实还原当地生产生活场景，进一步向游客展示其特色文化。此外，河回村、荆坪古村、地扪村等传统村落定期举办节庆活动和创意市集，让游客亲自参与体验手工、祭祀、祈福、农事等文化民俗活动，具体如糕点制作、下田插秧、茶文化体验等，不仅让游客融入传统村落的文化氛围中，还能加深其对村落文化的认知，成为宣传传统村落特色文化的主体之一，让古老的传统村落文化焕发出新的生机和魅力。

9.3.3　完善村落基础设施，优化旅游发展环境

基础设施建设是传统村落可持续发展的关键因素。在保证传统村落建筑和基础设施建设的有机统一下，白川乡、锦江木屋村、恩和村等传统村落对村内的垃圾、消防、水电、通信等基础设施进行提升改造，大力推动村内基础设施的提升和完善，建设生态宜居的美丽乡村。基础设施、交通设施、公共服务配套设施的完善不仅能改善传统村落的生产生活环境，吸引青壮年劳动力回流，缓解"空心化""老龄化"等现象，还能为游客提供优质的乡村旅游环境，提升旅游接待能力，源源不断吸引游客前往。除配套相应的旅游设施

外，村内的旅游服务还应从"细节"入手，如恩和村、荆坪古村、桃坪村等传统村落会提供多国语言的指示牌、安排文旅解说、定期安全巡检等，从细微处着手提升游客的旅游体验质量。

9.3.4 探索文旅融合新路径，打造村落发展新模式

文化为旅游发展提供资源支撑和内涵供给，旅游为文化的活化利用提供发展空间。传统村落具有独特的生态环境、丰富的历史文化遗存、特色的民居建筑和多样的民俗活动，是促进文旅融合发展，实现乡村振兴的重要发力点。恩和村、荆坪古村、地扪村等传统村落全面整合收录文化资源，深度挖掘文化基因，充分结合村落传统文化，积极探索文旅融合新路径。如通过发展精品农家乐、主题民宿、传统手工作坊、村落文创等各类文旅业态，充分展示当地的特色文化。以吾屯下庄村为代表的传统村落以点带面，通过建设旅游小镇、旅游度假区等，发挥优秀传统村落的辐射带动作用，形成区域性旅游网络，有效促进传统村落的文旅融合发展、协调发展和特色化发展。

9.3.5 村落主客共建共享，积极引入社会资本

第一，村委会是传统村落文化传承与生态旅游融合发展的核心主体，村委会应积极协调村民利益，组织制定村规民约，加强对村民的培训，增强村民保护传统村落的自觉性，形成保护村落特色文化的良好氛围。第二，村民是参与文化传承与生态旅游融合发展的核心主体，必须发挥其主观能动性，让其主动为传统村落文化传承与生态旅游融合发展贡献力量。第三，游客是传统村落文化传承与生态旅游融合发展的客体，其对文化传承和生态旅游的态度将决定传统村落产品开发的方向，必须树立主客共建共享的原则。第四，以爨底下村为主的传统村落择优引入社会资本和旅游企业，形成旅游公司、村委会和农户共建共享的旅游业态，发挥旅游企业在传统村落建设中经验多、专业性强的优势，促进传统村落的保护与发展。因此，传统村落的保护应将政府传统村落保护的公益性责任和旅游企业的获利性需求科学地结合，寻求其间的平衡点，实现旅游企业和传统村落的双赢，促进村落可持续发展。

第10章 北京传统村落文化传承与生态旅游融合发展模式

党的二十大报告提出推进文化和旅游深度融合发展。生态旅游是传统村落兼顾社会文化、生态环境、经济高质量发展的重要旅游发展方式。科学推动中华优秀传统文化传承与生态旅游融合发展有助于传统村落实现乡村全面振兴，因此，非常有必要推动传统村落的文化传承与生态文明融合发展。本章首先介绍了传统村落文化传承与生态旅游融合发展所涉及的理论基础，即生态旅游理论、文化传承理论及共生理论。其次提出了传统村落文化保护传承与生态旅游融合发展应当坚持的4个原则，即坚持文化传承优先原则、文旅融合发展原则、乡村特色融合原则、多主体参与性原则。最后本研究基于乡村振兴视角，针对目前北京市传统村落文化传承与文旅融合发展面临的问题，构建了以文旅资源为融合基础、以文旅产品为融合核心、以文旅市场为融合关键、以乡村人力为融合对象、以智慧科技为融合手段、以政策法规为融合保障的传统村落文化传承与生态旅游融合发展模式。本研究可为传统村落文化传承和生态旅游融合发展提供案例借鉴与模式参考，助力实现传统村落经济、生态、文化以及社会效益最大化，守护华夏历史文明瑰宝，留住中华乡村优秀传统文化。

10.1 理论基础

理论基础是支撑构建模式的前提。本节考虑到传统村落文化传承和生态旅游发展的实际情况，引入生态旅游理论、文化传承理论和生态学的共生理论作为构建传统村落文化传承与生态旅游融合发展模式构建的理论基础。

10.1.1 生态旅游理论

（1）生态旅游概念内涵

随着人们环境意识的提高和对生态文明的追求，传统大众旅游已难以满足旅游业自身发展需要与旅游者消费需求（邱云美，2011）。生态旅游由于迎合了可持续发展理念，在世界范围内得到了广泛发展，已经成为旅游产业的重要分支。生态旅游自1983年提出，在理论和概念上至今尚未形成统一表述，国内外学者对这一概念与内涵始终存在不同见解（宋丽娜，2010）。这主要是因为学者们会基于不同的学科视角、研究背景来赋予生态旅游不同的含义。

2016年，国家发展和改革委员会与国家旅游局联合颁布《全国生态旅游发展规划 (2016—2025年)》，其借鉴国际生态旅游定义，结合中国实践，将生态旅游界定为以可持续发展为理念，以实现人与自然和谐为准则，以保护生态环境为前提，依托良好的自然生态环境和与之共生的人文生态，开展生态体验、生态认知、生态教育并获得身心愉悦的旅游方式。本研究采纳该生态旅游的概念界定。

根据生态旅游的内涵，可以总结出生态旅游概念的四大理念：保护性、自然性、社区参与和环境教育（杨桂华等，2017）。具体而言，一是强调对旅游对象的保护；二是生态旅游的开展区域是自然区域；三是维护社区居民的利益主权；四是为社会公众提供环境教育。此外，生态旅游也具有四大功能，分别为旅游功能、保护功能、经济功能和环境教育功能（杨桂华等，2017），其功能实现主要取决于生态旅游理念是否真正指导并落实了生态旅游开发、运营和管理的各个环节。

（2）乡村生态旅游概述

随着乡村旅游开发中出现诸多生态环境问题，一些学者提出将乡村旅游与生态旅游相互融合，其实质是将生态旅游发展理念融入传统村落的旅游开发之中，形成乡村生态旅游。与生态旅游相似的是，当前对于乡村生态旅游的定义也尚未形成统一表述，在综合不同学者观点之后（郝芳，2014；孙雄燕，2014；王嘉学等，2005），唐承财等（2017）提炼出如下观点：①乡村生态旅游以乡村原始自然生态及人文景观为基础；②以乡村自然景观观光、乡村民俗文化体验等为旅游产品；③以满足游客休闲娱乐、观光游览、农业活动学习体验、生态教育为功能；④以乡村资源环境保护、乡村文化传承、乡村社会经济可持续发展等为目标。即乡村生态旅游是以乡村自然景观、生态环境、民俗文化为资源基础，以可持续发展和生态文明建设为发展理论，打造乡村观光、"三农"体验、生态教育为一体的乡村生态旅游产品，达到乡村自然环境与社会经济可持续发展的目标。

北京传统村落大多位于生态涵养区，其优良的自然生态环境与历史悠久的社会文化是发展乡村生态旅游的核心动力要素。近年来北京乡村生态旅游产业规模越来越大，2021年观光园接待游客1154.5万人次，实现收入18.4亿元；民俗旅游经营主体接待游客1365.7万人次，实现收入14.3亿元，增长48.4%[①]。体验京郊乡村生态游，已经成为北京市及周边省市游客周末、节假日文旅活动的重要选项。发展乡村生态旅游成为北京城乡统筹、农民致富增收的重要途径。因此，运用生态旅游理论，有助于促进传统村落文旅融合发展和文化传承等研究。

10.1.2 文化传承理论

（1）文化传承概念内涵

文化是指人类社会发展历程中所产生的物质财富和精神财富的总称，是人类适应生存环境的社会成果，为人的社会群体所共享。文化传承则是一个文化再生产的过程，是民族群体实现自我完善的过程，是传递社会权利与义务的过程，是深层次累积民族意识的过程，更是一个在代际间复制文化基因的过程（赵世林，2002a）。因此，文化传承不仅是对文化继承、文化传播的过程，更是对文化的再创造、再发展的过程。

文化传承研究开始于20世纪80年代中期。作为一个非常复杂的社会问题，学者们从

[①] 《2021年北京市文化和旅游业统计报告》。

不同学科、不同角度对文化传承内涵予以关注,难以形成统一的概念界定。目前,学界广泛认同赵世林(2002a)关于文化传承的概念界定,即"文化传承是文化在民族共同体内的社会成员中作接力棒似的纵向交接的过程。这个过程因受生存环境和文化背景的制约而具有强制性和模式化要求,最终形成文化的传承机制,使民族文化在历史发展中具有稳定性、完整性、延续性等特征"。在文化传承的重要性方面,赵世林(2002a)认为文化传承有助于维系中华民族共同体精神文化的生产和再生产,最终强化文化认同和文化自信;宋建峰(2010)提出保护传承传统文化的过程有利于个体重新感受、体验、认识历史文化的优秀部分及其在族群发展中的进步意义和作用;姚磊(2014)认为文化传承既是实现传统与现代的有效对接、关乎中华民族可持续发展的重大问题,又是保持人类文化多样性的社会普遍要求。综上所述,文化传承对于形成文化自信,推动文化繁荣,提高文化软实力,实现文化永续发展等多方面均具有重要作用。

(2) 传统村落文化传承概述

作为中国农耕历史与传统文化的有机物质载体,传统村落承载着丰富的文化景观与乡愁记忆。伴随乡村旅游的快速发展,传统村落的物质文化与非物质文化内容在旅游活动的影响下,通过宗祠营造、家院建设、民俗活动、媒体传播等记忆承载方式,实现旅游活化利用与文化展示传播之间的交互建构,以此赋予传统文化新的生机与活力。然而,快速推进的旅游化也使得传统村落文化传承面临一系列困境,村民生活方式急剧变化(Dewi, 2014)、村落过度商业化(Mitchell, 2013)、传统原貌消退(Gao and Wu, 2017)等现象日益严峻。因此,如何稳步推进、科学统筹传统文化传承与旅游产业可持续发展之间的关系,已经成为现阶段许多传统村落与乡村振兴的重要科学命题。

10.1.3 共生理论

(1) 共生理论概念及其在多个学科中的应用

"共生"概念最初来源于生物学研究领域,具体意指两个或以上的不同生物之间形成相互依存、互惠共生的共生关系(吴泓和顾朝林,2004)。随后不少学者将其运用于生物学、社会学、经济学、心理学、哲学等领域(表10-1)。

表10-1 各学科范畴共生理论的主要代表思想

学科范畴	主要代表思想	文献举例
生物学	两个或两个以上的生物密切生活在一起,彼此之间形成稳定、亲密关系,使得生态系统更具承载力,朝着有利方向进化	倪达书和汪建国(1981)
社会学	人类对社会资源进行竞争,在生存与发展存在共生关系,这种共生形态随着社会进步变得和谐	胡守钧和张凤池(2016)
经济学	共生单元之间通过共生环境外部作用产生共生关系,反映企业等组织相互依存的关系	袁纯清(1998)
心理学	人类是通过情感联系在一起,以生活和工作之间的平衡来实现健康心理、行为、关系等的生态综合体	韩帅(2019)
哲学	事物或单元之间形成和谐统一、兼容并蓄、共生共荣的命运关系	杨玲丽(2010)

(2) 共生理论在旅游研究中的应用

作为社会学的重要分支,共生理论被引入旅游学科研究领域有助于克服旅游业面临的一系列挑战。钟俊(2001)提出"旅游共生"概念,即通过共生单元(旅游地或企业)之间的同质共生与异质共生关系获取竞争优势,实现合作共赢的旅游生态共生系统。随之,许多学者也将共生理论聚焦于区域城市旅游协同发展(吴泓和顾朝林,2004)、区域旅游竞合模式(潘冬南,2016)、文旅融合发展(熊海峰和祁吟墨,2020)、乡村旅游生态系统创新(彭淑贞和昌臣,2020)、乡村旅游精准扶贫模式和路径(王庆生等,2019)、古村落旅游企业的"共生进化"(申秀英和卜华白,2006)等旅游研究热点。

(3) 传统村落文化传承与生态旅游共生系统

一般来说,共生系统包括三个共生要素,分别是共生单元、共生关系与共生环境,共生单元指共生系统中进行能量生产和交换的基本单位;两个或以上共生单元进行组合时,必然伴随着彼此之间的作用与互动,这种形式被称作为共生关系;共生环境是共生单元以外所有因素的集合,与此同时也是共生关系得以存在及发展的外在条件(袁纯清,1998)。

根据共生理论,共生系统形成与发展的必要条件主要包括3个方面,分别为共生单元之间的质参量兼容、一个(或多个)共生界面的形成以及新共生能量的生成(袁纯清,1998;陈培磊和苏玉卿,2014)。因此,传统村落文化传承与生态旅游融合发展存在共生联系的必要条件,主要有如下三个方面:第一,传统村落文化传承与生态旅游二者融合过程中所涉及的共生单元至少存在一组质参量兼容,这决定了构成共生关系的可能性;第二,传统村落文化传承与生态旅游共生系统内部的共生单元之间至少生成一个共生界面,该界面为共生单元彼此进行信息或物质交流提供平台;第三,共生单元互动必须产生新的共生能量,驱动传统村落文旅共生系统向着一体化共生和对称互惠共生方向演进。

1) 由于地理位置和历史遗留的限制因素,传统村落社会经济发展水平相对来说比较落后。作为促进传统村落社会经济发展的重要方式,旅游业发展的必要性和可行性已经被许多传统村落参与主体广泛认同。北京传统村落所具有的历史文化脉络与自然生态环境为其发展乡村生态旅游提供了良好基础。与此同时,旅游接待收入是传统村落文化传承的重要经济支撑,文化传承与生态旅游二者存在着内在联系并达到了质参量兼容,满足第一个条件。

2) 文化传承和生态旅游的活动地点处于传统村落这一共同地域空间内,共生单元之间共享顶层政策、基础设施、市场需求、科学技术等外部驱动条件,已形成相对稳定的共生界面进行能量流动、物质循环、信息传递以及价值增值,满足第二个条件。

3) 单一文化旅游资源的吸引力较为有限,难以支撑日益增长的游客受众群体。借助传统村落自然生态资源这一优势,可把资源保护利用、绿色消费、环境可持续发展等生态旅游理念融合到传统文化的保护传承,丰富传统村落文旅融合产品体系。这使得文化传承与生态旅游二者形成良好互动关系,能够迸发出新共生能量,即通过经济发展、社会进步、生态保育、文化传承等综合效益的提升来助力乡村振兴战略实施,故此满足第三个条件。

10.2 传统村落文化传承与生态旅游融合发展模式构建原则

为科学统筹传统村落文化保护传承与生态旅游融合发展，促进传统村落全面振兴，本节提出在传统村落文化保护传承与生态旅游融合发展过程中，应该坚持文化传承优先原则、文旅融合发展原则、乡村特色融合原则、多主体参与性原则。

10.2.1 文化传承优先原则

传统村落是中国农耕文化的一个缩影，承载着丰富的历史遗产和文化资源，具有较高的历史、文化、科学、艺术、社会、经济价值。基于此，北京传统村落文化的保护与传承工作对于展现中华民族优秀历史文化、推进全国文化中心建设、研究北京地区人类文明演进均具有重要意义。除此之外，传统文化是传统村落旅游发展的核心灵魂，如若在传统村落文旅融合过程中忽略对传统文化的保护与传承，容易导致传统村落旅游产品的同质化与过度商业化。故此，在传统村落文旅融合过程中切莫一哄而上，而是应当优先保护和传承文化，复兴濒临消失的文化遗产，构建并完善活态传承机制，同时在传统村落实现乡村振兴战略的指标中纳入文化的保护与传承，促进村落内外部的各种主体自觉地保护与传承传统文化。

10.2.2 文旅融合发展原则

文旅深度融合发展是开发乡村多元价值，助推乡村产业兴旺，实现人民物质富裕的重要抓手。因此，传统村落文旅融合必须贯彻落实党中央、国务院关于文化和旅游融合发展的重要精神和政策，坚持"宜融则融，能融尽融，以文促旅，以旅彰文"的工作思路。针对目前北京市传统村落文化传承和文旅融合存在的问题，传统村落应依托自身良好的自然与人文环境基础，深度挖掘传统村落文化资源与生态资源的旅游价值。在此基础上开发出特色鲜明、文化底蕴深厚以及具有较强吸引力的乡村生态旅游产品，构建传统村落文化传承与生态旅游融合发展模式，增强主体单元的文化认同感与环保意识，实现村落传统文化的保护传承与生态旅游融合的可持续发展，提高传统村落经济发展水平，助力实现全面乡村振兴战略。

10.2.3 乡村特色融合原则

地域性、本真性、乡土性是传统村落的本质属性，慢节奏的田园生活、淳朴的乡土风情、独特的乡村传统优秀文化等是传统村落面向旅游者的核心吸引力。伴随传统村落旅游的快速开发，乡村旅游产品同质化和商业化现象愈加严重，乡村原真性逐渐流失，不利于传统村落可持续发展。故此，在构建传统村落文化传承与生态旅游融合发展模式时，必须维持传统村落原有的民居风貌、手工技艺遗产、风土人情及自然生态环境等乡村特色，强调乡村的地域性与本真性，强化乡村文化建设，把乡村所具有的人文环境价值与自然环境价值转化为旅游价值，并将由此带来的旅游收入再次投入传统村落建设，从而促进传统村落文化传承与生态环境保护，最终形成传统村落文化传承与生态旅游共生系统的良性发展循环、推动乡村振兴战略实施。

10.2.4 多主体参与性原则

实现传统村落文化的保护与传承是一项长期的系统工程，需要多方传承主体积极参与。地方政府、社区居民、旅游企业和外来游客等文化传承主体，能够利用文学文本、纪念仪式和身体实践等记忆媒介（吕龙等，2020），对传统村落文化记忆进行传播与扩散，推动传统文化记忆以不同形式（物质展出、活动展出和互联网传播）与方向（村落内部和外部）在时间与空间的双重维度上传播，以此实现挖掘、展示、传播和传承传统文化记忆的目的。这就要求多方主体明确自身责任，积极参与传统村落文旅融合的产品开发、经营管理以及市场运营等工作，并且一切参与行为均应以传统村落文化效益、生态效益、社会效益以及经济效益保障为前提，促进传统村落文化保护传承、文旅融合发展与乡村全面振兴等目标的实现。

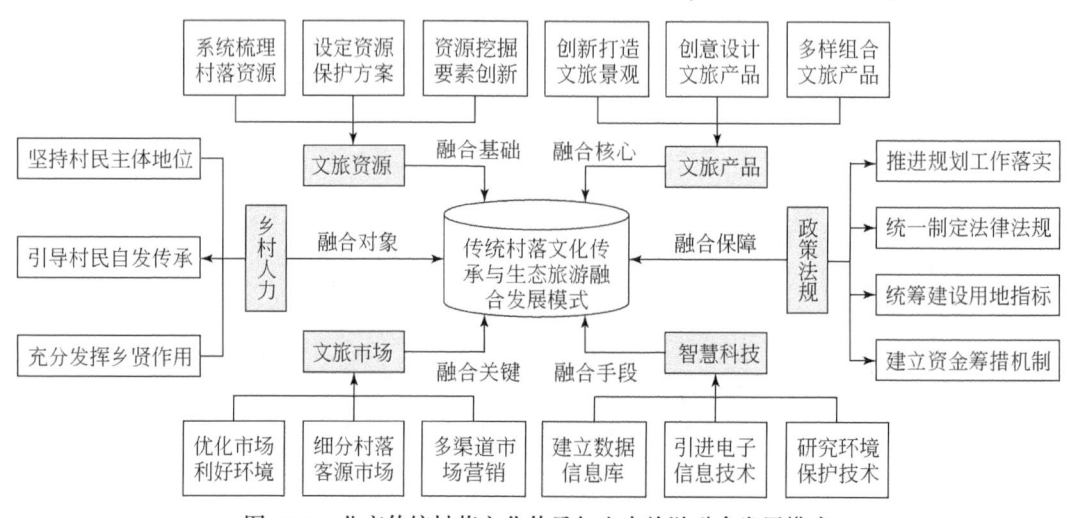

10.3　北京传统村落文化传承与生态旅游融合发展模式构建

10.3.1 模式总体设计

针对目前北京市传统村落文化传承与文旅融合发展所面临的一系列困境，为促进传统村落文化传承与生态旅游深度融合发展，本研究立足于生态旅游理论、文化传承理论以及共生理论，基于乡村振兴战略构建了以文旅资源为融合基础、以文旅产品为融合核心、以文旅市场为融合关键、以乡村人力为融合对象、以智慧科技为融合手段、以政策法规为融合保障的北京传统村落文化传承与生态旅游融合发展模式，如图10-1所示。

图10-1　北京传统村落文化传承与生态旅游融合发展模式

10.3.2 模式构建对策

(1) 融合基础：文旅资源

文旅资源是传统村落文旅融合发展与乡村振兴的基础，资源融合是传统村落文旅产业融合发展与乡村振兴的首要环节。首先，系统梳理传统村落多元文化基因谱系与自然资源体系。在文化资源方面，梳理表征传统村落自身地域特色的空间布局形态、传统建筑景观、地域风土人情、传统民俗节庆、民族信仰、地方方言等文化资源禀赋。在自然资源方面，梳理森林资源、草地资源、湿地资源、动物资源、山地资源、水域资源、天象气候资源等自然资源要素。其次，制定科学合理的文旅资源保护方案。一方面，在对传统村落文化资源进行归类的基础上，分别根据物质文化景观的久远度、稀缺度、占地规模、保存完整性等指标和非物质文化遗产的稀缺度、连续性、传承活动规模等指标，对各文化资源单体进行评价，以便更好地划分保护等级，从而采取不同强度的保护方案；另一方面，综合考虑自然生态资源的景观脆弱性、重要性、再生能力等因素，设计相应的保护方案，同时保证一切旅游活动不触及生态保护红线，实现自然资源的可持续利用。最后，加强资源内涵挖掘和要素创新。在系统普查传统村落自身文旅资源的基础上，深度挖掘文化资源的历史源流、形态演变、发展历程，自然资源的形成与分布等内涵，同时加强资源要素的创新性发展与创造性转化。

(2) 融合核心：文旅产品

第一，以传统村落的自然肌理与文化基因为基础，创新打造文旅景观。一方面，活化利用物质文化与非物质文化资源，打造新的文化景观，如建设乡村博物馆、村史馆、乡村图书馆、文化展览中心等；另一方面，依据景观生态学理论，因地制宜开发创意生态景观，如北京市顺义区龙湾屯镇焦庄户村依托周边山地环境资源优势，打造了"舞彩浅山"的独特自然景观，近年来成为北京市民京郊出游的重要选择。第二，创意设计文旅产品体系。推动文化和旅游产业与休闲农业、体育健身等新业态融合，横向拓展文旅产品活动范围边界；找准传统村落文旅融合点，以融合模式原则为要求来设计文旅产品，把传统村落所具有的文化产业与生态旅游产业全面深度融合，开发乡村田园特色餐饮、乡村休闲度假、军事文化体验、写生研学等特色文旅产品，避免同质化和低端化。第三，多样组合文旅产品。根据游客乡村度假、亲子休闲、休闲康养、健身康体等多样化的文旅消费需求，推出"休闲度假+康体养生""田园观光+农事体验""亲子休闲+农事体验"等多种功能复合的旅游产品。第四，根据传统村落客源市场调查，开发高、中、低等多层次的旅游产品，以北京市门头沟区斋堂镇爨底下村为例，其开发民宿从一百元到上千元价格不等，满足了各层次的旅游消费需求。

(3) 融合关键：文旅市场

首先，优化市场利好环境。加强传统村落文旅行业的信用体系建设，强化文化和旅游企业的信用约束与联合惩戒（熊海峰和祁吟墨，2020），优化行业监管形式与效力，规范传统村落文旅市场秩序，积极塑造正向的外部共生环境。其次，细分乡村客源市场。以客源类型、客户群体及游览目的为方向，分析传统村落的文旅客源市场现状，并预测传统村落未来的客源地域分布及市场类型，针对不同细分市场，实行差异化营销战略。最后，实现多渠道市场营销。构建线上（online）-移动（mobile）-线下（offline）三位一体的 OMO 营销模式（唐承财等，2019）。线上营销方面，由地方政府牵头建设旅游宣传网页、官方微博与微信公众号，提供最新旅游资讯、在线预订等服务，并积极与抖音、小红书、快手等新媒体平台达成合作，形成自身粉丝社群。移动端营销方面，借助本地宝等生活资讯软件，开发移动端 APP 的文旅信息服务，分别设置"食住行游购娱"等版块，以供游客了解资讯。线下营销方面，通过定期举行的民俗节庆、文化展览、公益讲座等活动形式吸引游客，增强游客与传统村落之间的交互体验，扩大文旅市场知名度。

(4) 融合对象：乡村人力

人口老龄化与村落空心化是许多传统村落所面临的问题，而传统村落文旅融合发展与乡村振兴离不开人的存在，因此村落要采取人口吸引措施，通过外来人口引进和本土人口回流，优化乡村人口结构，解决传统村落文旅融合发展依靠谁、为了谁的难题。首先，坚持村民主体地位。通过打造村民创业平台，让村民低成本或无成本参与村落文旅融合经营活动；成立村民合作社，以股份合作的形式实现全体村民利益共享。其次，引导村民自发参与文化传承。通过在传统村落内定期组织传统文化传承、道德风尚践行等主题教育培训活动，增强乡村居民对传统村落文化价值的认同感和自豪感，激励村民自发传承传统文化，提升村民文化自信。最后，充分发挥优秀乡贤作用。一方面，推出村落乡贤人才，推广其成功经验，以带动其他村民学习。另一方面，聘任一批有影响力、有专业素养的新乡贤，让其参与传统村落文旅融合发展治理工作。通过新乡贤带来的先进发展理念、管理经验以及更多的人流、物流、信息流等发展要素，实现其招商引资、招才引智的重要作用。

(5) 融合手段：智慧科技

首先，建立传统村落数据信息库。由地方政府部门或相关协会主导，运用大数据、云计算等数据处理技术，采集村落文本、音频、视频、实地调研等资料，归类成旅游服务质量、旅游安全、文化遗产及生态环境状况等公共信息，并进行及时更新。其次，积极引进信息技术。一方面，把虚拟现实技术、增强现实技术、新媒体技术等与传统文化遗产相结合，构建传统文化展示平台，延伸旅游空间，加强游客沉浸式体验，彰显文化魅力。另一方面，以智慧管理技术推进智慧村落建设，达到村域数字网络全覆盖，建立数据可视化监测平台，实现集电子票务系统、视频监控系统、LED 大屏信息发布系统、村落智慧停车场、电子导览系统、应急指挥系统等多元系统于一体的综合智慧服务管理。最后，研究环境保护技术，在传统村落内具体表现为绿色技术的应用。运用微生物降解、厌氧处理等环境保护技术手段，完善生态停车场、生态厕所、污水处理等基础设施及公共服务设施，实现村落环境整体生态化。

(6) 融合保障：政策法规

第一，推进规划工作落实。地方政府的规划编制部门有计划地启动"传统村落文化传承和生态旅游融合发展规划"编制工作，针对有条件开发旅游的传统村落，可以将文旅产业作为传统村落文化传承和社会经济发展的重要方式以及传统村落发展规划的核心内容。第二，统一制定相关法律法规。北京市可根据传统村落实际情况，制定并出台促进传统村落文旅发展、民宿发展的意见，使村落文旅发展工作有法可依，实现传统村落旅游行业规范化。第三,统筹安排建设用地指标。针对土地制约问题,传统村落所属的地方政府可按照集约用地原则,统筹土地规划,盘活闲置用地,优先保障村民宅基地及公共服务设施用地。放宽文旅项目用地指标,在不影响传统村落格局、肌理的区域内实行点状供地政策。第四,建立健全资金筹措机制。农业主管部门统筹相关已有政策,以提供专项资金、减税降息等金融政策,扶持文旅业态项目发展,充分吸纳社会资本;以提供就业机会、发放生活津贴等惠民政策,鼓励村民参与本村文旅融合发展,促进年轻人口回流,增强文化传承活力。

第 11 章　北京传统村落文化传承与生态旅游融合发展对策

为进一步推动北京传统村落文化传承与生态旅游融合发展，促进乡村振兴战略实施，本研究基于 2022 年中共中央和国务院发布的《中共中央 国务院关于做好 2022 年全面推进乡村振兴重点工作的意见》、2022 年中共北京市委和北京市人民政府印发的《关于做好 2022 年全面推进乡村振兴重点工作的实施方案》、2021 年 3 月 1 日正式实施的《北京历史文化名城保护条例》、2018 年北京市人民政府办公厅发布的《北京市人民政府办公厅关于加强传统村落保护发展的指导意见》等政策文件，结合北京市传统村落文化传承与旅游发展现状及问题，从制定传统村落政策与制度、保障传统村落人才资源体系、提升传统村落人居环境质量、构建传统村落文旅产业体系、完善传统村落基础设施建设五大方面探究北京传统村落文化传承与生态旅游融合发展对策，以传承和弘扬中华优秀传统文化，推动文化强国建设，科学合理发展生态旅游，全面促进传统村落振兴。

11.1　制定传统村落政策与制度

中共北京市委和北京市人民政府在《关于做好 2022 年全面推进乡村振兴重点工作的实施方案》中明确要加大政策保障和体制机制创新力度，为打赢乡村振兴战提供保障。本节主要通过制定传统村落保护传承与发展政策、完善传统村落保护传承与发展制度体系、健全传统村落保护传承与发展的法律法规三条对策，来构建北京传统村落文化保护传承和生态旅游发展的政策制度，以推动北京传统村落及其他乡村地区振兴。

11.1.1　制定传统村落保护传承与发展政策

(1) 政府制定奖励政策

第一，制定优秀传统村落的奖励政策。对传统村落保护与利用效果显著的优秀村落和有突出贡献的个人给予奖励，发挥奖励政策的引导作用；特别突出的传统村落，可以申报联合国教科文组织的文化遗产奖项。例如，作为中国传统村落的温州福德湾矿工村，荣获 2016 年联合国教科文组织亚太地区文化遗产保护荣誉奖。第二，制定吸引传统村落人口回流的奖励政策。传统村落的文化传承和生态保护离不开本地人的参与，对于那些已经离开乡村到城市工作和生活的村民，要制定吸引他们回乡工作的奖励政策，抑制传统村落的人口空心化现象。尤其要对非物质文化的传承人提供补助，推动更多人参与到传统村落文化传承的活动中来。第三，制定能够吸引多方力量参与的奖励政策。中央和各级政府可以制定奖励政策来引导社会力量的参与，鼓励社会资本以捐赠、认领、租赁、投资、提供技术服务等方式参与传统村落的资源配置、旅游规划、生态保护等。地方各级财政部门可以综合统筹规划，加大对传统村落保护发展的专项政策支持。例如，对参与传统村落保护发展的企业采取减税降费等奖励。

（2）完善土地供给政策

一方面，出台积极的土地政策缓解传统村落用地瓶颈。部分传统村落的基础设施和旅游配套设施十分缺乏，需按照传统村落保护、节约集约用地原则，在与国土空间规划、土地利用规划、美丽乡村规划衔接基础上，根据旅游规划的产业发展需求，适当增加传统村落旅游项目建设用地指标，依法办理土地转用、征收或收回手续，积极组织实施土地供应，使传统村落的文旅产品和生态项目有得以落地的承载空间，如建设生态停车场、旅游饭店、文化和娱乐休闲设施等。另一方面，在现有国家土地制度和农村制度的框架内，寻求多样化的农村宅基地权益解决方案。传统村落的宅基地闲置情况比较严峻，要积极促进传统村落宅基地改革，完善宅基地制度，建立有序的、有法律保障的宅基地使用权流转市场（黄永燕，2022）。稳慎推进农村宅基地制度改革试点，规范开展房地一体宅基地确权登记。稳妥有序推进农村集体经营性建设用地入市[①]。也要在保障村民切身利益的基础上，适度放活农村宅基地。同时，允许村集体根据乡村建设统一规划，建设人才用房，提供给来到传统村落工作的文化旅游、生态环境、城乡规划等专业人才使用，最大化地盘活利用其传统村落的土地空间，释放宅基地和农房资产价值。

（3）编制《北京传统村落文化传承与生态旅游发展规划》

按照《北京城市总体规划（2016年—2035年）》《北京历史文化名城保护条例》《北京市非物质文化遗产条例》等相关文件的要求，邀请具有专业背景的规划单位，科学编制《北京传统村落文化传承与生态旅游发展规划》（以下简称《规划》）。第一，《规划》应坚持因地制宜、因户施策、红线管控和活化利用的原则，坚持政府引领管控、村民深度参与、企业积极融入相结合的原则。第二，《规划》应系统科学调查传统村落的物质文化遗产和非物质文化遗产，依托其自然生态环境、文化遗产资源，对传统村落的空间形态、街巷、院落、建筑单体、非物质文化遗产建立系统的保护方案。第三，《规划》应合理布局传统村落社会经济发展功能，因地制宜地科学制定各个传统村落保护发展的战略及定位，发挥各个传统村落的优势资源，避免同质化竞争。第四，《规划》应该依托资源环境基础，建立传统村落生态旅游产业体系，充分吸纳当地村民参与生态旅游等产业体系发展之中，促进村民增收致富，增强传统村落社会经济的可持续性。第五，《规划》应以政府为主导，全面提升传统村落基础设施建设，改善原著村民生产生活环境，全面推动传统村落的乡村文化振兴、社会经济振兴。

---

① 中共中央 国务院关于做好2022年全面推进乡村振兴重点工作的意见. http://www.gov.cn/zhengce/2022-02/22/content_5675035.htm.

11.1.2 完善传统村落保护传承与发展制度体系

(1) 制定科学有效的监督制度

要实现北京传统村落的高质量发展,应建立科学有效的传统村落保护和发展监督制度。第一,建立传统村落保护和发展的投诉常态机制。建议在北京历史文化名城保护委员会下设立历史文化名城保护与发展投诉、建议电话专线或网络平台,倾听广大人民群众对传统村落保护和发展的声音。第二,鼓励多元化利益相关主体的传统村落保护和发展的建言献策机制,鼓励游客、当地居民、企业工作人员等,积极寻找和发现传统村落保护和发展的痛点。第三,充分尊重各方意见,制定完善的传统村落保护利用管理办法,健全传统村落保护,利用村规民约对村中各类建设活动和生产生活行为进行指导和规范。第四,建议北京历史文化名城保护委员会办公室对传统村落保护和发展中出现的各种投诉与建议进行筛选,对情况不太严重的可以安排各区相关部门调查和整改。对于情况严重的应该成立专家调查组,明察暗访,核实情况,并针对相关情况责成区和乡镇限期保质保量完成整改工作。相关问题整改完成后,第一时间反馈给相关监管部门和投诉人。第五,参考 A 级景区复核制度,每年定期举行传统村落保护与发展复核检查工作。由传统村落保护与发展协会专家委员会开展此项工作,并不定期进行暗访检查,并将暗访检查报告反馈给属地管理部门,出现问题的传统村落应及时整改。

(2) 完善传统建筑保护规范制度

一方面,高度重视传统建筑的保护,明确权责制度,建立完善的监督、反馈和惩罚机制,规范改建、搭建的要求,按照文物保护规定落实对村落内传统建筑的重建与恢复。另一方面,对于传统村落保留下来的传统建筑形态,政府相关部门应当组织专家小组对这些传统建筑进行考察和评估。对于一些建筑规模较小、传统建筑价值相对较低、经济与旅游发展较为落后的传统村落,应首先处理好改善村民生活居住环境与保护传统建筑的关系,对村落中为数不多的传统建筑进行评估与取舍,在考察的基础上认定有必要进行保护的传统建筑,同时重视"废墟文化"的作用,实行有选择性的修复。对于传统民居留存较多、价值较高、旅游发展速度较快的传统村落,如爨底下村、灵水村、古北口村、马栏村等,要在各村落传统村落保护利用规划的指导下,对传统村落建筑进行系统性的修缮,统一规范村落中改建、复建的工作。

(3) 建立多元化的资金制度

传统村落的保护和发展需要大量的资金,仅仅依靠当地政府财政拨款也是杯水车薪(朱珈莹和张克荣,2020)。当前传统村落保护和发展的项目投资主要来源于政府投资与社会资本两类。其中,政府投资主要用于公益性建设与基础设施建设,提供良好的经营发展基础;社会资本主要用于经营项目建设,激发文旅企业、休闲农业等业态的活力。还必须利用社会资本的加入,鼓励引导投资公司、运营公司、交通公司、活动赛事公司、酒店、旅行社等多方资本力量参与传统村落旅游、休闲农园等项目的建设运营。

第一,解放思想,更新观念。在引导多元化资本投入的过程中,要摒弃社会资本靠不住、不可轻信的观念,培养村民的信心和积极的态度,树立正确观念,引导村民积极配合文旅相关部门、旅游开发企业展开旅游活动，破除"等、靠、要"的思想障碍，由被动接受转变为主动吸引。第二，要发挥政府的主导作用。采取投资补助、资本金注入、设立基金等多样化办法，拓宽社会资本融资渠道，提高资金使用率。采用市场化运作方式，由政府牵头，通过土地、房屋产权的置换或租赁等方式，鼓励、吸纳多种社会资本参与传统村落的保护与开发。第三，积极申请各级财政资金配套。各区、乡镇政府应积极把握国家乡村振兴战略实施的契机，将文旅融合和生态旅游建设项目尽可能纳入城乡一体化规划、传统村落保护利用规划、美丽乡村规划等专项行动中，积极申请国家乡村振兴资金、美丽乡村建设资金、乡村生态环境保护和建设专项资金、传统村落保护专项资金等政策性资金。第四，社区参与，积极引进社会资本。全方面调动社会参与传统村落保护和发展的积极性，引导各类企业、社会组织的资本投入。传统村落村委会要积极参加各类文旅招商会、商贸洽谈会，同时通过报刊、电视、广播以及网络等传媒发布广告，扩大声势，宣传本地资源、优势和政策，引起投资者注意，从而调动投资者考察的兴趣。支持有实力的社会资本在符合法律法规和相关规划、尊重农民意愿的前提下，立足传统村落的发展实际和传统村落建设现状，引导其稳妥有序投入传统村落基础设施、公共服务设施、文旅融合和生态旅游建设项目当中。第五，建立"传统村落保护基金会"。向社会组织、企业、个人募集资金，用于传统村落的保护与利用。

11.1.3　健全传统村落保护传承与发展的法律法规

（1）制定传统村落的专项法律制度

法律法规是政策与制度在外在形式上的重叠部分，法律法规既隶属于政策，同时也包含于制度之中（朱水成，2003），故单独呈现。目前，我国没有专门针对传统村落的法律文件，传统村落保护工作主要以相关法规、国家政策以及地方规范为依据展开，为传统村落的保护和发展制定一部专门的法律或条例迫在眉睫，如《中国传统村落保护与发展促进法》。通过专门立法，对传统村落保护的原则、法律主体和客体、权利和义务等内容予以规范。

首先，遵循整体保护、原真保护、活态保护和村民主体四个原则。整体保护是指在具体条款中把传统村落当作一个整体加以保护，确保其保护全面有效，既要有物质文化，非物质文化，也要包括保护村落村民以及其他活态文化。原真保护是指要求明确传统村落保护过程中必须坚持实事求是，保持传统村落的真实性。活态保护是指要注重生态环境的可持续发展，要留住传统村落的见证人村民，要活态传承非物质文化遗产。村民主体要求以人为本，尊重村民的主体地位，保护村民的合法利益。其次，要明确法律主体与法律客体。法律主体是指参与传统村落保护与开发利用活动，依法享受权利和承担义务的当事人，包括但不限于村民、各级人民政府、有关职能部门和工作人员，以及社会公众等。法律客体是传统村落。最后，细化权利和义务。传统村落保护法应该对主要法律主体的权利和义务进行细化，确保法律有效实施（周小芸，2022）。

（2）编制《北京市传统村落保护与发展条例》

2021年3月1日，北京市正式实施了《北京历史文化名城保护条例》。作为北京历史文化名城的重要组成部分，传统村落的保护和利用值得深入探讨。传统村落的文化遗产保护工作是系统性的、全面化的。因此，建议组织编写一套操作性强的《北京市传统村落保护与发展条例》（以下简称《条例》）。第一，该《条例》编制必须基于《历史文化名城名镇名村保护条例》《北京历史文化名城保护条例》《中华人民共和国非物质文化遗产法》《北京市非物质文化遗产条例》等相关法律法规来起草。第二，传统村落文化遗产的保护主要涉及物质文化遗产和非物质文化遗产两个维度，《条例》中必须涉及这两方面的保护并均具有较强的可操作性，既要确保物质文化遗产得到科学性和系统性的保护，又不可忽略非物质文化遗产的传承和发扬。第三，《条例》的编制，应坚持政府引领与管控原则，坚持专业人士做专业的事情的原则，坚持兼顾保护、利用与发展的原则，坚持保护和传承的内容完整性、保护与传承的方式多样性、保护与传承的主体多元性的原则。第四，由地方政府的相关部门牵头，邀请北京市农业农村局和北京市文化和旅游局等部门的领导、高校科研院所专家、传统村落保护利用良好的典型村落代表、乡村企业代表、村民代表，共同参与《条例》的编制工作。

11.2　保障传统村落人才资源体系

加强乡村振兴人才队伍建设，引导更多人才发挥自身优势积极投身乡村振兴的舞台，培养专业人才和乡土人才，使"人才引擎"赋能乡村振兴。本节主要通过成立北京市传统村落保护与发展协会、构建传统村落文化传承与生态旅游发展人才体系、建立优秀乡村文化传承人才培养机制三条对策构建保障传统村落人才资源体系。

11.2.1　成立北京市传统村落保护与发展协会

当前全国多个市县均已成立传统村落保护与发展协会，以推进传统村落的保护传承和发展工作。例如，2017年3月，江西省抚州市金溪县传统村落保护与发展协会正式成立；2017年6月，广东省河源市传统村落保护与发展协会正式成立；2018年1月，河南省焦作市传统村落保护协会正式成立；2020年12月，湖北省咸宁市通山县正式成立传统村落保护协会。当前，北京市传统村落保护与发展亟须专业协会做指导，本研究建议如下：第一，北京市应充分利用《北京历史文化名城保护条例》正式实施的机遇，依托相关机构，成立北京市传统村落保护与发展协会，为吸纳先进和专业人才创造良好的队伍条件。第二，协会的成员单位应广泛邀请高校科研院所、文化和旅游等企业、北京市旅游行业协会、北京民俗旅游协会等相关机构加入；协会的个人会员应广泛吸纳领导型专家、文物保护类专家、乡村旅游专家、环境保护专家、乡村技艺大师、企业领导、乡村技能工作人员、乡村精英等，建立一支结构合理、专业配套、素质较高的传统村落保护与发展协会队伍，为提高协会工作质量、促进协会办事效率、实现协会功能奠定好坚实的人才基础。第三，协会应该在北京市传统村落保护与发展中承担标准制定、行业指导、市场营销宣传、平台搭建、行业培训等职能，发挥在全市传统村落保护与发展中的核心作用。第四，建议在北京市传统村落保护与发展协会下设立专家委员会、市场营销专委会等机构。专家委员会可以负责起草制定北京市传统村落的保护与发展等相关标准，定期参加北京市传统村落暗访检查工作，而市场营销专委会可以给传统村落做营销推广。

11.2.2 构建传统村落文化传承和生态旅游发展人才体系

以北京传统村落文旅融合发展的现存问题为切入点，从不同的参与主体，即地方政府、村民、旅游企业、游客、科研院所、非政府组织，分析其参与传统村落文旅融合发展的方式，构建需求导向下的传统村落文化保护传承和生态旅游融合主体投入-产出表，如表 11-1 所示，扎实推动传统村落产业、人才、文化、生态、组织的全面振兴。

表 11-1　传统村落文化保护传承和生态旅游融合主体的投入-产出表

融合需求	投入	参与主体	产出
村落文旅融合发展规划	联合多部门开展规划编制	地方政府	稳步推动传统村落保护发展
	提出规划编制建议	村民、旅游企业、游客、文化旅游组织、传统村落保护组织、生态保护组织	多方意见得以充分体现
	科学智力支持	科研院所	完善修正村落旅游发展规划
文旅融合产品建设	村落传统文化遗产建档保护	地方政府	助力旅游产品的文化赋能
	构建传统村落生态产业体系	地方政府、村民	促进文化传承与生态旅游融合
	开发生态旅游与文化传承融合产品	旅游企业	拓宽旅游产品体系；壮大村落整体经济收入
	创意组合文旅融合产品	旅游企业	满足游客不同消费需求
文旅融合产品运营	提供闲置宅基地、土地、劳动力	村民	获得经济收入；村落用地效益最大化
	监督村落旅游经营发展情况	地方政府、村民	保障村落文化、生态、社会等效益
	参与村落旅游经营管理	旅游企业、村民	经济收入整体提升；刺激内生动力
政策支撑	放活宅基地指标	地方政府	年轻人口回流，刺激文化传承活力
	发放建设用地指标		旅游项目得以落成
	出台相关优惠政策		调动传统村落文旅融合积极性；促进年轻人口回流
	制定相关法律法规		村落旅游行业规范化
资金支持	提供发展资金	旅游企业	市场驱动村落经济效益得以提升
	拓宽资金来源渠道	非政府组织	村落经济效益提升
	积极打造融资平台	地方政府	引进社会资本，助力文旅融合
	提供旅游收入	游客	提高村落经济收入水平

续表

融合需求	投入	参与主体	产出
教育培训	培养旅游方面人才	地方政府	能人带动村落发展
	开展文化及旅游经营方面培训	地方政府、旅游企业、非政府组织、科研院所	促进文化传承与保护；提升村落整体文化素质水平
	对村民、游客进行生态文明教育	地方政府、旅游企业、村民	保护村落文化及自然生态环境
市场营销	打造村落旅游品牌形象	地方政府、旅游企业	提高村落旅游知名度
	建立村落旅游网页		介绍村落旅游信息
	申请官方媒体账号		提供旅游咨询；增强游客互动
	旅游节事营销		传承保护传统文化
	与媒体平台达成合作		提升村落旅游吸引力；精准营销
旅游设施	完善旅游基础设施及公共服务设施	村委会、旅游企业	保护生态环境；推进乡村旅游标准化水平提升
	注重绿色技术手段	旅游企业、科研院所	保障生态效益
	充分运用现代化技术手段	旅游企业、科研院所	推进智慧村落建设

基于上述内容，为实现传统村落的振兴，传统村落文化传承和生态旅游融合发展亟须人才资源保障体系。第一，积极引进专业管理人才，采用先进的开发与管理理念，建立现代化企业运营管理制度。第二，传统村落需要加强文化和旅游、生态环境保护等相关从业人员的培养，创建一支具有高素质高质量的专业人员队伍，进而提升整个村落村民的素质。第三，人口老龄化是众多传统村落面临的共同问题，需要吸引本土人口特别是年轻人口回流，参与到传统村落文化传承和生态旅游融合发展的工作中，优化传统村落的人口结构，给乡村振兴注入新活力，焕发传统村落新面貌。例如，出台政策鼓励中青年返村来村就业创业，全面提振传统村落文旅产业，建设乡村文化振兴示范村；从技能、资金、补贴等方面出台促进中青年人返村来村就业创业政策。

11.2.3 建立优秀乡村文化传承人才培养机制

第一，外引内培建立优秀乡村文化传承人才培养机制，遴选乡村文化开发、管理、服务三方面的工作人员，组建乡村文化能人队伍。第二，利用线上和线下相结合的方式，从传统村落保护、农耕文化、红色文化、乡村美食、戏曲演艺、民间技艺、文创商品设计与制作、文化节事策划与筹办、文化产品营销、文化修养、文旅服务规范等内容开展培训，培育乡村文化能人队伍。第三，要让参与人员了解传统村落和旅游发展的基础内容。应该采用室内教学、实践教学、观摩学习等方式，对村委会、村民、村内企业工作人员进行传统村落文化遗产保护传承和文旅发展培训，使他们对传统村落，特别是本村内的物质文化遗产和非物质文化遗产有具象的了解，能积极主动保护好和宣传好这些文化遗产，增强他们对于村落文化的自豪感和认同感，让文化遗产的保护与传承行为成为一种文化自觉。第四，针对传统村落的村民，应加强传统村落旅游开发、相关法规等方面的培训，培训内容可包括民宿与客栈开发经营、旅游营销、休闲农业开发管理、节事活动策划与组织、旅游法规、文化修养、处理意外突发事件等。通过培训，引导村民树立保护与发展传统村落的主人翁意识，并学习到民宿客栈等旅游相关行业的经营管理以及旅游网络营销等理念技能，提升村民经营能力和水平，更好地为游客服务。第五，从业人员应加强乡愁文化纪念品的制作销售、美食制作、民间手工艺品编制（刺绣、剪纸、装饰美工、雕刻等）等内容培训。第六，持续开展乡村旅游文化与礼仪培训，转变传统农家乐低质量服务困境。文化培训上重点探索传统民俗文化、农业生态文化、红色文化等文化旅游融合发展。礼仪培训上，要对农家乐从业人员进行接待礼仪和服务技巧等方面的培训，从农家乐从业人员穿着、仪容仪表、文明接待用语等方面进行规范，改变自身形象和生活状态，提高服务质量。第七，通过与旅游规划企业、旅游相关高校合作，建设旅游实习基地，输入旅游专业人才，全面提升从业人员综合素质。第八，深入开展创业与再就业培训，开展当地居民自主旅游创业培训，更新创业观念，增强村民创业信心，提升创业能力，培养乡村旅游创业能人，激发村民文化创新创造活力。总而言之，通过多种不同的方式，建立优秀乡村文化传承人才培养机制，组建和培育乡村文化能人队伍，开展优秀传统乡村文化培训。

11.3 提升传统村落人居环境质量

推进城乡人居环境整治是中国新时代的重要任务之一，要求我们持续提升城乡人居环境，建设美丽中国。本节主张从以"两山理论"引领生态文明建设、强化传统建筑的保护力度、合理划分传统村落的功能分区、树立分类分级保护的理念四条对策，提升传统村落人居环境质量。

11.3.1 以"两山理论"引领乡村生态文明建设

"绿水青山就是金山银山"理念，即"两山理论"，是中国生态文明建设的重要理论。传统村落承载着中华传统文化的精华，是农耕文明不可再生的文化遗产。生态环境是传统村落可持续发展的本底，同时也是传统村落旅游业发展的基础。因此，加强保护力度，严格界定生态红线，提升传统村落生态文明建设水平刻不容缓。

北京市绝大部分传统村落都位于生态涵养区，承载着重要的生态服务功能。第一，在北京传统村落文化遗产保护传承与文旅融合发展过程中，必须以"两山理论"为指导，坚持生态环境保护和文化遗产保护优先、兼顾产业经济和社会发展。第二，严格按照北京市传统村落的地脉，系统梳理传统村落的地形地貌、古树名木等动植物资源，严格保护好传统村落的山水林田湖草沙复合生态系统，维护好传统村落的绿水青山，维护好与传统村落相互依存的自然景观和生态环境。第三，推动传统村落的节能减排工作。传统村落是中华优秀乡村文化传承的典型代表，将传统村落打造成碳中和型乡村能有利于推动乡村地区的节能减排。传统村落可以充分利用国际先进的绿色低碳技术与材料，如借鉴北京冬季奥运会举办过程中的绿色低碳技术（唐承财等，2022），推动传统村落的节能减排。传统村落不仅应该从村落自身出发，减少旅游经营户生产活动和村民生活活动的废弃物排放；同时也要在旅游发展过程中，引导游客绿色消费，通过低碳出行、自带旅游生活用品等实际行动减少对传统村落生态环境和文化资源的破坏，通过旅游活动对碳排放量的讲解，使游客了解到生态保护的重要性，增强参与传统村落绿色发展的意识，从而减小传统村落绿色发展的生态压力。第四，依法严禁开山、采石、伐木、填湖等一切破坏山水格局的工程建设活动，以生态文明建设为理念，加强传统村落内部的环境综合整治，管控好传统村落周边视线通廊。第五，运用景观生态学的理论与方法，对传统村落的村内外景观进行营造。指导乡村民宿、休闲农业等业态进行景观改造和提升，不随意进行高强度的文旅融合开发。最后，要加强传统村落综合环境治理，严格执行污水处理、垃圾分类、空气环境监测等措施，优化村落生态环境，打造美丽村落（万紫微，2021）。

11.3.2　强化传统建筑的保护力度

加强传统建筑保护，灵活利用传统民居建筑产权，创新保护与开发方式。首先，全面调查传统建筑分布情况，广泛收集建设年代、材料结构、建筑风格、使用功能、资料照片等基础资料。组织开展历史建筑认定和挂牌工作，制定历史建筑保护修缮计划。加强历史建筑保护技术研究，提炼历史建筑传统要素，推动建筑技术传承。加快传统村落内文物建筑修缮修复工作，对存在严重安全隐患的不可移动文物进行抢险修缮[①]。其次，鼓励传统村落的村民依靠自身力量，在文物部门指导下负责自家传统民居建筑的修缮、管理和使用，政府给予适当补助维修经费。但必须明确要求不能随意拆毁传统建筑，维修及新建过程应符合传统建筑保护规划中各项指标的要求。最后，进行"产权转移"。对于无能力承担修缮经费的产权人，可将产权转移至村集体或由政府收购产权，出资修缮传统建筑，产权人享有居住权，待以后有能力可以回购产权。

11.3.3　合理划分传统村落的功能分区

坚持整体保护，维系传统村落格局，加强村落功能分区，分类分区精准施策，必要时可以建设新村。第一，将整个传统村落的村域纳入保护范围，将村域分为2~3类文化功能区。可分为古建文化观光区（古民居、古墙、古道、古井、古庙、古戏楼牌坊等村域）、新村民俗传承区（已建成现代建筑的村域）、农耕文化体验区（林地、坡地、耕地、菜地等村域）等。针对不同文化功能区，制定操作性强的科学保护和活化利用政策。例如，古建文化观光区坚持保护性修缮，保留传统村落肌理与风貌，建立危墙危房枯树等突发情况的科学处理预案，针对古建、古道、古井、古石、古树五古物质文化予以评级、建档，因古物施策；新村民俗传承区应加强村落风貌、住房建筑风格和色彩的管控和引导，规范开

[①] 北京市人民政府办公厅关于加强传统村落保护发展的指导意见. http://www.ce.cn/culture/gd/201803/19/t20180319_28527586.shtml.

展乡村美食、精品民宿、戏曲演艺、民间技艺、文创商品等活动；农耕文化体验区以维护生态涵养功能为前提，践行绿色发展理念，将农耕文明、农事体验等重要内容有机植入农耕文化体验之中。第二，地方政府应放宽对传统村落土地政策的限制，对于村落格局已经无法满足发展需求的村镇，可以考虑功能分区、建设旅游新村的发展思路。制定相关规划引导其往新村发展，明确定位新村和传统村落的不同功能，做好相互衔接，将占地较大的公共设施和商业设施集中于新区，避免在旧村中继续搞见缝插针的建设，淡化村内的商业氛围。第三，新建的建筑要做到不与自然环境和文物古迹发生冲突，要尊重本地区的自然环境，继承地方传统，与周围的传统建筑从材料、肌理、色彩、体量、建筑风格等元素上相呼应和协调。第四，在旧村内尽量恢复和保持传统村落的布局形态，如路网、堡门、祠堂、神庙、民居院落、水井等。对于传统民居内部，不允许破坏原始结构，不能擅自进行外立面的维修，如开门开窗、拆院墙等，传统民居的维修要经过严格的审批程序，做到修旧如旧。同时应进行适度的设施改造，合理疏散部分人口，还原传统村落生态景观格局。

11.3.4　树立分类分级保护的理念

树立传统村落保护与发展共进的理念，严格保护传统村落的传统建筑、文化遗产等。根据北京各传统村落保护现状、历史文化积淀等，制定分类分级标准，对各村落进行科学合理的分类分级。根据当前北京传统村落文化底蕴，将传统村落划分为不同的文化类型，如可针对保护与发展的现状，划分3个等级，即一级、二级、三级。一级传统村落一般是具有上百年历史、具有一定体量的北京传统民居聚落；二级传统村落一般是民国以来、成规模的北京传统民居聚落；三级传统村落一般是具有少量近代建筑、保持基本传统村落格局的北京传统民居聚落。针对不同类型、不同级别的村落，结合其保护与开发中存在的不同问题，针对性地采取配套的解决措施。

11.4　构建传统村落文旅产业体系

新时代共同富裕目标的实现，短板在乡村，弱项在乡村文化。乡村文旅融合作为一种有益尝试，通过乡村旅游与乡村文化资源的关联互动和创新发展（陈彪和曹晗，2022），构建乡村文旅产业体系，能有效助力乡村振兴和文化强国。本节通过深入挖掘乡村文化遗产的内在价值、构建传统村落生态文旅融合产业体系、构建多主体的传统村落文旅市场营销体系三条对策，构建完善的传统村落文旅产业体系。

11.4.1　深入挖掘乡村文化遗产的内在价值

乡村文化遗产是优秀传统文化的重要组成部分，是中华民族共同体形成的历史缩影。深入挖掘阐释利用好乡村文化遗产的内在精髓和时代价值，对于促进乡村文旅产业高质量发展有着重要的现实意义。但是，目前北京市多数传统村落对于物质文化遗产的利用方式大部分比较单一，同时大部分传统村落保护重物质文化轻非物质文化，亟须进一步探索和创新。

（1） 深入开展村域文化资源普查

近年来中央多次提出乡村振兴战略，把文化复兴放到非常重要的位置（王润强等，2022），首先就要明晰文化资源。北京市部分传统村落有进行初步的资源调查，但资源挖掘研究不够深入，没有充分体现出其历史、艺术和科学价值。需要地方政府牵头，与企业或高校合作，要系统调查优秀传统乡村文化资源，对传统村落内物质文化和非物质文化进行系统调查、分类、分级与评价。进一步挖掘和整理优秀文化资源，分门别类地建立相应的数据库。依据传统村落的文化基因、建筑风貌、格局肌理等，融入传统村落文化传承与生态旅游发展规划之中，并纳入多规合一的美丽乡村规划和建设之中。

（2） 推动文化资源和旅游产业深度融合

北京市的传统村落存有丰富的文化遗产，物质遗产如古建筑、宗教寺庙、古陵墓遗址、古道、历史文化要素和革命旧址等；非物质文化遗产如各类传统民俗、节庆活动、传统戏剧和手工艺等。这些文化遗产为传统村落文旅融合发展提供了丰厚的资源基础，增加了文旅产业发展的文化内涵和吸引力。要运用多角度的思维和创意，以文化传承优先和文旅融合发展为原则，充分利用文化遗产来设计生态旅游、文化旅游、冰雪旅游等产品，创意组合文旅融合产品来拓宽文旅产品体系，促进文化传承和生态旅游的融合发展。有条件的传统村落可以结合虚拟现实技术打造有科技感的文旅融合产品，以更好地满足游客多样化的旅游消费需求。

（3） 重视非物质文化遗产的创新传承

非物质文化遗产是中华优秀传统文化的重要组成部分，是传承中华文明、赓续中华文脉的重要载体。当前，文化和旅游部正在大力推广非物质文化遗产与旅游的融合发展。在传统村落拥有的文化遗产当中，不仅有古建筑、文物等物质文化遗产，还有原生态的生活气息、风土人情和特有的地方方言文字、传统观念、生活习俗等非物质文化遗产，诸如此类的非物质文化遗产有着很大的旅游开发潜力，需要保留并延续。而非物质文化遗产多为无形的，需要具象化开发成游客可以参与和互动的旅游项目，使游客通过亲身体验感知、接受传统文化的精髓（石映昕和杨尚勤，2021）。具体而言：

第一，将传统的生活习俗拍摄成纪录片，将传统技艺和手工艺品设计成游戏道具，将传统文化元素转移到服装设计当中等，使非物质文化资源从"养在深闺人未识"到"飞入寻常百姓家"，凝结其中的文明底蕴，让非物质文化遗产被更多人看见和体验。第二，可以以现有传统村落为空间载体，挖掘当地特色非遗文化，精心策划非遗特色景区类的传统村落。建立非遗文化人才队伍体系，培养非遗文化传承人的娱乐表演意识和能力，增强与游客互动的体验能力。特别是，创新非物质文化遗产特色景区的运营管理模式，采用"景区平台整体管理+非遗传承人"加盟合作的方式，明确权责利益，减轻运营管理成本，做大非遗景区类传统村落的红利蛋糕。第三，推进非遗入乡村，将非物质文化遗产活化与传统乡村文化传承有机融合，开展"一村一室一文化"工程。深挖传统村落所在地区的非物质文化，将其与本村的建筑文化、农耕文化、长城文化、红色文化、美食文化、民间技艺和表演艺术等，有机融入传统村落文化传承与振兴之中，形成具有京韵农味的传统乡村文化。开展"一村一室一文化"工程，即每个传统村落建设一处乡情村史陈列室、形成一项标志性的特色文化（如马栏村红色文化），并将陈列室打造成非遗展示、传习场所，培育文明乡风。

11.4.2 构建传统村落生态文旅融合产业体系

传统村落的旅游发展要坚持以文塑旅、以旅彰文，推进文化和旅游深度融合发展。而当前北京传统村落社会经济产业结构单一，活力较低，因此，如何构建传统村落适宜的产业体系值得关注，可以从以下几个方面进行提升。

(1) 以特色资源推动生态文旅产业创新升级

适宜的产业体系构建，必须坚持因地制宜的原则，依托北京传统村落丰富的文化遗产资源和农林资源以及优良的生态环境。当前传统村落产业主要是以观光旅游业为主，推动产业优化升级是传统村落实现可持续发展的必然选择。第一，传统村落拥有丰富的自然资源禀赋，应坚持活态保护和有机利用的原则，在保护村落整体景观和自然生态环境的前提下深入挖掘现有生态景观来打造生态科普产品、休闲农林产品、冰雪旅游产品等。第二，传统村落的文化资源具有较好的旅游开发潜力，要充分利用传统村落丰富的历史文化景观、优秀乡土文化、特色文化产业、地域民俗特色等文化资源来打造人文生态旅游产品，并营造传统村落全体人员共同参与和保护传承其优秀传统文化的浓厚氛围，使生态文旅融合产业成为传统村落经济发展的重要组成部分。第三，坚持因地制宜原则，大力发展农耕文创、观光休闲农业、农事体验、精品民宿、生态旅游、文化旅游、非遗技艺等业态，全面提升传统村落文旅产业发展的质量和效益，建设具有北京特色的乡村文化振兴示范村。第四，促进传统村落文旅产业和其他产业的深度融合。整合传统村落旅游资源，从旅游的食住行游购娱六要素入手，与农业、教育、文化、冰雪、高新技术等产业深度融合，发展生态休闲农业、自然研学旅游、文化生态旅游、乡村民俗旅游、乡村美食旅游、乡村冰雪旅游、乡村精品民宿等产业，实现乡村业态发展的多元化，延长产业链，增加产业附加值。尤其要与传统村落实际情况相结合，融合当地的特色产业来打造独特文旅品牌，如延庆区的传统村落可以持续利用冬奥效应，以冰雪"冷资源"来带动旅游"热产业"，将得天独厚的冰雪产业与文旅产业深度融合，将北方民俗与冰雪文化相贯通，发展冬奥民宿、冰雪节庆、冬奥文化活动、冰雪赛事等，并与周边的冰雪景区如万科石京龙和八达岭滑雪场等相联合，推出延庆冬奥冰雪旅游线路和地图，打造京郊冰雪村庄。第五，合理布局旅游业。根据区域特色资源、政策环境、比较优势等要素，科学合理地布局旅游产业空间结构。通过公共空间、交通道路、景观景点等进行联结来突破空间的限制，通过夜间旅游等不同生态文旅融合产品的打造来突破时间的制约，形成"处处皆风景，村村可游览，时时可游玩"的旅游产业新格局，持续助力乡村振兴。

(2) 以农户为参与主体，重视村民权益

众所周知，农民是"三农"问题的核心，更是乡村振兴的主体，构建乡村产业体系必须以当地农户为参与主体，要坚持因户施策的原则，要考虑农户能否参与、如何参与、用良好的利益分配机制来引导和调动村民参与生态文旅融合产业开发的积极性,让村民成为生态文旅融合产业发展的参与主体、执行主体和监督主体。第一,村民可以通过提供闲置宅基地、土地等方式来提供文旅产业融合发展的场所,享受生态、资产入股和红利分享,这样不但能让村民自身获得持续性的经济收入,也能让村落资源的效益最大化。第二,让村民参与到传统村落旅游经营当中。与外来旅游企业工作人员相比,村民更能有效挖掘传统村落价值,弘扬乡村优秀传统文化。即使部分农户的技能不足,也可通过加强相关技能培训来实现农户增权,培养和保护农户参与传统村落文旅融合的能力和技术,使农户成为生态文旅融合产业体系的核心参与人员,让村民的利益与传统村落生态文旅融合产业发展联系在一起,刺激内生动力,注重文旅产业融合发展的延续性。第三,可以让村民参与到传统村落生态文旅融合产业发展的监督工作当中,从而增加传统村落的文化、生态和社会效益。

(3) 以绿色发展理念为生态文旅产业的发展原则

考虑到北京市绝大部分传统村落都位于生态涵养区,所有产业发展必须坚持绿色发展理念,根据村落自身的资源与环境,从生态休闲农业、自然研学旅游、文化生态旅游、乡村民俗旅游、乡村美食旅游、乡村冰雪旅游、乡村精品民宿等方面构建传统村落生态文旅融合产业体系,全面提升传统村落文旅产品的特色化和品质化,以实现农户增收渠道的多元化,从而促进文化遗产的保护与乡村振兴战略的实现。例如,爨底下村依托自身保存完好的传统村落与优美的自然生态环境,已形成传统村落文化旅游、乡村自然生态旅游、乡村民俗旅游的生态产业体系;马栏村利用自身独特的抗战遗址遗迹与优美的绿水青山,已形成红色旅游、山地生态旅游、生态林果休闲、乡村生态美食的生态产业体系。

(4) 建立市-区两级旅游线上运营管理平台与线下线上销售体系

一方面,在乡村地区,面向管理者、运营者、游客三者,建立市-区两级旅游线上运营管理平台。整合北京乡村地区可开放的旅游资源,建立北京乡村旅游产品体系。依托通信、交通、乡村旅游等大数据,搭建市-区两级乡村旅游线上运营管理网站平台与手机APP。面向乡村旅游的管理者与运营者,建设乡村旅游的营销宣传、旅游与农特产品销售、接待点承载量、停车位管理、食宿服务、技能培训、企业诚信经营、游客不文明记录、疫情预警应急等运营管理功能。面向广大游客,建设在线咨询、接待点客流量查询、网上预约、产品购买、服务点评、投诉等功能。

另一方面,以都市人群为消费对象,建立北京乡村优质农特产品线上线下销售体系。一是,建立乡村优质农特产品线下销售渠道,如依托采摘园、休闲农业、农家乐等"乡村旅游+农特产品直销"的方式;依托社区服务等途径,开展"农特产品进小区"等方式。二是,鼓励大众创业、万众创新,运用互联网+的理念,创建北京农特产品在线销售网络平台,创新农特产品线上销售模式,如"农产品+网络直播""农产品+自媒体""农产品+电商""农产品+线上众筹""农产品+互联网订单农业"等。

11.4.3 构建多主体的传统村落文旅市场营销体系

传统村落的村委会、村民、文旅企业、广大的公众与游客,是传统村落文化传承与生态旅游融合发展的核心利益相关者，需要各个主体共同参与到传统村落文化传承与生态旅游融合发展当中来，明确各自承担的发展任务和工作重点，分工合作地进行传统村落文旅市场营销。

（1）村委会、村民、游客要承担传承传统村落传统文化的重要任务

村委会、村民、游客是传统村落文旅发展的基础力量。首先，村民是传统村落原真性、多元性、独特性的见证者和参与者，是传统村落地方性最具活力的表现，承担着传统村落文化传播的重要任务。村民的言谈举止、风俗习惯以及对游客的态度都反映着传统村落的整体风貌，要展示出热情好客的风尚和文明礼貌的风范，营造良好的传统村落旅游氛围。其次，村委会应积极带领村民接受传统文化传承、旅游接待服务和生态环境保护等方面的教育和培训，提升村民的总体素质，并主动成为传统村落文化资源和生态环境的保护者与传承者。最后，在游客旅游过程中，居民可与游客进行交流，利用集市、庙会、节庆活动等形式，让游客亲身感受传统村落文化遗产的历史性和趣味性，促进其产生保护传统村落文化遗产的意识与行为，并鼓励其将这种保护意识和行为传播给自己身边的亲朋好友。

（2）文旅企业应与多方合作建立多渠道的市场营销方式

文旅企业是传统村落文旅发展的经营者，要积极承担传统村落文化的保护和传承，实现传统村落优秀传统文化传播和获得经济效益的共赢。要与北京传统村落保护与发展协会、各传统村落村委会和村内其他相关企业联合共建多渠道的市场营销方式。

第一，开展绿色营销。绿色营销是指以传播生态价值为目标，以消费者绿色消费为中心，以环保原则为依据，选择营销组合的营销方式（祝杨军，2020）。传统村落文旅企业应以可持续发展和高质量发展为目标，重视文旅产业发展和生态环境保护的协调，并在开展营销推广时融入绿色消费的理念，宣传和发扬生态旅游方式。同时，要将可持续发展观念传递给传统村落的每一位村民，培养村民绿色环保、文明健康的生活习惯，对外塑造传统村落的文明旅游形象，提高旅游吸引力。

第二，开展网络营销。在互联网时代，网络营销已经成为营销环节的重要部分，其优势逐渐凸显。要建设旅游宣传网页、官方微博与微信公众号，提供最新旅游资讯、在线预订等服务，提高游客获取信息的便捷度。以新媒体、传统媒体等不同的市场营销平台为媒介，也可以和知名的旅游专业网站开展合作，多渠道营销传统村落的生态休闲农业、自然研学旅游、文化生态旅游、乡村民俗旅游、乡村美食旅游、乡村冰雪旅游、乡村精品民宿等乡村旅游业态和产品，实现传统村落文旅融合产品的广泛传播，增强游客的交互性与体验性，提升北京市传统村落旅游品牌的吸引力，扩大传统村落的旅游市场。

第三，开展节事推广。传统村落有着丰富的传统民俗、节庆活动、传统戏剧、传统手工艺等文化资源，应该结合传统村落自己的特色资源予以利用。例如，灵水村可以继续传承和举行灵水举人秋粥文化节；沿河城村运用其朔边文化和军事文化举行军事文化节、国防教育访谈和研学活动；柳沟村可以发挥其饮食文化、中药文化来举办美食文化节、中医药文化节等。这样既能将传统村落珍贵的文化遗产发扬光大，又能塑造传统村落独特的文化旅游品牌形象。

（3）游客和公众应积极参与到文化遗产的保护及传播工作中

游客是传统村落旅游的重要参与者，公众是传统村落文化遗产保护和利用的最大受众、游客和公众要树立绿色发展理念，在传统村落的游玩过程中自觉保护生态环境和文化遗产，做文明游客和生态游客，践行文明旅游准则，为传统村落的可持续发展贡献自己的力量。从自身做起，进而潜移默化地影响其他游客，如可以通过绿色消费、低碳出行、爱护环境卫生、自带旅游生活用品、不用一次性用品等小事做起，培养文明旅游的习惯。同时，主动了解传统村落在互联网、报纸杂志、电视广播等各类媒体平台普及的有关文化遗产的知识，共同营造全民保护和传播文化遗产的良好氛围，积极参与到传统村落文化遗产的保护和传播行动中来。

11.5 完善传统村落基础设施建设

乡村的高质量发展需要统筹乡村基础设施和公共服务布局，要扎实推动基础设施和公共服务设施的建设，落实乡村振兴为农民而兴、乡村建设为农民而建的要求，扎实稳妥推进乡村建设。可以从以下方面入手：全面提升传统村落基础设施、打造全民共建共享的公共服务格局、保证土地供给以缓解传统村落用地瓶颈等。

11.5.1 全面提升传统村落基础设施

基础设施包括交通、邮电、供水供电、商业服务、科研与技术服务、园林绿化、环境保护、文化教育、卫生事业等市政公用工程设施和公共生活服务设施等（罗震东等，2011）。由于北京市传统村落保护与发展的政策制度不够完善和相关资金的较为短缺，当前许多传统村落均存在乱搭乱建现象严重、基础设施缺乏等问题，基于此，必须全面加强北京市传统村落基础设施建设。

（1）改善对外交通和村内道路

当前部分传统村落的对外交通、村内道路亟待改善，应在尊重原有生态环境的基础上改善村落内外部交通环境。一方面，要完善对外交通线路。多数传统村落位于远郊地区，公路通则百业兴，修建对外交通线路对其发展起到至关重要的作用。要通达传统村落和周边主要城市的公路，并有序实施老旧公路改造，同时连接村与村之间的道路，实现村村通。另一方面，要提升村内道路。要加强传统村落内道路的日常养护及破损路面的修复整治，推动过窄农村公路拓宽改造，把泥土路、砂石路提升为水泥路，实现户户通。利用点状供地政策，修建传统村落的停车场。例如，爨底下村等村落，利用美丽乡村建设等机遇，对村内的旅游标识系统、旅游解说系统、环卫设施、停车场、供水供电设施等方面进行全方位提升。

（2）综合提升给排水消防、环卫和供电照明等设施

针对不少传统村落的供水排水、环卫设施、消防设施、供电照明设施等基础设施不足的现状，利用北京美丽乡村建设、北京传统村落保护和发展规划实施等契机，统筹供水排水、环卫设施、供电照明、生态厕所等基础设施建设，同时要避免重复施工，分步实施，以改善传统村落生产生活条件，全面提升传统村落的基础设施。尤其是在有大量木质结构建筑物的传统村落里，一定要有健全的火灾消防系统和安全保护设施，也要增强防洪泄洪、预防泥石流等自然灾害的防灾减灾能力，以守护好居民和游客的人身财产安全。同时，对传统村落的基础设施等进行相应的改善，使村落整体环境符合可持续发展原则。例如，对村内环境卫生进行专项整治，建设垃圾收集、处理与回收系统；加强村落内部基础设施的建设，如上、下水管道铺设、电力设施与线路的规范化处理等（刘梦婷和汤黎明，2012）。

11.5.2　打造全民共建共享的公共服务格局

公共服务按照内容和形式可以分为基本公共服务、经济公共服务、社会公共服务和公共安全服务。村镇的公共服务体系主要包括行政服务、教育服务、医疗保健服务、文化体育服务、社会福利服务五大类（张晨阳和史北祥，2022）。建立健全城乡基本公共服务均等化的体制机制，推动公共服务向农村延伸、社会事业向农村覆盖，是贯彻落实党的十九届五中全会精神和2022年中央一号文件精神的重要工作内容。要提升传统村落的公共服务水平，打造传统村落全民共建共享的公共服务格局，可以从以下三点考虑。

（1）完善公共服务资源

传统村落存在公共服务设施种类单一、配置面积不足等问题。地方政府要切实推进公共服务事项向村延伸，包括但不限于人居环境质量、公共信息服务、医疗卫生服务、基础教育服务、公共文化体育服务、养老康养服务、留守儿童保障服务、就业和社会保险、警务和法律服务、应急管理和社会心理服务等多个领域的资源，并广泛动员各类主体参与到公共服务的工作中。乡村振兴促进了传统村落实现更加精细化的公共服务体系（刘朝帅和王立胜，2022），反过来，健全的传统村落公共服务体系也有利于缩小城乡差距，助力全面乡村振兴，促进城乡融合发展。

（2）提升公共服务质量

第一，在行政服务方面，要打造乡村公共服务信息平台，提升信息化建设水平，能够全面反映村民的需求和让村民了解政府信息。有能力的传统村落应当建立起自己的网站或是公众号等，为游客提供吃住行游购娱的各项信息，让游客能够了解传统村落，来到传统村落，并宣传传统村落。第二，在教育服务方面，要着力提高传统村落的教育质量，多渠道增加传统村落普惠性学前教育资源供给，继续改善传统村落学校办学条件等。乡村教育的发展不仅需要资金的投入来改善教育设施，更重要的是植入人力资本为乡村教育发展服务（杜尚荣和刘芳，2019）。第三，在医疗保健服务方面。要加强乡村基层医疗卫生服务，推进标准化乡镇卫生院建设，改造提升村卫生室，消除医疗服务空白点。在此基础上，将数字改革融入医疗服务，完善智慧医疗服务体系。第四，在公共文化体育服务方面，推进城乡公共文化服务体系建设，创新实施文化惠民工程，使村民和游客参与到村落的特定文化活动当中，健全现代公共文化服务体系。第五，在社会福利方面，要完善乡村社会福利制度，补齐乡村社会福利短板，加强对传统村落的老年人、儿童等特殊群体的关注。

（3）合理布局公共服务设施

传统村落的用地规模大部分都较小，其公共服务设施通常也不多，但需要配置的类型却不能少。因此，为集约用地、方便实用，在依托所在乡镇建设大型公共服务设施如医院、中学等的基础上，传统村落的各类公共服务设施应根据传统村落的总体布局，尽可能集中于传统村落人口集聚的中心位置，只有不适合与其他设施合建或服务半径太远时，才采用分散布局的方式（中国工程建设标准化协会，2013）。要依据不同的服务性质和类别进行分类配置，如文体科技类设施属于满足人民基本生活和精神追求类的公共服务设施，应该结合其他公共服务设施设置，共同形成集约高效的公共活动中心。要提高传统村落的文化传播和强身健体的村落氛围，为传统村落的文化传承和文旅产品的打造建立良好风气。对于教育类设施和医疗卫生类设施如卫生院、幼儿园等保障类设施，要精准定位，布局在传统村落人口较为集中的地方，使村民实现在家门口就医，在家门口上学，提高就医和就学的便利性。行政管理类设施应该集中布局，以方便村民办事，提高行政效率。

11.5.3 保证土地供给以缓解传统村落用地瓶颈

当前传统村落保护与发展中存在土地制约的问题，特别是村民改善性建房、产业发展用地、停车场用地等。结合2015年印发的《国土资源部 住房和城乡建设部 国家旅游局关于支持旅游业发展用地政策的意见》、2021年发布的《北京市乡镇国土空间规划编制导则（试行）》、2021年正式实施的《北京历史文化名城保护条例》，在传统村落开发中，应重点关注传统村落建设用地。具体有以下几点做法。

（1）利用未利用地、废弃地等土地建设传统村落旅游项目

在符合生态环境保护要求和相关规划的前提下，传统村落应积极使用荒山、荒地来建设旅游项目，优先安排新增建设用地计划指标。对复垦利用垃圾场、废弃矿山等历史遗留损毁土地建设的旅游项目，各地可按照"谁投资、谁受益"的原则，制定支持政策，吸引社会投资，鼓励土地权利人自行复垦。政府收回和征收的历史遗留损毁土地用于旅游项目建设的，可合并开展确定复垦投资主体和土地供应工作，应通过招标拍卖挂牌方式进行。

（2）多途径供应传统村落建设用地

各地要出台零散配套设施用地政策，保障乡村产业合理用地需求。北京传统村落内建设亭、台、栈道、厕所、步道等设施用地，可按《城市用地分类与规划建设用地标准》（GB 50137—2011）中"其他建设用地"办理规划手续，参照公园用途办理土地供应手续。鼓励以长期租赁、先租后让、租让结合的方式供应传统村落的旅游项目建设用地。根据北京市第十四届人民代表大会常务委员会通过的《北京市旅游条例》，村民可以利用自有住宅或者其他条件依法从事旅游经营。传统村落集体以外的单位和个人，可依法通过承包经营流转的方式，使用农民集体所有的农用地、未利用地，从事与旅游相关的种植业、林业、畜牧业和渔业生产等。此外，对于符合传统村落可持续发展的重要生态文旅项目，亟须土地建设指标，可以利用点状供地政策来解决。

（3）加大旅游厕所、停车场等设施用地保障力度

各地在编制城乡规划时，可预留少量城乡规划建设用地指标，用于乡村公共设施、零星分散的文旅设施的建设。一方面，传统村落中新建、改建旅游厕所及相关粪便无害化处理设施中需使用新增建设用地的,应抓住国土空间规划的机遇,集中申请,按照法定报批程序集中统一办理用地手续,各地专项安排新增建设用地计划指标。符合《划拨用地目录》的粪便处理设施,可以划拨方式供应。另一方面,新建自驾车房车营地、停车场等项目用地,应当满足符合相关规划、垃圾污水处理设施完备、建筑材料环保、建筑风格色彩与当地自然人文环境协调等条件,自驾车房车营地项目土地用途按旅馆用地管理,按旅游用地确定供应底价、供应方式和使用年限。

第 12 章　结论与展望

12.1　讨　　论

作为我国典型的乡村聚落之一，传统村落具有较高的历史、文化、科学、艺术、社会、经济价值，是历史变迁在华夏大地上留下的痕迹，是感知中华农业文明的金钥匙（冯骥才，2013），是中国乃至世界历史文化的宝贵遗产。然而在全球化、现代化和城镇化进程中，传统村落出现了过度商业化（保继刚和林敏慧，2014）、原貌逐渐消退、本土文化丧失（冯骥才，2013）等问题。同时越来越多的传统村落相关政策陆续出台，如何探究传统村落文化传承与旅游发展成为研究热点。研究传统村落文化保护传承与发展，是实现乡村振兴战略、传承弘扬中华优秀传统文化、贯彻文化强国战略的重要支撑。因此，本书深入研究了乡村振兴战略下北京传统村落文化传承与文旅融合发展。

12.1.1　传统村落文化保护传承

（1）传统村落文化传承度评价

传统村落文化保护传承与发展受到了许多学者的关注和研究（刘军民和庄袁俊琦，2017；孙九霞，2017）。不少学者从文化脱域与保护传承（刘军民和庄袁俊琦，2017）、文化遗产景观基因组图谱（刘沛林等，2022；王兆峰等，2021；杨立国和彭梓洺，2022）及其旅游价值（刘沛林等，2022）等方面开展了传统村落文化保护和传承研究。特别是，杨立国和刘沛林（2017）运用理论分析、目标分析和实证分析相结合的研究方法，从保存度和接纳度两个方面，构建了传统村落文化传承度评价指标体系及其综合评价函数，并以湖南省首批中国传统村落为例进行实证分析。本研究重点关注旅游发展下北京传统村落文化传承度评价，二者在研究地域、研究对象、研究视角、研究方法上均有较大差异。本研究较为全面地调查了北京传统村落文化保护传承与发展现状，运用定性与定量相结合的研究方法，构建了旅游发展下北京传统村落文化保护传承度测评模型，采用 16 个传统村落予以实证分析；采用旅游地生命周期理论，系统分析了旅游发展对北京传统村落文化传承的影响及作用机理。

（2）旅游视角下传统村落文化保护传承

关于旅游发展下传统村落文化保护传承与发展的研究，刘沛林等（2022）研究了文化遗产景观基因组图谱的旅游价值；孔翔等（2016）选取徽州传统村落中的三个典型村落，研究旅游业发展状况、居民文化认同与传统村落文化保护之间的内在联系；李凡和金忠民（2002）在对西递、宏村和南屏三个传统村落的调查基础上，通过旅游对传统村落经济、社会文化和环境的影响指数，对比旅游对三个传统村落的影响程度；李萍等（2012）从居民与游客角度分析了旅游开发对齐云山传统村落带来的经济、社会文化和环境的影响。这些研究虽然看似与本课题研究主题相似，但案例地选取数量较少，对文化传承直接定量研究少。本研究以北京传统村落为研究对象，重点选择了 16 个已经开发旅游的传统村落进行深入调研，研究区域较为广泛，相较而言适用性更强；运用定量与定性相结合的研究方法，较为系统地从旅游发展角度研究了传统村落文化保护传承水平。

（3）北京传统村落文化保护传承

传统村落是北京历史文化名城保护和建设的重要组成部分，传统村落文化保护传承是许多学者关注的重点。张大玉（2014）以北京密云古北水镇民宿区规划建设为例，研究旅游对传统村落风貌特色保护传承与再生的影响。王云才等（2006）同样以北京门头沟区传统村落为例，综合评价了传统村落的价值特征，为同时评价传统村落文化保护与传承价值、旅游利用价值提供了科学参考。边宇浩等（2021）选取北京昌平长峪城村为研究实例，厘清村落街巷空间布局，进行了街巷景观提升设计研究。李鹏波等（2015）借鉴叙事理论在文学等其他领域的应用方法论，总结出适用于研究了传统村落保护的生态文化载体系统，并以北京爨底下村为例，研究了传统村落景观保护与提升的方法。上述这些研究虽然与本研究关注的重点均是北京的传统村落，存在研究对象的一致性，但是具体研究内容存在较大的差异，缺乏对北京传统村落文化传承整体水平的研究，而本书针对北京 16 个传统村落案例的文化传统综合水平进行了定量评价与系统研究，弥补了上述空白。有研究表明，当前北京传统村落主要存在如下问题：缺乏保护措施的落实、缺少本土文化的传承、缺乏产业模式的创新、缺失内需保护意识（张澎和常丽红，2022）。未来，学界还需要加强上述相关研究。

12.1.2 传统村落文旅融合发展

（1）传统村落文旅融合发展水平评价

杨立国和彭梓洺（2022）在分析文旅融合研究进展的基础上，从景观基因视角，运用系统分析法、层次分析法和熵权法等研究方法，从文化资源的旅游开发度、旅游活动的文化传承度、文旅发展的耦合协调度 3 个维度，构建了传统村落文化景观基因传承与旅游发展融合度的指标体系和综合评价函数。据此，对首批侗族传统村落进行了评价。王乃举（2021）基于专家咨询结果与 DEMATEL-ISM 联立模型，系统探查了安徽省典型传统村落文旅融合影响因素作用机制。与上述研究相比，本研究在研究方法和思路上存在较大差异，研究对象进一步扩大。本研究运用定量定性相结合的方法，较为科学合理地评价了北京传统村落文旅融合发展水平，解析了北京传统村落文旅融合发展水平的影响因素及其作用路径。

（2）传统村落文旅融合发展模式及对策

朱琦（2020）采取定量与定性相结合的方法，探究徽州传统村落文旅融合新形势下的业态优化策略。蔡向阳（2022）在文旅融合背景下将河南传统村落的文化和地域自然特色相结合，通过制定科学规划、凸显村落文化特色、活态开发等方式，凸显传统村落的文化内涵与自然生态特征，实现了河南传统村落文旅融合的高质量发展之路。王乃举（2020）基于 Logistic-ISM 模型探究了安徽省传统村落文旅融合路径。也有学者对传统村落文旅融合的组织模式（韩洁等，2019）、黄河中游传统村落文旅融合策略（张雨，2021）进行了研究。本研究在科学定量评价北京传统村落文旅融合发展水平的基础上，根据影响其文旅融合发展水平的因素及其作用路径，运用共生理论、生态旅游理论、文化传承理论等构建了传统村落文化传承与生态旅游融合发展模式、对策。与前人研究相比，本研究成果具有相对系统性、综合性。

12.1.3 文化和旅游在乡村振兴的作用

2022 年 2 月 22 日，《中共中央 国务院关于做好 2022 年全面推进乡村振兴重点工作的意见》指出了文化和旅游在乡村振兴中应发挥的作用，提出持续推进农村一二三产业融合发展，重点发展乡村休闲旅游等产业，实施乡村休闲旅游提升计划，加强农耕文化传承保护，推进非物质文化遗产和重要农业文化遗产保护利用。不少学者对文化和旅游在乡村振兴中的作用开展了研究。耿松涛和张伸阳（2021）从乡村振兴背景下分析了乡村旅游与文化产业协同发展，指出乡村旅游与文化产业协同发展要注重文化的符号化与舞台化、乡村的品牌化与形象化、产品业态的多样化与精致化等，同时要实现村民在旅游发展中获益和乡村旅游产业可持续发展。杜坪和刘飞（2020）以自贡市盐文化为例，探析了乡村振兴战略下传统文化与乡村旅游融合发展，提出了构建"三位一体"的参与式文旅融合模式。也有学者提出了旅游扶贫助推乡村文化振兴的分析框架（郭凌，2021）。旅游型乡村作为新农村建设中的重要类型，展现出强劲的经济潜力，同时也蕴藏着深刻的文化隐患（汪润和梅运彬，2022）。汪润和梅运彬（2022）分析了旅游型乡村文化振兴的价值及路径，提出助力旅游型乡村文化振兴，要坚持思想融会，把握旅游型乡村价值引领、推动文旅融合，牢固旅游型乡村经济支柱、实现开发融洽，提升旅游型乡村决策效益、做好教育融入，重视旅游型乡村学校教育。与上述成果相比，本研究主要集中于传统村落文化传承与文旅融合发展，关注到了二者的关系及其作用，关注文化传承与生态旅游融合发展模式及对策，研究成果有助于丰富文化和旅游在传统村落全面振兴中的作用，也有助于推动乡村地区文化和旅游的研究。

12.2 主要结论与贡献价值

12.2.1 主要结论

本书基于乡村振兴战略视域下，以北京传统村落为研究对象，采用定量与定性相结合的方法，系统研究了北京传统村落文化传承与文旅融合发展。主要研究内容如下：第一，北京传统村落空间、文化特征及其成因；第二，北京传统村落文化传承与旅游发展现状及问题；第三，北京传统村落文化传承度测评及提升对策；第四，北京传统村落文化遗产保护传承感知评价及提升模式；第五，旅游发展对北京传统村落文化传承的影响及其作用机理；第六，北京传统村落文旅融合发展水平评价及影响路径；第七，国内外传统村落文化传承与生态旅游融合发展案例分析；第八，北京传统村落文化传承与生态旅游融合发展模式；第九，北京传统村落文化传承与生态旅游融合发展对策。主要结论如下。

1）北京传统村落空间分布特征、文化特征及其成因分析。第一，北京传统村落空间分布特征具体为：北京传统村落区域分布集中，但整体上没有明显的集聚，呈随机分布；北京传统村落呈"西南多，东南少；东北多，西北少"的分布格局；北京传统村落多沿山麓平原和山间盆地分布；北京传统村落多邻水分布；北京传统村落多背靠山脉；北京传统村落分布受古道影响。第二，北京传统村落具有传统民居文化、传统民俗文化、长城守边文化、守陵文化、宗教信仰文化、古道商贸文化、红色文化、饮食文化、举人（耕读）文化九种显著的文化。第三，北京传统村落空间分布和文化特征的成因主要来源于自然环境与人类活动两个方面的影响。

2）北京传统村落文化传承与旅游发展现状及问题。第一，传统村落文化保护传承现状为大部分传统村落保护重物质文化轻非物质文化；物质文化利用形式单一，以民居为主、兼顾旅游利用；传统村落都已启动村志编撰工作，有利于文化资源梳理；传统村落的文化资源具有较好的旅游开发潜力；旅游开发正在逐步成为传统村落文化保护和利用的重要途径。第二，传统村落文化保护传承主要存在如下问题：大部分传统村落整体风貌保护欠佳；传统建筑保护效果不好，存在较多危房；村落文化保护传承缺乏主体；非物质文化缺乏有效传承机制；旅游产品结构单一，经营同质化；传统村落文化与旅游开发融合深度不够；相关利益主体之间不协调。第三，传统村落旅游发展现状及问题为各村差异较大，整体旅游发展水平偏低；大多以"传统建筑观光+农家乐住宿餐饮+农产品采摘"为其核心产品，未形成关联紧密的旅游产业链；存在着人口结构难以满足旅游发展需求、生态环境较为脆弱、经营建设用地稀缺、旅游区位优势不足、市场营销渠道单一、旅游产品结构单一等突出问题。

3）北京传统村落文化传承度测评及提升对策。基于文化变迁理论、利益相关者理论，构建旅游发展下传统村落文化传承度评价指标体系，借助 TOPSIS 法构建旅游发展下传统村落文化传承度测评模型，选择北京 16 个传统村落作为研究对象，进行实证分析。研究表明，第一，旅游发展下传统村落文化传承是以物质文化景观及非遗技艺等文化传承内容为基础，以物质展出、活动演出及互联网传播等文化传承方式为渠道，以政府、居民、企业及游客等多方主体参与为保障的相互作用过程。第二，从传承方式多样性、传承内容完整性和传承主体多元性 3 个子系统出发，构建了传统村落文化传承水平综合评价指标体系，可细分为 22 个评价指标；文化传承综合水平可以划分为 Ⅰ 高、Ⅱ 较高、Ⅲ 一般、Ⅳ 较低四个等级。经过实证分析后发现上述指标体系和评价标准具有较高的适用性。第三，从项目层和因素层来看，文化传承内容完整性是最为基础的传承任务和目标，其活化利用不足制约着文化传承的效率和效果。具体来看，可以从指标影响程度排名前八的指标入手加以提升改进，包括村落现存历史环境要素丰富度、网络传播方式多样性、传统建筑稀缺度、政策支持力度、文化资源景点度、资金支持力度、非物质文化的丰富度和传统建筑原真度。第四，从实证分析的结果可以看出，案例村的文化传承水平集中在较高水平上，但差异很大。总体呈橄榄形分布结构，"中间多，两头小"。第五，旅游发展下传统村落的文化传承度提升应当秉承文化传承优先、文旅融合发展和因地制宜三大原则，分别从科学保护传统村落文化传承内容完整性、创新丰富传统村落文化传承方式多样性、提升传统村落文化传承主体参与度三个维度进行同步协调优化改进。

4）北京传统村落文化遗产保护传承感知评价及提升模式。以9个北京市首批市级传统村落为案例地，采用指标体系法、熵权法，基于利益相关者理论，从村委会、村民、游客的视角出发，分析其对传统村落文化遗产保护传承的感知评价。研究表明，第一，村委会对文化遗产保护状况满意度较高，但仍存在一些问题，非物质文化遗产缺乏良好的传承机制，文化遗产保护传承投入较低。旅游开发正逐步成为文化遗产保护和利用的重要途径。第二，村民感知结果显示，其对非物质文化遗产的认同度较低，对当前村内文化遗产保护传承现状的满意度并不高，且其满意度与保护感知度及参与度差异较大，村民对文化遗产的保护感知度较低，参与度不高。第三，相较于物质文化遗产，游客对于传统村落非物质文化遗产保护传承现状满意度更高，其保护意识在逐渐增强，传统村落在发展旅游业的同时要带动传统文化保护，合理利用与保护文化遗产，推动村落可持续发展。第四，案例村落文化遗产保护传承状况均处于较低水平，具有较大的提升空间，爨底下村、古北口村、柳沟村、岔道村文化遗产保护传承度相对较高。第五，在遵循保护为主、活化利用，文化为本、产业相辅，多主体参与、互惠共生，因地制宜、绿色发展的原则下，从内容内涵、途径方式、参与主体、最终目标四个方面构建了北京传统村落文化遗产保护传承提升模式。

5）旅游发展对北京传统村落文化传承的影响及其作用机理。第一，基于文化变迁理论、乡村振兴理论，系统分析旅游开发与北京传统村落文化传承之间的关系。第二，借鉴旅游地生命周期理论，将北京市乡村旅游发展阶段具体划分为起步开发、快速发展、巩固平缓三阶段，将传统村落旅游类型细分为"村景+美食"型、"村景+民宿"型、"村景+特色文化"型、综合型四类交叉型旅游类传统村落，对不同旅游类型传统村落生命周期历程进行实证分析，并绘制出北京不同旅游类型传统村落的生命周期曲线。第三，分析旅游开发对不同旅游地生命周期阶段下北京传统村落文化传承度的正面影响与负面影响。第四，运用系统动力学理论、人地关系理论，综合分析旅游开发对案例村文化传承变化的影响作用机理，系统外部存在着保护利用政策、文旅经济、社会经济以及旅游科技四个影响因素。

6）北京传统村落文旅融合发展水平评价及影响路径。以北京16个传统村落为研究对象，在探讨传统村落文旅融合发展理论框架的基础上，构建传统村落文旅融合发展水平评价指标体系，评价与分析传统村落文旅融合发展水平，解析传统村落文旅融合发展的主要影响因素及其组合路径。研究表明，第一，由于传统村落表征出强烈的文化遗产属性，将其地域系统理解为由经济子系统、社会子系统、生态子系统和文化子系统共同组成的复杂适应系统。传统村落文旅融合发展是一个沿着"文旅资源深度融合—文旅产品体系培育—文旅产业功能提升"逻辑，持续向传统村落地域系统释放经济发展、社会进步、生态保育和文化传承等多方面综合效益，进而推动传统村落全面振兴的动态过程。第二，案例传统村落文旅融合发展水平贴近度介于 0.0616~0.8322，整体差异较大，各村在 4 个指标维度上的水平呈现梯级分化、非均衡性的状态。其中，爨底下村的文旅融合发展水平最好。第三，单因素必要性分析中，资源基础、设施水平、政策支持、管理投入与市场营销 5 个单变量因素均无法单独成为传统村落文旅融合发展的必要条件。因此，传统村落文旅融合发展影响因素必须以条件组合的形式存在。第四，传统村落文旅融合发展共存在 3 条影响路径，分别为成熟发展路径、快速发展路径以及渐进发展路径。由此可知，影响传统村落文旅融合发展不存在唯一的要素组合，而是以不同的路径组合来驱动发展，因此各传统村落需要根据自身文旅融合发展水平特征选择最为适宜的影响要素，以形成最优的组合方案。

7）国内外传统村落文化传承与生态旅游融合发展案例分析。选择韩国庆尚北道安东市丰川面河回村、日本岐阜县白川乡 2 个国外传统村落案例和中国北京市、吉林省、内蒙古自治区、山西省、青海省、江西省、湖南省、贵州省、四川省的 10 个国内传统村落案例，重点介绍了其在文化传承与生态旅游融合发展过程中表现较为突出的典型案例，并提出了 5 点启示，具体如下：村落的原真性保护与创新性发展结合；挖掘特色文化资源，焕发村落生机和魅力；完善村落基础设施，优化旅游发展环境；探索文旅融合新路径，打造村落发展新模式；村落主客共建共享，积极引入社会资本。

8）北京传统村落文化传承与生态旅游融合发展模式。第一，介绍了传统村落文化传承与生态旅游融合发展所涉及的理论基础，即生态旅游理论、文化传承理论及共生理论。第二，提出了传统村落文化保护传承与生态旅游融合发展应当坚持的 4 个原则，即坚持文化传承优先原则、文旅融合发展原则、乡村特色融合原则、多主体参与性原则。第三，针对目前北京传统村落文化传承与文旅融合发展面临的问题，构建了以文旅资源为融合基础、以文旅产品为融合核心、以文旅市场为融合关键、以乡村人力为融合对象、以智慧科技为融合手段、以政策法规为融合保障的北京传统村落文化传承与生态旅游融合发展模式。

9）北京传统村落文化传承与生态旅游融合发展对策。基于党中央国务院、各部委和北京的政策文件，结合北京传统村落文化传承与旅游发展现状及问题，从如下五个方面制定北京传统村落文化传承与生态旅游融合发展对策。第一，通过制定传统村落保护传承与发展政策、完善传统村落保护传承与发展制度体系、健全传统村落保护传承与发展的法律法规三条对策，来构建北京传统村落文化保护传承和生态旅游发展的政策制度。第二，通过成立北京市传统村落保护与发展协会、构建传统村落文化传承与生态旅游发展人才体系、建立优秀乡村文化传承人才培养机制三条对策构建保障传统村落人才资源体系。第三，从以"两山理论"引领生态文明建设、强化传统建筑的保护力度、加强传统村落的功能分区、树立分类分级保护的理念四条对策，提升传统村落人居环境质量。第四，通过深入挖掘乡村文化遗产的内在价值、构建传统村落生态文旅融合产业体系、构建多主体的传统村落文旅市场营销体系三条对策，构建完善的传统村落文旅产业体系。第五，全面提升传统村落基础设施、打造全民共建共享的公共服务格局、保证土地供给以缓解传统村落用地瓶颈等。

12.2.2 主要理论贡献

本研究的主要理论贡献如下：①系统阐释了北京传统村落的空间特征和文化特征，剖析了其成因；②构建旅游发展下传统村落文化传承度评价指标体系与测评模型，揭示了北京传统村落文化传承度特征；③从多主体视角评价了北京传统村落文化遗产保护传承感知并构建其提升模式；④分析了旅游开发对北京传统村落文化传承的影响因素及其作用机理；⑤构建了传统村落文旅融合发展水平评价指标体系，评价与分析了传统村落文旅融合发展水平，解析了传统村落文旅融合发展的主要影响因素及其组合路径；⑥构建了以文旅资源为融合基础、以文旅产品为融合核心、以文旅市场为融合关键、以乡村人力为融合对象、以智慧科技为融合手段、以政策法规为融合保障的北京传统村落文化传承与生态旅游融合发展模式。上述研究丰富了我国传统村落文化保护传承理论与乡村地理理论，以及文旅融合发展理论与乡村旅游理论，从文化和旅游视角丰富了乡村振兴理论，本成果可为传统村落文化保护传承与生态旅游融合发展、旅游发展下的传统村落文化振兴与生态文明建设提供科技支撑与案例借鉴。

12.2.3 主要实践价值

本研究的主要实践价值如下：①系统调查了北京传统村落文化特征、文化传承现状及问题、旅游发展现状及问题、文旅融合发展现状及问题，对科学认识当前北京传统村落文化传承与旅游发展现状具有坚实的基础；②运用定量与定性相结合的方法，科学评价了北京传统村落的文化传承度、文旅融合发展水平、文化遗产保护传承感知水平，这些结论为北京科学制定传统村落文化传承与文旅融合发展政策、措施提供了科技支撑与决策参考；③提炼了国内外12个传统村落的文化传承与生态旅游融合发展的典型做法和主要启示，为北京乃至全国传统村落可持续发展提供了案例借鉴和实践参考；④提出了传统村落文化传承度提升对策、构建了北京传统村落文化遗产保护传承感知提升模式、提出了乡村地区文旅融合发展的优化路径与建议，构建了北京传统村落文化传承与生态旅游融合发展模式和对策。综上所述，这些研究成果有助于推动传统村落文化传承与文旅融合发展，有助于促进传统村落的全面振兴，为文化和旅游在乡村振兴中的作用提供案例借鉴与决策参考，有助于弘扬和传承中华优秀传统文化、推动文化强国建设。

12.3 研究展望

随着国家乡村振兴战略实施、国家文化强国战略实施、城市化进程不断加快以及全国乡村旅游市场的进一步扩大，作为承载优秀乡村文化的传统村落，通过文旅融合发展将成为中国文旅产业高质量发展的重要品牌与游客出游的时尚选择，通过全方位发力将会成为城乡融合发展的典范和乡村全面振兴的代表。虽然本研究调研了18处北京市传统村落以及山东省、湖南省、贵州省、青海省等地的10余处传统村落，系统研究了旅游发展下北京传统村落文化传承与发展，但是仍然存在一些不足和值得进一步深入研究的领域。

12.3.1 丰富研究对象

首先，本研究通过前期资料搜集，同时参考乡村旅游重点村名单，在北京传统村落名录中选取了18处已经开发旅游的传统村落进行了调研，开展北京传统村落文化传承与文旅融合发展研究。虽然本研究在案例地的选取过程中考虑其典型性，然而，尚未开发旅游或旅游开发潜力小的传统村落，未能纳入本次研究的对象之中。因此，针对所有传统村落，开展文化传承和文旅融合发展潜力研究是下一步研究的重点。其次，从理论模型的检验来看，由于本研究范围是以北京传统村落为例，缺乏京外传统村落的案例，尤其是南方等差异较大的传统村落的验证效果有待进一步验证。最后，小尺度的研究范围可以使得研究问题更加聚焦与精准，但同时，受数据统计、研究时间、研究资料可获得性等问题使得研究存在一定的限制。因此，未来研究可以继续关注北京全部传统村落以及京外传统村落文化保护传承与文旅融合发展状况，进一步扩大研究对象的范围，增强本研究的可操作性、实践指导性与实用性。

12.3.2 创新研究方法

一方面，本研究从传承内容完整性、传承方式多样性与传承主体多元性三个因素层方面构建了旅游发展下传统村落文化传承评价指标体系，构建传统村落文旅融合发展水平评价指标体系，评价指标有不少采取了定性分级的方式进行，可能存在一定的主观性。另一方面，本研究基于问卷调查法、深度访谈法、资料搜集法等研究方法，对北京传统村落空间、文化特征及成因分析；对18个传统村落文化资源、文旅融合发展进行调查，并分析其文化传承和文旅融合发展现状及存在问题。然而，在调研实证过程中受多方面的制约，传统的研究方法可能存在一定的不足。因此，在未来研究中，具体可以着重关注如下几点：一方面，根据研究对象，不断完善和改进传统村落文化传承度评价指标体系、传统村落文旅融合发展水平评价指标体系，强化指标体系的普遍适用性。另一方面，综合运用文化、社会、生态、环境、旅游、地理、资源科学等多领域学科的相关理论与研究方法，针对多个省市传统村落文化保护传承与文旅融合发展相关具体研究问题，构建相应的研究方法，如运用定量模型分析文旅融合视角下传统村落文化保护传承中的各种影响因子，以厘清其发展变迁的机制；尽量采用大数据分析等新的研究方法，分析传统村落文化传承与文旅融合发展。

12.3.3 拓展研究方向

虽然本研究取得了一定的成果，但一些问题还有待于深入一步研究。因此，在未来研究中，具体可以从如下几个方面展开：第一，传统村落文化保护传承与文旅融合发展涉及文化学、社会学、符号学、地理学、旅游管理等学科，未来研究应当注重相关理论体系构建。第二，探索构建长期的、完善的传统村落文化传承状况的评价、监测与预测体系，建立传统村落文化保护传承与发展数据库。第三，完善传统村落文化传承度测评模型，补充京外传统村落案例，特别是南方等差异较大的传统村落。第四，多运用定量模型，量化分析旅游开发对传统村落文化传承度的作用程度，以及传统村落文化传承与生态旅游融合发展的共生关联程度、共生主体之间的相关系数等。第五，文旅深度融合发展是当前旅游发展的热点之一，如何推动传统村落文化和旅游各种业态有机融合，继续完善传统村落文旅融合发展水平评价指标体系，以适用于不同省市的传统村落文旅融合发展水平评价，值得深入探讨。第六，在乡村振兴战略实施背景下，全面推动传统村落乃至乡村地区的文化振兴、产业振兴亟待深入研究。

参 考 文 献

安传艳，翟洲燕，李同昇.2020.近10年来国外乡村旅游研究特征及对中国的启示——基于Elsevier ScienceDirect 收录文献的分析［J］.资源科学，42（5）：956-968.
布迪厄，华康德.2015.反思社会学导引［M］.北京：商务印书馆.
保继刚，林敏慧.2014.历史村镇的旅游商业化控制研究［J］.地理学报，69（2）：268-277.
保母武彦.2021.日本乡村振兴的历史经验及教训［J］.中国乡村发现，（1）：140-143.
毕安平，王国栋，潘辉，等.2018.传统村落文化景观的基因流失及旅游响应措施——以福州鼓岭宜夏村为例［J］.福建农林大学学报（哲学社会科学版），21（4）：83-88.
边宇浩，高侨，张维妮.2021.传统村落街巷景观提升策略研究——以北京昌平长峪城村为例［J］.城市建筑，18（32）：49-53.
蔡向阳.2022.文化强省视域下河南文旅融合高质量发展对策研究——以传统村落振兴为视角［J］.农村.农业.农民（B版），（3）：58-60.
蔡小于，邓湘南.2011.乡村文化对乡村旅游需求的影响研究［J］.西南民族大学学报（人文社会科学版），32（11）：144-147.
蔡新良，虞洪.2019.乡村振兴视角下民族传统文化资源的旅游创新转化研究［J］.农村经济，（5）：137-144.
曹国新.2003.文化古村落：一类重要而特殊的旅游资源［J］.江西社会科学，（9）：202-205.
曹智，郑小玉，李裕瑞.2020.黄土丘陵区典型村域样带乡村发展水平地域分异特征［J］.经济地理，40（8）：165-171.
车震宇.2008.传统村落保护中易被忽视的"保存性"破坏［J］.华中建筑，26（8）：182-184.
车震宇，保继刚.2006.传统村落旅游开发与形态变化研究［J］.规划师，（6）：45-60.
陈彪，曹晗.2022.乡村文化振兴的空间与进路——兼谈文旅乡建［J］.社会科学家，（8）：52-60.
陈驰，李伯华，袁佳利，等.2018.基于空间句法的传统村落空间形态认知——以杭州市芹川村为例［J］.经济地理，38（10）：234-240.
陈锋平，朱建云.2020.文旅融合新鉴：桐庐县"公共图书馆+民宿"的实践与思考［J］.图书馆杂志，39（3）：107-112.
陈国强.1990.简明文化人类学词典［M］.杭州：浙江人民出版社.
陈慧灵，徐建斌，杨文越，等.2021.中国传统村落与贫困村的空间相关性及影响因素［J］.自然资源学报，36（12）：3156-3169.
陈君子，刘大钧，周勇，等.2018.嘉陵江流域传统村落空间分布及成因分析［J］.经济地理，38（2）：148-153.
陈俊梁，林影，史欢欢.2020.长三角地区乡村振兴发展水平综合评价研究［J］.华东经济管理，34（3）：16-22.
陈俊梁，史欢欢，林影.2021.乡村振兴水平评价体系与方法研究——以华东6省为例［J］.华东经济管理，35（4）：91-99.
陈坤秋，龙花楼，马历，等.2019.农村土地制度改革与乡村振兴［J］.地理科学进展，38（9）：

1424-1434.

陈坤秋, 龙花楼. 2022. 土地系统优化助推乡村发展转型研究进展与展望 [J]. 地理研究, 41 (11): 2932-2945.

陈美球, 廖彩荣, 刘桃菊. 2018. 乡村振兴、集体经济组织与土地使用制度创新——基于江西黄溪村的实践分析 [J]. 南京农业大学学报 (社会科学版), 18 (2): 27-34, 158.

陈培磊, 苏玉卿. 2014. 基于共生理论的畲族村落特色农业与乡村旅游协调发展思考 [J]. 台湾农业探索, (1): 54-57.

陈炜. 2017. 广西少数民族特色村寨非物质文化遗产传承影响因素——基于利益相关者理论 [J]. 社会科学家, (1): 96-102.

陈炜, 蔡银潇. 2021. 旅游发展对广西传统村落文化遗产集群化保护的驱动机制研究 [J]. 广西社会科学, (10): 64-71.

陈文胜. 2017. 怎样理解"乡村振兴战略" [J]. 农村工作通讯 (21): 16-17.

陈兴贵, 王美. 2020. 反思与展望: 中国传统村落保护利用研究30年 [J]. 湖北民族大学学报 (哲学社会科学版), 38 (2): 114-125.

陈修岭. 2019. 基于乡村旅游市场发展的传统村落文化保护研究 [J]. 昆明理工大学学报 (社会科学版), 19 (2): 110-116.

陈炎伟, 王强, 黄和亮. 2019. 福建省县域乡村振兴发展绩效评价研究 [J]. 福建论坛 (人文社会科学版), (9): 182-190.

陈云. 2020. 乡村振兴发展水平测度研究 [J]. 延边大学学报 (自然科学版), 46 (3): 233-241.

陈兆红. 2019. 美国乡村振兴的运行机制与实现路径 [J]. 中国国情国力, (3): 61-64.

陈振华, 闫琳. 2014. 台湾村落社区的营造与永续发展及其启示 [J]. 中国名城, (3): 17-23.

陈志军, 徐飞雄. 2022. 乡村旅游地旅游发展对乡村振兴的影响效应与机理——以关中地区为例 [J]. 经济地理, 42 (2): 231-240.

陈志永, 李乐京, 梁涛. 2008. 利益相关者理论视角下的乡村旅游发展模式研究——以贵州天龙屯堡"四位一体"的乡村旅游模式为例 [J]. 经济问题探索, (7): 106-114.

程晓丽, 祝亚雯. 2012. 安徽省旅游产业与文化产业融合发展研究 [J]. 经济地理, 32 (9): 161-165.

崔凤军, 陈旭峰. 2020. 机构改革背景下的文旅融合何以可能——基于五个维度的理论与现实分析 [J]. 浙江学刊, (1): 48-54.

戴斌. 2020. 数字时代文旅融合新格局的塑造与建构 [J]. 人民论坛, (Z1): 152-155.

邓运员. 2006. CRM的GIS应用及其对我国传统聚落景观管理的启示 [J]. 衡阳师范学院学报, (3): 139-142.

丁翠翠, 杨凤娟, 郭庆然, 等. 2020. 新型工业化、新型城镇化与乡村振兴水平耦合协调发展研究 [J]. 统计与决策, 36 (2): 71-75.

丁新军, 田菲. 2014. 世界文化遗产旅游地生命周期与旅游驱动型城镇化研究——基于山西平遥古城案例 [J]. 城市发展研究, 21 (5): 13-16, 20.

丁智才. 2014. 新型城镇化背景下传统村落特色文化的保护与传承——基于缸瓦窑村的考察 [J]. 中国海洋大学学报 (社会科学版), (6): 93-98.

董天倩, 吴羽. 2016. 村落文化保护传承中民间力量与政府角色分析——以安顺吉昌村"抬汪公"活动为例 [J]. 贵州民族研究, 37 (9): 68-72.

窦银娣, 符海琴, 李伯华, 等. 2018. 传统村落旅游开发潜力评价与发展策略研究——以永州市为例 [J]. 资源开发与市场, 34 (9): 1321-1326, 1309.

窦银娣, 叶玮怡, 李伯华, 等. 2022. 基于"三生"空间的传统村落旅游适应性研究——以张谷英村为例 [J].

经济地理, 42 (7): 215-224.

杜国明, 薛濡壕, 王介勇. 2021. 村域尺度乡村振兴评价及推进路径——以黑龙江省拜泉县为例 [J]. 经济地理, 41 (8): 19-27.

杜坪, 刘飞. 2020. 乡村振兴战略下传统文化与乡村旅游融合发展探析——以自贡市盐文化为例 [J]. 四川旅游学院学报, (3): 70-73.

杜尚荣, 刘芳. 2019. 乡村振兴战略下的乡村教育: 内涵、逻辑与路径 [J]. 现代教育管理, (9): 57-62.

杜运周, 贾良定. 2017. 组态视角与定性比较分析 (QCA): 管理学研究的一条新道路 [J]. 管理世界, (6): 155-167.

段爱明, 白晋湘, 田祖国. 2005. 民族传统体育文化的变迁、传承与发展 [J]. 体育学刊, (2): 54-56.

樊友猛, 谢彦君. 2015. 记忆、展示与凝视: 乡村文化遗产保护与旅游发展协同研究 [J]. 旅游科学, 29 (1): 11-24, 87.

范柏乃, 蓝志勇. 2014. 公共管理研究方法与定量分析法 [M]. 北京: 科学出版社.

范可. 2022. 关于当下文化变迁的理论反思 [J]. 民族研究, (3): 69-80, 140.

范周. 2019. 文旅融合的理论与实践 [J]. 人民论坛·学术前沿, (11): 43-49.

飞龙. 2005. 国外保护非物质文化遗产的现状 [J]. 文艺理论与批评, (06): 61-68.

费孝通. 2015. 乡土中国 [M]. 北京: 人民出版社.

风笑天. 1994. 方法论背景中的问卷调查法 [J]. 社会学研究, (3): 13-18.

冯骥才. 2009. 保护古村落是当前文化抢救的重中之重 [J]. 政协天地, (11): 18-19.

冯骥才. 2013. 传统村落的困境与出路——兼谈传统村落是另一类文化遗产 [J]. 民间文化论坛, (1): 7-12.

冯骥才. 2015. 传统村落保护的两种新方式 [J]. 决策探索 (下半月), (8): 65-66.

冯学钢, 梁茹. 2022. 文旅融合市场主体建设: 概念体系与逻辑分析框架 [J]. 华东师范大学学报 (哲学社会科学版), 54 (2): 130-141, 177.

傅才武. 2020. 论文化和旅游融合的内在逻辑 [J]. 武汉大学学报 (哲学社会科学版), (2): 89-100.

傅才武, 程玉梅. 2021. 文旅融合在乡村振兴中的作用机制与政策路径: 一个宏观框架 [J]. 华中师范大学学报 (人文社会科学版), 60 (6): 69-77.

甘迎春. 2021. 乡村文化变迁与文化振兴路径构建 [J]. 农业经济, (5): 38-40.

干靓, 钱玲燕, 杨秀. 2020. 乡村内生型发展活力测评——德国巴伐利亚州的实践与启示 [J]. 国际城市规划. 35 (5): 23-34.

高富丽, 王成芳. 2020. 文化认同理论下非遗传承型传统村落更新探索——以北京琉璃渠村为例 [J]. 小城镇建设, 38 (10): 13-20.

高璟, 赵之枫, 苗强国. 2020. 传统村落庙宇功能、选址与空间关系研究——以北京门头沟为例 [J]. 小城镇建设, 38 (7): 63-71.

耿涵, 周雅. 2015. 文化遗产视角下传统村落保护的理念与方式 [J]. 建筑与文化, (5): 168-169.

耿松涛, 张仲阳. 2021. 乡村振兴背景下乡村旅游与文化产业协同发展研究 [J]. 南京农业大学学报 (社会科学版), 21 (2): 44-52.

宫学芬. 2018. 乡村振兴, 路在何方——以内蒙古赤峰市为例 [J]. 人民论坛, (12): 84-85.

龚斌. 2020. 关于非物质文化遗产保护的理论思考 [J]. 中国民族博览, (18): 59-60.

关振国. 2019. 破除乡村振兴中人才发展的"紧箍咒"[J]. 人民论坛, (16): 66-67.

关中美, 王同文, 职晓晓. 2017. 中原经济区传统村落分布的时空格局及其成因 [J]. 经济地理, 37 (9): 225-232.

桂拉旦，唐唯．2016．文旅融合型乡村旅游精准扶贫模式研究——以广东林寨古村落为例［J］．西北人口，37（2）：64-68．

桂胜，陈山．2020．乡村振兴中村落民俗文化再造空间传承模式之认识［J］．河北学刊，40（3）：162-167．

呙艳妮，谷显明，李玲玉．2017．基于市场导向的传统古村落旅游开发研究——以湖南江永上甘棠村为例［J］．衡阳师范学院学报，38（3）：119-123．

郭朝先，苗雨菲．2023．数字经济促进乡村产业振兴的机理与路径［J/OL］．北京工业大学学报（社会科学版）．

郭凌，王志章．2014．乡村旅游开发与文化空间生产——基于对三圣乡红砂村的个案研究［J］．社会科学家，（4）：83-86．

郭凌．2021．旅游减贫助推乡村文化振兴：一个尝试性的分析框架［J］．四川师范大学学报（社会科学版），48（2）：72-79．

郭山．2007．旅游开发对民族传统文化的本质性影响［J］．旅游学刊，（4）：30-35．

郭晓鸣，张克俊，虞洪，等．2018．实施乡村振兴战略的系统认识与道路选择［J］．农村经济，（1）：11-20．

郭阳．2014．北京地区传统村落分布与特征研究［D］．北京：北京建筑大学．

郭英之．2003．旅游感知形象研究综述［J］．经济地理，（2）：280-284．

郭远智，刘彦随．2021．中国乡村发展进程与乡村振兴路径［J］．地理学报，76（6）：1408-1421．

郭占锋，张红．2013．农村劳动力结构变迁对村落文化传承的影响［J］．西北农林科技大学学报（社会科学版），13（3）：116-120，125．

郭长伟，王凤彬，朱亚丽，等．2022．最优区分视角下内部创业绩效的前因构型分析［J］．管理学报，19（9）：1345-1353．

郭志刚，刘伟．2020．城乡融合视角下的美国乡村发展借鉴研究——克莱姆森地区城乡体系引介［J］．上海城市规划，（5）：117-123．

韩洁，陈兆亨，王量量，等．2019．社会资本视角下的传统村落文旅融合的组织模式研究［J］．城市建筑，16（16）：63-68．

韩俊．2018．关于实施乡村振兴战略的八个关键性问题［J］．中国党政干部论坛，（4）：19-26．

韩帅．2019．煤矿安全心理生态的交互结构及共生演化研究［D］．徐州：中国矿业大学．

韩欣宇，闫凤英．2019．乡村振兴背景下乡村发展综合评价及类型识别研究［J］．中国人口·资源与环境，29（9）：156-165．

韩禹文，唐承财，杨春玉，等．2019．中国传统村落旅游研究的知识图谱分析［J］．世界地理研究，28（5）：200-209．

韩长赋．2017a．认真学习宣传贯彻党的十九大精神大力实施乡村振兴战略［J］．中国农业会计，（12）：54-55．

郝芳．2014．农村生态旅游及发展模式探析［J］．林业经济，36（6）：100-103．

何德旭，王朝阳，陈义国．2018．农商行支持乡村振兴之道——以普陀农村商业银行为例［J］．银行家，（4）：117-118．

何峰，杨燕，易伟建．2010．历史文化名村旅游开发的SWOT分析——以湖南张谷英村为例［J］．热带地理，30（5）：564-569．

何寿奎，徐建卿．2022．乡村振兴与生态资本价值实现融合的内在逻辑、机制与路径研究［J］．云南民族大学学报（哲学社会科学版），39（5）：117-124．

何璇．2021．文旅融合与乡村振兴衔接问题研究［J］．中国行政管理，（5）：155-157．

何艳冰，周明晖，贾豫霖，等．2022．基于韧性测度的传统村落旅游高质量发展研究——以河南省为例［J］．经济地理，42（8）：222-231．

何永强．2022．全面推进乡村振兴的理论路基、困境与路径选择［J］．现代农业研究，28（8）：25-28．

贺云翱．2007．文化遗产学初论［J］．南京大学学报（哲学．人文科学．社会科学版），（3）：127-139．

洪名勇，张安琪．2023．农民视角下的乡村振兴：选择、困境与策略［J/OL］．农业经济问题．

侯国林，黄震方．2010．旅游地社区参与度熵权层次分析评价模型与应用［J］．地理研究，29（10）：1802-1813．

侯天琛，杨兰桥．2021．新发展格局下文旅融合的内在逻辑、现实困境与推进策略［J］．中州学刊，（12）：20-25．

胡彬彬．2015．中国传统村落保护的立法建议［J］．人民论坛，（9）：70-71．

胡道生．2002．古村落旅游开发的初步研究——以安徽黟县古村落为例［J］．人文地理，（4）：47-50．

胡静，谢鸿璟．2022．旅游驱动下乡村文化空间演变研究——基于空间生产理论［J］．湖北民族大学学报（哲学社会科学版），40（2）：99-109．

胡静，王蓉，李亚娟，等．2018．基于网络信息的民族地区旅游资源吸引力评价——以贵州省黔东南州为例［J］．经济地理，38（4）：200-207．

胡慧，胡最，王帆，等．2019．传统聚落景观基因信息链的特征及其识别［J］．经济地理，39（8）：216-223．

胡琳琳，王学勇．2019．新旧动能转换背景下传统村落保护和旅游开发策略［J］．山东农业大学学报（自然科学版），50（6）：1071-1075．

胡平波，钟漪萍．2019．政府支持下的农旅融合促进农业生态效率提升机理与实证分析——以全国休闲农业与乡村旅游示范县为例［J］．中国农村经济，（12）：85-104．

胡守钧，张凤池．2016．以社会共生视角开展社会研究［J］．长安大学学报（社会科学版），18（3）：59-63．

胡霞，周旭海．2021．日本公路特色驿站助力乡村振兴的经验与启示［J］．现代日本经济，40（1）：56-71．

胡霞，刘晓君．2022．内生式发展理论在乡村振兴中的实践——以日本岛根县邑南町为例［J］．现代日本经济，41（1）：58-77．

胡燕，陈晟，曹玮，等．2014．传统村落的概念和文化内涵［J］．城市发展研究，21（1）：10-13．

胡月，田志宏．2019．如何实现乡村的振兴？——基于美国乡村发展政策演变的经验借鉴［J］．中国农村经济，（3）：128-144．

黄震方，陆林，苏勤，等．2015．新型城镇化背景下的乡村旅游发展——理论反思与困境突破［J］．地理研究，34（8）：1409-1412．

黄杰，李晓东，谢霞．2018．少数民族传统村落活化与旅游开发的互动性研究［J］．广西民族研究，（5）：119-128．

黄明金．2016．日本宜居城市设计与借鉴思考——以古川町为例［J］．中小企业管理与科技（下旬刊），（3）：201．

黄其新．2014．乡村旅游：商品化、真实性及文化生态发展策略［J］．西北农林科技大学学报（社会科学版），14（4）：133-136．

黄先开．2021．新时代文化和旅游融合发展的动力、策略与路径［J］．北京工商大学学报（社会科学版），36（4）：1-8．

黄滢，张青萍．2017．多元主体保护模式下民族传统村落的保护［J］．贵州民族研究，38（10）：107-110．

黄永燕.2022.传统村落多功能转型特征、机制及引导策略［D］.合肥：安徽建筑大学.

黄振华，陈梓清.2022.记得住乡愁：乡村振兴的路径选择——基于云南大理的实践与思考［J］.党政研究，(2)：93-100.

黄震方，黄睿.2018.城镇化与旅游发展背景下的乡村文化研究：学术争鸣与研究方向［J］.地理研究，37 (2)：233-249.

黄震方，张圆刚，贾文通，等.2021.中国乡村旅游研究历程与新时代发展趋向［J］.自然资源学报，36 (10)：2615-2633.

黄祖辉，宋文豪，成威松，等.2022.休闲农业与乡村旅游发展促进农民增收了吗？——来自准自然实验的证据［J］.经济地理，42 (5)：213-222.

汲忠娟，蒋依依，谢婷.2017.旅游地居民感知和态度研究综述［J］.资源科学，39 (3)：396-407.

姜爱，刘春桃.2019.乡村"过疏化"背景下传统村落乡村精英的角色——基于鄂西南盛家坝乡E村的个案考察［J］.中南民族大学学报（人文社会科学版），39 (5)：33-37.

姜德波，彭程.2018.城市化进程中的乡村衰落现象：成因及治理——"乡村振兴战略"实施视角的分析［J］.南京审计大学学报，15 (1)：16-24.

姜辽，苏勤.2013.周庄古镇创造性破坏与地方身份转化［J］.地理学报，68 (8)：1131-1142.

焦胜，郑志明，徐峰，等.2016.传统村落分布的"边缘化"特征——以湖南省为例［J］.地理研究，35 (8)：1525-1534.

金红燕，孙根年，张兴泰，等.2022.传统村落旅游真实性对旅游者环境责任行为的影响研究——怀旧和道家生态价值观的作用［J］.浙江大学学报（理学版），49 (1)：121-130.

金勇兴.2002.温州楠溪江古村落民居的文化价值［J］.中共杭州市委党校学报，(3)：46-50.

孔翔，卓方勇，苗长松.2016.旅游业发展状况对古村落文化保护的影响——基于对宏村、呈坎、许村居民的调研［J］.热带地理，36 (2)：216-224.

孔翔，吴栋，张纪娴.2019.社区参与模式下的传统村落旅游空间生产及影响初探——基于苏州东山陆巷古村的调研［J］.世界地理研究，28 (6)：156-165.

黎玲.2021.乡村文旅融合对游客满意度的影响研究——基于场景理论的实证分析［J］.技术经济与管理研究，(4)：100-104.

黎玲，刘勇.2017.四川省乡村民俗旅游资源开发利用及良性互动机制研究［J］.中国农业资源与区划，38 (3)：214-218.

黎洋佟，田靓，赵亮，等.2019.基于K-modes的北京传统村落价值评估及其保护策略研究［J］.小城镇建设，37 (7)：22-29.

李伯华，杨家蕊，刘沛林，等.2018a.传统村落景观价值居民感知与评价研究——以张谷英村为例［J］.华中师范大学学报（自然科学版），52 (2)：248-255.

李伯华，曾灿，窦银娣，等.2018b.基于"三生"空间的传统村落人居环境演变及驱动机制——以湖南江永县兰溪村为例［J］.地理科学进展，37 (5)：677-687.

李伯华，曾荣倩，刘沛林，等.2018c.基于CAS理论的传统村落人居环境演化研究——以张谷英村为例［J］.地理研究，37 (10)：1982-1996.

李伯华，陈淑燕，刘一曼，等.2017a.旅游发展对传统村落人居环境影响的居民感知研究——以张谷英村为例［J］.资源开发与市场，33 (5)：604-608.

李伯华，罗琴，刘沛林，等.2017b.基于Citespace的中国传统村落研究知识图谱分析［J］.经济地理，37 (9)：207-214，232.

李伯华，尹莎，刘沛林，等.2015.湖南省传统村落空间分布特征及影响因素分析［J］.经济地理，35 (2)：189-194.

李伯华，周璐，窦银娣，等．2022．基于乡村多功能理论的少数民族传统聚落景观风貌演化特征及影响机制研究——以湖南怀化皇都村为例［J］．地理科学，42（8）：1433-1445．

李超，杨鑫．2020．基于ENVI-met软件模拟的传统村落冬季活力提升研究——以北京爨底下村为例［J］．城市建筑，17（16）：99-102．

李琛，季晓染，何丹，等．2019．基于内容分析的北京郊区传统村落旅游感知研究——以门头沟灵水村为例［J］．北京联合大学学报，33（2）：37-44．

李二玲，邓晴晴，何伟纯．2019．基于产业集群发展的中部传统平原农区乡村振兴模式与实现路径［J］．经济地理，39（12）：110-118．

李凡，金忠民．2002．旅游对皖南古村落影响的比较研究——以西递、宏村和南屏为例［J］．人文地理，（5）：17-20，96．

李芳芳，彭涛，陈月异．2022．UGC短视频促进传统村落形象传播研究——以抖音平台上禾木村形象传播为例［J］．华中师范大学学报（自然科学版），56（5）：903-912．

李飞．2011．基于乡村文化景观二元属性的保护模式研究［J］．地域研究与开发，30（4）：85-88，102．

李皓．2020．日本白川乡传统村落保护路径与模式思考［J］．民艺，（1）：99-103．

李嘉宁．2015．传统村落道路空间研究——以北京门头沟区三家店为例［C］//中国城市规划学会编．新常态：传承与变革——2015中国城市规划年会论文集（14乡村规划）．北京：中国建筑工业出版社：805-817．

李江苏，王晓蕊，李小建．2020．中国传统村落空间分布特征与影响因素分析［J］．经济地理，40（2）：143-153．

李军．2019．非物质文化遗产的生产性保护与衍生产品开发——基于传承与传播的探讨［J］．四川戏剧，（11）：93-96．

李军．2021．禳灾文化记忆在乡村旅游中的价值重构——基于三个藏寨的案例研究［J］．民族学刊，12（04）：60-68，117．

李蕾蕾．2000．跨文化传播及其对旅游目的地地方文化认同的影响［J］．深圳大学学报（人文社会科学版），（2）：95-100．

李丽娟．2021．乡村旅游中"乡土性"的传承与保护［J］．社会科学家，（5）：57-62．

李连璞．2013．基于多维属性整合的古村落旅游发展模式研究——以历史文化名村为例［J］．人文地理，28（4）：155-160．

李渌，徐珊珊，何景明．2022．文化记忆与乡村振兴：长征国家文化公园的社区参与——基于贵州省清镇市观游村索桥红军渡的个案研究［J］．旅游科学，36（3）：72-90．

李眉洁，王兴骥．2022．乡村振兴背景下农旅融合发展模式及其路径优化——对农村产业融合发展的反思［J］．贵州社会科学，（3）：153-159．

李敏．2021．文旅融合背景下济南市乡村旅游发展对策研究［D］．舟山：浙江海洋大学．

李鹏波，孟磊，雷大鹏，等．2015．基于叙事理论的传统村落生态文化载体系统研究——以北京爨底下村保护为例［J］．天津城建大学学报，21（4）：246-251．

李萍，王倩，ChrisRyan．2012．旅游对传统村落的影响研究——以安徽齐云山为例［J］．旅游学刊，27（4）：57-63．

李任．2022．深度融合与协同发展：文旅融合的理论逻辑与实践路径［J］．理论月刊，（1）：88-96．

李蓉，沈克印，张浩．2022．体育产业助推乡村振兴的价值意蕴、作用机制与推进路径［J］．体育教育学刊，38（4）：66-72．

李伟红，鲁可荣．2019．传统村落价值活态传承与乡村振兴的共融共享共建机制研究［J］．福建论坛（人文社会科学版），（8）：187-195．

李文兵.2008.旅游背景下古村落文化生态演变机制——以张谷英古村落为例[J].社会科学家,(11):98-102.

李文兵.2009.国外传统村落旅游研究及对我国的启示[J].地理与地理信息科学,25(2):104-108.

李文峰,姜佳将.2018.老区与新乡:乡村振兴战略下的文化传承与反哺——以浙江余姚梁弄镇革命老区为例[J].浙江社会科学,(9):77-83,157-158.

李文秀,李美云,黄斌.2012.文化艺术产业与旅游产业的融合:过程、模式和效应[J].广东行政学院学报,(4):73-78.

李先跃.2019.中国文化产业与旅游产业融合研究进展及趋势——基于Citespace计量分析[J].经济地理,39(12):212-220,229.

李燕凌,温馨,高维新.2022.数字乡村与乡村振兴耦合协调发展的时序适配性分析[J].农业经济与管理,(4):1-12.

李杨.2022.超大城市乡村振兴的路径探索——以广州市为例[J].昆明理工大学学报(社会科学版).22(4):86-95.

李勇军,王庆生.2016.乡村文化与旅游产业融合发展研究[J].财经理论与实践,37(3):6.

李裕瑞,王婧,刘彦随,等.2014.中国"四化"协调发展的区域格局及其影响因素[J].地理学报,69(2):199-212.

李志飞,张晨晨.2022.市井的旅游化:旅游地二元世界的形成与变迁[J].四川师范大学学报(社会科学版),49(2):88-97.

李志龙.2019.乡村振兴–乡村旅游系统耦合机制与协调发展研究——以湖南凤凰县为例[J].地理研究,38(3):643-654.

李智环,杨军昌.2009.贵州乡村旅游文化资源与乡村人口传统文化素质探析[J].西北人口,30(1):111-114.

李重,林中伟.2022.乡村文化振兴的核心内涵、基本矛盾与破解之道[J].北京工业大学学报(社会科学版),(6):39-48.

李柱,张弢.2017.我国传统村落研究进展分析[J].安徽农业科学,45(25):253-256.

梁丽芳.2015.基于怀旧视角的传统村落旅游者忠诚模型研究[J].社会科学家,(10):96-100.

廖彩荣,陈美球.2017.乡村振兴战略的理论逻辑、科学内涵与实现路径[J].农林经济管理学报,16(6):795-802.

廖军华.2018.乡村振兴视域的传统村落保护与开发[J].改革,(4):130-139.

林聚任,泥安儒,刘玉安.2017.社会科学研究方法(第三版)[M].济南:山东人民出版社.

林丽波.2020.文化资本视域下的乡村旅游健康发展困境及应对[J].农业经济,(11):141-142.

林敏慧,保继刚.2015.中国历史村镇的旅游商业化——创造性破坏模型的应用检验[J].旅游学刊,30(4):12-22.

林明水,陈玉萍,李微,等.2022.传统村落文化生态适应性评价及影响因素研究[J].中国生态旅游,12(3):504-518.

林喜兴.2016.中国传统村落保护的过去、现在与未来[J].建材与装饰,(23):128-130.

林兴.2022.日本乡村振兴政策体系的成效与问题[N].中国社会科学报.

林祖锐,丁志华,张杰平.2019.传统村落活态保护评价体系研究——以阳泉市传统村落为例[J].城市建筑,16(4):150-156.

林祖锐,仝凤先,周维楠.2017.文化线路视野下岩崖古道传统村落历史演进研究[J].现代城市研究,(11):18-24.

林祖锐,周维楠,常江,等.2018.LAC理论指导下的古村落旅游容量研究——以国家级历史文化名村小河村为例［J］．资源开发与市场，34（2）：274-280．

凌霓，张妲．2019．创客介入的乡村文旅社区设计：以浦江嵩溪村为例［J］．装饰，(12)：124-125．

刘玢，左俊玮．2018．基于利益主体的江西赣南古村落再生发展模式研究［J］．企业经济，(12)：171-177．

刘昌雪，汪德根．2003．皖南古村落可持续旅游发展限制性因素探析［J］．旅游学刊，(6)：100-105．

刘朝帅，王立胜．2022．中国特色反贫困道路深化：乡村振兴战略［J］．经济与管理评论，38（06）：144-160．

刘春腊，刘沛林．2011．北京山区沟域经济建设背景下的古村落保护与开发研究［J］．经济地理，31（11）：1923-1929．

刘春腊，徐美，刘沛林，等．2020．传统村落文化景观保护性补偿模型及湘西实证［J］．地理学报，75（2）：382-397．

刘大均，胡静，陈君子，等．2014．中国传统村落的空间分布格局研究［J］．中国人口·资源与环境，24（4）：157-162．

刘冬．2022．文旅融合视角下辽宁传统村落民宿服务质量评价及提升策略研究［D］．沈阳：沈阳师范大学．

刘海玲，王彩彩．2021．乡村亲子游产品开发实现路径——基于文旅融合的分析［J］．社会科学家，(8)：75-80．

刘合光．2018．乡村振兴战略的关键点、发展路径与风险规避［J］．新疆师范大学学报（哲学社会科学版），39（3）：25-33．

刘瑾，李望月，张仲，等．2020．我国乡村振兴发展水平测度与评估——基于省级数据的实证研究［J］．农村经济与科技，31（5）：16-20．

刘静艳．2006．从系统学角度透视生态旅游利益相关者结构关系［J］．旅游学刊，(5)：17-21．

刘军民，庄袁俊琦．2017．传统村落文化脱域与保护传承研究［J］．城市发展研究，24（11）：6-9．

刘梦婷，汤黎明．2012．基于案例的传统村落生态性与可持续发展研究［J］．价值工程，31（24）：122-124．

刘民坤，任莉莉，邓小桂．2021．乡村振兴战略的旅游路径研究——准入门槛及其差异化选择［J］．经济管理，43（10）：173-192．

刘某承，苏伯儒，闵庆文，等．2022．农业文化遗产助力乡村振兴：运行机制与实施路径［J］．农业现代化研究，43（4）：551-558．

刘娜，李勋华．2022．碳中和背景下乡村生态振兴协同机制研究［J］．现代农业研究，28（8）：4-6．

刘娜娜，武笑笑，吴宗润．2021．旅游介入下的传统村落公共空间活化影响因素探究［J］．住宅科技，41（2）：48-50，57．

刘沛林，董双双．1998．中国古村落景观的空间意象研究［J］．地理研究，17（1）：32-37．

刘沛林．1998．古村落——独特的人居文化空间［J］．人文地理，(1)：4．

刘沛林．2014．家园的景观与基因：传统聚落景观基因图谱的深层解读［M］．北京：商务印书馆．

刘沛林，于海波．2012．旅游开发中的古村落乡村性传承评价——以北京市门头沟区爨底下村为例［J］．地理科学，32（11）：1304-1310．

刘沛林，刘春腊，邓运员，等．2009．基于景观基因完整性理念的传统聚落保护与开发［J］．经济地理，29（10）：1731-1736．

刘沛林，彭科，杨立国．2022．传统村落景观基因遗传信息的储存、表达及其旅游价值——以湖南省常宁市中田村为例［J］．旅游导刊，6（2）：1-25．

刘馨秋，王思明．2015．中国传统村落保护的困境与出路［J］．中国农史，34（4）：99-110．

刘亚男，王青．2022．中国乡村振兴的时空格局及其影响因素［J］．经济问题探索，(9)：12-25．

刘彦随.2011.中国新农村建设地理论［M］.北京：科学出版社.
刘彦随.2018.中国新时代城乡融合与乡村振兴［J］.地理学报，73（4）：637-650.
刘彦随.2020.中国乡村振兴规划的基础理论与方法论［J］.地理学报，75（6）：1120-1133.
刘彦随，严镔，王艳飞.2016.新时期中国城乡发展的主要问题与转型对策［J］.经济地理，36（7）：1-8.
刘彦随，周扬，李玉恒.2019.中国乡村地域系统与乡村振兴战略［J］.地理学报，74（12）：2511-2528.
刘逸，黄凯旋，保继刚，等.2020.嵌入性对古村落旅游地经济可持续发展的影响机制研究——以西递、宏村为例［J］.地理科学，40（1）：128-136.
刘增安，陈征，高伟.2018.活态博物馆+主题文化院落+美丽乡村——太行山区古村落保护与开发的大梁江模式研究［J］.石家庄职业技术学院学报，30（1）：31-35.
刘震.2018.城乡统筹视角下的乡村振兴路径分析——基于日本乡村建设的实践及其经验［J］.人民论坛·学术前沿，（12）：76-79.
刘治彦.2019.文旅融合发展：理论、实践与未来方向［J］.人民论坛·学术前沿，（16）：92-97.
龙花楼，陈坤秋.2021.实现巩固拓展脱贫攻坚成果同乡村振兴有效衔接：研究框架与展望［J］.经济地理，41（8）：1-9.
龙花楼，李裕瑞，刘彦随.2009.中国空心化村庄演化特征及其动力机制［J］.地理学报，64（10）：1203-1213.
龙井然，杜姗姗，张景秋.2021.文旅融合导向下的乡村振兴发展机制与模式［J］.经济地理，41（7）：222-230.
龙晓柏，龚建文.2018.英美乡村演变特征、政策及对我国乡村振兴的启示［J］.江西社会科学，38（4）：216-224.
卢松.2014.旅游对传统地域文化景观影响的研究进展及展望［J］.旅游科学，28（6）：13-23.
卢松，张捷.2009.试论旅游地居民感知的研究体系及其对古村落旅游发展的启示［J］.安徽师范大学学报（自然科学版），32（2）：178-183.
卢松，张小军.2019.徽州传统村落旅游开发的时空演化及其影响因素［J］.经济地理，39（12）：204-211.
卢松，陆林，凌善金.2003.世界文化遗产西递、宏村旅游资源开发的初步研究［J］.安徽师范大学学报（自然科学版），（3）：273-277.
卢松，陆林，徐茗.2005.我国传统村镇旅游研究进展［J］.人文地理，20（5）：76-79，42.
卢松，张捷，苏勤.2009.旅游地居民对旅游影响感知与态度的历时性分析——以世界文化遗产西递景区为例［J］.地理研究，28（2）：536-548.
卢松，陈思屹，潘蕙.2010.古村落旅游可持续性评估的初步研究——以世界文化遗产地宏村为例［J］.旅游学刊，25（1）：17-25.
卢松，周小凤，张小军，等.2017.旅游驱动下的传统村落城镇化研究——以世界文化遗产宏村为例［J］.热带地理，37（3）：293-303.
卢松，张小军，张业臣.2018.徽州传统村落的时空分布及其影响因素［J］.地理科学，38（10）：1690-1698.
卢雨.2020.文旅融合视角下福州永泰庄寨文化旅游发展策略研究——基于网络文本分析法［D］.福州：福建师范大学.
芦人静，余日季.2022.数字化助力乡村文旅产业融合创新发展的价值意蕴与实践路径［J］.南京社会科学，（5）：152-158.

陆林，陈慧峰，符琳蓉.2022.旅游开发背景下传统村落功能演变的过程与机制——以黄山市西溪南村为例［J］.地理科学，42（5）：874-884.

陆林，任以胜，朱道才，等.2019.乡村旅游引导乡村振兴的研究框架与展望［J］.地理研究，38（1）：102-118.

罗萍嘉，郑祎.2020.基于CiteSpace的中国传统村落旅游发展文献综述可视化研究［J］.地理与地理信息科学，36（1）：129-135.

罗庆，陈思琦，王艺霏，等.2022.贫困山区乡村发展类型识别及振兴路径研究——以河南省栾川县为例［J］.地理科学进展，41（10）：1783-1794.

罗文斌，陈果，王雨薇，等.2021.乡村振兴背景下农耕文化传承与乡村旅游融合发展分析［J］.农业展望，17（6）：80-84.

罗先菊.2022.以农文旅康深度融合推动民族地区乡村振兴：作用机理与推进策略［J］.价格理论与实践，（2）：188-191，203.

罗震东，韦江绿，张京祥.2011.城乡基本公共服务设施均等化发展的界定、特征与途径［J］.现代城市研究，26（7）：7-13.

吕承超，崔悦.2021.乡村振兴发展：指标评价体系、地区差距与空间极化［J］.农业经济问题，（5）：20-32.

吕龙，黄震方，陈晓艳.2018.文化记忆视角下乡村旅游地的文化研究进展及框架构建［J］.人文地理，33（2）：35-42.

吕龙，黄震方，李东晔.2020.乡村文化记忆资源的"文-旅"协同评价模型与应用——以苏州金庭镇为例［J］.自然资源学报，35（7）：1570-1585.

麻学锋，刘玉林，谭佳欣.2020.旅游驱动的乡村振兴实践及发展路径——以张家界市武陵源区为例［J］.地理科学，40（12）：2019-2026.

麻勇恒.2017.传统村落保护面临的困境与出路［J］.原生态民族文化学刊，9（2）：89-94.

马波，张越.2020.文旅融合四象限模型及其应用［J］.旅游学刊，35（5）：15-21.

马辉，邹广天，何彦汝.2017.美丽乡村背景下黔西南布依族香车河传统村落文化传承与保护［J］.黑龙江民族丛刊，（6）：116-119，144.

马妮，王红兵，陈蔷，等.2022.文化基因视域下传统村落文化数字化传承策略研究——以湖南常德市桃源县三红村为例［J］.传播与版权，（10）：99-101.

马亚飞，吕剑平.2020.甘肃省乡村振兴发展评价及预测研究［J］.新疆农垦经济，（3）：9-17.

马晓旭，华宇佳.2021.乡村生态振兴成效评价指标体系构建研究——基于江苏省、浙江省、安徽省的对比［J］.中国农业资源与区划，42（1）：60-67.

毛基业，陈诚.2017.案例研究的理论构建：艾森哈特的新洞见——第十届"中国企业管理案例与质性研究论坛（2016）"会议综述［J］.管理世界，（2）：135-141.

毛锦凰.2021.乡村振兴评价指标体系构建方法的改进及其实证研究［J］.兰州大学学报（社会科学版），49（3）：47-58.

孟广文，Gebhardt H.2011.二战以来联邦德国乡村地区的发展与演变［J］.地理学报，66（12）：1644-1656.

孟莹，张冠增.2018.乡村空间营造的逻辑——基于文化与社会空间理论视角的分析［J］.城市规划，42（6）：23-29.

闵英，曹维琼.2016.重构传统村落文化保护与发展的文本意识［J］.贵州社会科学，（11）：76-83.

倪达书，汪建国.1981.稻鱼共生理论的研究［J］.水产科技情报，（6）：1-3.

宁满秀，袁祥州，王林萍，等.2018.乡村振兴：国际经验与中国实践——中国国外农业经济研究会2018

年年会暨学术研讨会综述［J］．中国农村经济，（12）：130-139．

牛坤玉，钟钰，普蓂喆．2020．乡村振兴战略研究进展及未来发展前瞻［J］．新疆师范大学学报（哲学社会科学版），41（1）：48-62．

欧阳奎，杨载田．1993．试论中国的乡村古聚落文化旅游资源［J］．人文地理，（3）：48-53．

潘冬南．2016．共生理论视角下民族地区区域旅游竞合模式探讨——以广西北部湾为例［J］．广西民族研究，（4）：168-173．

潘启龙，韩振，陈珏颖．2021．美国农村阶段发展及对中国乡村振兴的启示［J］．世界农业，（9）：76-82．

潘颖，孙红蕾，郑建明．2021．文旅融合视域下乡村公共文化服务差异化模式及实现路径［J］．图书馆建设，（5）：125-132．

彭淑贞，吕臣．2020．共生理论嵌入乡村旅游生态系统创新研究［J］．科研管理，41（12）：60-69．

平锋，梁婷婷．2020．文旅融合、仪式展演与文化共生：金秀横村坳瑶盘王节的田野研究［J］．黑龙江民族丛刊，（5）：36-41．

齐皓，樊柯．2014．基于民俗传承、文化遗产保护与美丽乡村建设的村落文化生态学研究［J］．艺术百家，30（S1）：86-87．

祁庆富．2006．论非物质文化遗产保护中的传承及传承人［J］．西北民族研究，（3）：114-123，199．

钱玲燕，干靓，张立，等．2020．德国乡村的功能重构与内生型发展［J］．国际城市规划，35（5）：6-13．

青峥．2007．国外保护非物质文化遗产的现状［J］．观察与思考，（14）：33．

邱扶东，朱毓旻．2016．传统村落旅游发展研究综述［J］．农村经济与科技，27（5）：75-78．

邱云美．2011．生态旅游发展的理论与实践［M］．北京：科学出版社．

瞿华，罗静．2022．乡村文化与旅游产业融合：研究回顾与展望［J］．旅游导刊，6（1）：89-110．

任珏奕．2018．农旅融合视角下高县林湖村乡村旅游发展研究［D］．成都：成都理工大学．

任顺娟．2010．北京市乡村休闲旅游发展研究［D］．太原：山西财经大学．

任映红．2019．乡村振兴战略中传统村落文化活化发展的几点思考［J］．毛泽东邓小平理论研究，（3）：34-39，108．

单福彬，周静，李馨．2017．乡村文化旅游吸引力的多层次评价——以辽宁赫图阿拉村为例［J］．干旱区资源与环境，31（12）：196-202．

陕颖颖，唐健雄，刘雨靖．2022．旅游城镇化与乡村振兴的协调发展仿真研究——以张家界市为例［J］．湖南师范大学自然科学学报，45（4）：55-65．

尚子娟，任禹崑．2021．乡村红色文化与旅游发展模式探析［J］．学术交流，（4）：111-122．

邵秀英，刘亚玲，王向东，等．2021．黄河流域传统村落旅游响应度及影响因素研究［J］．干旱区资源与环境，35（6）：200-208．

邵甬，胡力骏，赵洁．2016．区域视角下历史文化资源整体保护与利用研究——以皖南地区为例［J］．城市规划学刊，（3）：98-105．

申秀英，卜华白．2006．中国古村落旅游企业的"共生进化"研究—基于共生理论的一种分析［J］．经济地理，（2）：322-325．

沈剑波，王应宽，朱明，等．2020．乡村振兴水平评价指标体系构建及实证［J］．农业工程学报，36（3）：236-243．

沈克．2018．基于旅游地生命周期理论的乡村旅游成长性研究——以信阳郝堂村为例［J］．信阳师范学院学报（自然科学版），31（1）：68-72．

沈兴菊，刘韫．2021．国家公园门户社区旅游发展与民族地区乡村振兴——美国的经验教训对我国的启示［J］. 民族学刊，12（12）：23-29，126.

生延超，刘晴. 2021. 都市近郊传统村落乡村旅游嬗变过程中人地关系的演化——以浔龙河村为例［J］. 旅游学刊，36（3）：95-108.

施爱芹，董海奇，郭剑英. 2022. IP创意视阈下乡村旅游文创的设计价值及互动体验［J］. 社会科学家，(3)：50-55.

施琦. 2008. 试论古村落旅游可持续发展的对策［J］. 农业考古，(3)：155-157.

石群. 2011. 中国乡村旅游的文化内涵建设探析——基于"涵化"理论［J］. 旅游论坛，4（5）：89-92.

石映昕，杨尚勤. 2021. 传统文化观与现代生态旅游的融合发展价值及路径［J］. 社会科学家，(5)：45-50.

时少华，黄凤清. 2015. 北京传统村落民俗旅游资源利用与保护研究——以北京门头沟区为例［J］. 武汉商学院学报，29（2）：8-11.

时少华，李享. 2019. 传统村落旅游发展中信任与利益网络效应研究——以北京市爨底下村为例［J］. 旅游学刊，34（9）：30-45.

时少华，裴小雨. 2020. 传统村落活态保护利用与旅游融合发展研究［J］. 昆明理工大学学报（社会科学版），20（5）：103-108.

舒坤尧. 2022. 以中华优秀传统文化促进乡村文化振兴［J］. 人民论坛，(3)：123-125.

束晨阳. 2008. 基于古村落保护的乡村旅游规划——以安徽绩溪龙川村为例［J］. 中国园林，(8)：9-15.

束锡红. 2022. "岩画文化遗产的数字化保护"专题研究［J］. 贵州民族研究，43（1）：140.

宋河有. 2017. 传统村落旅游化保护的风险及其防范［J］. 原生态民族文化学刊，9（2）：95-98.

宋建峰. 2010. 云南怒江流域多民族文化保护传承的有关问题［J］. 学术探索，(3)：63-69.

宋丽娜. 2010. 近十年来国内生态旅游理论研究的回顾与思考［J］. 天津商业大学学报，30（1）：67-73.

宋怡宁，钱威. 2019. 北京传统村落保护制度及现状问题初探［C］//中国建筑学会建筑史学分会，北京工业大学编. 中国建筑学会建筑史学分会年会暨学术研讨会论文集（下）：294-298.

苏琮其，王崇烈. 2019. 传统文化激发内生力量公众参与共谋村落复兴——以北京房山区南窖村为例［J］. 社会治理，(3)：89-92.

苏静，戴秀丽. 2021. 乡村振兴战略下乡村优秀传统文化的价值再认识［J］. 社会主义核心价值观研究，7（5）：34-40.

孙根年，薛刚. 2007. 25年来秦俑馆旅游生命周期与结构变化研究［J］. 干旱区地理，(2)：283-288.

孙九霞. 2009. 族群文化的移植："旅游者凝视"视角下的解读［J］. 思想战线，35（4）：37-42.

孙九霞. 2017. 传统村落：理论内涵与发展路径［J］. 旅游学刊，32（1）：1-3.

孙九霞. 2019a. 新时代背景下基于文化自信的文化传承与空间治理——"文化传承与空间治理"专栏解读［J］. 地理研究，38（6）：1283-1289.

孙九霞. 2019b. 旅游循环凝视与乡村文化修复［J］. 旅游学刊，34（6）：1-4.

孙九霞，王心蕊. 2012. 丽江大研古城文化变迁中的"虚无"与"实在"：以酒吧发展为例［J］. 旅游学刊，27（9）：73-83.

孙九霞，黄秀波. 2017. 民族旅游地社区参与中的空间协商与利益博弈——以丽江白沙村为例［J］. 广西民族大学学报（哲学社会科学版），39（2）：40-48.

孙九霞，黄凯洁. 2019. 乡村文化精英对旅游发展话语的响应——基于安顺屯堡周官村的研究［J］. 西南民族大学学报（人文社科版），40（3）：27-33.

孙九霞，王淑佳. 2022. 基于乡村振兴战略的乡村旅游地可持续发展评价体系构建［J］. 地理研究，41（2）：289-306.

孙九霞，许泳霞，王学基. 2020. 旅游背景下传统仪式空间生产的三元互动实践［J］. 地理学报．275（8）：

1742-1756.

孙九霞,徐新建,王宁,等.2021.旅游对全面脱贫与乡村振兴作用的途径与模式——"旅游扶贫与乡村振兴"专家笔谈[J].自然资源学报,36(10):2604-2614.

孙琳,邓爱民,张洪昌.2019.民族传统村落旅游活化的困境与纾解——以黔东南州雷山县为例[J].贵州民族研究,40(6):53-58.

孙荣垆.2020.传统村落旅游开发模式演变:以南岗古排"复兴"为例[J].广西民族大学学报(哲学社会科学版),42(1):100-106.

孙馨月,陈艳珍.2020.论脱贫攻坚与乡村振兴的衔接逻辑[J].经济问题,(9):12-17.

孙雄燕.2014.乡村生态旅游规划的程序与内容研究[J].生态经济,30(6):99-102.

孙学立.2018.农村人力资源供给视角下乡村振兴问题研究[J].理论月刊,(5):128-132.

孙艺惠,陈田,王云才.2008.传统乡村地域文化景观研究进展[J].地理科学进展,27(6):90-96.

孙长浩.2021.滕州市乡村文化旅游发展对策研究[D].兰州:西北师范大学.

索玮聪.2020.非物质文化遗产与乡村旅游融合机制研究[D].南宁:广西大学.

泰勒A.2005.原始文化:神话、哲学、宗教、语言、艺术和习俗发展之研究[M].广西:广西师范大学出版社.

谭英,胡玉鑫.2018."家文化"建设与乡村振兴实践探索[J].西北农林科技大学学报:社会科学版,18(4):43-47.

谭跃进.2008.定量分析方法(修订版)[M].天津:南开大学出版社.

汤立许,蔡仲林.2011.文化变迁视域下我国民族传统体育发展流变[J].武汉体育学院学报,45(4):67-72,82.

唐承财,孙艳洁,王珂.2016.北京传统村落社区参与旅游发展模式探讨[J].旅游规划与设计,(21):130-137.

唐承财,周悦月,钟林生,等.2017.生态文明建设视角下北京乡村生态旅游发展模式探讨[J].生态经济,33(4):127-132.

唐承财,郑倩倩,王晓迪,等.2019.基于两山理论的传统村落旅游业绿色发展模式探讨[J].干旱区资源与环境,33(2):203-208.

唐承财,万紫微,孙孟瑶,等.2020.深度贫困村旅游精准扶贫模式构建[J].干旱区资源与环境,34(1):202-208.

唐承财,万紫微,刘蔓,等.2021a.基于多主体的传统村落文化遗产保护传承感知及提升模式[J].干旱区资源与环境,35(2):196-202.

唐承财,查建平,章杰宽,等.2021b.高质量发展下中国旅游业"双碳"目标:评估预测、主要挑战与实现路径[J].中国生态旅游,11(4):471-497.

唐承财,王逸菲,燕科凝,等.2022.北京冬奥会绿色低碳技术应用及其对低碳旅游的启示[J].中国生态旅游,12(4):690-703.

唐琮沅,景保峰.2008.基于生命周期理论的区域经济发展模式选择——以广西北部湾经济区为例[J].生产力研究,(4):70-71.

唐娜,杨扬.2021.传统村落保护《西塘宣言》发表15周年国际研讨会综述[J].民间文化论坛,(6):124-128.

唐任伍,郭文娟.2018.乡村振兴演进韧性及其内在治理逻辑[J].改革,(8):64-72.

唐文跃.2011.皖南古村落居民地方依恋特征分析——以西递、宏村、南屏为例[J].人文地理,26(3):51-55.

唐晓云.2015.古村落旅游社会文化影响:居民感知、态度与行为的关系——以广西龙脊平安寨为例[J].

人文地理, 30（1）：135-142.

陶成煦, 完颜邓邓. 2021. 文旅融合背景下乡村民间图书馆的功能拓展与发展策略［J］. 图书馆,（9）：42-48.

陶俊, 杨敏红. 2022. 农村公共文化服务体系与乡村旅游的融合发展——以浙江德清总分馆改革为例［J］. 图书馆论坛, 42（2）：45-55.

陶涛, 刘博. 2017. 法治视域下少数民族传统村落建设性破坏研究［J］. 湖北民族学院学报（哲学社会科学版）, 35（2）：78-84.

陶维兵. 2018. 新时代乡村民俗文化的变迁、传承与创新路径［J］. 学习与实践,（1）：133-140.

陶玉霞. 2012. 乡村游憩发展中文化传承功能的实现途径［J］. 河南师范大学学报（哲学社会科学版）, 39（6）：94-98.

陶元浩. 2018. 农村社区凝聚力指标体系实证研究——以贵州省塘约村等三个行政村调查为例［J］. 中国特色社会主义研究,（2）：67-76.

田海. 2020. 京津冀地区传统村落的空间分布特征及其影响因素［J］. 经济地理, 40（7）：143-149.

田磊, 张宗斌, 孙凤芝. 2021. 乡村非物质文化遗产与旅游业融合研究［J］. 山东社会科学,（5）：123-128.

田庆刚, 车四方, 江源, 等. 2022. 重庆市乡村振兴发展水平测度与评价［J］. 重庆理工大学学报（社会科学）, 36（5）：79-89.

田志奇. 2019. 文旅融合下旅游目的地互联网思维的产品营销及创新［J］. 旅游学刊, 34（8）：8-10.

童成林. 2014. 新型城镇化背景下传统村落的保护与发展策略探讨［J］. 建筑与文化,（2）：109-110.

屠李, 赵鹏军, 张超荣. 2016. 试论传统村落保护的理论基础［J］. 城市发展研究, 23（10）：118-124.

万义, 王健, 龙佩林, 等. 2014. 村落族群关系变迁中传统体育社会功能的衍生研究——兰溪古寨勾蓝瑶族长鼓舞的田野调查报告［J］. 北京体育大学学报, 37（3）：33-40, 106.

万紫微. 2021. 旅游型传统村落绿色发展指数测度及振兴模式研究［D］. 北京：北京第二外国语学院.

汪德根, 王金莲, 陈田, 等. 2011. 乡村居民旅游支持度影响模型及机理——基于不同生命周期阶段的苏州乡村旅游地比较［J］. 地理学报, 66（10）：1413-1426.

汪芳, 孙瑞敏. 2015. 传统村落的集体记忆研究——对纪录片《记住乡愁》进行内容分析为例［J］. 地理研究, 34（12）：2368-2380.

汪润, 梅运彬. 2022. 旅游型乡村文化振兴的价值及路径研究［J］. 云南农业大学学报（社会科学）, 16（6）：9-14.

汪越, 刘健, 薛昊天, 等. 2018. 土地制度改革影响下的乡村重构——基于成都市三个村落的比较分析［J］. 城市发展研究, 25（6）：103-111, 119.

王博, 朱玉春. 2018. 论农民角色分化与乡村振兴战略有效实施——基于政策实施对象、过程和效果考评视角［J］. 现代经济探讨,（5）：124-130.

王晨光. 2018. 集体化乡村旅游发展模式对乡村振兴战略的影响与启示［J］. 山东社会科学,（5）：34-42.

王发奎, 张丽, 李仲先. 2022. 乡村振兴背景下传统村落文化传承与发展研究——以攀枝花市迤沙拉村为例［J］. 乡村论丛,（3）：81-87.

王帆, 赵振斌. 2007. 旅游影响下的古村落社会文化变迁研究——以陕西韩城党家村为例［J］. 桂林旅游高等专科学校学报,（5）：761-764, 769.

王凤臣, 刘鑫, 许静波. 2022. 脱贫攻坚与乡村振兴有效衔接的生成逻辑、价值意蕴及实现路径［J］. 农业经济与管理,（4）：13-21.

王海燕, 李晓东. 2006. 旅游地生命周期理论与旅游产品开发初探——以新疆喀纳斯湖为例［J］. 资源与产业，（4）：89-92.

王汉祥，王美萃，赵海东 . 2017. 民族与旅游：一个历史性发展悖论？［J］. 内蒙古社会科学（汉文版），38（4）：190-198.

王嘉学，明庆忠，杨世瑜 . 2005. 云南乡村生态旅游发展地域模式初步研究［J］. 生态经济，（1）：95-97，101.

王经绫 . 2020. 民族地区文化和旅游融合发展影响要素的系统建构——基于71个民族县域文旅融合发展要素调查问卷的分析［J］. 西南民族大学学报（人文社科版），41（8）：24-30.

王敬尧，王承禹 . 2018. 农业规模经营：乡村振兴战略的着力点［J］. 中国行政管理，（4）：91-97.

王克岭，李婷，张灿 . 2020. 高原特色乡村文化创意旅游研究［J］. 社会科学家，（10）：65-70.

王利，吴良，李言鹏，等 . 2021. 北极能源开发的地缘要素驱动机制［J］. 地理学报，76（5）：1078-1089.

王乃举 . 2020. 基于logistic-ISM模型的安徽省传统村落文旅融合路径研究［J］. 安徽农业大学学报（社会科学版），29（6）：122-128.

王乃举 . 2021. 基于DEMATEL-ISM传统村落文旅融合影响因素测度［J］. 山西农业大学学报（社会科学版），20（3）：85-92.

王乃举 . 2022. 文化场域与文化分层组合理论下文旅融合机制与高质量发展［J］. 山西农业大学学报（社会科学版），21（2）：99-108.

王宁 . 2019. 乡村旅游与乡村文化复兴：一个消费者赞助的视角［J］. 旅游学刊，34（6）：6-7.

王庆生，张行发，郭静 . 2019. 基于共生理论的乡村旅游精准扶贫模式和路径优化研究——以山东省沂南县竹泉村为例［J］. 地域研究与开发，38（3）：108-112.

王蓉，赵雪雁，兰海霞 . 2022. 脱贫山区乡村振兴基础水平评价及其影响因素——以陇南山区为例［J］. 地理科学进展，41（8）：1389-1402.

王润强，邵怡然，彭威浩 . 2022. 以乡村振兴为背景的文化景观重塑路径［J］. 南方建筑，（10）：99-105.

王士杰 . 2021. 基于文化记忆理论的传统村落旅游形象塑造研究［J］. 建筑与文化，（1）：218-219.

王淑佳，孙九霞 . 2021. 中国传统村落可持续发展评价体系构建与实证［J］. 地理学报，76（4）：921-938.

王松良 . 2019. 协同发展生态农业与社区支持农业促进乡村振兴［J］. 中国生态农业学报（中英文），27（2）：212-217.

王廷信 . 2022. 文化变迁与傩文化的当代传承［J］. 民俗研究，（2）：103-108.

王小明 . 2013. 传统村落价值认定与整体性保护的实践和思考［J］. 西南民族大学学报（人文社会科学版），34（2）：156-160.

王晓阳，赵之枫 . 2001. 传统乡土聚落的旅游转型［J］. 建筑学报，（9）：8-12.

王笑宇 . 2023-3-28. 文旅市场高质量发展需要培育企业家精神［N］. 中国文化报，第1版 .

王秀伟 . 2021. 从交互到共生：文旅融合的结构维度、演进逻辑和发展趋势［J］. 西南民族大学学报（人文社会科学版），42（5）：29-36.

王彦龙 . 2022. 民族互嵌与文化特质的共享生成——基于"托茂人"与"家西番"文化变迁的比较研究［J］. 民族论坛，（2）：109-116.

王莹，许晓晓 . 2015. 社区视角下乡村旅游发展的影响因子——基于杭州的调研［J］. 经济地理，35（3）：203-208.

王勇，周雪，李广斌 . 2019. 苏南不同类型传统村落乡村性评价及特征研究——基于苏州12个传统村落的调查［J］. 地理研究，38（6）：1311-1321.

王院成.2018.乡村振兴战略视野下的传统村落保护研究［J］.焦作师范高等专科学校学报,34（3）：37-40.

王云才,韩丽莹.2014.基于景观孤岛化分析的传统地域文化景观保护模式——以江苏苏州市甪直镇为例［J］.地理研究,33（1）：143-156.

王云才,杨丽,郭焕成.2006.北京西部山区传统村落保护与旅游开发利用——以门头沟区为例［J］.山地学报,（04）：466-472.

王兆峰,李琴,吴卫.2021.武陵山区传统村落文化遗产景观基因组图谱构建及特征分析［J］.经济地理,41（11）：225-231.

王震,吕骞.2022.两部门:开展传统村落集中连片保护利用示范工作留住乡亲、护住乡土、记住乡愁［N/OL］.http://finance.people.com.cn/n1/2022/0307/c1004-32368575.html［2022-10-22］.

王志稳,黄家美.2004.主题公园生命周期的演化［J］.资源开发与市场,（3）：236-238.

文军,蒋逸民.2010.质性研究概论［M］.北京：北京大学出版社.

翁钢民,李凌雁.2016.中国旅游与文化产业融合发展的耦合协调度及空间相关分析［J］.经济地理,36（1）：178-185.

翁时秀,彭华.2011.旅游发展初级阶段弱权利意识型古村落社区增权研究——以浙江省楠溪江芙蓉村为例［J］.旅游学刊,26（7）：53-59.

乌丙安.2015.中国社会转型中传统村落的文化根基分析［J］.中国农业大学学报（社会科学版）,32（5）：5-17.

吴必虎.2016-05-25.乡村旅游是古村活化的有效途径［N］.农民日报,第003版.

吴碧波,黄少安.2018.乡村振兴战略背景下西部地区农村就地城镇化的模式选择［J］.广西民族研究,（2）：16-23.

吴承照,肖建莉.2003.古村落可持续发展的文化生态策略——以高迁古村落为例［J］.城市规划汇刊,（4）：56-60,96.

吴传钧.1991.论地理学的研究核心——人地关系地域系统［J］.经济地理,（3）：1-6.

吴传钧.2008.人地关系地域系统的理论研究及调控［J］.云南师范大学学报（哲学社会科学版）,（2）：1-3.

吴春兰.2020.文旅融合视角下乡村文化传承与古镇旅游发展研究——以雅安市上里古镇为中心［D］.成都：西南民族大学.

吴泓,顾朝林.2004.基于共生理论的区域旅游竞合研究——以淮海经济区为例［J］.经济地理,（1）：104-109.

吴洁.2019.文旅融合背景下浦江嵩溪村空间环境保护与更新研究［D］.杭州：浙江工业大学.

吴开松,郭倩.2022.文化生态视域下传统村落活态保护研究［J］.湖北民族大学学报（哲学社会科学版）,40（3）：114-124.

吴理财,郭璐.2021.文旅融合的三重耦合性:价值、效能与路径［J］.山西师大学报（社会科学版）,48（1）：62-71.

吴丽,梁皓,虞华君,等.2021.中国文化和旅游融合发展空间分异及驱动因素［J］.经济地理,（2）：214-221.

吴茂英,王怡,李秋成.2021.乡村文旅小微企业助力乡村振兴的多重效应［J］.旅游学刊,36（4）：5-7.

吴晓勤,陈安生,万国庆.2001.世界文化遗产——皖南古村落特色探讨［J］.建筑学报,（8）：59-61.

吴云.1997.关于文化传统、文化变迁及文化建设的思考［J］.社会科学战线,（3）：102-108.

吴忠权.2018.基于乡村振兴的人力资本开发新要求与路径创新［J］.理论与改革,（6）：44-52.

习近平.2017.决胜全面建成小康社会夺取新时代中国特色社会主义伟大胜利——在中国共产党第十九次全国代表大会上的报告[M].北京：人民出版社.

习近平.2019.把乡村振兴战略作为新时代"三农"工作总抓手[J].社会主义论坛,(7)：4-6.

夏学禹.2010.论中国农耕文化的价值及传承途径[J].古今农业,(3)：88-98.

夏周青.2015.中国传统村落的价值及可持续发展探析[J].中共福建省委党校学报,(10)：62-67.

肖卫东.2019.美国日本财政支持乡村振兴的基本经验与有益启示[J].理论学刊,(5)：55-63.

萧子扬,黄超.2018.新乡贤：后乡土中国农村脱贫与乡村振兴的社会知觉表征[J].农业经济,(1)：74-76.

解丽霞.2013.制度化传承·精英化传承·民间化传承——中国优秀传统文化传承体系的历史经验与当代建构[J].社会科学战线,(10)：1-6.

谢彦君,卫银栋,胡迎春.2019.文旅融合背景下海南国际旅游消费中心的定位问题[J].旅游学刊,(1)：12-22.

谢云天.2022.基于文旅融合视角的东北三省乡村经济发展研究[J].科学决策,(6)：125-135.

熊海峰,祁吟墨.2020.基于共生理论的文化和旅游融合发展策略研究——以大运河文化带建设为例[J].同济大学学报(社会科学版),31(1)：40-48.

修长百,邢霞,闫晔.2020.奈曼旗乡村振兴发展水平评价及其空间分异格局[J].内蒙古民族大学学报(社会科学版),46(6)：69-78.

徐春成,万志琴.2015.传统村落保护基本思路论辩[J].华中农业大学学报(社会科学版),(6)：58-64.

徐翠蓉,赵玉宗,高洁.2020.国内外文旅融合研究进展与启示：一个文献综述[J].旅游学刊,35(8)：94-104.

徐海龙.2009.文化遗产管理开发的几种模型[J].生产力研究,(21)：118-120.

徐红罡,薛丹.2011.旅游目的地仿生学空间关系研究——以安徽省古村落西递、宏村为例[J].地理科学,31(12)：1518-1524.

徐雪,王永瑜.2021.新时代西部大开发乡村振兴水平测度及影响因素分析[J].西南民族大学学报(人文社会科学版),42(5)：129-137.

徐雪,王永瑜.2022.中国乡村振兴水平测度、区域差异分解及动态演进[J].数量经济技术经济研究,39(5)：64-83.

徐艺蕾,徐峰.2017.北京传统村落广场空间形态、功能及活力研究[J].小城镇建设,(8)：83-89.

徐致云,陆林.2006.旅游地生命周期研究进展[J].安徽师范大学学报(自然科学版),(6)：599-603.

许建和,柳肃,毛洲,等.2021.中国传统村落的空间分布特征与保护系统方案[J].湖南大学学报(社会科学版),35(2)：152-160.

薛林平.2015.中国传统村落(第1辑)：北京传统村落[M].北京：中国建筑工业出版社.

薛芮,余吉安.2022.基于地方品牌建构的乡村文化旅游活化路径[J].经济地理,42(6)：198-205.

薛颖,权东计,张园林,等.2014.农村社区重构过程中公共空间保护与文化传承研究——以关中地区为例[J].城市发展研究,21(5)：117-124.

闫幸,吴锦峰.2020.二次元短视频营销策略对顾客投入的影响[J].中国流通经济,34(12)：40-50.

闫昱升,黄艳霞,郑文俊,等.2022.空间句法下旅游发展对侗族民居布局影响的研究[J].西安建筑科技大学学报(社会科学版),41(2)：39-45.

闫周府,吴方卫.2019.从二元分割走向融合发展：乡村振兴评价指标体系研究[J].经济学家,(6)：90-103.

杨福泉.2020.略论藏羌彝文化走廊少数民族传统村落文化的保护传承与发展[J].贵州民族研究,

41（9）：31-40.

杨桂华，钟林生，明庆忠．2017．生态旅游（第三版）［M］．北京：高等教育出版社．

杨慧，吕哲臻．2022．市场化与城乡等值化：法国农业农村现代化及其对我国乡村振兴的启示［J］．浙江学刊，（5）：100-110．

杨坤，芮旸，李宜峰，等．2021．基于共生理论的中国特色保护类村庄振兴类型细分研究［J］．地理科学进展，40（11）：1861-1875．

杨立国，刘沛林．2017．传统村落文化传承度评价体系及实证研究——以湖南省首批中国传统村落为例［J］．经济地理，37（12）：203-210．

杨立国，彭梓洺．2022．传统村落文化景观基因传承与旅游发展融合度评价——以首批侗族传统村落为例［J］．湖南师范大学自然科学学报，45（2）：74-82．

杨立国，刘沛林，林琳．2015．传统村落景观基因在地方认同建构中的作用效应——以侗族村寨为例［J］．地理科学，35（5）：593-598．

杨立国，龙花楼，刘沛林，等．2018．传统村落保护度评价体系及其实证研究——以湖南省首批中国传统村落为例［J］．人文地理，33（03）：121-128，151．

杨玲．2020．世界遗产白川乡的保护与发展策略［J］．产业与科技论坛，19（21）：77-79．

杨玲丽．2010．共生理论在社会科学领域的应用［J］．社会科学论坛，（16）：149-157．

杨璐璐．2018．乡村振兴视野的新型职业农民培育：浙省个案［J］．改革，（2）：132-145．

杨忍，陆进锋，李薇．2022．珠三角都市边缘区典型传统村落多维空间演变过程及其影响机理［J］．经济地理，42（3）：190-199．

杨若凡，钱云．2019．旅游影响下北京郊区传统村落空间集体记忆研究——以爨底下村、古北口村、灵水村、琉璃渠村为例［J］．现代城市研究，（8）：49-57，74．

杨姗姗．2019．桂滇黔少数民族特色村寨体育非物质文化遗产活态传承模式——基于文化生态空间保护的视角［J］．社会科学家，（10）：90-96．

杨胜强，廖和平，刘洛甫，等．2022．重庆市县域乡村振兴水平评价及发展路径研究［J］．西南大学学报（自然科学版），44（5）：13-22．

杨希．2016．日本乡村振兴中价值观层面的突破：以能登里山里海地区为例［J］．国际城市规划，31（5）：115-120．

杨晓蔚．2006．古村落保护：新农村建设中亟待重视的问题［J］．中国党政干部论坛，（11）：42-43．

姚磊．2014．国内民族文化传承研究述评［J］．广西民族研究，（5）：117-126．

姚礼，李勇．2019．中国少数民族音乐文化的历史传承与现代发展［J］．贵州民族研究，40（11）：113-122．

叶超，高洋．2019．新中国70年乡村发展与城镇化的政策演变及其态势［J］．经济地理，39（10）：139-145．

叶淑媛．2020．非遗手工艺传承发展促进乡村振兴的方法与路径——以甘肃省为例［J］．兰州文理学院学报（社会科学版），36（5）：8-15，129．

叶兴庆．2017．实现国家现代化不能落下乡村［J］．中国发展观察，（21）：10-12，27．

易小燕，陈印军，向雁，等．2020．县域乡村振兴指标体系构建及其评价：以广东德庆县为例［J］．中国农业资源与区划，41（8）：187-195．

殷永达．1991．论徽州传统村落水口模式及文化内涵［J］．东南文化，（2）：174-177．

尹君锋，石培基．2022．甘肃省县域乡村振兴发展评估与空间格局分异［J］．中国沙漠，42（5）：158-166．

尹君锋，石培基，张韦萍，等．2022．乡村振兴背景下县域农业农村创新发展评价及空间格局：以甘肃省为例［J］. 自然资源学报，37（2）：291-306.

于法稳，黄鑫，岳会. 2020. 乡村旅游高质量发展：内涵特征、关键问题及对策建议［J］. 中国农村经济，（8）：27-39.

于秋阳，徐亚征. 2012. 论迪士尼科技与文化融合发展及其启示［J］. 经济问题探索，（6）：40-46.

于秋阳，王倩，颜鑫. 2022. 长三角城市群文旅融合：耦合协调、时空演进与发展路径研究［J］. 华东师范大学学报（哲学社会科学版），54（2）：159-172.

于亚娟，田志馥，那音太. 2020. 中国传统村落时空演化的特征与成因分析［J］. 内蒙古财经大学学报，18（5）：128-131.

余亮亮，蔡银莺. 2015. 基于农户满意度的耕地保护经济补偿政策绩效评价及障碍因子诊断［J］. 自然资源学报，（7）：12.

余亮，孟晓丽. 2016. 基于地理格网分级法提取的中国传统村落空间分布［J］. 地理科学进展，35（11）：1388-1396.

袁纯清. 1998. 共生理论及其对小型经济的应用研究（上）［J］. 改革，（2）：100-105.

袁久和，吴宇. 2018. 乡村振兴战略下我国农村发展水平及耦合协调评价［J］. 农林经济管理学报，17（2）：218-226.

岳天琦. 2020. 基于空间句法的京郊传统村落公共空间特征研究［D］. 北京：北京建筑大学.

曾博伟. 2021. "十四五"旅游业高质量发展的十个重大问题［N/OL］. 中国网. http://travel.china.com.cn/txt/2021-03/02/content_77262424.html.

曾灿，李伯华，龚文静，等. 2021. 聚落"双修"视角下传统村落人居环境转型发展研究——以江永县兰溪村为例［J］. 华中师范大学学报（自然科学版），55（2）：278-288.

翟向坤，郭凌，张晓，等. 2017. 旅游空间生产语境下的乡村文化景观失忆与重构研究——以成都市红砂村乡村旅游发展为例［J］. 湖北民族学院学报（哲学社会科学版），35（2）：101-105.

翟洲燕，李同昇，常芳，等. 2017. 陕西传统村落文化遗产景观基因识别［J］. 地理科学进展，36（9）：1067-1080.

詹国辉，张新文. 2017. 乡村振兴下传统村落的共生性发展研究——基于江苏S县的分析［J］. 求实，（11）：71-84.

张佰明. 2020. 长城文化带沿线的乡村精品民宿发展［J］. 前线，（11）：71-73.

张朝枝，朱敏敏. 2020. 文化和旅游融合：多层次关系内涵、挑战与践行路径［J］. 旅游学刊，5（3）：62-71.

张晨阳，史北祥. 2022. 基于知识图谱技术的村镇公共服务设施网络研究［J］. 西部人居环境学刊，37（04）：26-32.

张城铭，张涵. 2017. 基于Logistic模型对TALC模型各阶段的定量划分——兼论美国十大国家公园的旅游生命周期模式［J］. 旅游学刊，32（6）：86-95.

张大玉. 2014. 传统村落风貌特色保护传承与再生研究——以北京密云古北水镇民宿区为例［J］. 北京建筑大学学报，30（3）：1-8.

张大玉，甘振坤. 2018. 北京地区传统村落风貌特征概述［J］. 古建园林技术，（3）：82-89.

张德平. 2016. 基于旅游地生命周期的江苏省乡村旅游适应性管理策略研究［J］. 中国农业资源与区划，37（10）：110-116.

张行发，王庆生. 2018. 基于遗产活化利用视角下的传统村落文化保护和传承研究［J］. 天津农业科学，24（9）：35-39, 69.

张浩龙，陈静，周春山. 2017. 中国传统村落研究评述与展望［J］. 城市规划，41（4）：74-80.

张洪昌，舒伯阳. 2019. 制度嵌入：民族传统村落旅游发展模式的演进逻辑［J］. 云南民族大学学报（哲学社会科学版），36（3）：88-94.

张惠，周春林，管卫华，等.2004.基于旅游系统的旅游地生命周期问题探讨［J］.中国软科学，（11）：142-146.

张继梅.2013.文化自觉与文化传承［J］.齐鲁学刊，（4）：63-66.

张建忠，刘家明，柴达.2015.基于文化生态旅游视角的古村落旅游开发——以后沟古村为例［J］.经济地理，35（9）：189-194.

张建忠，孙根年.2012.山西大院型民居旅游地生命周期演变及其系统提升——以乔家大院为例［J］.地理研究，31（11）：2104-2114.

张静.2018.乡村振兴与文化活力——人类学参与观察视角下浙江桐乡M村经验分析［J］.中华文化论坛，（4）：112-116.

张军.2018.乡村价值定位与乡村振兴［J］.中国农村经济，（1）：2-10.

张立.2016.乡村活化：东亚乡村规划与建设的经验引荐［J］.国际城市规划，31（6）：1-7.

张琳，邱灿华.2015.传统村落旅游发展与乡土文化传承的空间耦合模式研究——以皖南地区为例［J］.中国城市林业，13（5）：35-39.

张明，杜运周.2019.组织与管理研究中QCA方法的应用：定位、策略和方向［J］.管理学报，16（9）：1312-1323.

张澎，常丽红.2022.北京传统村落空间分布与保护方式研究［J］.北京农学院学报，37（2）：91-94.

张强，张怀超，刘古芳.2018.乡村振兴：从衰落走向复兴的战略选择［J］.经济与管理，32（1）：6-11.

张惬寅.2020.基于文旅融合的巴渝古崖居动态保护与活化利用策略——以永川半山崖居为例［J］.西南师范大学学报（自然科学版），45（11）：103-112.

张姗.2012.世界文化遗产日本白川乡合掌造聚落的保存发展之道［J］.云南民族大学学报（哲学社会科学版），29（1）：29-35.

张松.2017.作为人居形式的传统村落及其整体性保护［J］.城市规划学刊，（2）：44-49.

张天逸.2021.农旅融合促进乡村振兴策略研究［D］.西安：西北农林科技大学.

张骁鸣，保继刚.2009.旅游发展与乡村变迁："起点-动力"假说［J］.旅游学刊，24（6）：19-24.

张潇，罗萍嘉，仲昭通.2020.英文文献中传统村落研究的可视化分析［J］.小城镇建设，38（10）：5-12.

张新成，高楠，孙丽伟.2021.中国传统村落与旅游发展要素时空匹配格局及互动作用［J］.陕西师范大学学报（自然科学版），49（6）：30-42.

张星海.2022."互联网+"茶旅融合促进乡村振兴策略研究［J］.农业经济，（6）：24-25.

张雪晶，陈巧媛，李华敏.2022.从体验对象到体验场域：乡村旅游地高质量发展组态分析［J］.旅游学刊，37（5）：33-44.

张延龙.2022-4-6.乡村振兴促乡村可持续发展的德国经验［N］.中国社会科学报，第3版.

张艳，张勇.2007.乡村文化与乡村旅游开发［J］.经济地理，（3）：509-512.

张燕，刘秋月.2022.乡村振兴背景下农村三产融合发展现状及对策：以榆林市榆阳区为例［J］.贵州农业科学，50（8）：126-133.

张义祯.2018.新时代推进农村基层社会有效治理的创新探索——福建省大田县住村特派员制度研究［J］.中共福建省委党校学报，（5）：93-100.

张英男，龙花楼，马历，等.2019.城乡关系研究进展及其对乡村振兴的启示［J］.地理研究，38（3）：578-594.

张雨.2021.黄河中游传统村落文旅融合策略［J］.炎黄地理，（11）：68-71.

张玉强，张雷.2019.乡村振兴内源式发展的动力机制研究——基于上海市Y村的案例考察［J］.东北大学学报（社会科学版），21（5）：497-504.

张圆刚，刘鲁.2021.红色旅游资源地游客国家认同的影响因素与多元路径研究—基于模糊集定性比较分析［J］.自然资源学报，36（7）：1658-1672.

张振龙，陈文杰，沈美彤，等.2020.苏州传统村落空间基因居民感知与传承研究——以陆巷古村为例［J］.城市发展研究，27（12）：1-6.

张志华，章锦河，刘泽华，等.2016.旅游研究中的问卷调查法应用规范［J］.地理科学进展，35（3）：368-375.

张志增.2017.实施乡村振兴战略与改革发展农村职业教育［J］.中国职业技术教育，（34）：121-126.

张祝平.2021.以文旅融合理念推动乡村旅游高质量发展：形成逻辑与路径选择［J］.南京社会科学，（7）：157-164.

赵承华.2011.基于文化体验的乡村旅游开发研究［J］.社会科学辑刊，（3）：116-119.

赵光勇.2018.乡村振兴要激活乡村社会的内生资源——"米提斯"知识与认识论的视角［J］.浙江社会科学，（5）：63-69，158.

赵华，于静.2015.新常态下乡村旅游与文化创意产业融合发展研究［J］.经济问题，（4）：50-55.

赵建桥，方旭红.2012.海峡两岸旅游对中国民族文化认同感的影响研究［J］.北京第二外国语学院学报，34（5）：61-66，43.

赵静.2021.基于耦合协调度模型的石家庄文旅融合评价与发展对策研究［D］.桂林：广西师范大学.

赵荣斯，丁桑岚.2012.人地关系理论的研究进展［J］.科技资讯，（33）：141.

赵世林.1995.论现代化进程中的民族文化传承［J］.思想战线，（6）：46-52.

赵世林.2002a.论民族文化传承的本质［J］.北京大学学报（哲学社会科学版），（3）：10-16.

赵世林.2002b.云南少数民族文化传承论纲［M］.昆明：云南民族出版社.

赵夏，余建立.2015.从日本白川荻町看传统村落保护与发展［J］.中国文物科学研究，（2）：38-43.

赵毅，张飞，李瑞勤.2018.快速城镇化地区乡村振兴路径探析——以江苏苏南地区为例［J］.城市规划学刊，（2）：98-105.

赵永琪，田银生.2020.西南地区传统村落空间分布特征及影响因素研究［J］.小城镇建设，38（2）：54-62.

赵勇，张捷，李娜，等.2006.历史文化村镇保护评价体系及方法研究——以中国首批历史文化名镇（村）为例［J］.地理科学，（4）：4497-4505.

郑度.2002.21世纪人地关系研究前瞻［J］.地理研究，（1）：9-13.

郑瑞.2020.传统村落旅游文化如何实现创新发展［J］.人民论坛，（15）：76-77.

郑文换.2019.从文化遗产保护到文化旅游开发的乡村振兴之路：以韩国河回村为例［J］.西北民族研究，（2）：153-160.

郑文武，李伯华，刘沛林，等.2021.湖南省传统村落景观群系基因识别与分区［J］.经济地理，41（5）：204-212.

郑文武，刘沛林.2016."留住乡愁"的传统村落数字化保护［J］.江西社会科学，36（10）：246-251.

郑兴明.2019.基于分类推进的乡村振兴潜力评价指标体系研究——来自福建省3县市6个村庄的调查数据［J］.社会科学，（6）：36-47.

中共中央，国务院.2018.乡村振兴战略规划（2018—2022年）［N］.人民日报.

中国工程建设标准化协会.2013.乡村公共服务设施规划标准［S］.北京：中国计划出版社.

钟俊.2001.共生：旅游发展的新思路［J］.重庆师专学报，（3）：17-19.

钟声宏.2000.广西民俗文化与民俗旅游开发研究［D］.桂林：广西师范大学.

钟漪萍，唐林仁，胡平波．2020．农旅融合促进农村产业结构优化升级的机理与实证分析——以全国休闲农业与乡村旅游示范县为例［J］．中国农村经济，（7）：80-98．

钟漪萍，唐林仁．2020．农旅融合减缓农村贫困机理与实证研究［J］．华中农业大学学报（社会科学版），（3）：43-52，170-171．

周彬．2015．海洋文化创意与浙江旅游发展［M］．杭州：浙江大学出版社．

周国华，贺艳华，唐承丽，等．2011．中国农村聚居演变的驱动机制及态势分析［J］．地理学报，66（4）：515-524．

周坤，王进．2020．场域织补：旅游传统村落更新理论新议［J］．人文地理，35（4）：17-22．

周梦，卢小丽，李星明，等．2021．乡村振兴视域下旅游驱动民族地区文化空间重构：一个四维分析框架［J］．农业经济问题，（9）：68-79．

周腾．2021．乡村振兴战略背景下汉川市农旅融合发展对策研究［D］．武汉：华中师范大学．

周小芸．2022．我国传统村落保护的立法研究［J］．南方农机，53（7）：184-187，198．

周宇，徐永顺，沈祥胜．2019．论乡村旅游创意设计与文化激活——兼论楚文化的数字化传播［J］．传媒，（10）：77-80．

朱丹丹，张玉钧．2008．旅游对乡村文化传承的影响研究综述［J］．北京林业大学学报（社会科学版），（2）：58-62．

朱国兴．2002．徽州村落旅游开发初探［J］．资源开发与市场，（6）：40-43．

朱亚丽，郭长伟．2020．基于计划行为理论的员工内部创业驱动组态研究［J］．管理学报，17（11）：1661-1667．

朱珈莹，张克荣．2020．少数民族地区生态旅游扶贫与乡村振兴实现路径［J］．社会科学家，（10）：59-64．

朱琦．2020．文旅融合视角下徽州传统村落业态品质提升研究［D］．合肥：合肥工业大学．

朱水成．2003．公共政策与制度的关系［J］．理论探讨，（3）：87-90．

朱桃杏，陆林，王辉．2010．传统村镇旅游承载力比较研究——徽州古村落群与江南古镇旅游发展比较［J］．石家庄铁道大学学报（社会科学版），4（3）：32-36．

朱媛媛，周笑琦，顾江，等．2022．长江中游城市群"文-旅"产业融合发展的空间效应及驱动机制研究［J］．地理科学进展，41（5）：785-796．

祝杨军．2020．绿色创业者：价值理念、核心特征与培育途径［J］．新视野，（4）：75-80．

庄晓平，尹书华，朱竑．2018．旅游发展对古村落村民公民性建构的影响——以开平古碉楼群为例［J］．地理学报，73（8）：1571-1585．

庄志民．2020．复合生态系统理论视角下的文化与旅游融合实践探索——以上海为例［J］．旅游科学，34（4）：31-45．

宗晓莲．2002．布迪厄文化再生产理论对文化变迁研究的意义——以旅游开发背景下的民族文化变迁研究为例［J］．广西民族学院学报（哲学社会科学版），（2）：22-25．

邹露，李平星．2022．基于发展水平和协调度的乡村振兴格局与分区研究——以江苏省为例［J］．中国农业资源与区划，43（5）229-238．

邹统钎，李飞．2007．社区主导的古村落遗产旅游发展模式研究——以北京市门头沟爨底下古村为例［J］．北京第二外国语学院学报，（5）：78-86．

Amagai K, Takarada T, Funatsu M et al. 2014. Development of low-CO_2-emission vehicles and utilization of local renewable energy for the vitalization of rural areas in Japan［J］. IATSS Research, 37（2）：81-88.

Annes A, Bessiere J. 2018. Staging agriculture during on-farm markets: How does French farmers' rationality influence their representation of rurality?［J］. Journal of Rural Studies, 63：34-45.

Ataberk E, Baykal F. 2011. Utilization of natural and cultural resources of Dikili (Izmir) for tourism [J]. Procedia Social and Behavioral Sciences, 19: 173-180.

Ayobami O K, Bin Ismail H N. 2013. Host's supports for voluntourism: A pragmatic approach to rural revitalization [J]. Australian Journal of Basic and Applied Sciences, 7 (4): 260-272.

Bai X, Shi P, Liu Y. 2014. Realizing China's urban dream [J]. Nature, 509: 158-160.

Balta S, Atik M. 2022. Rural planning guidelines for urban-rural transition zones as a tool for the protection of rural landscape characters and retaining urban sprawl: Antalya case from Mediterranean [J]. Land Use Policy, 119: 106144.

Bastias. 1995. Perceived impacts of tourism by residents [J]. Annals of Tourism Research, 22 (1): 208-210.

Belliggiano A, Bindi L, Ievoli C. 2021. Walking along the Sheeptrack...Rural Tourism, Ecomuseums, and Bio-Cultural Heritage [J]. Sustainability, 13 (16): 8870.

Bellini N, Grillo F, Lazzeri G et al. 2017. Tourism and Regional Economic Resilience from a Policy Perspective: Lessons from Smart Specialization Strategies in Europe [J]. European Planning Studies, 25 (1): 140-153.

Biseko L N, Elirehema M. 2020. Motivation-based segmentation of rural tourism market in African villages [J]. Development Southern Africa, 37 (5): 773-790.

Bivic C L, Melot R. 2020. Scheduling urbanization in rural municipalities: Local practices in land-use planning on the fringes of the Paris region [J]. Land Use Policy, 99: 105040.

Bilbil E T. 2018. The politics of noise: Case study of the commercialization of Alaçatı Village, Turkey [J]. Tourism Management Perspectives, 25: 104-118.

Brougham J, Butler R. 1981. A segmentation analysis of resident attitudes to the social impact of tourism [J]. Annals of Tourism Research, 8 (4): 569-590.

Brown A, O'Connor J, Cohen S. 2000. Local Music Policies within a Global Music Industry: Cultural Quarters in Manchester and Sheeld [J]. Geoforum, 31 (4): 437-451.

Buchli V. 2004. Material Culture: Critical Concepts in the Social Sciences [M]. London: Routledge.

Butler R W. 1980. The concept of a tourist area cycle of evolution: implications for management of resources [J]. Canadian Geographer, 24 (1): 5-12.

Butt B. 2012. Commoditizing the safari and making space for conflict: Place, identity and parks in East Africa [J]. Political Geography, 31 (2): 104-113.

Cao Y C, Zhang Y K. 2013. Appraisal and selection of "Chinese traditional village" and study on the village distribution [J]. Architectural Journal, 12: 44-49.

Carr P J, Kefalas M J. 2009. Hollowing out the middle: The rural brain drain and what it means for America [M]. Boston: Beacon Press.

Carrillo M, Jorge J M. 2017. Multidimensional analysis of regional tourism sustainability in Spain [J]. Ecological Economics, (140): 89-98.

Carvalho M S, Lima J, Kastenholz E. 2014. Cultural creativity-that opportunity for rural destinations? [J]. Pasos Revista de Turismo Y Patrimonio Cultural, 12 (3): 635-648.

Cawley M, Gillmor D A. 2008. Integrated rural tourism: concepts and practice [J]. Annals of Tourism Research, 35 (2): 316-337.

Chen X H, Xie W Z, Li H B. 2020. The spatial evolution process, characteristics and driving factors of traditional villages from the perspective of the cultural ecosystem: A case study of Chengkan Village [J]. Habitat International, 104: 102250.

Chen X, Jiang X Q, Lu Y. 2020. Study on the rural ecotourism resource evaluation system [J]. Environmental

Technology & Innovation, (20): 101131.

Chen Y C, Lee C S, Tsui P L et al. 2022. The Application of the Analytic Hierarchy Process Approach to the Inheritance of Local Delicious Food Culture and Development of Sustainable Innovations [J]. Agronomy, 12 (3): 660.

Chevillard G, Mousquès J, Lucas-Gabrielli V et al. 2019. Has the diffusion of primary care teams in France improved attraction and retention of general practitioners in rural areas? [J]. Health Policy, 123 (5): 508-515.

Coros M M, Privitera D, Păunescu L M et al. 2021. Mărginimea Sibiului Tells Its Story: Sustainability, Cultural Heritage and Rural Tourism—A Supply-Side Perspective [J]. Sustainability, 13 (9): 5309.

Crouch D. 1992. Popular culture and what we make of the rural: with a case study of village allotments [J]. Journal of Rural Studies, 8 (3): 229-240.

Csurgó B, Smith M K. 2022. Cultural heritage, sense of place and tourism: an analysis of cultural ecosystem services in rural hungary [J]. Sustainability, 14 (12): 7305.

DeShana Collett P A-C, Miller Temple K, Wells R D. 2022. The Challenges of Providing Preventive Health Care in Rural America [J]. Physician Assistant Clinics, 7 (1): 149-165.

Desjeux Y, Dupraz P, Kuhlman T et al. 2015. Evaluating the impact of rural development measures on nature value indicators at different spatial levels: Application to France and The Netherlands [J]. Ecological Indicators, 59: 41-61.

Deunert F, Lennartz B, Tiemeyer B. 2007. Legislative effects on the development of surface water quality in rural areas in Northern Germany [J]. Journal of Cleaner Production, 15 (16): 1507-1513.

Dewi L K Y. 2014. Modeling the relationships between tourism sustainable factor in the traditional village of Pancasari [J]. Procedia-Social and Behavioral Sciences, 135: 57-63.

Dilley L, Gkartzios M, Odagiri T. 2022. Developing counterurbanisation: Making sense of rural mobility and governance in Japan [J]. Habitat International, 125: 102595.

Dimitrovski D D, Todorović A T, Valjarević A D. 2012. Rural tourism and regional development: case study of development of rural tourism in the region of Gruţa, Serbia [J]. Procedia Environmental Sciences, 14: 288-297.

Drpić D, Rudan E. 2019. Event competitivness in heritage tourism in rural Croatia [J]. Academica Turistica-Tourism and Innovation Journal, 12 (2): 161-172.

Durkin J, Perić M, Šebrek J K. 2017. Addressing organisational challanges of cultural tourism in rural areas through community-based tourism model [J]. Tourism in Southern and Eastern Europe, 4: 145-157.

Eisenhardt K. 1989. Building theories from case study research [J]. Academy of Management Review, 14 (4): 532-550.

Emekli G, Baykal F. 2011. Opportunities of utilizing natural and cultural resources of Bornova (Izmir) through tourism [J]. Procedia Social and Behavioral Sciences, 19: 181-189.

Escobal J, Favare A, Ponce C. 2015. Linkage to Dynamic Markets and Rural Territorial Development in Latin America [J]. World Development, 73: 44-55.

Fatimah T. 2015. The impacts of rural tourism initiatives on cultural landscape sustainability in Borobudur area [J]. Procedia Environmental Sciences, 28: 567-577.

Fujisaki K, Yasuda T, Ishigami T et al. 2022. Empirical recommendations based on case studies in Japan for sustainable innovative mobility in rural areas [J]. Asian Transport Studies, 8: 100079.

Furmankiewicz M, Hewitt R J, Kazak J K. 2021. Can rural stakeholders drive the low-carbon transition? Analysis of climate-related activities planned in local development strategies in Poland [J]. Renewable and Sustainable Energy Reviews, 150: 11419.

Frost W, Laing J. 2014. Fictional media and imagining escape to rural villages [J]. Tourism Geographies, 16 (2): 207-220.

Gao C Z, Hou J P, Gong J. 2022. Study on the symbiotic development path of traditional villages in the county based on the grey relation analysis: the case of Xunxian County in Henan, China [J]. Grey Systems-Theory and Application, 13 (1): 193-205.

Gao J, Wu B H. 2017. Revitalizing traditional villages through rural tourism: A case study of Yuanjia Village, Shaanxi Province, China [J]. Tourism Management, 138 (4): 223-233.

Garau C. 2015. Perspectives on cultural and sustainable rural tourism in a smart region: The case study of Marmilla in Sardinia (Italy) [J]. Sustainability, 7 (6): 6412-6434.

Giray F H, Kadakoğlu B, Çetin F Y et al. 2019. Rural tourism marketing: Lavender tourism in Turkey [J]. Ciência Rural, 49 (2).

Gladwin C H, Long B F, Babb E M et al. 1989. Rural entrepreneurship: One key to rural revitalization [J]. American Journal of Agricultural Economics, 71 (5): 1305-1314.

Godfrey K B. 1995. Planning for sustainable tourism development in the Med [J]. Tourism Management, 16 (3): 243-245.

Greene M J. 1988. Agriculture diversification initiatives: State government roles in rural revitalization [J]. Rural Economic Alternatives, 2.

Gross-Fengels S, Fromhold-Eisebith M. 2018. Chapter Six-Adapting transport related innovations to rural needs: Smart Mobility and the example of the Heinsberg region, Germany [J]. Advances in Transport Policy and Planning, 2: 125-162.

Gruber E, He H. 1996. The role of small-scale biogas production in rural areas for sustainable development in Germany and Peru [J]. Energy for Sustainable Development, 3 (4): 58-63.

Guo Z F, Sun L. 2016. The planning, development and management of tourism: The case of Dangjia, an ancient village in China [J]. Tourism Management, 56: 52-62.

Hacklin F, Marxt C, Fahrni F. 2010. An Evolutionary Perspective on Convergence: Inducing a Stage Model of Inter-Industry Innovation [J]. International Journal of Technology Management, 49 (1-3): 220-249.

Harun S N, Zin M R. 2018. Assessing the rural cultural significance for heritage tourism development in perak tengah district [J]. Malaysian Journal of Sustainable Environment, 4 (1): 37-56.

He R, Guo S, Deng X et al. 2022. Influence of social capital on the livelihood strategies of farmers under China's rural revitalization strategy in poor mountain areas: A case study of the Liangshan Yi autonomous prefecture [J]. Journal of Mountain Science, 19 (4): 958-973.

Hisano S, Akitsu M, McGreevy S R. 2018. Revitalising rurality under the neoliberal transformation of agriculture: Experiences of re-agrarianisation in Japan [J]. Journal of Rural Studies, 61: 290-301.

Hjalager A M. 2009. Cultural Tourism Innovation Systems-The Roskilde Festival [J]. Scandinavian Journal of Hospitality and Tourism, 9 (2-3): 266-287.

Hoffmann S, Tschorn M, Michalski N et al. 2022. Association of regional socioeconomic deprivation and rurality with global developmental delay in early childhood: Data from mandatory school entry examinations in Germany [J]. Health & Place, 75: 102794.

Hu Q, Zhang T, Jiao Z et al. 2022. The impact of fishery industrial transformation on rural revitalization at village level: A case study of a Chinese fishing village [J]. Ocean & Coastal Management, 227: 106277.

Hughes G. 1995. Authenticity in tourism [J]. Annals of tourism Research, 22 (4): 781-803.

Idziak W, Majewski J, Zmyślony P. 2015. Community participation in sustainable rural tourism experience creation: a long-term appraisal and lessons from a thematic villages project in Poland [J]. Journal of Sustainable Tourism, 23 (8-9).

Jiang Z M, Lin D R. 2022. Genius Loci of Ancient Village from the Perspective of Tourists Experience: Scale Development and Validation [J]. International Journal of Environmental Research and Public Health, 19 (8): 4817.

Johnson T G. 1989. Entrepreneurship and development finance: Keys to rural revitalization [J]. American Journal of Agricultural Economics, 71 (5): 1324-1326.

Joniarta I W, Dewi Sucitawathi PinatihI G A AG, Pratiwi N I. 2019. The Dilemmatic Study of Local Policy Implementation Towards Bali Aga Traditional Village in Culture Conservation: a Case of Tenganan Pengringsingan Village, Manggis District, Karangasem Regency [J]. International Journal of Social Sciences and Humanities, 3 (1): 153-159.

Jyotsna J H, Maurya U K. 2019. Experiencing the real village – a netnographic examination of perceived authenticity in rural tourism consumption [J]. Asia Pacific Journal of Tourism Research, 24 (8): 750-762.

Kallert A, Belina B, Miessner M et al. 2021. The Cultural Political Economy of rural governance: Regional development in Hesse (Germany) [J]. Journal of Rural Studies, 87: 327-337.

Kastenholz E, Eusébio C, Carneiro M J. 2018. Segmenting the rural tourist market by sustainable travel behaviour: Insights from village visitors in Portugal [J]. Journal of Destination Marketing & Management, 10: 132-142.

Kawate T. 2005. Rural revitalization and reform of rural organizations in contemporary rural Japan [J]. Journal of Rural Problems, 40 (4): 393-402.

Kneafsey M. 2001. Rural cultural economy: Tourism and social relations [J]. Annals of Tourism Research, 28 (3):762-783.

Kontogeorgopoulos N, Churyen A, Duangsaeng V. 2015. Homestay Tourism and the Commercialization of the Rural Home in Thailand [J]. Asia Pacific Journal of Tourism Research, 20 (1): 29-50.

Knierim L, Schlüter J C. 2021. The attitude of potentially less mobile people towards demand responsive transport in a rural area in central Germany [J]. Journal of Transport Geography, 96.

Korsching P. 1992. Multicommunity collaboration: An evolving rural revitalization strategy [J]. Rural Development News, 16 (1) 1-2.

Lee C S, Chen Y C, Tsui P L et al. 2021. Application of fuzzy delphi technique approach in sustainable inheritance of rural cooking techniques and innovative business strategies modeling [J]. Agriculture, 11 (10): 924.

Lepp A. 2007. Residents' attitudes towards tourism in Bigodi village, Uganda [J]. Tourism Management, 28 (3): 876-885.

Leung K Y, Thorsen L M. 2022. Experiencing art from a field of rice: How farmers relate to ruralrevitalisation and art at Japan's Echigo-Tsumari Art Festival [J]. Sociologia Ruralis, 62 (3): 611-631.

Li C. 2022. On the practical path of promoting rural revitalization from the perspective of public risk [J]. Academic Journal of Business & Management, 4 (8): 37-41.

Liu C, Xu M. 2021. Characteristics and Influencing Factors on the Hollowing of Traditional Villages—Taking 2645 Villages from the Chinese Traditional Village Catalogue (Batch 5) as an Example [J]. International Journal of Environment Research and Public Health, 18 (23): 12759.

Liu J, Jin X, Xu W et al. 2022. Evolution of cultivated land fragmentation and its driving mechanism in rural development: A case study of Jiangsu Province [J]. Journal of Rural Studies, 91: 58-72.

Liu Y R, Tang C C, Wan Z W. 2023. Multi-scenario analysis and the construction of the revitalization model of green development in tourism traditional villages [J]. Journal of Resources and Ecology, 14 (02): 239-251.

Liu Y S, Li Y H. 2017. Revitalize the world's countryside [J]. Nature, 548 (7667): 275-277.

Liu Y, Dai L, Long H et al. 2022. Rural vitalization promoted by industrial transformation under globalization: The case of Tengtou village in China [J]. Journal of Rural Studies, 95: 241-255.

Liu Y, Fang F, Li Y. 2014. Key issues of land use in China and implications for policy making [J]. Land Use Policy, 40: 6-12.

MacDonald R, Jolliffe L. 2003. Cultural rural tourism evidence from Canada [J]. Annals of Tourism Research, 30 (2): 307-322.

Mavri R, Istenic M C. 2014. Rural tourism and social capital in Slovenia (an example of villages in the Municipality of Cerkno) [J]. Geografski Vestnik, 86 (1): 51-61.

McLaughlin K. 2016. Infectious disease: Scandal clouds China's global vaccine ambitions [J]. Science, 352 (6285): 506.

Medina L K. 2003. Commoditizing culture: Tourism and Maya identity [J]. Annals of Tourism Research, 30 (2): 353-368.

Mikaeili M, Memluky Y. 2013. Integration of rural tourism and cultural tourism and rural sustainable development [J]. International Journal of Social and Economic Sciences, 3 (2): 87-91.

Miletić G M, Golubić M M, Zanić M et al. 2017. Second home development and rural revitalization: A case study from Croatia [C]. The XXVII European Society for Rural Sociology Congress, 24-27.

Mitchell C J A. 2013. Creative destruction or creative enhancement? Understanding the transformation of rural spaces [J]. Journal of Rural Study, 32 (4): 375-387.

Mitchell R, Charters S, Albrecht J N. 2012. Cultural systems and the wine tourism product [J]. Annals of Tourism Research, 39 (1): 311-335.

Mokoena L G. 2020. Cultural tourism: cultural presentation at the Basotho cultural village, Free State, South Africa [J]. Journal of Tourism and Cultural Change, 18 (4): 470-490.

Mori T, Nagai K, Tamaki K et al. 2022. Impact of quality of life on future frailty status of rural Japanese community-dwelling older adults [J]. Experimental Gerontology, 168: 111930.

Morosi J, Amarilla B, Conti A et al. 2008. Estancias of buenos aires province, Argentina: rural heritage, sustainable development and tourism [J]. International Journal of Heritage Studies, 14 (6): 589-594.

Mueller J. T. 2020. Natural Resource Dependence and Rural American Economic Prosperity From 2000 to 2015 [J]. Economic Development Quarterly, 36 (3): 160-176.

Murphy A, Williams P W. 1999. Attracting Japanese tourists into the rural hinterland: implications for rural development and planning [J]. Tourism Management, 20 (4): 487-499.

Murphy P E. 2013. Tourism: A Community Approach (RLE Tourism) [M]. London: Taylor and Francis.

Neumeier S, Kokorsch M. 2021. Supermarket and discounter accessibility in rural Germany – identifying food deserts using a GIS accessibility model [J]. Journal of Rural Studies, 86: 247-261.

Nie Z Y, Li N, Pan W et al. 2022. Quantitative Research on the Form of Traditional Villages Based on the Space Gene—A Case Study of Shibadong Village in Western Hunan, China [J]. Sustainability, 14 (14): 8965.

Noack E M, Schüler S. 2020. Rural development and human well-being: Do pillar-II-programmes take into account ecosystem services? A study in Lower Saxony, Germany [J]. Environmental Science & Policy, 106: 191-200.

Nonaka A, Ono H. 2015. Revitalization of rural economies though the restructuring the self–sufficient realm: Growth in small-scale rapeseed production in Japan [J]. Japan Agricultural Research Quarterly, 49 (4): 383-390.

Nzama A T. 2008. Socio-cultural impacts of tourism on the rural areas within the world heritages sites-the case of KwaZuluNatal, South Africa [J]. South Asian Journal of Tourism and Heritage, 1 (1): 1-8.

Prokkola E K. 2010. Borders in tourism: the transformation of the Swedish-Finnish border landscape [J]. Current Issues in Tourism, 13 (3): 223-238.

Palmer A, Bejou D. 1995. Tourism destination marketing alliances [J]. Annals of Tourism Research, 22: 616-629.

Parte L, Alberca P. 2021. Business performance and sustainability in cultural and rural tourism destinations [J]. Mathematics, 9 (8): 892.

Patrick K. 2022. Prosperity in Rural Africa?: Insights into Wealth, Assets, and Poverty from Longitudinal Studies in Tanzania [J]. Development in Practice, 32 (3): 409-410.

Peedicayil J. 2021. Cultural Inheritance. Encyclopedia of Evolutionary Psychological Science [M]. Switzerland: Springer.

Prideaux B R, Kininmont L J. 1999. Tourism and heritage are not strangers: a study of opportunities for rural heritage museums to maximize tourism visitation [J]. Journal of Travel Research, 37 (3): 299-303.

Prideaux B. 2002. Creating rural heritage visitor attractions—the queensland heritage trails project [J]. International Journal of Tourism Research, 4 (4): 313-323.

Qi W, Li L, Zhong J. 2021. Value Preferences and Intergenerational Differences of Tourists to Traditional Chinese Villages [J]. Discrete Dynamics in Nature and Society, 2021: 1-16.

Qin R, Leung H H. 2021. Becoming a Traditional Village: Heritage Protection and Livelihood Transformation of a Chinese Village [J]. Sustainability, 13 (4): 2331.

Radzuan I S M, N Fukami, A Yahaya. 2014. Cultural heritage, incentives system and the sustainable community: Lessons from Ogimachi Village, Japan [J]. Geografia, 10 (1): 130-146.

Ren Y, Zhang K. 2022. Research on Art and Design for Rural Revitalization in the Context of Ecological Civilization Construction [J]. Journal of Social Science and Humanities, 4 (7).

Ricart S, Clarimont S. 2016. Modelling the links between irrigation, ecosystem services and rural development in pursuit of social legitimacy: Results from a territorial analysis of the Neste System (Hautes-Pyrénées, France) [J]. Journal of Rural Studies, 43: 1-12.

Richards J D. 2021. Archiving Archaeological Data in the United Kingdom [J]. Internet Archaeology, 58.

Royo-Vela M. 2009. Rural-cultural excursion conceptualization: A local tourism marketing management model based on tourist destination image measurement [J]. Tourism Management, 30 (3): 419-428.

Sajib S M S A. 2022. Nicknaming tourism as development: commercialization of culture and nature in CHT, Bangladesh [J]. Journal of Tourism and Cultural Change, 20 (1-2): 273-285.

Sasu K A, Epuran G. 2016. An overview of the new trends in rural tourism [J]. Economic Sciences, 9 (58): 119-126.

Sauls L A, Dest A, McSweeney K. 2022. Challenging conventional wisdom on illicit economies and rural development in Latin America [J]. World Development, 158: 105996.

Schrader H. 1994. Impact assessment of the EU structural funds to support regional economic development in rural areas of Germany [J]. Journal of Rural Studies, 10 (4): 357-365.

Selby M, Morgan N J. 1996. Reconstruing place image: A case study of its role in destination market research [J].

Tourism Management, 17 (4): 287-294.

Stastna M, AntonÃn V, Brychta J et al. 2020. Cultural tourism as a driver of rural development. Case study: Southern Moravia [J]. Sustainability, 12 (21): 9064.

Šĭastná M, Vaishar A, Ryglová K et al. 2020. Cultural tourism as a possible driver of rural development in Czechia. Wine tourism in Moravia as a case study [J]. European Countryside, 12 (3): 292-311.

Takahashi Y, Kubota H, Shigeto S et al. 2021. Diverse values of urban-to-rural migration: A case study of Hokuto City, Japan [J]. Journal of Rural Studies, 87: 292-299.

Takayama T, Norito T, Nakatani T et al. 2021. Do geographical indications preserve farming in rural areas? Evidence from a natural experiment in Japan [J]. Food Policy, 102: 102101.

Tang C C, Zhong L S, Pin N G. 2017. Factors that influence the tourism industry's carbon emissions: a tourism area life cycle model perspective [J]. Energy Policy, 109: 704-718.

Tang C C, Wu X F, Zheng Q Q et al. 2018. Ecological security evaluations of the tourism industry in ecological conservation development areas: A case study of Beijing's ECDA [J]. Journal of Cleaner Production, 197: 999-1010.

Thompson C S. 2004. Host produced rural tourism: Towa's Tokyo antenna shop [J]. Annals of Tourism Research, 31 (3): 580-600.

Tirasattayapitak S, Chaiyasain C, Beeton R J S. 2015. The impacts of nature-based adventure tourism on children in a Thai village [J]. Tourism Management Perspectives, 15: 122-127.

Tleubayeva A. 2019. Ethno-cultural factors influencing the development of rural tourism in Kazakhstan [J]. Journal of Environmental Management & Tourism, 10 (36): 772-787.

Tranter R B, Swinbank A, Wooldridge M J et al. 2007. Implications for food production, land use and rural development of the European Union's Single Farm Payment: Indications from a survey of farmers' intentions in Germany, Portugal and the UK [J]. Food Policy, 32 (5-6): 656-671.

Tsang C. 2021. Red sky at night: digital archiving in England 2020 [J]. Internet Archaeology, 58.

Vuin A, Carson D A, Carson D B et al. 2016. The role of heritage tourism in attracting "active" in-migrants to "low amenity" rural areas [J]. Rural Society, 25 (2): 134-153.

Wang C C, Liu H C, Lee H S et al. 2021. An Analysis of Key Influencing Factors on Island Tourism Revisit Intentions-Evidence from the Matsu Islands [J]. Journal of Marine Science and Technology, 29 (3): 325-327.

Wang X. 2022. Artificial Intelligence in the Protection and Inheritance of Cultural Landscape Heritage in Traditional Village [J]. Scientific Programming, (10): 1-11.

Wood R E. 2008. Survival of rural America: Small victories and bitter harvests [M]. Kansas: Univ Press of Kansas.

Wu Y, Wu M, Wang Z et al. 2021. Distribution of Chinese traditional villages and influencing factors for regionalization [J]. Cienia Ruarl, 51 (7).

Xiao X Y, Tang C C, Liang W Q. 2022. Spatial Distribution and Cultural Features of Traditional Villages in Beijing and Corresponding Causes [J]. Journal of Resources and Ecology, 13 (6): 1074-1086.

Xu S, Dong L. 2022. Spatial Distribution and Tourism Activation of Traditional Villages in Yunnan Province [J]. Journal of Resources and Ecology, 13 (5): 851-859.

Yin R K. 2009. Case study research: Design and methods, Thousand Oaks, CA, Sage Publications [J]. Canadian Journal of Action Research, 14 (1): 69-71.

Yamashita R, Hoshino S. 2018. Development of an agent-based model for estimation of agricultural land preservation in rural Japan [J]. Agricultural Systems, 164: 264-276.

Ylmaz E, Ylmaz E E. 2019. The role and importance of rural tourism on the development and promotion of cultural heritage tourism [J]. Conservation and Promotion of Heritage Tourism, 108-126.

Yin Q, Sui X, Ye B et al. 2022. What role does land consolidation play in the multi-dimensional rural revitalization in China? A research synthesis [J]. Land Use Policy, 120: 106261.

Yinga T, Zhou Y. 2007. Community, governments and external capitals in China's rural cultural tourism: A comparative study of two adjacent villages [J]. Tourism Management, 28 (1): 96-107.

Zasada I, Piorr A. 2015. The role of local framework conditions for the adoption of rural development policy: An example of diversification, tourism development and village renewal in Brandenburg, Germany [J]. Ecological Indicators, 59: 82-93.

Zhang J K, Zhang Y. 2021. A qualitative comparative analysis of tourism and gender equality in emerging economies [J]. Journal of Hospitality and Tourism Management, (46): 284-292.

Zhang R, Yuan Y, Li H et al. 2022. Improving the framework for analyzing community resilience to understand rural revitalization pathways in China [J]. Journal of Rural Studies, 94: 287-294.

Zhang T H, Yin P, Peng Y X. 2021. Effect of Commercialization on Tourists' Perceived Authenticity and Satisfaction in the Cultural Heritage Tourism Context: Case Study of Langzhong Ancient City [J]. Sustainability, 13 (12): 6847.

Zhang X M, Ding P Y, Bao J G. 2008. Income Distribution, Tourist Commercialisation, and Hukou Status: A Socioeconomic Analysis of Tourism in Xidi, China [J]. Current Issues in Tourism, 11 (6): 549-566.

Zimmerhackel J S, Kragt M E, Rogers A A et al. 2019. Evidence of Increased Economic Benefits from Shark-Diving Tourism in the Maldives [J]. Marine Policy, 100: 21-26.

Zuo T, Zhang F, Zhang J et al. 2022. Rocky desertification poverty in Southwest China: Progress, challenges and enlightenment to rural revitalization [J]. Journal of Geographical Sciences, 32 (7): 1357-1382.